正易

理解

국립중앙도서관 출판예정도서목록(CIP)

正易理解 / 지은이: 김재홍. -- 대전 : 상생출판, 2016
    p. ;   cm

참고문헌과 색인수록
ISBN 979-11-86122-18-1 03140 : ₩29000

역학(주역)[易學]

141-KDC6
181.11-DDC23   CIP2015033822

正易理解

발행일   2016년 2월 1일 초판 1쇄
지은이   김재홍
발행처   상생출판
주소   대전시 중구 중앙로 79번길 68-6
전화   070-8644-3156
팩스   0303-0799-1735
홈페이지   www.sangsaengbooks.co.kr
출판등록   2005년 3월 11일(175호)

ISBN 979-11-86122-18-1

正易

理|解

김재홍 지음

상생출판

『정역正易』이란?

　정역正易은 일부一夫 김항金恒선생의 작작作이다. 선생의 본관은 광산光山이며, 자는 도심道心, 호는 일부一夫이다. 그는 출생지인 충남忠南 논산論山 양촌陽村이다. 양촌陽村과 인접한 마을 모촌에 은거하고 있던 이운규李雲圭 선생의 문하에서 수련을 쌓았다. 그리고 그는 이운규 선생으로부터 일월변화日月變化 사상思想의 학문적 명제가 되는 '영동천심월影動天心月'이라는 시구詩句를 받아 고심한 끝에 복희역伏犧易과 문왕역文王易에 이어 제3괘도第三卦圖인 정역팔괘도正易八卦圖를 획정하고, 같은 해 6월에 「대역서大易序」를 서술했다. 그는 다시 1884년 『정역正易』 상편上篇인 「십오일언十五一言」에서 「무위시無位詩」까지를 완성하였다. 그리고 다음 해인 1885년에 「정역시正易時」와 「포도시布圖詩」를 비롯하여 그 하편下篇인 「십일일언十一一言」, 「십일음十一吟」까지 저술함으로써 『정역正易』을 완성했다. 『정역正易』의 구조는 상편上篇은 「십오일언十五一言」이요, 하편下篇은 십일일언十一一言이다.

　『주역周易』이 선천심법先天心法의 학學이라면 『정역正易』은 후천성리后天性理의 도道를 내용으로 하고 있다. 또한 『주역周易』이 군자지도君子之道 중심이라면, 『정역正易』은 성인지도聖人之道를 중심으로 하고 있다. 다시 말하면 『주역周易』이 인도人道를 중심으로, 『정역正易』은 천도天道를 중심으로 역도易道를 구명究明하고 있다.

충남 논산시 양촌면 남산리 산41-1 소재 일부一夫 선생 묘소

| 책을 발간하면서 |

『정역正易』에 대한 주석서 발간을 두고 많은 고민을 하였다. 필자가 『주역』과 『정역正易』을 공부하여 『역학의 중정지도에 관한 연구』라는 연구 논문으로 박사학위를 취득하였으나, 정작 『정역正易』에 대한 공부가 일천하여 많은 고민을 하고 있던 차에 향후 『정역』 연구에 작은 토대를 구축하자는 거듭된 제의와 지인知人들의 권유에 부끄러움을 무릅쓰고 용기를 내게 되었다. 『정역이해』의 출간은 먼저, 『정역』에 대해 좀더 쉽게 접근할 수 있는 체계적이고 친절한 주석서를 만들고자 함이요, 다음으로 『정역正易』에 대한 비판적인 견해에 대하여 무조건 경시만 할 것이 아니라 진지한 논의의 계기를 마련하자는 의도에서 두려운 마음으로 아래와 같이 이 책을 발간하게 되었다.

1. 본서의 『정역』 경문 해석과 논거에 대한 설명 내용은 필자가 각득覺得한 내용이 아니라 학산 이정호 선생님의 저서인 『정역연구』, 『정역과 일부一夫』와 관중 유남상 선생님의 정역강독과 다수의 논문, 그리고 이정호 선생님 문하에서 『정역正易』을 공부하신 분들께서 남긴 연구 성과인 『주역·정역』, 『정역구해』, 『정역과 천문력』, 『우주변화의 원리』와 그 밖의 연구 성과인 『정역집주보해』, 『정역관지』, 『금화정역현토조해』, 『정역원의』 등을 참고하여 정리하였다.

2. 본서는 『정역正易』에 대한 선행연구 성과와 논거論據가 빈약한 여건을 조금이라도 보완하고, 향후 『정역』 연구에 도움이 되도록 하기 위하여 『정역正易』에 대한 기존의 연구 성과를 대부분 각주로 처리하여 독자들로 하여금 비교 분석이 용이하도록 편집하였다.

3. 본서에서는 테마별로 연구 분석한 기존의『정역正易』주석서와는 달리『정역正易』의 경문 내용 순서대로 편집하였다. 또한『정역正易』내용에 대한 논거論據를 객관적으로 구명究明함으로써『정역正易』에 대한 전체적인 이해 및 전체와 부분의 유기적인 상관성과 체계를 살펴볼 수 있도록 하였다. 그리고 기존 연구 성과에서 분명하게 드러내지 못했던『주역周易』과의 연관성까지 비교 설명함으로써 독자들의 이해를 돕고자 노력하였다.

4.『정역正易』은 그 내용과 용어가 무척 난해하다. 따라서 본서에서는 독자들의 역학적인 이해와 편의를 위해 개념 이해에 상당한 비중을 두고 그 용어에 대한 연원과 역학적인 근거를 상세하게 밝히고자 하였다. 그리고 수지상수手支象數 내용이 필요한 부분에 대해서는 수지상수手支象數를 그림으로 만들어 독자들의 이해를 돕고자 하였다.

5.『정역正易』의 원문原文은 일부一夫선생께서 각 장張의 전후前後마다 팔행八行으로 작성되어 있다. 그러나 본서本書에서는 그 원칙原則을 따르되 원문原文의 해설解說상 편리함을 위해 한 글자 혹은 한 행行을 다음 장張으로 넘겨서 편집하였다. 독자들의 양해를 구하고자 한다.

필자는 의례적인 인사치레를 위한 겸손이 아니라 진정으로 송구한 마음뿐이다. 다만『정역正易』에 대한 체계적인 주석서가 필요하다는 주변의 권유와 바람, 그리고 필자의 나이를 고려하여 선뜻 용기를 내었으나 정작『정역正易』에 대한 필자 자신의 천박한 지식에 한없이 아쉽고 또한 부끄럽다. 오로지 선배 제현들의 질정叱正을 부탁드린다.

정역이해正易理解

어리석은 제자에게 역학에 관한 고귀한 가르침을 주신 고故 관중 유남상 선생님과 대학원 석사, 박사 과정에서 많은 가르침을 주신 이평래 교수님, 남명진 교수님, 황의동 교수님, 이종성 교수님 그리고 역학易學 공부에 많은 도움을 주신 김만산 교수님, 이현중 교수님께 진심으로 감사드린다.

가난한 철학도의 길을 선택한 필자로 인해 어려운 가운데 마음 고생하는 사랑하는 아내 이옥주 권사와 두 아들과 며느리, 손녀·손자들 그리고 동생들에게 공부를 한다는 명분으로 못난 모습을 감추고 있는 작은 위선에 대해 진심어린 사죄와 함께 고마운 마음을 전하면서 이 책을 바친다.

끝으로 이 책의 출판을 허락해주신 상생출판사 사장님과 편집을 맡아 고생하신 강경업 팀장님께 감사한 마음을 전한다.

2015년 12월
김재홍 드림

차례

| 책을 발간하면서 |

대역서大易序

聖哉라 易之爲易이여 易者는 曆也니
성 재　　역 지 위 역　　역 자　 력 야

无曆이면 无聖이오 无聖이면 无易이라
무 력　 무 성　　무 성　　무 역

是故로 初初之易과 來來之易이 所以作也시니라.
시 고　 초 초 지 역　 래 래 지 역　 소 이 작 야

○ 聖(성스러울 성) 哉(어조사 재) 易(바꿀 역) 爲(할 위) 曆(책력 역(력)) 是(옳을 시) 故(옛 고)
初(처음 초) 來(올 래(내)) 所(바 소) 作(지을 작)

성스럽도다. 역易이 역易됨이여, 역易은 력曆(을 말함)이니, 력曆이 없으면 성인聖人도 없고 성인聖人이 없으면 역易도 없음이라. 이런 까닭에 초초初初의 역과 래래來來의 역을 지으시게 된 것이니라.

개요槪要

『정역正易』의 서문序文인 대역서大易序에서 역학의 근본문제와 선후천先后天 역易에 대한 설명이다.[1]

각설各說

1) 대역서大易序[2]

대역서大易序란? 크게 역易을 펼친다는 의미이다. 역학易學의 새로운 명제命題인 '역자易者는 역야曆也'의 역曆은 책력冊曆의 날수만을 의미하는 것이 아니라 하늘의 시간운행時間運行 원리를 표현하는 천도天道임을 밝히고 있다. 역曆이란? 시간운행時間運行 원리原理로서 자연법적自然法的인 원리가 아니라 창조정신과 뜻을 내포하고 있는 천명天命이라고 할 수 있

---

1) 유남상,「정역사상의 근본 문제」,『논문집』제4권, 충남대학교 인문과학대학교, 1980, 3쪽
2)『정역집주보해』에서는 "정역正易은 선천先天에서 후천后天으로 전환轉換하는 대변혁大變革의 원리를 밝힌 역易이므로 대변혁大變易을 뜻하여 대역서大易序라고 한 것 같다."라고 하였다.

다.[3] 그러므로 역도易道가 역수曆數로 표상表象된 천도天道·천명天命의 구체적인 내용임을 밝히고 있는 것이다. 천지역수天之曆數를 구성構成하는 역수曆數는 근원적인 상징수象徵數로서 책력冊曆으로 드러나는 실제 기수朞數의 근원根源이다. 이는 천지역수天之曆數가 원리적인 의미와 구체적인 시간을 모두 내포하고 있음을 의미한다. 또한 천지역수天之曆數를 체계적으로 제시하면서 역수성통원리曆數聖統原理에 입각하여 역易이 성인聖人들에 의해서 저작著作된 성인지도聖人之道임을 밝히고 있는 것이다.[4]

2) 역자역야易者曆也 무역무성无曆无聖 무성무역无聖无易

역학의 3대 근본문제를 제기하고 있다. 먼저, 역학易學의 제일명제第一命題로서 천지역수天之曆數를 기본 명제로 하여 성인지도聖人之學의 근본명제가 천지역수天之曆數에 있음을 천명하고 있다. 천지역수天之曆數를 자각한 성인聖人이 역학易學을 학문으로 전개시키고, 역도易道의 학문적 개념을 천지역수天之曆數로 규정하고 있다. 즉 역도易道가 천지역수天之曆數임을 밝히고 있다는 것이다.[5]

다음으로 역학易學의 제이명제第二命題로서 역도易道를 자각한 주체主體로서 성인聖人을 제시하고 있다. 따라서 천지역수天之曆數가 없으면 성인聖人도 없다는 것이다. 이것은 천지역수天之曆數가 성인聖人보다 더 근원적인 존재임을 의미하는 것이다. 다시 말하면 무력无曆이면 무성无聖이란 역수曆數 성통聖統의 문제를 말하고, 성인聖人은 역수성통曆數聖統에 의해 천명天命을 깨닫는 것을 의미하는 것이며, 성인지학聖人之學의 존재 근거가 천지역수天之曆數에 있다는 것이다.[6]

---

3) 유남상, 「정역사상의 근본문제」, 『논문집』 제7권 제2호, 충남대학교 인문과학연구소, 1980, 3쪽 참조.
4) 유남상, 「역학의 역수성통원리에 관한 연구」, 『논문집』 제11권 제1호, 충남대학교 인문과학연구소, 1984, 3쪽.
5) 유남상, 「정역사상의 근본문제」, 『논문집』 제7권 제2호, 충남대학교 인문과학연구소, 1980, 6쪽
6) 유남상, 「역학의 역수성통원리에 관한 연구」, 『논문집』 제11권 제1호, 충남대학교 인문과

마지막으로 역학易學의 제삼명제第三命題로서 역수성통曆數聖統에 선천先天이 십사성인十四聖人으로 전승傳承되지 않았다면 성학聖學으로서 역학易學은 성립되지 않았을 것이다. 즉 역학易學이 학문으로서 성립될 수 없다는 것이다. 성인聖人의 출현으로 천지역수天之曆數를 하나의 학문으로 드러냈다. 그리고 천지역수天之曆數는 인간의 본래성本來性으로 주어진 것이다.[7] 다시 말해서 천지역수天之曆數가 인간에 내재화內在化되어 인간 본래성本來性으로 정착되어진 것이다. 그러므로 성인聖人이 없다면 역학易學도 없다. 따라서 역학易學은 성학聖學이라는 결론結論을 내릴 수 있다는 것이다.[8]

3) 초초지역初初之易 래래지역來來之易[9]

선천先天의 역易인 복희역伏羲易·문왕역文王易과 후천后天의 역易인 정역正易에 대한 설명이다.[10] 이것을 사력변화四曆變化원리로 보면 초초지역初初之易인 원력原曆을 말한다. 초초지역初初之易은 인류역사의 근원이 되는 력曆으로 375를 일주기로 한다. 가장 근원적根源的인 태초太初의 역曆이다. 그리고 원력原曆의 375에서 십오十五를 존공尊空하면 360정력正曆이 된다.[11] 이 기수朞數는 공자孔子가 「계사상繫辭上」 제구장第九章에서 밝혀 놓은 것이다.[12] 래래지역來來之易은 정력正曆을 말한다. 후천后天에

학연구소, 1984, 7쪽.

7) 유남상, 「정역사상의 근본문제」, 『논문집』 제7권 제2호, 충남대학교 인문과학연구소, 1980, 4쪽.

8) 유남상, 「정역사상의 근본문제」, 『논문집』 제7권 제2호, 충남대학교 인문과학연구소, 1980, 3쪽 참조.

9) 『금화정역현토조해金火正易懸吐粗解』에서는 "선천윤역先天閏易과 후천무윤역后天无閏易을 말함이니 곧 후천십수만력后天十數萬曆을 말하는 것이다."라고 하였다.

10) 『주역周易』에서는 『정역』과는 달리 선후천先后天과 하도河圖·낙서洛書의 관계를 하도河圖가 선천先天이고, 낙서洛書가 후천后天이라는 견해가 일반적이다.

11) 유남상·신동호, 「주체적 민족사관의 체계화를 위한 한국 역학적 연구」, 충남대학교 논문집 제13권 1호, 1974, 146쪽

12) 『주역』, 「계사상」편, 제9장, "건지책乾之策 이백일십유육二百一十有六, 곤지책坤之策 백사십유사百四十有四, 범삼백유육십凡三百有六十 당기지일當期之日."

서 군자君子의 삶의 원리가 된다.[13]

사력변화원리四曆變化原理의 관점에서 보면 처음의 래來는 순지기舜之 朞 윤역閏曆이다. 아직은 역수변화曆數變化를 거치기 이전以前의 력曆이다. 두 번째 래來는 공자력孔子曆으로 정력正曆을 의미한다.[14] 그러므로 래래 지역來來之易은 360도度를 가리킨다.

夫子親筆吾已藏하니 道通天地無形外라
부 자 친 필 오 이 장　　도 통 천 지 무 형 외

伏羲粗畫文王巧하니
복 희 조 획 문 왕 교

天地傾危二千八百年이라
천 지 경 위 이 천 팔 백 년

○ 親(친할 친) 筆(붓 필) 吾(나 오) 已(이미 이) 藏(감출 장) 道(길 도) 通(통할 통) 形(모양 형) 外(밖 외) 伏(엎드릴 복) 羲(숨 희) 粗(거칠 조) 畫(그림 화) 巧(공교할 교) 傾(기울 경) 危(위태할 위)

공부자의 친필을 내 몸에 간직하니, 천지만물과 형상이 없는 밖(우주) 까지 일관하는 도를 통달함이라. 복희씨는 (음양陰陽의 양의兩義와) 팔괘八 卦를 간략하게 그리시고, 문왕文王은 (낙서구궁洛書九宮에 의하여) 괘도卦圖 를 정교하게 그렸으니 천지天地가 기울어 크게 위태롭게 된 것이 2,800 년이라.

개요概要

일부一夫께서 공자孔子의 십익원리十翼原理를 모두 자각自覺(체득體得)하 고 계승繼承하였음을 말한다.

---

13) 『정역집주보해』에서는 "초초지역初初之易은 선천복희역先天伏羲易과 문왕文王易을 말하 고, 래래지역來來之易은 후천역後天易인 정역正易을 말한다."라고 하였다.
14) 유남상, 「정역의 도서상수 원리에 관한 연구」, 『논문집』 제8권 제2호, 충남대학교 인문과 학연구소, 1981, 12쪽

1) 부자친필오이장夫子親筆吾已藏

공자孔子의 역학적易學的인 뜻을 계승繼承하고 있다는 것이다. 이는 공자孔子의 찬역贊易 의도를 알고 있다는 것이다. 이때 장藏은 퇴장어밀退藏於密의 장藏으로 물러나 은밀하게 간직한다는 의미로 보인다.

2) 도통천지무형외道通天地無形外[15]

형이상학적形而上學的인 무형無形의 원리原理를 체득體得하였음을 말한다. 공간空間上의 천지만물天地萬物은 형상形象이 없다는 것이다. 도道는 공간空間을 점유하는 존재存在가 아니라 도道는 주체적主體的 존재存在이기 때문에 사물적事物的 차원을 완전히 넘어선 것이다. 외外는 물리적인 차원을 넘어서 형이상학적形而上學的인 방향으로 나아간 것이다.

3) 복희조획문왕교伏羲粗畫文王巧

복희괘도伏羲卦圖를 조획組畫이라 칭하고, 복희괘도伏羲卦圖와 낙서원리洛書原理를 바탕으로 문왕괘도文王卦圖를 완성完成한 것을 교巧라고 하였다. '문왕교文王巧'란 오묘하게 표현됨을 의미한다. 즉 괘효원리卦爻原理와 천지역수天之曆數를 조화시킨 것이 문왕팔괘도文王八卦圖라는 것이다. 생장生長의 원리를 속에 두고 합덕원리合德原理를 드러내고 있는 것이다. 예例를 들면 부부합덕원리夫婦合德原理안에 자녀양육子女養育의 원리가 들어 있듯이 문왕文王이 팔괘도八卦圖를 오묘하게 그려 놓았다는 것이다.

4) 천지경위이천팔백년天地傾危二千八百年[16]

---

15) 『회남자淮南子』「제속훈齊俗訓」편에서 "우주宇宙라함은 왕래고금往來古今를 우宇라고 이르고, 상하사방上下四方을 주宙라고 이른다."라고 하였다. 이것은 왕래고금往來古今의 시간時間과 상하사방上下四方의 공간空間을 총칭總稱한 말로 보인다.
『주역과 정역』에서는 "천지天地는 태양太陽을 중심으로 한 태양계太陽系의 우주宇宙를 말하는 것으로 우주宇宙와 천지天地의 의미는 대체로 비슷하다. 만물萬物이 생생生生할 때의 현상을 말할 때는 천지天地라 하는 것이다."라고 하였다.
16) 『금화정역현토조해金火正易懸吐粗解』에서는 "문왕팔괘도文王八卦圖 이후以後 2,800년간 건곤乾坤의 부모위父母位가 경위傾危되었다."라고 하였다.

낙서원리洛書原理에 의해서 천지경위원리天地傾危原理를 이해해야 한다는 것이다. 천지경위天地傾危란 문왕괘도文王卦圖에서는 서남西南에 곤괘坤卦가 있고, 남북西北에 건괘乾卦가 위치하고 있어 천지건곤天地乾坤 부모가 경위傾危되어 있음을 말한다. 2,800년이란? 하도河圖·낙서洛書에 표상된 천지역수天之曆數를 사물적인 존재법칙存在法則으로 인식認識해 온 시기, 즉『정역正易』이 나오기 전前까지를 의미한다고 할 수 있다.

嗚呼聖哉라 夫子之聖乎신져
오 호 성 재　　　부 자 지 성 호
知天之聖도 聖也요 樂天之聖도 聖也나
지 천 지 성　　 성 야　　 낙 천 지 성　　　 성 야
親天之聖은 其惟夫子之聖乎신져
친 천 지 성　　 기 유 부 자 지 성 호

○ 嗚(탄식소리 오) 呼(부를 호) 聖(성스러울 성) 哉(어조사 재) 聖(성스러울 성) 知(알 지) 樂(즐길 락, 풍류 악, 좋아할 요) 親(친할 친) 其(그 기) 惟(생각할 유)

아, 성스럽다. 공부자의 성인聖人이 되심이여. 하늘의 도를 아는 성인聖人도 성인聖人이시고, 하늘의 도를 즐기는 성인聖人도 성인聖人이시나, 하늘의 도를 친하신 성인聖人은 그 오직 공부자만이 (그 경지에 이르신) 성인聖人이신져.

개요概要

공자孔子 성인聖人의 위대함을 설명하고 있다.

각설各說

1) 오호성재嗚呼聖哉 부자지성호夫子之聖乎

성재聖哉란? 성인聖人을 지칭하며, 천지天地간에 있어서 위대한 학문은 공자孔子가 밝힌 성인지도聖人之道 뿐이라는 것이다.

2) 지천지성知天之聖 성야聖也 낙천지성樂天之聖 성야聖也

　지천지성知天之聖인 복희伏羲씨가 시작팔괘始作八卦하고[17], 지천성인知天之聖인 문왕文王이 천명天命을 헤아린 성인聖人이라는 것이다.[18] 즉 하늘의 뜻을 안다는 것이다[19]

3) 친천지성親天之聖 기유부자지성호其惟夫子之聖乎

　공자孔子는 하늘을 어버이로 섬기는 성인聖人이라는 설명이다.

洞觀天地無形之景은 一夫能之하고
통 관 천 지 무 형 지 경　　일 부 능 지
方達天地有形之理는 夫子先之시니라
방 달 천 지 유 형 지 리　　부 자 선 지

○ 洞(꿰뚫을 통, 골 동) 觀(볼 관) 無(없을 무) 形(모양 형) 景(볕 경) 能(능할 능) 方(바야흐로 방, 모 방) 達(통달할 달) 有(있을 유) 形(모양 형) 之(갈 지) 理(이치 이, 다스릴 리) 先(먼저 선)

　천지의 형상이 없는 경지를 통달하신 것은 일부一夫가 능히 행하였고, 바야흐로 천지의 유형한 이치를 통달하심은 공부자께서 먼저 하셨다.

　천지유형지리天地有形之理와 무형지경無形之景에 대한 말이다.

---

17) 『주역』 「계사하」편 제2장 "고자포희씨지왕천하야古者包羲氏之王天下也. 앙즉관상어천仰則觀象於天, 부즉관법어지俯則觀法於地, 관조수지문觀鳥獸之文, 여지지의與地之宜, 근취저신近取諸身, 원취저물遠取諸物, 어시於是, 시작팔괘始作八卦, 이통신명지덕以通神明之德, 이류만물지정以類萬物之情."

18) 『주역』 「계사상」편 제4장 "여천지상사與天地相似 고불위故不違, 지주호만물이도제천하知周乎萬物而道濟天下 고불과故不過, 방행이불류旁行而不流 낙천지명樂天知命 고불우故不憂, 안토돈호인安土敦乎仁 고능애故能愛."

19) 『금화정역현토조해金火正易懸吐粗解』에서는 "지천지성知天之聖은 복희伏羲이시고, 낙천지성樂天之聖은 문왕文王이시다."라고 하였다.

1) 통관천지무형지경洞觀天地無形之景 일부능지一夫能之[20]

통관천지무형지경洞觀天地無形之景이란? 즉 무극세계无極世界, 미래의 후천적后天的 원리이다. ①통洞은 속으로 구멍이 뚫린 것을 말하며, 마음 속으로 도道를 깨닫는다는 것이다. ②경景이란? 만물이 존재하게끔 하는 원리 자체로서 무형無形의 원리적인 입장에서 유형세계有形世界를 바라보는 것이다. 물리적인 존재로서의 천지天地의 차원을 극복한다는 것이다. 이것은 인위적인 역사속의 천지天地가 생기기 이전以前을 말하며, 사물적인 차원을 넘어선 근원적인 원리로서의 정역원리正易原理를 말한다. 이것을 도서역학圖書易學의 측면에서 말하면 십오원리十五原理이다.

십오十五는 천지天地가 합덕合德된 자체를 말하며, 십오분체도수十五分體度數의 합덕작용合德作用을 도서수圖書數로 보면 십十이다. 십무극十无極은 도덕원리道德原理의 경관이 눈에 들어온다는 원리原理로서 후천后天의 세계상이 직접 눈으로 바라보는 것과 이 안에 있는 역도易道(진리)가 스며들어 온다는 의미이다. 즉 형이상학적形而上學的인 존재로서의 역도易道 자체를 깨달았다는 것이다

그리고 공자孔子께서 말씀하지 않은 십무극十无極 원리原理를 일부一夫께서 능히 밝히시고 획괘劃卦하였다는 것이다.

2) 방달천지유형지리方達天地有形之理[21]

공자께서 먼저 천지天地간 생성변화生成變化하는 만물의 이치를 밝히셨다는 것이다. ①방달方達은 공간적空間的 개념槪念이요, ②유형지리有形之理는 실천의 원리를 말한다. 『주역周易』은 괘효원리卦爻原理를 통해서 역리易理로 표상하니 유형지리有形之理라고 한 것이다. '유형지리有形之理는 인도人道로서 실존적인 인간이 걸어가야 할 길이다. 그러므로 인간은 천

---

20) 『금화정역현토조해金火正易懸吐粗解』에서는 "무형지경은 태양지경이다."라고 하였다.
21) 『금화정역현토조해金火正易懸吐粗解』에서는 "유형지리有形之理는 태음지리太陰之理이다."라고 하였다.

도天道로서의 형이상학적인 존재인 천지天地의 도道를 올바르게 깨달아야 한다. 즉 인간의 본래성本來性과 일치해서 깨달아야 한다. 『중용中庸』의 오달五達[22]도, 『주역周易』의 성명지리性命之理[23]도 모두 유형지리有形之理이다.

3) 부자선지夫子先之

공자孔子의 성덕聖德을 계승하여 일부一夫가 재천명했음을 말하고 있다.

嗚呼聖哉라 夫子之聖乎신져
오 호 성 재　부 자 지 성 호

文學宗長은 孔丘是也요
문 학 종 장　공 구 시 야

治政宗長은 孟軻是也시니
치 정 종 장　맹 가 시 야

嗚呼 兩夫子萬古聖人也시니라.
오 호 양 부 자 만 고 성 인 야

○ 嗚(탄식 소리 오) 呼(부를 호) 學(배울 학) 宗(마루 종) 長(길 장) 孔(구멍 공) 丘(언덕 구) 是(옳을 시) 治(다스릴 치) 政(정사 정) 孟(맏 맹) 軻(굴대 가) 兩(두 양{량})

아, 성스럽도다, 공부자의 성인이심이여.

문학의 종장은 공자孔子이시요, 치정의 종장은 맹자孟子이시니,

---

22) 『중용中庸』 제20장第二十章. "천하에 두루 통하는 도는 다섯이고, 그것을 행하는 것은 셋이니, 군신과 부자와 부부와 형제와 벗을 사귀는 다섯 가지는 천하에 두루 통하는 도道요, 지知와 인仁과 용勇 세 가지는 천하에 두루 통하는 덕德이니, 이것을 행하는 것은 하나이다.(天下之達道五, 所以行之者 三, 曰 君臣也. 父子也. 夫婦也. 昆弟也. 朋友之交也. 五者, 天下之達也. 知仁勇三者, 天下之達德也. 所以行之者, 一也.)"라고 하였다.

23) 성명지리性命之理란 인간의 본성本性인 성性이 천명天命으로 주어졌음을 의미한다. 군자는 이러한 이치를 궁구하여 자각함으로서 인간의 본성本性이 천명天命에 의해 이르게 됨을 자각해야 함을 말한다. 그러므로 인간은 본성과 천명을 자각하여 도덕원리를 의義로서 실천 봉행한다는 것이다. 다시 말하면 인간본성이 성명性命으로 주어짐을 바탕으로 하여 천도天道의 주체적 자각과 성명性命의 이치理致를 자각·실천하는 존재가 군자君子라는 것이다. 『주역』「설괘」편 2장에서 "장이순성명지리將以順性命之理."라고 하여 인간본성을 성명지리性命之理로 규정하고 있다. 따라서 인간은 천명天命으로 주어진 본성本性을 자각하지 못한다면 나아가 천명天命을 깨닫지 못하는 것이다.

아, 공자와 맹자 두 분은 만고의 성인이시니라.

공자孔子는 인예仁禮를 바탕으로 한 인륜人倫의 대도大道를 밝히시니 문학文學의 으뜸이시고, 맹자孟子는 인의仁義를 바탕으로 왕도정치원리의 치도治道를 밝히시니 치정治政의 으뜸이라는 것이다.

1) 오호성재嗚呼聖哉 부자지성호夫子之聖乎

'오호성재嗚呼聖哉'라 하고 재차 감탄하신 것은 공부자孔夫子께서 십이익지十而翼之하시고 태극지리太極之理를 밝혀 전傳하셨고, 일부一夫께서는 이를 바탕으로 하여 십무극十无極의 이치理致를 밝히게 되었으므로 공부자孔夫子의 위대한 성업聖業을 찬미讚美하여 재차 감탄하신 것이다.

2) 문학종장文學宗長 공구시야孔丘是也

문학文學은 역학易學을 의미한다. 이는 천도天道를 본받아 후세에 전한다는 것이다. 산화비괘山火賁卦의 『단사彖辭』에 "하늘의 문채(천문天文)를 보고 때(사시四時)의 변화를 살핀다하며, 인문人文을 관찰함으로써 천하의 교화를 이룬다.(觀乎天文, 以察時變, 觀乎人文, 以化成天下)"라고 하였다. 그러므로 하늘의 문채(천문)를 보고 때(사시四時)의 변화를 살펴본 것이 용구원리用九原理를 위주로 한 『정역正易』이라면, 인문人文을 관찰함으로써 천하天下의 교화教化를 이루는 것은 용육用六원리를 위주로 한 『주역周易』을 의미한다고 할 수 있을 것이다.[24] 다시 말하면 천문天文은 천지역수天之曆數를 역도易道의 근본문제根本問題로 삼는 『정역正易』이요, 인문人文은 치천하원리治天下原理(왕도정치원리王道政治原理)를 근본문제로 삼는 『주역周易』을 의미한다는 것이다.

---

24) 유남상, 「정역사상의 근본문제」, 『논문집』 제7권 제2호, 충남대학교 인문과학연구소, 1980, 17쪽.

2) 치정종장治政宗長 맹가시야孟軻是也

치정종장治政宗長은 맹자로서 만인萬人을 원형이정元亨利貞의 세계로 인도引渡함을 말한다. 역도易道를 현실사회에서 실천하는 인격주체人格主體로서의 맹자孟子를 치정종장治政宗長이라고 한다. 왕도정치원리王道政治原理에 있어서 종장宗長은 맹자孟子요, 치정治政은 의義라는 것이다.

3) 오호嗚呼 양부자만고성인야兩夫子萬古聖人也

문학종장文學宗長, 치정종장治政宗長을 말씀하심은 후천문학后天文學에는 공자孔子의 학문이 으뜸이요, 치정治政에는 맹자孟子의 정치학政治學이 으뜸이라는 의미이다. 그러므로 공자, 맹자 두 분이 만고의 스승이라는 것이다.

一夫事實
일 부 사 실

淵源은 天地無窮化无翁이오
연 원　　천 지 무 궁 화 무 옹

來歷은 新羅三十七王孫이라
내 력　　신 라 삼 십 칠 왕 손

淵源은 無窮이오 來歷은 長遠兮여
연 원　무 궁　　내 력　　장 원 혜

道通天地無形之外也로다.
도 통 천 지 무 형 지 외 야

我馬頭通天地第一元은 金一夫로다.
아 마 두 통 천 지 제 일 원　　김 일 부

○ 夫(지아비 부) 事(일 사) 實(열매 실) 化(될 화) 无(없을 무) 翁(늙은이 옹) 來(올 래(내)) 歷(지낼 력(역)) 新(새 신) 羅(새그물 라(나), 비단 라) 淵(못 연) 源(근원 원) 無(없을 무) 窮(다할 궁) 歷(지낼 력(역)) 長(길 장) 遠(멀 원) 兮(어조사 혜) 道(길 도) 通(통할 통) 我(나 아) 馬(말 마) 頭(머리 두) 通(통할 통) 第(차례 제) 元(으뜸 원)

일부一夫사실이라. (도학의) 연원은 천지의 무한한 조화를 주관하는 화무옹이오, 선대의 내력은 신라 삼십칠대 후손이라.

연원은 무궁하고 내력은 장원함이여, 하늘과 땅 그리고 형상이 없는 밖까지 두루 도道를 통달한지라.

아마두 천지(천지만물의 이치)를 통달한 제일원은 김일부이로다.

개요概要

일부一夫께서 받은 천명天命의 내용을 말한 것으로 성인지학聖人之學의 연원淵源은 천지天地의 무궁한 조화를 주재主宰하는 화무옹化无翁에게 있고, 연원으로는 신라新羅 왕손王孫의 후손임을 말하고 있다. 즉 일부선생一夫先生의 학통學統의 연원淵源과 혈통血統의 내력에 대한 설명이다.

각설各說

1) 일부사실一夫事實

일부사실一夫事實은 일부선생一夫先生의 학통學統의 연원淵源과 혈통血統의 내력來歷에 대한 사실事實을 말한다.

2) 연원淵源 천지무궁화무옹天地無窮化无翁

일부선생一夫先生의 도학道學의 연원淵源은 다할 바가 없고, 조상祖上의 혈통내력血統來歷은 길고 요원하다는 것이다. 이것이 일부一夫의 성학적聖學的 사명使命이라는 것이다.

천지무궁화무옹天地無窮化无翁은 무无로 화化한 인격적人格的인 존재, 즉 실존적實存的 인간人間에게 무无로 화化한 인격적人格的인 존재는 상제上帝, 화무옹化无翁으로 화무化无는 사물적事物的인 차원을 초월하고 넘어선 무형無形의 존재로 형이상학적形而上學的 존재의 의미이다.

3) 내력來歷 신라삼십칠왕손新羅三十七王孫[25] 연원무궁淵源無窮
   내력장원혜來歷長遠兮

일부一夫께서 받은 천명天命의 내용內用을 말한 것으로 성인지학聖人之

---

25) 『금화정역현토조해金火正易懸吐粗解』에서는 "연원淵源의 근본은 천지의 무궁한 조화를 주관하는 화무옹化无翁이시고, 선대先代의 내력은 신라 37대 왕王의 후손임을 밝히신 것이다."라고 하였다.

學의 연원淵源은 천지天地의 무궁無窮한 조화調和를 주재主宰하는 화무옹化无翁에게 있고, 혈연血緣으로는 신라新羅의 왕손王孫의 후손後孫임을 말하고 있다. 즉 성인지학聖人之學의 연원은 그 뿌리를 깊이 내리고 있다는 말이다. 따라서 형이상학적形而上學的인 존재로서의 역도易道를 밝히는 것이 일부一夫께 역수성통曆數聖統으로 주어진 천명天命이라는 것이다.[26]

4) 도통천지무형지외야道通天地無形之外也[27]

'도통천지무형외道通天地無形外란 정명도程明道의 '어느 가을날'의 시귀에서[28] 취한 구절이다.『정역正易』에서는 도道를 천지天地의 형상形象이 없는 밖으로 통通했다고 하니 이는 곧 우주宇宙의 변화원리를 조용히 관찰하는 것이나 천지天地의 무형외无形外를 통通하는 일이니 십십일일十十一一의 공空(무형외无形外)과 중中이 서로 통하는 말이다.

5) 아마두통천지제일원我馬頭通天地第一元 김일부金一夫

아마두我馬頭는 곤괘坤卦의 빈마지정牝馬之貞과 관련이 있으며, 제일원第一元의 자리는 팔간산八艮山, 구이화九離火, 십건천十乾天이다. 그리고 아마두我馬道는 수지상수手支象數로는 포오함육包五含六 자리인 삼태택三兌澤을 의미하기도 한다.[29]

---

26) 유남상,「정역사상의 근본문제」,『논문집』제7권 제2호, 충남대학교 인문과학연구소, 1980, 5쪽.
27)『금화정역현토조해金火正易懸吐粗解』에서는 "무형지외无形之外는 십무극十无極을 말한다."라고 하였고,『정역집주보해正易集註補解』에서는 "십무극十无極원리를 바탕으로 정역괘도正易卦圖와 후천정역後天正易을 만드신 경위를 밝힌 것이다."라고 하였다.
28) 어느 가을날(추일秋日)-정호程顥
閑來無事不從容한래무사불종용 : 한가하여 일마다 조용하지 않은 것이 없어
睡覺東窓日已紅수교동창일이홍 : 잠에서 깨니 동창에는 해가 이미 붉다
萬物靜觀皆自得만물정관개자득 : 만물을 고요히 바라보면 다 저절로 알 수 있고
四時佳興與人同사시가흥여인동 : 사계절 아름다운 흥취는 사람과 같아라.
道通天地無形外도통천지무형외 : 도는 천지에 통하니 몸 밖에도 있고
思入風雲變態中사입풍운변태중 : 생각은 바람과 비도 미쳐 변화 중에도 있다.
富貴不淫貧賤樂부귀불음빈천락 : 부귀로 음란하지 않고 빈천을 즐기나니
男兒到此是豪雄남아도차시호웅 : 사나이가 이런 경지에 이르러야 영웅호걸이리라.
29) 아마두我馬頭에 대하여 ①『정역과 천문력』에서는 "이두식 우리말로 일부一夫 자신을 말하는 것이 아니라 하느님이 일러주신 것이라는 뜻이다."라 하고, ②『금화정역현토조해金火正

천지天地를 통찰洞察하여 학문의 연원淵源의 무궁無窮함과 조상祖上의 내력이 장원長遠함이 천지天地를 통通하여 봐도 으뜸(원元)이 김일부金一夫라는 것이다.

· 포오함육包五含六과 수지상수手支象數

一夫事蹟이라
일 부 사 적

三千年積德之家에
삼 천 년 적 덕 지 가

通天地第一福祿云者는 神告也시오
통 천 지 제 일 복 록 운 자   신 고 야

六十年率性之工이
육 십 년 솔 성 지 공

秉義理大著春秋事者는 上敎也시니라.
병 의 리 대 저 춘 추 사 자   상 교 야

一夫敬書하니 庶幾逃罪인져
일 부 경 서   서 기 도 죄

辛巳 六月 二十二日 一夫
신 사 육 월 이 십 이 일 일 부

○ 事(일 사) 蹟(자취 적) 積(쌓을 적) 通(통할 통) 第(차례 제) 福(복 복) 祿(복 록(녹)) 云(이를 운) 告(알릴 고) 率(거느릴솔) 性(성품 성) 秉(잡을 병) 義(옳을 의) 理(다스릴 리) 著(분명할

易懸吐粗解』에서는 "곤괘坤卦의 빈마지정牝馬之貞과 관련성이 있고, 포오함육包五含六의 자리인 삼태택三兌澤이다."라고 하였다.

제) 春(봄 춘) 秋(가을 추) 敎(가르침 교) 敬(공경할 경) 庶(여러 서) 幾(기미 기) 逃(달아날 도) 罪(허물 죄)

일부의 사적이라. 삼천년 동안 덕을 쌓은 가문에 제일 복록이라 말하는 자는 신께서 고해 주심이오. 육십년 솔성의 공덕과 의리를 잡고 춘추의 일을 크게 나타낸 것은 상천의 가르침이라.

일부一夫가 경건하게 쓴 것이니, 거의 죄를 면할 수 있을 진져.

신사년 유월 이십 이일 일부一夫가 서하다.

개요槪要

일부一夫선생의 평생인 일부사적一夫事蹟[30]에 대한 설명이다.

각설各說

1) 삼천년적덕지가三千年積德之家

통천지제일복록운자신고야通天地第一福祿云者神告也

천지경위 2,800년과 상응하여 성통이 단절된 지 2,800년이다. 자신自身은 3,000년 적덕積德으로 천지天地간의 제일복록第一福祿을 통通했다고 이른 것이다.

2) 육십년솔성지공六十年率性之工

일부一夫 자신이 60년 솔성率性으로 성인지학聖人之學을 공부하였음을 밝히고 있다. 연담의 문하門下 3년 이후 18년간 공부하여 56세에 정역팔괘도正易八卦圖를 작성하고, 그 후 2년간 대역서大易序를 저작著作하고, 1884년 『정역正易』 상편上篇인 십오일언十五一言과 다음해에 『정역正易』 하편下篇 십일일언十一一言을 저작著作하였다는 의미로 보인다.

---

30) 『금화정역현토조해金火正易懸吐粗解』에서 "일부一夫께서 평생 이룩하신 공로功勞와 업적을 말씀하신 것이다."라고 하였다.
『정역집주조해正易集註補解』에서는 "일부一夫께서 천명天命을 받들어 후천금화지리后天金火之理를 통찰洞察하시고 정역괘도正易卦圖와 정역正易을 완성한 업적을 말한다."라고 하였다.

3) 병의리대저춘추사자秉義理大著春秋事者[31]

의리義理(대의)를 붙들고 춘추원리春秋原理(천지역수天之曆數)를 드러냈다는 말이다. 따라서 천지역수天之曆數의 논명論明 없이는 역도易道가 구명究明될 수 없다는 말로 보인다.

4) 상교야上敎也

상교上敎는 하느님의 명령으로 보인다. 의리義理를 화두로 삼아 공자孔子에게 주어진 성인聖人의 사업을 드러냈다고 볼 수 있다. 상교上敎는 천지天地의 인격성人格性을 상징하는 상제上帝의 가르침을 의미하기도 한다. 군자君子로 하여금 천지역수天之曆數를 깨닫게 하는 것이 일부一夫의 성학적聖學的인 사명인 것이다.

5) 일부경서一夫敬書 서기도죄庶幾逃罪

일부선생一夫先生이 겸허한 마음으로 쓰니 하늘의 뜻을 거스른 죄罪는 면免하게 될 것을 밝히고 있다.

---

31) 『금화정역현토조해金火正易懸吐粗解』에서는 "신고神告는 이천칠지二天七地자리이다."라고 하였다.
『정역집주보해正易集註補解』에서는 "삼천년三千年의 덕德을 쌓은 가문에서 태어나 천지지도天地之道를 통관하시고 후천后天 제일第一의 복록福祿을 누리게 된 것은 하늘의 뜻임을 밝히고 있는 것이다."라고 하였다

一張····前

십오일언十五一言[32]

요지要旨

십오일언十五一言은 하늘과 땅의 한말씀이요, 하도·낙서의 한말씀이다. 『정역正易』의 「상편上篇」으로 십十과 오五의 원리를 십오성통원리十五聖統原理를 통해서 설명하고 있다.[33] 정역팔괘正易八卦 중 기강紀綱(상하의 기틀)을 이루는 건곤乾坤(십十+오五=15)과 십十자를 이루는 간태艮兌(팔八+삼三=11)의 중中(마주치는 점: 태극)이 하나되어 천지天地가 기울지 않고 바로서서 정역正易을 이룸을 뜻한다. 이에 십오일언十五一言이 체體(본체)가 되며, 십일일언十一一言이 용用(작용)이 되어 황극皇極이 무극无極이요, 무극无極이 태극太極임을 밝혔다.

---

32) 『정역집주보해正易集註補解』에서는 "낙서洛書 이전以前의 십十 성인聖人과 낙서洛書 이후의 오五 성인聖人의 학통學統을 일부一夫 자신이 계승했다고 본다."라고 하였다.
『정역관지正易觀之』에서는 "십오十五는 괘卦로는 건곤乾坤이요, 육갑六甲으로는 무기戊己이며, 오행五行으로는 토土니 대도大道의 대체大體이다. 일언一言은 일부一夫의 말이다."라고 하였다.

33) 십오성인十五聖人에 대해서는 『사기史記』, 『십팔사략十八史略』 등에서 여러 가지 견해見解가 있다. 『정역正易』의 관점에서는 유소有巢, 수인燧人, 복희伏羲, 신농神農, 황제黃帝, 요堯, 순舜, 우禹임금 탕湯임금, 기자箕子, 문왕文王, 주공周公, 공자孔子까지 14명과 일부선생까지 십오성인十五聖人으로 보고 있다. 그러므로 십오성통十五聖統이란 일부선생이 성인聖人들의 학문을 계승했다는 것으로 보인다. (유남상, 「정역사상의 근본문제」, 『논문집』 제7권 제2호, 충남대학교 인문과학연구소, 1980, 13쪽)

○ 嗚(탄식 소리 오) 呼(부를 호) 盤(소반 반) 古(옛 고) 化(될 화) 天(하늘 천) 皇(임금 황) 无
(없을 무) 爲(할 위) 地(땅 지) 載(실을 재) 德(덕 덕) 作(지을 작) 巢(집 소) 旣(이미 기) 燧
(부싯돌 수) 人(사람 인) 乃(이에 내) 哉(어조사 재) 伏(엎드릴 복) 羲(숨 희) 劃(그을 획) 結
(맺을 결) 聖(성스러울 성) 神(귀신 신) 農(농사 농) 耕(밭갈 경) 市(저자 시)

오호라, 반고께서 화하시니 천황은 아무런 함이 없으시고, 지황은 덕을 실으시니 인황이 지으셨도다(일어남이로다). 유소는 이미 (나무로) 집을 지었고, 수인燧人은 불을 만들었다. 신명하신 복희伏羲께서는 팔괘八卦를 획정劃定하시고, 성스러움이라 신농神農은 밭을 갈고 저자(시장)를 만드셨다.

개요概要

십오성통원리十五聖統原理와 간지도수干支度數를 연관하여 역도易道를 밝히고 있다. 「십오일언十五一言」은 십무극十无極과 오황극五皇極, 일태극一太極은 천인지天人地의 의미로 삼극지도三極之道가 한 자리에서 합친다는 것이다.

각설各說

1) 십오일언十五一言

건곤乾坤의 한 말씀이요, 십十과 오五는 하도의 중궁수로서 일一은 씨(미래未來)와 열매(과거過去)를 상징한다. 이러한 생성生成작용은 구육합덕

정역이해正易理解

30

九六合德 작용원리로 이루어진다.[34] 그리고 십오十五는 십무극十无極과 오황극五皇極이 하나로 합쳐 천인합일天人合一에 대한 말씀이라는 의미가 있다.[35]

2) 오호嗚呼 반고화盤古化[36]

반고화盤古化는 우주생성宇宙生成의 조화造化요, 천지天地의 조화주造化主며, 만물생성萬物生成의 원인체原因體로서 천지만물天地萬物의 창조적創造的인 근원根源을 의인화擬人化로 표상하고 있다. 신명神明의 총칭總稱이다. ①조화調和의 측면에서 화옹化翁, 화화옹化化翁이다. ②주제적主題的 측면에서는 상제上帝, 화무상제火无上帝요, ③추상적인 측면으로 천지天地이다. ④근취저신近取諸身의 측면에서는 ㉠반고盤古를 하도河圖의 십오十五와 비교해 볼 때, 인간의 태생胎生과정에 있어서 반고盤古는 태반胎盤과 유사하다. 고정된 태반胎盤은 십十이요, 탯줄은 오五에 해당한다. 태아胎兒의 배꼽은 일一에 해당한다. 이 태아胎兒는 십오일十五一의 완전한 조화와 합치合致로 성장발육한다. ㉡태반胎盤(십十)은 천황무위天皇无爲에 해당한다. 탯줄(오五)은 지황재덕地皇載德에 해당하며, 배꼽(일一)의 주인공 태아胎兒는 인황극人皇極에 해당한다. ⑤간지干支는 십十은 기축己丑이요, 오五는 무술戊戌(혹은 무진戊辰), 일一은 임자壬子로 표현된다. 그러나 일一은 임자壬子가 아닌 임인壬寅이다. 천간天干의 수치數値로는 십오일十五一이 되고, 기축己丑에서 무술戊戌까지 도수度數가 십十이고, 무술戊戌

---

34) 『정역연구正易研究』에서 "십十과 오五가 하나로 합하는 말씀(십十은 하도河圖의 십무극十无極, 오五는 오황극五皇極을 의미) 하도의 중심인 십무극十无極과 오황극五皇極은 우주 설계도設計圖의 중심적 원인체이다. 일태극一太極은 기본인자로서 최초의 단위이다."라고 하였다

35) 『주역·정역』에서는 "반고盤古는 우주의 조물주를 인격화하여 말한 것이오, 천황天皇은 천天의 주재主宰이오, 지황地皇은 지地의 주재主宰이오, 인황人皇은 인류人類의 주재主宰이니, 이는 무형한 신神으로부터 천지天地와 인류가 창조된 순서를 말한 것이오, 중국에 국한한 것이 아니다. 유소씨有巢氏 이하는 중국中國 역대 성인聖人인데 이는 역학易學의 연원淵源을 말하기 위한 것이다."라고 하였다.

36) 『정역집주보해正易集註補解』에서는 "일부一夫 선생은 반고盤古씨를 천지만물天地萬物의 본원本原인 십무극十无極을 의인화擬人化한 것이며, 화옹化翁, 화화옹化化翁, 화화옹化化翁, 화무상제化无上帝로 부르기도 한다."라고 하였다.

에서 임인壬寅까지의 도수度數가 오五로 임인壬寅에서 십十과 오五가 일치되는 반고화 운동은 간지도수干支度數로도 십오十五가 된다.(十五一言) ⑥십오일언十五一言에서 정역正易과 도학道學과 일부사실一夫事實의 연원淵源이 일치一致함을 표상表象하고 있다.[37]

반고盤古는 천지만물天地萬物의 조화주造化主요, 지축도수로서 천지天地의 시생始生을 의미한다. 화化는 변화로서 60간지도수干支度數를 기본으로 한 만물의 생성변화生成變化를 의미한다.

3) 천황무위天皇无爲[38], 지황재덕地皇載德, 인황작人皇作[39]

반고盤古 이래 천황天皇께서[40] 무위無爲로 다스리고 지황地皇께서는[41] 만물을 기르는 덕德을 심으시고 인황人皇께서 지으셨다.[42] 천황天皇, 지황地皇, 인황人皇은 천지인天地人 삼재三才를 의미한다. 재載는 인격성을 의미하고, 덕德은 합덕일치合德一致로서 현상적인 인간의 본성本性이다. 선천적先天的이고 실존적인 성격을 말한다. 인황人皇은 천지天地의 인격성人格性, 즉 합덕合德을 의미한다.

4) 소기소巢旣巢

유소씨有巢氏 이후에 가옥家屋의 지상화地上化와 채집의 식생활로 변화했다. 유소씨有巢氏는 중국의 14성인聖人 중에 4번째 성인聖人으로, 『십팔사략十八史略』에서 인황人皇 다음에 유소씨有巢氏가 나와 나무를 얽어 집을 짓고 나무열매를 따 먹도록 하였다고 한다.

5) 수인내수燧人乃燧

---

37) 이정호, 『정역연구』 국제대학 인문사회과학연구소 1976, 55쪽
38) 『정역집주보해正易集註補解』에서는 "무위이화無爲而化를 말함이나, 왕정王政을 행行하지 않았으나 왕덕王德이 저절로 다스려 짐을 말한다."라고 하였다.
39) 『정역집주보해正易集註補解』에서는 "재덕載德은 만물을 포용하여 싣는 덕德이고, 『주역周易』 곤괘坤卦의 「단사彖辭」의 '지후재물地厚載物 덕합무강德合无疆'의 뜻이다."라고 하였다.
40) 천황天皇은 북극성北極星, 북신, 북극성계의 머리자리로 표현된다.
41) 지황地皇은 지구를 인격화한 표현이다.
42) 인황人皇은 성인聖人 또는 인간으로 표현이다. 만물萬物을 보호 육성하는 창조적 능력이 만물萬物중 유일하게 있기 때문이다.

수인燧人은 불을 만들었다. 그러므로 수인씨燧人氏 이후에 식생활食生活에 변화를 가져와서 생식生食에서 화식火食을 하도록 하신 성인聖人이며, 수지상수로는 소지小指 오五를 굴屈하니 이천화二天火자리요, 간지干支로는 무진戊辰이다.

6) 신재神哉 복희획결伏羲劃結

복희伏羲께서 팔괘八卦를 획정劃定한 것을 말한다. 복희伏羲께서 황하黃河에서 용마龍馬를 보고 하도河圖를 그리고 팔괘八卦를 지어 백성을 교화教化하였다.

7) 성재聖哉 신농경시神農耕市

성聖스럽게 신농神農은 밭을 갈고 저자를 만들었다. 즉 신농神農씨가 농법과 저자(시장)를 창시한 것을 뜻한다. 농사하는 방법과 시장에서 물물교역을 하도록 교화教化한 성인聖人이다. 『주역周易』에서도 『계사하繫辭下』편篇 2장章의 내용이 성통원리聖統原理와 연관된다.[43]

黃帝甲子星斗요 神堯日月甲辰이로다.
황제 갑자 성두　　신 요 일 월 갑 진

帝舜七政玉衡이오 大禹九州玄龜로다.
제 순 칠 정 옥 형　　대 우 구 주 현 귀

殷廟에 可以觀德이오 箕聖乃聖이시니
은 묘　　가 이 관 덕　　기 성 내 성

周德在茲하야 二南七月이로다.
주 성 내 자　　이 남 칠 월

○ 黃(누를 황) 帝(임금 제) 甲(첫째 천간 갑) 子(아들 자) 星(별 성) 斗(말 두) 神(귀신 신) 堯(요임금 요) 辰(지지 진) 帝(임금 제) 舜(순임금 순) 七(일곱 칠) 政(정사 정) 玉(옥 옥) 衡(저울대 형) 禹(하우씨 우) 州(고을 주) 玄(검을 현) 龜(거북 귀) 殷(성할 은) 廟(사당 묘) 觀(볼 관) 德(덕 덕) 箕(키 기) 聖(성스러울 성) 周(두루 주) 德(덕 덕) 茲(이 자) 二(두 이) 南(남녘 남)

---

43) 유남상, 「역학의 역수성통원리에 관한 연구」, 『논문집』 제11권 제1호, 충남대학교 인문과학연구소, 1984, 9쪽.

一張⋮前

황제黃帝가 별자리와 북두北斗의 이치를 밝히시어 육십갑자를 지으시고, 신神과 같은 요堯임금은 갑진甲辰에 등극해서 일월日月의 역법을 마련하심이로다. 순舜임금은 칠정七政을 정사政事하시고 선기옥형을 지으시고, 우禹임금은 현묘한 거북이 등에 글을 지고 나오니 (이를 근거로 낙서洛書)구주九州를 만드셨다. 은나라 종묘에 덕은 가히 볼만하고, (은나라의) 기자箕子 성인聖人도 성인이시니, 주周나라의 성덕聖德이 여기 있다 하야 이남二南과 칠월七月의 덕화德化가 이것이로다.

개요概要

천황天皇으로 시작한 은殷나라의 성통聖統에 대한 설명이다.[44]

각설各說

1) 황제갑자성두黃帝甲子星斗

황제黃帝가 북두칠성北斗七星을 비롯한 별자리를 보고 육십갑자六十甲子를 만든 것을 설명하고 있다.

2) 신요일월갑진神堯日月甲辰 제순칠정옥형帝舜七政玉衡

요순堯舜 임금의 성덕聖德을 밝히고 있다. 요堯임금은 육갑六甲을 내어

---

44) 유소께서 집을 짓고, 수인燧人께서 화식火食토록 하시고, 복희伏羲씨께서 황하黃河에서 용마를 보고 하도河圖를 그리고 팔괘八卦를 지어 백성을 교화하였으며, 신농씨神農氏께서 밭을 갈고 저자(시장)를 만드셨고, 황제黃帝께서 북두칠성의 비밀을 밝히고 육십갑자六十甲子를 만드셨다. 요堯임금이 해와 달의 운행을 관찰하여 책력冊曆(366일)을 내어 국태민안國泰民安하였고, 순舜임금은 선기옥형(천문관측기구-혼천의)을 만들어 칠정(七政: 일월금목수화토日月金木水火土 성星의 일곱 별로 역을 지어 365 1/4을 밝힘)을 바로 잡으셨다. 우禹임금은 거북 등에서 낙서洛書를 발견하여 행정구역을 구주九州로 나누어 정전법井田法으로 토지개혁하고 하河나라를 세웠으며, 탕湯임금은 현신賢臣 이윤伊尹을 얻어 폭군暴君 걸왕傑王(하나라의 마지막 왕)을 정벌하고 종묘宗廟에 소목으로 신주神主를 모셔 정치를 잘 하였다. 기자箕子는 은殷나라 말 폭군 주왕紂王(은나라 마지막 왕)의 삼촌으로 주周나라에 홍범구주洪範九州(정치 대법)를 전하였으며, 문왕文王은 은殷나라 제후諸侯로서 주왕紂王의 의심을 받아 유리성의 옥獄에 유폐되어 있으면서 문왕팔괘文王八卦를 그리고 64괘 괘사卦辭를 달아 『주역周易』을 만들었고, 주공周公은 조카인 성왕成王을 섭정하여 나라를 잘 다스렸고 『주역』의 384효에 효사爻辭를 달아 후세에 전하였다.

천문天文을 밝히고, 순舜임금은 갑진甲辰에 등극해서 일월日月의 역법曆法을 만들고, 칠정七政 정사政事를 하였다. 즉 제순帝舜은 일월日月 오행五行과 역수曆數를 작作하고, 칠정七政으로 현상적 시간을 관찰하는 기구와 원리를 구명하였다.[45]

3) 대우구주현귀大禹九州玄龜[46]

우禹임금은 낙서구주洛書九州를 만드셨다. 우禹임금은 거북 등에서 낙서洛書를 발견하여 행정구역을 구주九疇로 나누어 정전법井田法으로 토지를 개혁하고 하河나라를 세웠다.

4) 은묘가이관덕殷廟可以觀德 기성내성箕聖乃聖

은殷나라 종묘에 덕德은 볼만하고, 기자성인箕子聖人도 성인聖人이시라. 기자箕子는 은殷나라 말 폭군 주왕紂王의 삼촌으로 주周나라에 홍범구주(정치 대법)를 전하였다고 한다.

5) 주덕재자周德在玆 이남칠월二南七月[47]

주周나라의 성덕聖德에 대한 말이다. 이남칠월二南七月은 『시경詩經』에 주남周南과 소남小南을 이남二南이라고 하였다. 칠월七月은 유풍칠월장幽風七月章을 말함이니, 이남二南은 주문왕周文王의 덕화德化이시고, 칠월七月은 주공周公의 성덕盛德을 사모思慕한 것이다.

---

45) 순舜임금은 선기옥형璇璣玉衡(천문관측기구-혼천의)을 만들었다. 7정七政이란? 일월금목수화토日金木水火土 성星의 일곱 별로 역曆을 지어 365 1/4를 밝힘을 말한다.
46) 우禹 임금의 '홍범구주洪範九疇'로 홍수를 다스림을 뜻한다.
47) 『정역집주보해正易集註補解』에서는 "『시경詩經』의 주남周南과 소남召南을 이남二南이라고 하고, 칠월七月은 주공周公의 성덕盛德을 사모한 것이다."라고 하였다. 일부一夫선생이 문왕文王과 주공周公의 덕을 찬양한 말이다.

> 麟兮我聖이여 乾坤中立하사 上律下襲하시니
> 린 혜 아 성   건 곤 중 립   상 률 하 습
>
> 襲于今日이로다. 嗚呼라 今日今日이여
> 습 우 금 일   오 호   금 일 금 일
>
> 六十三 七十二 八十一은 一乎一夫로다.
> 육 십 삼 칠 십 이 팔 십 일   일 호 일 부

○ 麟(기린 린{인}) 兮(어조사 혜) 我(나 아) 聖(성스러울 성) 乾(하늘 건) 坤(땅 곤) 立(설 립{입}) 律(법 률{율}) 襲(엄습할 습) 于(어조사 우) 今(이제 금)

　기린과 같으신 우리 성인聖人(공자孔子)이여, (공부자는) 하늘과 땅 사이에 중립中立하사 위로는 천시天時를 본받고, 아래로는 수토水土를 물려받아 오늘에 이르게 함이로다. 오호라 오늘이여 오늘이여, (구구법九九法인) 육십삼六十三과 칠십이七十二와 팔십일八十一은 일부一夫에서 하나가 되는구나.

개요概要
　일부一夫선생의 학문적인 위상을 말한다.

각설各說
1) 린혜아성麟兮我聖 건곤중립乾坤中立[48]
　공자孔子는 기린과 같은 만고萬古의 성인聖人으로서 천지天地 가운데 자리하고 있다는 것이다.

2) 상률하습上律下襲 습우금일襲于今日[49]
　성인聖人은 위로는 하늘의 법칙인 천도天道을 본받고(자각하고), 아래로

---

48) 『정역집주보해正易集註補解』에서는 "공부자孔夫子는 만고萬古의 성인聖人으로서 하늘과 땅 사이에 천지天地와 지위地位를 나란히 하고 있음을 말한다."라고 하였다.

49) 『정역집주보해正易集註補解』에서는 "공자께서 일이관지一以貫之하시어 천지지도天地之道를 밝히시고 이를 후세에 전하여 오늘에 이르러서는 일부一夫에게 이어졌음을 밝히신 것이다."라고 하였다.

는 중정지도中正之道를 실천하여 오늘에 이르게 되었다는 것이다.

3) 오호嗚呼 금일금일今日今日 육십삼六十三 칠십이七十二 팔십일八十一

선천先天의 오늘이 후천后天의 오늘이다. 용칠用七(7×9=63), 용팔用八(8×9=72), 용구用九(9×9=81)작용을 의미한다. 그 합슴은 건지책乾之策 216이다.

4) 일호일부一乎一夫

이것은 공자께서 『주역周易』 「계사상」편 9장에 밝히신 360의 책수策數가 일부一夫와 하나라는 뜻은 곧 성통聖統이 일부一夫에게 이어졌음을 뜻하는 것이다. 왜냐하면 건책수乾策數 216과 곤책수坤策數 144의 합인 360은 『정역正易』에서 밝히는 후천后天 1년의 지구地球 자전自轉 횟수를 뜻하기 때문이다.

一張····後

擧便无極이시니 十이니라. 十便是太極이니 一이니라
거 변 무 극　　　십　　　십 변 시 태 극　　　일

一이 无十이면 无體요 十이 无一이면 无用이니
일　무 십　　무 체　　십　 무 일　　무 용

合하면 土라 居中이 五니 皇極이니라.
합　　　토　거 중　오　황 극

○ 擧(들 거) 便(편할 편, 상대방 편, 같을 변, 펼 변) 无(없을 무) 極(다할 극) 是(옳을 시) 太
(클 태) 極(다할 극) 皇(임금 황)

(손을)들어 펴면(신伸) 무극无極이니 십十이요, 십十하면 곧 (모지母指를 굽
히면) 태극太極이니 일一이니라. 하나(일一)가 열(십十)이 없으면 체體가 없
음이요, 열(십十)이 하나가(일一) 없으면 용用이 없으니, 합합하면 토土라.
가운데 있는 것이 오五니 황극皇極이니라. (합덕세계合德世界이다.)

개요概要

　삼극지도三極之道에 관한 설명이다. 존재存在와 존재론적存在論的인 의
미가 다르다. 존재存在 자체로는 태극太極과 황극皇極, 무극无極이 본래
하나이나 존재론적存在論的으로는 태극太極과 황극皇極, 무극无極이 분리
된다. 하도河圖에 있어서 본체수本體數 십十·오五가 중앙中央에 합덕合德
되어 있는 것은 인간 본래성(오황극五皇極)이 곧 우주성宇宙性(십무극十无極)

정역이해正易理解

임을 상징하는 것이다. 또한 천도天道의 인간 주체화의 원리에 의하여 드러나는 천인합덕적天人合德的 경지境地를 나타낸다.

각설各說

1) 거변무극擧便无極 십十, 십변시태극十便是太極 일一[50]

수지상수手指象數를 통해서 무극无極(십十)이 태극太極(일一)인 이치를 말하고 있다. 수지상수手指象數로 보면 모지母指를 펴면 십十이요, 오무리면 일一이다. 즉 십일귀체원리十一歸體原理이다. 이것이 십무극十无極과 일태극一太極의 입장이다. 거변무극擧便无極이란 수지상수手支象數로 보면 엄지를 들면 무극无極(십수十數)이요, 굽히면 태극太極(일수一數)라는 의미이다. 그러므로 태극太極과 무극無極은 체용體用의 관계에 있다.

2) 일一 무십无十 무체无體

태극太極과 무극无極에 대한 설명이다. 태극太極과 무극无極을 오행五行과 육갑六甲으로 설명한 것이다. 전체적으로는 일一은 작용수作用數요, 씨이다. 십十은 본체수本體數로서 열매이다. 수지상수로는 일一 곧 십十이다. 이때 일一은 용用이고 십十은 체體이다. 그러므로 무극无極이 태극太極이다.

3) 십十 무일无一 무용无用[51]

십十은 본체수本體數로서 열매이다. 수지상수手支象數로는 일一 이 십十이다 이때 일一은 용用이고 십十은 체體이다. 십十은 천天의 의지를 중시하고, 일一은 지상공간을 중시한다.

---

50) 『정역관지正易觀之』에서는 "십十은 체體요, 일一은 용用이다. 오행五行으로는 토土요, 무기戊己이다."라고 하였다.

51) 『금화정역현토조해金火正易懸吐粗解』에서는 "태극太極이 무극无極이다. 그러므로 일태극一太極은 십무극十无極이 없으면 체體가 없는 허용虛用이며, 십무극十无極은 일태극一太極이 없으면 무체無體이다."라고 하였다.

4) 합토거중合土居中 오황극五皇極[52]

토土는 오행五行에서도 중앙이다. 오五는 『정역』의 관점에서 엄밀히 말하면 오五와 육六 사이이다. 거중居中이란 십十과 일一의 중간인 황극을 말한다. 황극皇極은 인격적 위치이다. 토土는 십十 + 일一의 토土이다. 십十은 천天의 의지를 중시하고, 일一은 지상공간을 중시한다. 토土는 오행五行에서도 중앙中央이다.

地는 載天而方正하니 體니라.
지   재 천 이 방 정   체

天은 包地而圓環하니 影이니라.
천   포 지 이 원 환   영

○ 載(실을 재) 方(모 방) 體(몸 체) 包(쌀 포) 圓(둥글 원) 環(고리 환) 影(그림자 영)

땅은 하늘을 싣고 사방으로 반듯하니 체體이니라.
하늘은 땅을 싸고 둥글고 고리 같으니 영影이니라.

개요概要

천지天地와 체영지도體影之道에 대해 설명하고 있다.

각설各說

1) 지地 재천이방정載天而方正 체體[53]

땅(지地)은 하늘을 실어서 바르고 반듯하다는 것이다. 『주역周易』 곤괘의 '직방대直方大'의 방方이다. 그러므로 실체實體라고 한 것이다.

---

52) 『금화정역현토조해金火正易懸吐粗解』에서는 "십무극十无極(십十)과 일태극一太極(일一)을 합하면 중앙中央 토土가 된다. 오토五土는 오황극五皇極이며, 황극체위도수皇極體位度數인 무술궁戊戌宮이다."라고 하였다.

53) 『금화정역현토조해金火正易懸吐粗解』에서는 "지덕地德은 하늘을 싣고서 방정方正한 것이니 실체實體가 되는 것이다."라고 하였다.
『정역관지正易觀之』에서는 "오지五指를 굴屈하면 양陽, 천천天이고, 신伸하면 음陰, 지지地이니, 오지五指는 굴신작용屈伸作用이다."라고 하였다.

지地는 용用의 의미로 작용을 나타낸다. 사물을 통해서 비춰진다. 그러므로 하늘의 그림자라고 한 것이다.

2) 천天 포지이원환包地而圓環 영影[54]

포包는 체體로서 인간의 관점이다. 원圓이란 둥근 고리로서 무한성無限性이다. 그러므로 하늘은 땅을 포용하는 둥근 고리라는 것이며, 고리는 360도를 의미한다고 할 수 있다[55].

大哉라 體影之道여
대 재　　체 영 지 도

理氣囿焉하고 神明이 萃焉이로다.
리 기 유 언　　신 명　　췌 언

○ 體(몸 체) 影(그림자 영) 理(이치 이, 다스릴 리) 氣(기운 기) 囿(동산 유) 焉(어찌 언) 萃(모일 췌)

크도다 체體와 영影의 도道에는 본체本體(이理)와 형상形象(기氣)이 그 안에 들어있고 신묘한 맑음이 모여 있음이로다.

개요槪要

체영지도體影之道와 신명神明에 관한 설명이다.

각설各說

1) 대재大哉 체영지도體影之道

대재大哉는 체영지도體影之道를 지칭한 것이며, 『주역周易』에서는 건乾은 '대재大哉'요, 곤坤은 '지재至哉'라고 하였다. 체體는 천지天地의 조직이

---

54) 『정역관지正易觀之』에서는 "땅을 포용包容하는 것이 영影이다."라고 하였다.
55) 『주역·정역』에서는 "체體는 천지天地의 조직組織이오 영影은 일월日月의 광명光明이니 여황중월체성수如皇中月體成數는 체體이오, 복상월영생수復上月影生數는 영影이다."라고 하였다.

요, 영影은 일월日月의 광명光明이다. 『정역正易』에서 하늘의 도道는 영影이고, 땅의 도道는 실체實體(형체)이다. 영影은 상징적象徵的 표현으로 그림자이다. 전체적으로 수지상수手支象數와도 결부시킬 수 있다. 체영體影의 체體는 열고(open), 영影은 닫는다(Close)는 의미로 볼 수도 있다.

2) 리기유언理氣囿焉

리기유언理氣囿焉의 유囿는 「설문해자」에서는 안에 있지만 사방四方에 갇혀 있음을 뜻한다. 성리학性理學에서는 이理는 우주의 본체本體이고, 기氣는 그 현상現象을 말함이니, 우주宇宙의 본체와 현상이다. 『정역正易』에서는 모든 것이 이기理氣가 아닌 것이 없다고 한다.

3) 신명췌언神明萃焉[56]

후천后天의 체영지도體影之道에는 이기理氣의 조화가 옹축되어 있기 때문에 신명췌언神明萃焉이라고 한 것이다.[57] 신명神明은 심心의 세계를 인격적으로 표상한다. 『주역周易』과 『정역正易』의 신명神明의 의미는 서로가 다르다. 『주역周易』에서는 신묘하고 밝은 덕德을 말하며, 『정역正易』에서는 이기理氣의 작용을 말하는 것으로 보인다.

---

56) 『정역과 천문력』에서는 "'성리학에서 이理는 우주의 본체本體요, 기氣는 현상이요' 라는 의미와는 다르게 '성상星象과 방위方位로서 길흉을 정하는 것을 이기理氣라고 한다.'"라고 하였다.
『정역집주보해正易集註補解』에서는 "선천先天의 생장지기生長之氣(생명지기)가 수장된 씨앗(종자) 속에 갇혀있는 상象이다. 십수十數를 쓰는 후천后天에서는 일一에서 구九까지의 수數는 십수十數 안에 갇혀 있음으로 발현할 수 없다는 것이다. 신명命은 이기理氣의 작용을 뜻함이니 일부一夫께서는 후천后天의 체영지도體影之道에는 이기조화理氣調和가 모두 응축凝縮되어 있으니 신명췌언神明萃焉이라고 한 것이다."라고 하였다.
57) 김주성, 『정역집주보해』, 태훈출판사, 1999, 57쪽

二張····前

二張····前

天地之理는 三元이니라.
천 지 지 리 　 삼 원

元降聖人하시고 示之神物하시니 乃圖乃書로다.
원 강 성 인 　 　 시 지 신 물 　 　 내 도 내 서

圖書之理는 后天先天이요
도 서 지 리 　 후 천 선 천

天地之道는 旣濟未濟나라.
천 지 지 도 　 기 제 미 제

○ 元(으뜸 원) 降(내릴 강(항복할 항)) 聖(성스러울 성) 示(보일 시) 神(귀신 신) 物(만물 물)
乃(이에 내) 圖(그림 도) 書(쓸 서) 理(다스릴 리) 后(임금 후) 先(먼저 선) 地(땅 지) 道(길
도) 旣(이미 기) 未(아닐 미) 濟(건널 제)

하늘과 땅의 이치理致는 삼원三元이니라.

　하늘(원元)에서 성인聖人을 내려 보내시고 신물神物을 보이시니, 이것이
하도河圖와 낙서洛書로다. 하도河圖와 낙서洛書의 이치理致는 후천后天이
선천先天이요, 하늘과 땅의 도道는 기제旣濟와 미제未濟이니라

개요槪要

　삼원三元과 삼극지도三極之道와 삼재지도三才之道에 관한 설명이다.

1) 천지지리天地之理 삼원三元

삼원三元이란? 천지인天地人 삼재三才를 의미하기도 하고, 삼재원리三才原理의 근거로 천원天元, 인원人元, 지원地元을 뜻하기도 한다. 이때 원元은 근본 원리를 뜻한다. 하늘과 땅의 이치理致는 무극无極과 황극皇極, 태극太極인 삼극三極(삼재원리三才原理의 근거)이다. 결국 삼원三元이란 삼극三極과 삼재三才의 원리에 근거요, 근원적인 존재로서 이理의 표현이라고 할 수 있다.

2) 원강성인元降聖人 시지신물示之神物 내도내서乃圖乃書

신물神物은 신적형상神的形象의 존재로서 신적원리神的原理를 담고 있는 표상물表象物이다. 곧 하도河圖와 낙서洛書를 뜻한다. 『정역正易』에서는 원元에서 성인聖人을 내리고 신물神物을 보이시니 하도낙서라고 한 반면에 『주역周易』에서는 "하늘이 신물을 내리시고, 성인이 이를 법 받았다.[58]"라고 하였다.

3) 도서지리圖書之理 후천선천后天先天[59]

하도河圖와 낙서洛書의 이치는 『정역正易』에서는 하도河圖가 선천先天이요, 낙서洛書가 후천后天이라는 통설에서 벗어나 낙서洛書가 선천先天이요, 하도河圖가 후천后天임을 말한다. 이것은 시간적時間的 개념을 기준으로 한 것이다.

4) 천지지도天地之道 기제미제旣濟未濟

천지지도天地之道는 멈춤이 없이 순환한다. 만물萬物은 춘생하장春生夏長하고, 추수동장秋收冬藏하는 변화를 반복한다. 즉 종즉유시終則有始이다. 이것을 기제미제旣濟未濟에 결부시켜 설명하고 있다. 하도낙서河圖洛

---

58) 『주역』 「계사상」편 11장, "시고是故, 천생신물天生神物, 성인칙지聖人則之."
59) 『정역집주보해正易集註補解』에서는 "선천先天은 하도위체河圖爲體 낙서위용洛書爲用이고, 후천后天은 낙서위체洛書爲體 하도위용河圖爲用이니, 그 쓰임으로 보면 하도河圖는 선천先天이면서 후천后天이고, 낙서洛書는 후천后天이면서 선천先天이 된다."라고 하였다.

書의 운행의 이치가 순역順逆의 원리로서 하도河圖는 도생倒生하고, 낙서洛書는 역생逆生한다. 그러므로 선천先天의 낙서작용洛書作用은 역생도성逆生倒成(一 ⇨ 九)하므로 수화상교水火相交의 수화기제水火旣濟이고, 후천后天의 하도작용河圖作用은 도생역생倒生逆成(十 ⇨ 一)하므로 수화불교水火不交인 화수미제火水未濟이다. 이것은 공간적空間的 개념이다.

龍圖는 未濟之象而倒生逆成하니 先天太極이니라.
용 도   미 제 지 상 이 도 생 역 성   선 천 태 극
龜書는 旣濟之數而逆生倒成하니 后天无極이니라.
구 서   기 제 지 수 이 역 생 도 성   후 천 무 극

○ 龍(용 룡) 象(코끼리 상) 倒(넘어질 도) 逆(거스를 역) 成(이룰 성) 太(클 태) 極(다할 극) 龜(거북 귀) 旣(이미 기) 逆(거스를 역) 倒(넘어질 도) 成(이룰 성) 后(임금 후) 无(없을 무) 極(다할 극)

용도(하도)는 화수미제火水未濟의 상象으로, 거꾸로 나서 거슬러서 이루는 것이니(10→1), 선천先天의 태극太極이니라. 낙서洛書는 수화기제水火旣濟의 수數에서, 거슬러 생하고 거꾸로 이루니라. 후천后天의 무극无極이니라.

하도낙서의 도역원리倒逆原理와 선후천先后天에 대한 설명이다.

1) 용도龍圖 미제지상이도생역성未濟之象而倒生逆成 선천태극先天太極[60]

60) 『금화정역현토조해金火正易懸吐粗解』에서는 "하도河圖는 십十에서 순順으로 내려가 일一로 마치니 화수미제火水未濟의 상象으로 도생역성倒生逆成은 선천先天의 일수一數를 말함이니 이는 태극도수太極度數이다."라고 하였다.
『정역관지正易觀之』에서는 "선후천先后天은 이수理數이고, 기제미제旣濟未濟는 기상氣象이니, 수數와 상象이 하나로 연관된다."라고 하였다.

도생역성倒生逆成이란? 시간時間은 미래未來에서 다가와 현재現在를 스쳐서 과거過去로 흘러간다. 즉 시간時間은 누적되어 가는 것이다. 하도河圖는 십十에서 일一로 마치니 선천先天의 일수一數요, 태극太極 도수度數이다. 선천先天의 극極은 태초太初의 극極이다. 그러므로 선천先天 태극太極이라고 한 것이다.

2) 구서龜書 기제지수이역생도성旣濟之數而逆生倒成 후천무극后天无極[61]

역생도성逆生倒成은 과거過去에서 미래未來로 지향한다. 미래지향적未來指向的인 시간時間은 사건事件과 관련이 있다. 미래未來의 시간時間은 이치理致로서의 시간時間이다. 미래적未來的 시간법칙時間法則은 순順이요, 과거적過去的 시간법칙時間法則은 역逆이다. 도역생성倒逆生成의 생생은 시작이

• 정역正易의 도역생성원리倒逆生成原理 •

1. 도생역성倒生逆成이란? 십十에서 거꾸로 시작해서 일一에서 거슬러 이룬다는 것을 말한다. 이 때, 생생은 시始요, 성성은 종終을 의미한다.

하도河圖의 순순작용

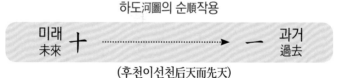

(후천이선천后天而先天)

2. 역생도성逆生倒成이란? 일一에서 거슬러 시작해서 십十에서 거꾸로 이룬다는 것이다.

낙서洛書의 역역작용

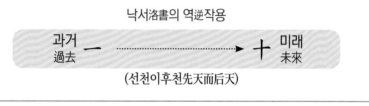

(선천이후천先天而后天)

---

61) 『금화정역현토조해金火正易懸吐粗解』에서는 "낙서洛書는 일이一二에서 거슬러 올라가 구십九十으로 종종終하니 역생도성逆生倒成하는 수화기제水火旣濟이다. 일이一二는 수화水火이며, 종종終하는 십十은 후천무극도수後天無極度數이다."라고 하였다.

정역이해正易理解

요, 성성成은 끝을 의미한다. 무극无極은 십수원리十數原理로서 낙서洛書에서 시생始生하여 십수十數로 자라난다. 그러므로 후천무극后天无極이라고 한 것이다.

五居中位하니 **皇極**이니라.
오 거 중 위 　 황 극

○ 五(다섯 오) 居(있을 거) 中(가운데 중) 位(자리 위) 皇(임금 황) 極(다할 극)

오五는 가운데 중앙에 자리하고 있으니 황극皇極이다.

개요槪要

황극皇極에 대한 설명이다.

각설各說

1) 오거중위五居中位 황극皇極

오五가 중앙에 머물고 있으니 황극이라는 것이다. 이것을 구체적으로 살펴보면 삼극지도三極之와 관계를 가진다. 「정역正易」에서는 '중中은 십십일일지공十十一一之空'이라고 하여, 중中과 공空 그리고 십十이라는 의미에 대하여 밝히고 있다. 이것은 중中은 근원적인 존재원리를 의미하면서 인간 본래성으로 말하면 황극皇極이기 때문에 살아있는 인간의 본래성이요, 천지지심天地之心을 깨달은 마음이 바로 중中이며, 십十은 천심天心의 자리로서 십十이라는 것이다.

『정역正易』에서는 삼극三極의 도역생성倒逆生成 작용을 그 표상체계인 하도河圖와 낙서洛書에 대하여 하도河圖는 무극无極을 중심으로 미래에서 과거적 본성本性의 세계를 헤아려서 나타내고 있음을 밝히고 있다. 하도河圖는 도생역성倒生逆成의 작용을 하며, 낙서洛書는 역생도성逆生倒成의

二張…前

47

작용을 한다. 그 결과 각각 태극太極과 무극无極이 밝혀지게 됨을 알 수 있다. 그러므로 무극无極과 태극太極의 양자兩者가 합덕合德된 존재가 황극皇極이라고 할 수 있다.

황극皇極은『서경書經』「홍범」편에서 나온 말이다.『주역周易』「계사상」편 2장에서는 "육효지동六爻之動은 삼극지도야三極之道也"라고 하였다. 그러나 정작 삼극지도三極之道의 내용에 대해서는 태극太極만 언급하고 있다. 이에 대해 주자朱子는『주역본의周易本義』에서 삼극지도三極之道란 "천지인天地人의 지극한 이치理致이다.[62]"라고 하였다.『정역正易』에서는 삼극지도三極之道를 태극太極과 황극皇極, 무극无極으로 규정한다. 체용體用의 논리로 보면 무극无極은 태극太極과 황극皇極의 체體라고 할 수 있다. 그리고 간지干支 무극无極은 기위己位요, 황극皇極은 무위戊位로 규정하고 있다.

易은 逆也니 極則反하나니라
역 역야   극즉반

土極하면 生水하고 水極하면 生火하고
토극   생수   수극   생화

火極하면 生金하고 金極하면 生木하고,
화극   생금   금극   생목

木極하면 生土 土而生火하나니라.
목극   생토 토이생화

○ 易(바꿀 역) 逆(거스를 역) 也(어조사 야) 極(다할 극) 則(법칙 칙(곧 즉, 본받을 측)) 反(되돌릴 반)

역易은 거슬리는 것이니, 극極에 도달하면 돌이키는 것이니라. (낙서洛書는) 토土가 다하면 수水를 낳고, 수水(一)가 다하면 화火(七)를 낳고, 화火가 다하면 금金(九)을 낳고, 금金이 다하면 목木(三)을 낳고, 목木이 다하면

---

62) 주자,『주역본의』, "삼극三極, 천지인지지리天地人之至理"

토土(十)를 낳으니 토土는 화火에서 생하느니라.

개요概要

종시終始원리와 오행원리를 설명한 내용이다.

각설各說

1) 역역야易逆也 극즉반極則反[63]

---

63) 『주역·정역』에서는 "역역야易逆也라 함은 「설괘說卦」의 지래자역고역역수야知來者逆故易逆數也의 뜻이다. 물물物이 생장生長하여 상승上升하는 것이 곧 역逆이며, 물물物의 생장상승生長上升하는 자者는 미래未來를 향진向進하는 것이므로 미래未來를 지知하는 것은 역逆이 되는 것이며, 물물物이 생장상승生長上升하는 자者는 반드시 타他를 극克하는 것이므로 극克하는 것은 역逆이 되는 것이다 그런데 물물物이 극극하면 반反하는 것이니 낙서洛書의 수서數序에 토극수土克水, 수극화水克火, 화극금火克金 ,금극목金克木, 목극토木克土는 역逆인데 역逆이 극極하면 반反하여 토생수土生水, 수생화水生火, 화생금火生金, 금생목金生木, 목생토木生土가 되어 극克이 생생生生으로 변變하는 것이다. 극克이라 함은 물물物의 자라는 때는 극제克制의 작용作用이 되고, 여무는 때는 극성克成의 작용作用이 되는 것이니 이는 동일同一한 극克이로되 혹은 극제克制가 되고, 혹은 극성克成이 되는 것은 무슨 까닭인가? 하면 아아我가 타他를 극克하고, 아아我가 타他를 계대繼代하는 것은 장長의 상象이 되고, 아아我가 타他를 극克하고, 타他로 하여금 아아我를 계대繼代케 하는 것은 성成의 상象이 되는 것이다. 일례一例를 들면 사람이 생장경쟁生長競爭을 행행行하여 현권력자現權力者를 극克하고, 자신自身이 그 권력權力의 위位에 거居하는 것은 역逆으로서 장長의 상象이 되는 것이오, 사부師傅가 제자弟子를 도야陶冶하기 위위爲하여 극克하고 그 제자弟子로 하여금 자신自身의 거居하는 위位에 거居하게 하는 것은 극반極反으로서 성成의 상象이 되는 것이다. 그러므로 사부師傅의 도道는 극克하는 것이 곧 성成하는 것이오, 성成한다 함은 여문 열매를 생생生生하는 것이므로 성成이 곧 생생生生이 되는 것이다. 원천하原天火의 절節에 토성수土成水, 수성화水成火, 화성금火成金, 금성목金成木, 목성토木成土는 극반極反하여 생생生生한다는 뜻이다. 그런데 극克이 생생生生으로 변變하는 것은 손손孫을 생생生生하는 이리理이니 토생금금생수즉土生金金生水則, 수水는 토土의 손손孫이오, 토土는 중간의 금금金을 통하여 수水를 생생生生하니 이는 일면一面으로는 토극수土克水하고 일면一面으로는 토극생수土極生水하여 극성克成이 되는 것이며 그러므로 토土가 수水를 극克하는 것은 또한 자子를 통通하여 손손孫을 생생生生하는 이리理이며, 이 이리理에 의의依하여 원천原天의 건乾이 선천先天의 건乾을 통하여 후찬后天의 건乾을 생생生生하는 것은 일면一面으로는 극克이되고 일면一面으로는 생생生生이 되니 이가 곧 극성克成이오, 후천后天은 원천原天의 손손孫의 상象이며 그러므로 후천后天은 성成의 시운時運이 되는 것이다. 정역팔괘도正易八卦圖의 오행五行에 극성克成의 상象이 있으니 건곤부모乾坤父母 십오토五十土가 진손장남장녀震巽長男長女 일육수一六水를 성성成하여 생생生生하니 이는 또한 건곤乾坤 생명원生命元이 뇌풍雷風의 기기氣를 생생生生하는 이리理이오, 진손장남장녀震巽長男長女 일육수一六水가 천지天地 이칠화二七火를 성성成하여 생생生生하니 이는 또한 무형無形한 뇌풍雷風의 기기氣가 유형有形한 천지天地를 생생生生하는 이리理이오, 천지天地 이칠화二七火가 감리중남중녀坎離中男中女의 사구금四九金을 성성成하여 생생生生하니 이는 또한 천지天地가 유

二張·前

49

①역역야易易逆也는 선천先天에서 양陽을 쓰는 이치理致로서 양陽 일수一數에서 역생逆生하여 구수九數에 이름을 말한다. ②극즉반極則反은 후천后天의 음陰을 쓰는 이치로서 음陰 십수十數는 극極에 이른 양수陽數를 수렴하고 이를 도생倒生하여 환원시키는 음퇴陰退를 말한다.[64]

『주역周易』의 원시반종原始反終이 극즉반極則反이다. 즉 다하면 다시 돌아온다는 것이다. 종시終始의 원리로서 극즉반極則反은 천하天下의 이치는 극極하면 반드시 반복한다는 것이다. 다시 말하면 일一에서 십十으로 가면 다시 십十에서 일一로 돌아온다는 말이다.

2) 토극생수土極生水, 수극생화水極生火

토극생수土極生水는 후천后天을 극성克成하는 이理를 말한 것이요, 오행론五行論에서는 토극수土克水, 수극화水克火, 화극금火克金, 금극목金克木, 목극토木克土라고 한다. 그러나 이 구절에서 토土(오五·십十)가 다하면 수水(일一·육六)를 낳고 수水가 다하면 화火(이二·칠七)를 낳는다.[65]

3) 화극생금火極生金, 금극생목金極生木, 목극생토木極生土

화火가 다하면 금金(사四·구九)을 낳고, 금金이 다하면 목木(삼三·팔八)을 낳고 목木이 다하면 토土를 낳으니 토土는 화火에서 생生한다고 하여, 다할 극極 자와 생生 자를 사용한 것은 극하면 생한다는 것으로 오행五行의

형유형形有形도 되고, 무형無形도 되고 하는 수화水火의 정精을 생생하는 이理이오, 감리중남중녀坎離中男中女 사구금四九金이 간태艮兌 소남소녀삼팔목少男少女三八木을 성성하여 생생하니 이는 또한 수화水火의 정精이 간태艮兌의 형형形을 생생하는 이理이오, 간태艮兌 소남소녀少男少女 삼팔목三八木이 차세때次世代의 건곤乾坤 오십토五十土를 성성하여 생생하니 이는 간태艮兌의 형形의 속에 생명원生命元을 갈무리하는 이理다. 건곤乾坤, 진손震巽, 천지,天地 감리坎離, 간태艮兌, 차세대건곤次世代乾坤은 곧 부모父母 및 장중소長中少의 서序로서 사전師傅가 제자弟子를 성성하여 생생하는 순서順序이다."라고 하였다.

64) 김주성, 『정역집주보해』, 태훈출판사, 1999, 66쪽

65) 『정역집주보해正易集註補解』에서는 "수극생화水極生火의 이치理致는 음기陰氣가 극極을 이루는 동지冬至에 일양一陽가 시생始生한다.(지뢰복괘地雷復卦) 토이생화土而生火는 선천先天에서 역생逆生하여 극極에 이른 구이화九離火가 선천先天의 차례로는 생토生土하나 후천后天의 차례로는 지십기토地十己土가 구이화九離火를 수렴하여 역생逆生하게 됨을 말한다. 화극생금火極生金은 십토十土가 선천구화先天九火를 수렴하여 역생逆生하면 구금九金으로 변한다."라고 하였다.

중中과 관련이 있어 보인다.[66]

4) 토이생화土而生火[67]

토이생화土而生火는 후천后天을 극성克成하는 시운時運이 되면 십오十五 무기토戊己土의 기위己位와 무위戊位에서 일월日月의 이칠화二七火가 생생生生하여 태양太陽과 태음太陰이 도역생성倒逆生成하여 금화호역金火互易이 됨을 말한다.[68]

66) 『정역관지正易觀之』에서는 "남정이화南丁二火는 출문出門이고, 서신구금西辛九金은 입문入門이다."라고 하였다.

67) 『금화정역현토조해金火正易懸吐粗解』에서는 "수지상수手支象數로 보면 모지십母指十인 토土자리를 신伸하며, 모지母指 일一을 굴굴하니 토극생수土極生水이요, 식지食指 이二를 굴굴하니 수극생화水極生火이요, 무명지無名指 사四를 굴굴하니 목극생토木極生土이요, 모지母指 십十을 신伸하니 칠지七地자리에서 토이생화土而生火로 종終한다. 『정역正易』에 화옹火翁은 무위无位시고 원천화原天火하시니 생지십기토生地十己土라 한다."라고 하였다.

68) 한장경, 『주역 정』, 삶과 꿈, 2001, 499쪽

二張····後

金火互宅은 倒逆之理니라. 嗚呼 至矣哉라
금 화 호 택   도 역 지 리   오 호 지 의 재

无極之无極이여 夫子之不言이시니라.
무 극 지 무 극   부 자 지 불 언

○ 金(쇠 금) 火(불 화) 互(서로 호) 宅(집 택) 倒(넘어질 도) 逆(거스를 역) 理(다스릴 리) 嗚(탄
식 소리 오) 呼(부를 호) 至(이를 지) 哉(어조사 재)

　금화金火가 서로 같은 집에 있는 것은 거꾸로 생하고 거슬러 이루는 이
치理니라. 아아, 지극하도다. 무극无極의 무극无極함이여, 공자孔子께서
말씀하지 않으신 것이니라.

개요概要

금화호택金火互宅에 대한 설명이다.

각설各說

1) 금화호택金火互宅 도역지리倒逆之理[69]

　금화호택金火互宅이란? 금화金火가 서로 자리 바꿈을 말한다. 즉 이二

---

69) 『정역관지正易觀之』에서는 "금화교역金火交易은 하도河圖의 중궁中宮은 십오十五이며,
무기戊己이고 건곤乾坤이라 토이생화土二生火하며 토土가 화火를 나오게 하니 금화金火가 호
택互宅한 것이다. 도역지리倒逆之理는 낙서洛書의 수운數運은 화금火金이고, 하도河圖의 수운
數運은 남서南西로 교위交位하여 금화金火니 도역관계倒逆關係이다."라고 하였다.

자리에 구금九金, 구九자리에 이화二火가 온다는 것이다. 도倒와 역逆하는 과정에서 금화金火가 서로 같은 집을 차지하는 이치이다. 먼저 문왕괘도 文王卦圖에서 정역괘도正易卦圖로 바뀌는 과정에서 문왕괘도文王卦圖의 구 이화九離火가 서남방西南方의 이곤지二坤地로 옮기니 구이동궁九二同宮이 고, 구이화九離火가 수數로는 구금九金이나 체상體象이 이화二火이니 금화 호역金火互易하는 이치이다. 다음으로 하도河圖·낙서洛書의 화금火金이 금 화金火로 바뀌는 금화교역金火交易의 이치로 볼 수 있다.

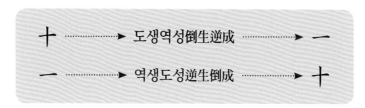

도역지리倒逆之理의 내용을 도식화하면 다음과 같다.

2) 오호嗚呼 지의재至矣哉

일부一夫에 와서 이제야 드러나지 않은 이치가 드러나게 되었음을 감 탄하는 말이다.[70]

3) 무극지무극无極之无極 부자지불언夫子之不言[71]

---

70) 무극无極은 노자老子의 『도덕경』 28장 "천하의 법이 어긋나지 않아 언제나 무극으로 돌 아간다. 천하식상덕불특귀의무극天下式常德不忒復歸於無極"라고 하였으며, 송宋나라 주렴계 가 『태극도설太極圖說』에서 "무극無極이 태극太極(無極而太極)"이라고 하였다.

71) 『금화정역현토조해金火正易懸吐粗解』에서는 "십수十數가 선천先天의 닫힌 자리이고, 다 음 식지食指 이二 자리에서 일이삼사오육칠팔구一二三四五六七八九까지 가면 九는 十자리에

하도河圖의 중수中數는 선천先天의 체體로서 존공尊空이 되어 드러나지 않고 있으나 십무극十无極은 무극无極의 위位에서 존재存在함으로 무극지무극无極之无極이라고 한 것이다. 이러한 무극无極에 대해서 공자孔子께서 말씀하지 않았다는 것이다

不言而信은 夫子之道시니라.
불 언 이 신　　부 자 지 도

晩而喜之하사 十而翼之하시고 一而貫之하시니
만 이 희 지　　십 이 익 지　　　일 이 관 지

儘我萬世師신져.
진 아 만 세 사

○ 言(말씀 언) 信(믿을 신) 夫(지아비 부) 晩(저물 만) 喜(기쁠 희) 十(열 십) 翼(날개 익) 貫(꿸 관) 儘(다할 진) 我(나 아) 萬(일만 만) 世(대 세) 師(스승 사)

말씀하지 않아도 믿음이 있는 것이 공자孔子의 도道이시니라. (공자께서) 만년에 (역易을 좋아하시어) 기뻐하사 십익十翼을 지으시고, 하나(일一)로 꿰뚫어 보니 진실로 만세萬世의 스승이신져.

개요概要

일부一夫선생이 공자孔子께서 무극无極에 대해 불언不言하신 깊은 뜻을 헤아려 공자께서 만세萬世의 스승임을 찬탄讚嘆하신 내용이다.

서 구하고 날리게 되니 십이익지十而翼之가 되며 십十하면서 일一자리에 꽂히니 일이관지一而貫之가 되는 것이다. 이것이 중中은 십십일일지공十十一一之空의 중中이 되고 성성존존成成存存이 되는 현상을 무극지무극无極之无極이라고 한 것이다. 공자孔子께서 말씀하지 않은 자리가 십무극十无極이다.”라고 하였다.
『정역집주보해正易集註補解』에서는 “일부一夫선생은 십무극十无極이 용사用四하는 후천금화지리后天金火之理를 밝히시고 선성인先聖人께서 말씀하지 않으신 무극지리无極之理를 천시천명天時天命에 따라 밝히게 되었음을 말한 것이다.”라고 하였다.

1) 불언이신不言而信 부자지도夫子之道

『정역正易』의 관점에서 보면 공자孔子는 곤책성인坤策聖人 역할의 완성을 의미한다고 할 수 있다. 왜냐하면 십익十翼을 저술하신 공자孔子께서 무극无極의 이치理致를 은밀하게 담아두신 공자孔子의 도道를 믿는다는 것이다.

2) 만이희지晩而喜之 십이익지十而翼之

공자孔子께서 만년晩年에 역易을 위편삼절韋編三絶토록 공부하여 십익十翼을 저술하시고 역易의 이치理致를 밝혔다는 것이다. 십이익지十而翼之는 일一에서 십十을 지향하는 하도적河圖的 원리原理의 선후천先后天 변화원리變化原理를 구명究明하고 있다.

3) 일이관지一而貫之 진아만세사儘我萬世師[72)]

일이관지一而貫之는 『논어』 「공야장公冶長」편에서 자공子貢이 안자顔子의 재주를 인정하는 말에서 "회야回也 일이지십一以知十."이라고 한 말에서 일이관지一而貫之의 의미가 보인다. 유독 안자顔子만이 십이익지十而翼之 일이관지一而貫之의 도道를 아는 까닭에 『주역周易』 「계사繫辭」편에서도 "안씨의 아들은 거의 그 기미에 가까운져(안씨지자顔氏之子 기태서기호其殆庶幾乎)"라고 하였다.

이 구절은 공자孔子께서 역리易理를 일이관지一以貫之하시고, 무극无極만 말씀하지 않으신 깊은 뜻을 헤아려 만세의 스승임을 감탄한 말이다.

---

72) 『정역집주보해正易集註補解』에서는 "공자孔子께서 십익十翼을 저술著述하여 역易의 이치理致를 밝히시고 천지만물이 하나의 이치理致로 관통貫通된 것을 『논어論語』 「이인里人」편에서 "오도일이관지吾道一而貫之"라고 하셨다. 일부一夫께서는 공자孔子께서 역리易理를 일이관지一以貫之하시고, 무극无極만 불언不言하신 깊은 뜻을 헤아리시고 진실로 만세萬世의 스승임을 찬탄讚嘆하신 것이다."라고 하였다.

天四면 地六이오 天五면 地五요 天六이면 地四니라.
천 사   지 육   천 오   지 오   천 육   지 사

天地之度는 數止乎十이니라.
천 지 지 도   수 지 호 십

○ 數(셀 수) 止(머무를 지)

하늘이 사四면 땅은 육六이요 하늘이 오五면 땅도 오五이고 하늘이 육
六이면 땅은 사四이다. 하늘과 땅의 도度는 그 수數가 십十에서 그치는 것
이니라.

개요槪要

『정역正易』에서는 천지天地 운행運行의 도수度數를 십수율十數率을 기준
하고 있다.

각설各說

1) 천사지육天四地六, 천오지오天五地五, 천육지사天六地四

동지冬至의 주야晝夜의 비율은 천사지육天四地六이고, 춘분春分과 추분
秋分은 천오지오天五地五이고, 하지夏至는 천육지사天六地四이다. 천사지
육天四地六은 『정역正易』의 삼지양천三地兩天의 이치이고, 천육지사天六地
四는 『정역正易』에서의 삼천양지三天兩地의 이치라고 할 수 있다. 결국은
3:2비율이라는 것이다[73]. 용사用四는 천도天道가 작용하며, 선천先天 도

73) 『주역·정역』에서는 "상문上文의 토극생수土極生水는 후천后天의 극성克成하는 이理를 말
한 것이오, 하문下文의 토이생화土而生火는 후천后天의 극성克成하는 시운時運이 되면 십오
十五 무기토戊己土의 기위己位와 무위戊位에서 일월日月의 이칠화二七火가 생생하여 태양太
陽과 태음太陰이 도역생성倒逆生成하여 금화호역金火互易이 된다 함이다. 그러므로 극빈極反
의 이理가 극克을 생생으로 변變한 까닭에 후천극성后天克成의 시운時運이 되어 금화金火가
호택互宅하여 태양太陽은 도생역성倒生逆成하여 선천태극先天太極이 되고 태음太陰이 역생
도성逆生倒成하여 후천무극后天無極이 된 것이다. 지의재至矣哉라 함은 지재곤원至哉坤元 지
지지지知至之之의 지至로서 달의 행도行度를 말함이오 무극지무극無極之無極은 십수十數 무
극無極이 후천무극后天無極으로 된다는 뜻으로서 달의 역생도성逆生倒成 후천무극后天無極
을 말한 것이다."라고 하였다.

수가 종終하는 자리이다. 용육用六은 지도地道가 작용하며, 후천后天 도수가 시작하는 자리이다. 그러므로 용사用四·용육用六은 천지天地가 작용하는 자리라고 할 수 있다.

2) 천지지도天地之道 수지호십數止乎十

천지天地의 도道(도수度數)가 십수十數에 머물고 있다는 것은 하늘의 도수度數는 무극수无極數인 십十에 한정限定한다는 것이다. 그러나 수數는 십수十數에 불과하지만 그 함축하고 있는 역학적인 의미는 무궁하다. 그러므로 천지지도天地之道는 수數로는 십수十數에 그치지만 하늘의 도度는 무한无限한 것이고, 그 수數는 무극수无極數인 십수十數에 국한局限된다는 의미이다.

十은 紀요 二는 經이오
십　기　　이　경
五는 綱이오 七은 緯니라.[74]
오　강　　칠　위

○ 紀(벼리 기) 經(날 경) 綱(벼리 강) 緯(씨 위)

　열(십十)은 기紀요 둘(이二)은 경經(이천二天)이고, 다섯(오五)은 강綱이고 일곱(칠七)은 위緯이니라.

개요概要

　정역괘도正易卦圖의 건곤천지乾坤天地의 위상位相에 대한 설명으로 선천先天의 건곤천지乾坤天地가 후천后天에서는 곤천지천坤天地天으로 전도顚倒되는 이치理致를 밝힌 것이다.

─────────────

74) 『금화정역현토조해金火正易懸吐粗解』에서는 "기강紀綱은 상하남북上下南北이니 십건천十乾天 오곤지五坤地요, 경위經緯는 좌우동서左右東西이니 이천칠지二天七地이다."라고 하였다.
『정역집주보해正易集註補解』에서는 "이천칠지二天七地는 정역괘도正易卦圖에서 괘위卦位가 없으므로 밖으로 들어나지 않는 천지天地의 법칙法則이 됨으로 경위經緯가 된다."라고 하였다.
『정역관지正易觀之』에는 "십기十紀는 이경二經에 부합符合하여 천심天心이 되고, 오강五綱은 칠위七緯가 부합符合하여 황심皇心이 되니, 건곤천지乾坤天地가 이룬 것이다. 십十은 기위己位요, 오五는 무위戊位이니 이 무기戊己가 태양太陽·태음太陰의 부모父母이다."라고 하였다.

1) 십기十紀, 이경二經, 오강五綱, 칠위七緯.

정역팔괘도正易八卦圖로 보면 십기十紀는 십건천十乾天이요, 오강五綱은 오곤지五坤地를 의미한다. 오곤지五坤地가 상上에 자리하여 십건천十乾天과 더불어 상하上下의 기강紀綱이 됨을 뜻한다.

그리고 이경二經은 이천二天이며, 칠위七緯는 칠지七地를 말한다. 정역팔괘도正易八卦圖의 도상圖上은 이천二天 칠지七地로 구성되어 있다. 이천칠지二天七地는 정역괘도에서 괘위卦位가 없으므로 밖으로 드러나지 않는 천지天地의 법칙을 뜻하므로 경위經緯라고 한 것이다. 그러므로 십기오강十紀五綱은 시간성時間性인 천天과 공간성空間性인 지地를 의미한다고 할 수 있다[75].

----

75) 『주역·정역』에서는 "정역팔괘도正易八卦圖의 십건오곤이천칠지十乾五坤二天七地는 천지환행도天地圜行圖의 진손상역震巽相易과 감리상역坎離相易에서 유래한 것이다 진손상역震巽相易은 천지天地의 뇌풍雷風의 기氣의 변화變化이오, 감리상역坎離相易은 일월행로日月行路의 변화이며, 뇌풍雷風의 기氣의 변화와 일월행로日月行路의 변화는 건곤乾坤의 중궁中宮에서 행行하니 이 중궁中宮의 위位를 십간十干으로써 표시表示하면 무기戊己가 되는 것이오, 무기戊己는 기십무오己十戊五가 십건오곤十乾五坤의 상象이오, 건곤乾坤이 장남진長男震, 장녀손長女巽을 생생하고 진손震巽이 또한 십오十五의 수數가 되므로 천지환행도天地圜行圖의 십진十震은 십기위十紀位에서 작용하여 진震과 기己가 동남東南에 있고, 오손五巽은 오무위五戊位에서 작용하여 손巽과 무戊가 서북西北에 있는 것이며, 천지환행도天地圜行圖의 진손상역震巽相易하여 진震이 서북西北에 옮기고 손巽이 동남東南에 옮기니 이가 곧 금화정역도金火正易圖의 진震과 무戊가 서북西北에 동거하고, 손巽과 기己가 동남東南에 동거하는 소이所以이다. 무기중궁戊己中宮에서 뇌풍雷風의 변화하는 것이 곧 금화金火가 정역正易하여 일월日月의 변화하는 장본張本이 되는 것이니 건곤천지뇌풍중乾坤天地雷風中 천지장관뇌풍궁괘지진손중위정역天地壯觀雷風宮卦之震巽中位正易 뇌풍정위용정수雷風正位用政數는 모두 중궁中宮의 무기위戊己位에서 뇌풍雷風의 변화하는 이리를 말한 것이다.

중궁일월中宮日月의 위位는 천지환행도天地圜行圖에는 동북東北의 이리離가 일위日位가 되고 서남西南의 감坎이 월위月位가 되는데 금화정역도金火正易圖에는 감리坎離가 상역相易하여, 이리離와 월月이 서남西南에 동거하고 감坎과 일日이 동북東北에 동거同居하니, 이가 일월행로日月行路의 변화이며 선천복상월정명금화일생궁先天復上月正明金火日生宮은 달의 행로行路의 변화함을 말한 것이다.

주천周天의 도수度數는 삼백육십도百六十度인 삼백육십일三百六十日인데 삼백일三百日은 물물物이 생장生長하여 형현形顯하는 일수日數로 되고, 육십일六十日은 물물物의 작용作用이 내부內部에 장장藏하여 변화變化를 행행하는 일수日數(장저용장제용藏諸用)로 되므로 그 장장藏하는 도수度數가 또한 육십수六十數로 되며, 이 육십수六十數는 육십갑자六十甲子를 표시하여 무기중戊己中에

戊位는 度順而道逆하야 度成道於三十二度하니
무위　도 순 이 도 역　　도 성 도 어 삼 십 이 도
后天水金太陰之母니라
후 천 수 금 태 음 지 모
己位는 度逆而道順하야 度成道於六十一度하니
기 위　도 역 이 도 순　　도 성 도 어 육 십 일 도
先天火木太陽之父니라.
선 천 화 목 태 양 지 부

○ 戊(다섯째 천간 무) 位(자리 위) 度(법도 도) 順(순할 순) 道(길 도) 逆(거스를 역) 度(법도 도) 成(이룰 성) 於(어조사 어) 后(임금 후) 陰(응달 음) 己(자기 기) 位(자리 위) 先(먼저 선) 太(클 태) 陽(볕 양)

무위戊位는 간지干支로는 순順하고 수數로는 거슬려서 그 도수度數가 삼십이三十二 도度에 가서 성도成道하니, 후천后天 수금水金으로 된 태음太陰의 어머니이니라. 기위己位는 간지干支로는 거슬리고 수數로는 순順 해서 도수度數가 육십일六十一도에 이르러 성도成道하니 선천先天 화목火木으로 된 태양太陽의 아버지이니라.

개요槪要

『정역正易』에서는 오행운행五行運行의 주축主軸이 십十과 오五이다. 십十과 오五의 주동主動이 기위己位와 무위戊位이다. 그리하여 무위戊位가 황극皇極의 중추中樞라면 기위己位는 무극无極의 중추中樞라고 할 수 있다. 그리고 기위己位는 후천后天이요, 하늘이다. 반면에 무위戊位는 선천先天이요, 땅이다. 그리고 도순度順는 육갑六甲을 말한다.

분장分張되는 것이니 '무무위육십수일육궁분장无無位六十數一六宮分張'이라 함은 중궁中宮의 육십수六十數가 일손풍一巽風, 육진뢰六震雷의 일육궁무기중一六宮戊己中에 분장分張됨을 말함이다."라고 하였다.

1) 무위도순이도역戊位度順而道逆 도성도어삼십이도度成道於三十二度,
후천수금태음지모后天水金太陰之母.[76]

무위戊位는 간지干支(육갑六甲)로는 순順하고 수數로는 오五에서 십十으로 거슬러서 도수度數가 32도度인 기사己巳에 가서 성도成道해 후천后天의 일수一水와 사금四金으로 된 태음太陰의 어머니이다.

2) 기위도역이도순己位度逆而道順 도성도어육십일도度成道於六十一度
선천화목태양지부先天火木太陽之父[77]

기위己位는 간지干支로는 기사己巳에서 무술戊戌로 거슬리고 수數로는 십十(기己)에서 오五(무戊)로 순順해서 도수度數가 61도인 기사己巳에 가서 성도成道하니 이를 무극체위도수라 한다. 선천先天 칠화七火 팔목八木으로 된 태양太陽의 아버지이다[78].

---

76) 『정역집주보해正易集註補解』에서는 "하도河圖낙서洛書의 거중오토居中五土가 무토戊土이니, 오五는 황극지수皇極之數이다. 무토戊土의 위치는 선천先天에서는 자子에서 시작始作함으로 음도역운陰道逆運이므로 도순이도역度順而道逆이다. 무토戊土는 그 행도行度가 무술기해戊戌己亥로 우右로 돌아 순행順行하여 32도 기사궁己巳宮에 이르러 성도成道한다. 무토戊土는 양토陽土이나 후천수금后天水金의 중위中位인 술궁戌宮에 위치하여 수금水金을 잉태孕胎하고 역행逆行하여 32도 기사궁己巳宮에 이르러 태음지월太陰之月을 환생幻生하므로 무위양토无位陽土를 태음자모太陰之母라고 한 것이다."라고 하였다.

77) 『정역집주보해正易集註補解』에서는 "기위己位는 하도중궁河圖中宮의 십토十土이니, 십수十數는 곧 무극지수无極之數이며, 천건天乾으로는 기토己土이다. 기토지위己土地位는 무오토无五土가 성도成道한 기사궁己巳宮이니 그 행도行度는 기사己巳·무진戊辰으로 좌선역행左旋逆行하니 61도 기사궁己巳宮에 이르러 성도成道한다. 육갑六甲으로는 역행逆行이나 수數로는 십十에서 일一로 순행順行하는 양도순陽道順이므로 도역이도순度逆而道順이다. 육갑六甲의 전도躔度는 비록 역행逆行하나 용전用全이라 고로 60도를 전순全循하여 다시 기사궁己巳宮에 이르러 61도度로 성도成道하는 것이다. 기토己土가 비록 음토陰土이나 선천先天에서는 수목지중위水木之中位인 기궁己宮에 의하여 화목火木을 잉태孕胎하고 순행順行하여 61도 기사궁己巳宮에 이르러 태양지일太陽之日을 영생幻生하므로 기위음토己位陰土를 태양지부太陽之父라고 한 것이다."라고 하였다.

78) 『주역·정역』에서는 "육십갑자六十甲子를 중궁中宮의 무기궁戊己宮에 분장分張하면 동남손東南巽이 기위己位에 당當하고 동남東南의 음지陰支는 사巳이므로 기己는 기사궁己巳宮이 되며, 기己는 무극십수无極十數이므로 기사궁己巳宮은 무극체위无極體位가 되는 것이다. 서북진西北震이 무위戊位에 당當하고 서북西北의 양지陽支는 술戌이므로 무戊는 무술궁戊戌宮이 되며, 무戊는 황극오수皇極五數이므로 무술궁戊戌宮은 황극체위皇極體位가 되는 것이다. 기위己位는 십수十數로서 십건十乾의 상象이 되고, 십건十乾은 십기十紀로서 조직체의 본체

本體인 무극無極이 되므로 육십갑자전체六十甲子全體를 일환一圜하여 기사궁기巳宮으로부터 다시 기사궁기巳宮에 돌아와서 육십일도六十一度가 되어 도度가 성도成道하고 무극십無極十이 곧 태극일太極一이므로 기사궁기巳宮은 태극太極의 상象인 태양太陽을 생생하는 부父가되는 것이오, 무위戊位는 오수五數로서 오곤五坤의 상象이 되고 오곤五坤은 오강五綱으로서조직체 중의 벼리줄인 황극皇極이 되므로 육십갑자六十甲子의 중앙中央인 무술궁戊戌宮은 월月의 생생하는 모母가 되고 황극체위皇極體位는 무술궁戊戌宮으로부터 태양太陽의 생생하는기사궁기巳宮의 삼십이도三十二度에 이르러 태양太陽의 광명光明을 수수受授하여 도度가 성도成道하는 것이다.

도도度道의 도度는 육십갑자六十甲子이오 도道는 동東에서 서西로 행행行行하는 도정道程이니 기위기位는 태양太陽의 부父이오 태양太陽은 육십갑자六十甲子의 도度는 역逆하여 기사기巳 무진戊辰으로 행行하고 도道는 동東에서 서西로 행行하여 순행하며 무위戊位는 월月의 모母이므로 월月은 육십갑자六十甲子의 도度는 순順하여 무술戊戌 기해己亥로 행行하고 도道는 서西에서 동東으로 행行하여 역逆하는 것이다.

기위기位와 무위戊位의 조직을 보건대 기위기位는 사금일수四金一水 팔목칠화八木七火의 중中에있어 경임갑병庚壬甲丙으로 되고, 경임갑병庚壬甲丙은 광명光明의 정정政을 행하는 무극無極의 위位이므로 선천화목태양先天火木太陽의 부父가 되어 태양太陽은 칠화七火의 기氣와 팔목八木의 체體가 되는 것이다. 무위戊位는 이화삼목二火三木 육수구금六水九金의 중中에 있어 정을계신丁乙癸辛으로 되고 황극皇極의 위位이므로 후천수금태음后天水金太陰의 모母가되니 월月은 황극皇極의 위位로써 모母로 삼아 그 체體는 모母로부터 수수受授하고 있으되 그 광명光明은 태양太陽의 부父인 기위기位로부터 수수受授하여 일수사금一水四金으로써 광명光明을삼는 것이다.

무위기위戊位己位에서 뇌풍雷風의 기氣가 변화를 행하여 일월日月의 부모가 되어 일월日月의변화를 생생하고 이 무기일월戊己日月이 변화하여 정역팔괘도正易八卦圖의 중앙의 이천칠지二天七地가 되니 그러므로 금화정역도金火正易圖의 무기일월戊己日月의 개벽開闢은 곧 정역팔괘도正易八卦圖의 二天七地이오 이가 또한 십기이경오강칠위十紀二經五綱七緯이다.

서북西北과 동남東南의 무기뇌풍己雷風은 지구地球의 자기선磁氣線이오 자기磁氣의 있는곳에 반드시 전기電氣가 있는 것이므로 지구地球의 서북西北 동남東南은 뇌풍선雷風線이며, 선천先天에는 감리坎離의 수화선水火線이 지축地軸이 되고 후천后天에는 자기磁氣의 뇌풍선雷風線이 지축地軸이 되는 것이다.

도성도度成道라 함은 일월日月의 행도行度가 그 운행運行을 완성한다는 뜻이니 달은 태양의생생하는 기사궁기巳宮으로부터 일수사금一水四金의 광명光明을 받는 것이므로 달의 모母인무위황극戊位皇極은 또한 기사궁기巳宮에서 태양太陽의 광명光明을 수수受授하여 그 운행을 완성하는 것이니 이가 무위戊位와 달이 함께 기사궁기巳宮에서 도성도度成道하는 소이所以이다.태양의 부父는 기위기位인 무극기사궁無極己巳宮이오 기위기位는 그 광명光明이 달의 모母인무위戊位에 비춰서 무위戊位가 도성도度成道하는 곳에서 기위기位도 도성도度成道하는 것이므로 기위기位는 기사궁기巳宮에 환행圜行하는 때에 도성도度成道하는 것이며 이는 모母가자식子息을 생생하는 때에 그 모母와 부父가 함께 부모父母의 위位가 성성함과 같은 것이니무위戊位가 기사궁기巳宮에 가서 달의 광명을 받는 때에 무위戊位와 기위기位가 모두 부모父母의 도度가 성도成道하는 것이다.

기위무위己位戊位와 달은 모두 기사궁기巳宮에서 도성도度成道하는데 오직 태양은 달을 우遇하여 달에 광명을 시施하는 때에 도성도度成道하는 것이므로 태양은 달의 도성도度成道하는기사궁기巳宮에서 십팔도이원十八度以遠에 있는 신해辛亥에서 도성도度成道하는 것이다."라고 하였다.

太陰은 逆生倒成하니 先天而后天이오
태음 역생도성 선천 이후천

旣濟而未濟니라.
기제 이 미제

一水之魂이오 四金之魄이니
일수지혼 사금지백

胞於戊位成度之月 初一度하고
포어무위성도지월 초일도

胎於一九度하고 養於十三度하고 生於二十一度하니
태어일구도 양어십삼도 생어이십일도

度成道於三十이니라.
도 성 도 어 삼 십

○ 太(클 태) 逆(거스를 역) 倒(넘어질 도) 成(이룰 성) 后(임금 후) 旣(이미 기) 濟(건널 제) 魂(넋 혼) 魄(넋 백) 胞(태보 포) 位(자리 위) 成(이룰 성) 度(법도 도) 初(처음 초) 胎(아이 밸 태) 養(기를 양)

태음太陰으로 거슬러서 거꾸로(낙서洛書→하도河圖) 이루니[79], 선천先天(체體)이되 후천后天이요, 기제旣濟(화수火水)로되 미제未濟니라. 수水의 혼魂이요, 사금四金의 혼魂이니 무위戊位의 도수度數를 이루는 달 초1에 포胞하고 단9에 태胎하고 13도度(임자壬子)에 양養하고 21도(경신庚申)에 생

---

[79] 『주역·정역』에서는 "무위戊位는 후천后天 수금水金 태음太陰의 모母이므로 태양太陽은 무위戊位인 무술궁황극戊宮皇極에서 생생하니 이것을 성도成度라 한다. 달은 기위己位로부터 경임庚壬의 일수사금一水四金을 받으니 일수一水의 정精을 혼魂이라 하고, 사금四金의 질質을 백魄이라 한다. 일수사금一水四金인 임경壬庚의 생생함에는 십이지十二支의 양수양금陽水陽金인 자신子申에서 포태양생胞胎養生하므로 무술궁戊戌宮의 황극皇極에서 시始하여 경자庚子에서 포胞하고, 무신戊申에서 태胎하고, 임자壬子에서 양養하고, 경신庚申에서 생생하니 무술戊戌에서 육십갑자六十甲子의 종終인 계해癸亥까지는 선천先天의 생장生長하는 과정이오, 물物의 생장生長은 역逆이 되므로 달은 경신庚申에 역생逆生하는 것이며, 경신庚申에서 후천갑자后天甲子로 넘어가면 이것을 도倒라 하는데 달은 기사궁己巳宮에 가서 도度가 성도成道하므로 이것을 도성倒成이라 하니, 이가 곧 태음太陰의 역생도성逆生倒成이다. 역逆이라 함은 하下로부터 상승上升함이오, 도倒라 함은 상上으로부터 하전下顚함이라 태음太陰의 역생逆生이라 함은 태양太陽의 수금水金의 양정陽精을 수수受授하여 생장生長하여 상승上升함이오 도성倒成이라 함은 선천先天으로부터 후천后天 기사궁己巳宮으로 넘어올 때에 그 체체體體가 전도顚倒하여 표리表裏가 상역相易하는 것이다. 달이 황극중皇極中에서 생生한 까닭에 후천后天 달을 황중월皇中月이라 한다."라고 하였다.

生하니 도수度數가 30도(기사己巳)에 이르러 성도成道(쾌卦)하니라.

태음지정太陰之政과 포태양생성종胞胎養生成終에 대한 설명이다.

일월포태양생성도[80]

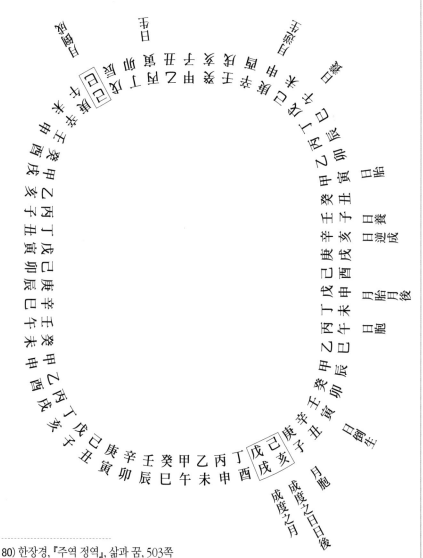

80) 한장경, 『주역 정역』, 삶과 꿈, 503쪽

1) 태음太陰 역생도성逆生倒成, 선천이후천先天而后天, 기제이미제既濟而未濟

　　태음太陰은 거슬러서 생하고, 거꾸로 이룬다 하니[81] 선천先天이나 체體는 후천后天이요, 수화기제水火既濟로 용用하였으나 체體는 화수미제지상火水未濟之象이다. 수리數理로는 일一·이二에서 구九·십十으로 역생도성逆生倒成하니, 일이一二는 수화水火이며(하도河圖의 생수일수이화生數一水二火), 낙서洛書의 천수天數는 종어구終於九로 십十에 미달未達하니 기제既濟라도 미제未濟의 상象이다.

2) 일수지혼一水之魂 사금지백四金之魄

　　일수一水란 임일수壬一數요, 사금四金은 경사금庚四金이라. 이것이 태음太陰의 곁에 나타난 혼백魂魄이다. 달은 임수사금水金(일수사금一水四金)의 기운氣運으로 나타난다. 또한 달은 기위己位로부터 경임庚壬의 일수사금一水四金을 받으니 일수一水의 정精을 혼魂이라고 하고, 사금四金의 질質을 백魄이라고 한다.

3) 포어무위성도지월胞於戊位成度之月 초일도初一度

　　무위戊位는 무술戊戌, 기해己亥, 무진戊辰, 기사己巳라. 무위도수戊位度數

---

81)『주역·정역』에서는 "무위戊位는 후천后天 수금水金 태양太陰의 모母이므로 태양太陰은 무위戊位인 무술궁황극戊戌宮皇極에서 생생하니 이것을 성도成度라 한다. 달은 기위己位로부터 경임庚壬의 일수사금一水四金을 받으니 일수一水의 정精을 혼魂이라 하고 사금四金의 질質을 백魄이라 한다. 일수사금一水四金인 임경壬庚의 생생함에는 십이지十二支의 양수양금陽水陽金인 자신子申에서 포태양생胞胎養生하므로 무술궁戊戌宮의 황극皇極에서 시始하여 경자庚子에서 포胞하고, 무신戊申에서 태胎하고, 임자壬子에서 양養하고, 경신庚申에서 생생하니 무술戊戌에서 육시갑자六十甲子의 종終인 계해癸亥까지는 선천先天의 생장生長하는 과정이오, 물物의 생장生長은 역逆이 되므로 달은 경신庚申에 역생逆生하는 것이며, 경신庚申에서 후천갑자后天甲子로 넘어가면 이것을 도倒라 하는데 달은 기사궁己巳宮에 가서 도도度가 성도成道하므로 이것을 도성倒成이라 하니, 이가 곧 태음太陰의 역생도성逆生倒成이다. 역逆이라 함은 하下로부터 상승上升함이오, 도倒라 함은 상上으로부터 하전下顚함이라 태음太陰의 역생逆生이라 함은 태양太陽의 수금水金의 양정陽精을 수수受授하여 생장生長하여 상승上升함이오 도성倒成이라 함은 선천先天으로부터 후천后天 기사궁己巳宮으로 넘어올 때에 그 체體가 전도顚倒하여 표리表裏가 상역相易하는 것이다. 달이 황극중皇極中에서 생生한 까닭에 후천后天달을 황중월皇中月이라 한다." 라고 하였다.

가 이루어지는 달은 기해己亥라는 것이다. 초일도初一度란 기해己亥에서 초 1도度인 경자庚子를 말한다.

4) 태어일구도胎於一九度

태어일구도胎於一九度는 기해己亥로부터 구도九度인 무신戊申에서 태胎 한다는 의미이다.

5) 양어십삼도養於十三度 생어이십일도生於二十一度, 도성도어삼십도成道於三十[82]

임자壬子인 13도에서 양양養養하고 경신庚申인 21도에서 생생生生하니 도수度數 가 기사己巳인 30도에서 성도成道한다는 것이다.

---

82) 『정역집주보해正易集註補解』에서는 "만물은 돌연突然이 생생生生하는 이치理致는 없다. 태음 지정太陰之精인 월月의 성도成道 역시 포태胞胎의 과정을 거쳐야 하는 것이니, 무위戊位가 후 천수금后天水金의 중위中位인 무술궁戊戌宮에서 일수지혼一水之魂과 사금지백四金之魄을 무 술기해戊戌己亥의 다음 자리인 경자궁庚子宮에서 초初 1도度 포포胞胞하고, 태어구도무신胎於九 度戊申 양어십삼도임자養於十三度壬子 생어이십일도경신生於二十一度庚申 삼십도三十度 기사 궁己巳宮에 이르러 성도成道하는 것이다. 일수一水는 임壬이니 임정壬精이 혼혼魂으로 응결凝結 되고, 사금四金이 경庚이니 경정庚精이 성백成魄하여 이 수금혼백水金魂魄이 합합함으로써 태 양지정太陰之精을 이루는 것이다. 수水를 먼저하고 금金을 뒤로함은 도역지리倒逆之理이다. 이는 월극체위月極體位의 성도成道를 밝힌 것이다."라고 하였다.

三張····後

終于己位成度之年 初一度하고
종 우 기 위 성 도 지 년 초 일 도

復於戊位成度之年 十一度니라.
복 어 무 위 성 도 지 년 십 일 도

復之之理는 一八七이니라.
복 지 지 리 일 팔 칠

○ 終(끝날 종) 于(어조사 우) 己(자기 기) 位(자리 위) 成(이룰 성) 初(처음 초) 復(돌아올 복)
戊(다섯째 천간 무) 位(자리 위) 復(돌아올 복) 理(다스릴 리)

기위도수己位度數가 이루는 해 초1도를 마치고, 무위도수戊位度數를 이루는 해 11도에서 회복回復하니라. 회복回復(종시終始)하는 이치理致는 일팔칠一八七이니라.

월정사月政事의 일년一年 기수朞數인 선천先天의 삭朔에서 망望까지로 태음정사太陰政事에 대한 설명이다. 월정사月政事의 범위는 팔일八日과 칠일七日로 되어 있다. 초팔일初八日이 상현上弦이 되고, 칠일七日을 지나 십오일十五日에 망望이 된다는 것이다.

1) 종우기위성도지년終于己位成度之年 초일도初一度[83]

기위己位(기해己亥)에서 종료終了되어 성도成度되는 해(년年)가 초일도初一度인 경자庚子라는 것이다.

2) 복어무위성도지년復於戊位成度之年 십일도十一度[84]

무위戊位에서 성도成道가 이루어지는 해는 무술戊戌이요, 십일도十一度에서 회복回復하는 도수度數는 무술戊戌 다음의 모지일母指一이 기해己亥이니, 기해己亥에서 십일도十一度를 지나가서 기유궁己酉宮으로 회복한다는 것이다.

3) 복지지리復之之理 일팔칠一八七[85]

복지지리復之之理는 일월日月이 본자리로 회복回復하는 이치理致를 말한다. 회복回復(종시終始)하는 이치理致가 일팔칠一八七(용팔용칠用八用七작용)이다. 일팔칠一八七은 선천先天의 삭朔에서 망望까지의 태음정사太陰政事를 말한다. 월月의 일개월一個月 정사政事는 선천先天의 영영影이요, 후천后天의 체體이다. 따라서 선천先天의 삭朔에서 상현上弦까지는 복상월復上月의 영생수影生數인 일팔一八에 해당한다.

----

83) 『정역관지正易觀之』에서는 "기위己位에서 종료終了되어 성도成度되는 해(년年)가 초일도初一度이다."라고 하였다.

84) 『금화정역현토조해金火正易懸吐粗解』에서는 "기위성도지년己位成道之年은 기사己巳요, 초일도初一度는 경오庚午이다. 무위성도지년戊位成度之年은 무술戊戌이요, 십일도十一度에서 회복回復하는 도수度數는 무술戊戌 다음 모지일母指一이 기해己亥이니 십일도十一度에 가서 기유궁己酉宮으로 성도成道한다."라고 하였다.

85) 『금화정역현토조해金火正易懸吐粗解』에서는 "달이 원래 자리로 회복하는 원리로서 태음太陰은 일팔칠一八七을 본수本數로 하여 십진일퇴十進一退이니, 복상復上의 자리를 지축地軸으로 삼아 천심월天心月이 당도하게 된다. 십오일절후정사十五日節候政事이며 모지母指를 굴하고(굴屈) 펴는(신伸) 자리로서 곤坤은 원元코 형亨코 이利코 빈마지정牝馬之貞의 상象이요, 팔간산八艮山과 칠지七地와의 합합한 자리이다."라고 하였다.

五日一候요 十日一氣요 十五日一節이오
오일일후 십일일기 십오일일절

三十日一月이오 十二月一朞니라.
삼십일일월 십이월일기

○ 候(기다릴 후, 물을 후) 氣(기운 기) 節(마디 절) 朞(돌 기)

5일日이 일후一候요, 10일日이 일기一氣요, 15일일(보름)이 일절一節이오, 30일日이 1월月이오, 12월月이 1기朞이니라.

개요槪要

후候·기氣·절節·월月·기朞의 천지운기天地運氣의 순환단위를 말한다.

각설各說

1) 오일일후五日一候, 십일일기十日一氣

한 달 30일 중에서 달이 보이지 않는 5일日이 일후一候이다. 오일일후五日一候는 태음지모太陰之母인 무오토戊午土가 오수五數를 기본으로 한 것이지만 기氣의 순환으로 보면 오행五行이 일순一循하는 오일五日의 도수度數인 육십시六十時를 뜻한다. 십일일기十日一氣는 오행五行의 음양합덕陰陽合德이 이루어진 십천간十天干이 일순一循하는 단위이다.[86]

2) 십오일일절十五日一節

십오일일절十五日一節은 오행五行이 삼순三循하여 삼오합덕三五合德으로 월영月盈하는 일팔칠一八七 월정月政으로서 한 절후節候의 단위이다.

3) 삼십일일월三十日一月

삼십일일월三十日一月은 오행五行이 육순六循하여 오육합덕五六合德으로 성장하는 삼십일三十日 삼백육십시三百六十時로서 곧 태음太陰 일월지정日月之政이니, 그러므로 태음지체太陰之體인 일수지혼一水之魂과 사금지백四

---

86) 김주성,『정역집주보해正易集註補解』, 태훈출판사, 1999, 85쪽

金之魄은 삼십도三十度로써 성도成道한다.

4) 십이월일기十二月一朞

십이월일기十二月一朞는 월月이 십이순十二循하는 삼백육십일三百六十日
태음일세지기太陰一歲之朞를 말함이니, 무위戊位는 황극체위皇極體位이고,
기위己位는 무극체위无極體位이므로 오육무기토五六戊己土의 합덕合德은
곧 천지합덕天地合德을 말한다.[87]

太陽은 倒生逆成하니 后天而先天이오
태 양　　도 생 역 성　　후 천 이 선 천

未濟而旣濟니라.
미 제 이 기 제

○ 太(클 태) 陽(볕 양) 倒(넘어질 도) 生(날 생) 逆(거스를 역) 成(이룰 성) 未(아닐 미) 旣(이
미 기) 濟(건널 제)

태양太陽은 거꾸로 나서 거슬러 이루니, 후천后天(體)이로되 선천先天이
요, 미제未濟(체體)로되 기제旣濟(용用)니라.

개요概要

태음太陰에 이어서 태양지리太陽之理를 설명한 것이다.

각설各說

1) 태양太陽 도생역성倒生逆成 후천이선천后天而先天
미제이기제未濟而旣濟[88]

태양太陽은 십十에서 거꾸로 생生하여 일一에서 거슬러 이루는 하도적

---

87) 김주성, 『정역집주보해正易集註補解』, 태훈출판사, 1999, 86쪽
88) 『금화정역현토조해金火正易懸吐粗解』에서는 "태양太陽은 십구팔칠육오사삼이일
十九八七六五四三二一로 도생역성倒生逆成하니 후천后天이로되, 선천先天을 체體로 한 것이
요. 십十·구九에서 이二·일一로 종終하니 화수미제火水未濟로되, 십수十數를 용用하였으니 수
화기제水火旣濟이다."라고 하였다.

河圖的 작용作用으로 도생역성倒生逆成하니 원리原理로서의 후천后天이 실제實際로서의 선천先天이니 미제未濟는 체體이요, 기제旣濟는 용用이라는 것이다[89].

- 하도적작용河圖的作用 - 도생역성倒生逆成 - 후천后天 - 미제未濟 - 체體
- 낙서적작용洛書的作用 - 역생도성逆生倒成 - 선천先天 - 기제旣濟 - 용用

---

89) 『주역·정역』에서는 "기위己位는 선천화목태양先天火木太陽의 부父이므로 태양太陽은 기위己位인 기사궁己巳宮 무극無極에서 생生하는 것이나 태양太陽은 항상恒常하여 종지終止함이 없고, 그 양정陽精을 황극궁皇極宮의 달에 시施하는 것으로써 도度가 성도成道하는 것이며, 태양太陽이 달의 생生하는 황극궁皇極宮에 시정施精함에는 기사궁己巳宮의 상대相對인 기해궁己亥宮에 시施하는 것이니 이는 기사궁己巳宮의 일광日光이 그 반원半圓인 기해궁己亥宮에 직사直射하는 까닭이다.

태양太陽은 칠화七火의 기氣와 팔목八木의 체體로써 양정陽精을 시施하는데 칠화팔목七火八木인 병갑丙甲의 생生함에는 십이지十二支의 양화양목陽火陽木인 오인午寅에서 포태양생胞胎養生하므로 기해궁己亥宮의 황극중皇極中에서 시始하여 병오丙午에서 포胞하고 갑인甲寅에서 태胎하고 무오戊午에서 양養하고 선천先天을 지나서 후천갑자后天甲子로 넘어가서 병인丙寅에서 생生하니, 후천后天에 넘어가서 생生하므로 이것을 도생倒生이라 하며, 태양太陽의 도생倒生이라 함은 양정陽精이 전도顚倒하여 달에 입入함이니 이는 병인丙寅에서 생生한 양정陽精이 달의 경자사금포중庚子四金胞中의 임인일수壬寅一水에 도입倒入함이오, 병인丙寅 양정陽精이 임인壬寅에 도생倒生하는 것은 태양太陽이 양정陽精을 달에 시施하여 일월日月의 합삭合朔하는 상象이며, 태양太陽은 기사궁己巳宮에서 기해궁己亥宮에 시정施精하고 있으므로 그 도度의 성도成道하는 것도 또한 해亥에서 하여 태양太陽이 신해辛亥에 이른 때에 달이 비로소 광광光을 발發하여 태양太陽의 도度가 성도成道하는 것이다. 태양太陽의 양정陽精이 임인壬寅에 도입倒入하면 신해辛亥로 역행逆行하는 동안 생장生長하여 도성도成道가 되므로 이것을 역성逆成이라 하니 이가 곧 태양太陽의 도생역성倒生逆成이다.

태양太陽이 병인丙寅으로부터 壬寅에 도생倒生하는 것은 이십사도二十四度의 도행倒行이니, (서괘序卦의 태궁胎宮이 이십사효二十四爻로서 이십사도二十四度의 상象인데 태양太陽의 이십사도二十四度 도행倒行은 양정陽精이 태궁胎宮에 입入하는 이理이다) 이는 일월궤도日月軌道의 변화의 상象이며 황극궁皇極宮에서 무술戊戌의 달이 앞에 있고, 기해己亥의 태양太陽이 뒤에 있는 것은 달의 선미先迷의 상象이오, 도역생성倒逆生成한 후後에 신해辛亥의 태양太陽이 앞에 있고, 기사己巳의 달이 뒤에 있는 것은 달의 후득주後得主의 상象이니, 후득주後得主의 달이 곧 금화정역金火正易한 뒤의 후천后天달이다.

태양太陽이 신해辛亥에 가는 때에 달이 비로소 광광光을 발發하는 것은 달은 태양太陽으로부터 십팔도이원十八度以遠에 있는 때에 광광光을 발發하는 것이므로 태양太陽의 역성逆成하는 신해辛亥로부터 달의 도성倒成하는 기사己巳까지는 십팔도十八度가 되어 달이 광광光을 생生하는 것이다. 태양太陽의 역성逆成이 바로 달의 도성倒成이다."라고 하였다.

> ## 七火之氣요 八木之體니
> 칠 화 지 기   팔 목 지 체
> ## 胞於己位成度之日 一七度하고
> 포 어 기 위 성 도 지 일   일 칠 도

○ 火(불 화) 氣(기운 기) 體(몸 체) 胞(태보 포) 於(어조사 어) 成(이룰 성) 度(법도 도)

  칠화七火의 기氣(포砲)요, 팔목八木(후천육갑后天六甲)이 체體니, 기위도수己位度數(하도河圖)를 이루는 날(일극체위도수日極體位度數) 초7도(태양太陽)에서 포胞하고,

개요概要

  기위도수己位度數에서 이루어지는 태양太陽의 성도도수成度度數에 대한 설명이다.

각설各說

1) 칠화지기七火之氣, 팔목지체八木之體, 포어기위성도지일胞於己位成度之日 일칠도一七度[90]

  기위己位는 선천先天 팔목八木의 중위中位에서 칠화지기七火之氣 팔목지체八木之體인 태양지정太陽之精을 경자궁庚子宮에서 태태胎하여 초칠도初七度 병오丙午에서 포胞한다는 것이다. 다시 말하면 미래의 성수成數로써 팔八이 체體가 되고, 칠화七火의 기氣(포胞)요, 팔목八木(후천육갑后天六甲)이 체體이니, 기위도수己位度數(기해己亥)를 이루는 날(일극체위도수日極體位度數)이다. 따라서 초칠도初七度 병오丙午에서 성도成度가 이루어진다는 것이다.

---

90) 『금화정역현토조해金火正易懸吐粗解』에서는 "태양太陽의 정령政令은 기경임갑병己庚壬甲丙의 병칠화丙七火의 화火와 갑팔목甲八木의 체위體位이니 기위성도지일己位道之日은 기해己亥이며, 수지手指로는 모지母指를 굴屈하고 경자庚子로 시始하여 칠지신七地伸 병오칠도丙午七度로 포胞한다."라고 하였다.

四張·····前

胎於十五度하고 養於十九度하고
태 어 십 오 도　　양 어 십 구 도

生於二十七度하니 度成道於三十六이니라.
생 어 이 십 칠 도　　도 성 도 어 삼 십 육

○ 胎(아이 밸 태) 養(기를 양) 於(어조사 어) 成(이룰 성) 道(길 도)

15도(갑인甲寅)에서 태胎하고, 19도(무오戊午)에서 양養하고, 27도(병인丙寅)에서 생生하니, 도수度數가 36도에서 성도成道 하느니라.

개요概要

태양지정太陽之政의 포胞·태胎·양養·생生의 성도도수成度度數 과정을 말한다.

각설各說

1) 태어십오도胎於十五度 양어십구도養於十九度

　(단7도(병오丙午)에서 포胞하고) 15도(갑인甲寅)에서 태胎하고 19도(무오戊午)에서 양養한다는 의미이다.

2) 생어이십칠도生於二十七度 도성도어삼십육度成道於三十六[91]

---

91)『금화정역현토조해金火正易懸吐粗解』에서는 "십오지굴十五之屈 갑인십오도甲寅十五度에

27도度(병인丙寅)에서 생생하니 도수度數가 36도를 뛰어 넘어 임인壬寅에 이르고 삼십육도三十六度 신해궁辛亥宮에서 성도成道한다는 것이다.

終于戊位成度之年 十四度하고
종 우 무 위 성 도 지 년 십 사 도

復於己位成度之年 初一度
복 어 기 위 성 도 지 년 초 일 도

復之之理 一七四니라.
복 지 지 리 일 칠 사

○ 終(끝날 종) 戊(다섯째 천간 무) 位(자리 위) 成(이룰 성) 度(법도 도) 復(돌아올 복) 己(자기 기) 位(자리 위) 復(돌아올 복) 理(다스릴 리)

무위도수戊位度數를 이루는 해 14도에 마치고, 기위도수己位度數를 이루는 해 초1도에 회복回復하는 것이다. 회복回復하는 이치理致는 일칠사一七四이니라.

회복回復하는 이치인 일칠사一七四에 대하여 설명하고 있다.

태胎하며, 십구지신十九之伸 무술십구도戊戌十九度에서 양양養養하고 이십칠지신二十七指伸 병자이십칠도丙寅二十七度에서 생생하니, 소위 건곤교乾坤橋인 신유궁辛酉宮에서 하도궁河圖宮인 정유丁酉를 거쳐 가는 이치理致로 병인丙寅에서 다시 삼십육도三十六度를 뛰어 넘어서 임인壬寅에 이르고 신해궁辛亥宮에서 삼십육도三十六度로 태양성도太陽成道한다."라고 하였다.

92) 『주역·정역』에서는 "종終이라 함은 그 정령政令을 종終함이니 달은 무술황극戊戌皇極의 모궁母宮에서 생생하는데 다음의 기해己亥는 태양의 시정施精하는 곳이므로 기해己亥는 달의 정령政令의 종終하는 곳이 되는 것이오, 태양은 달에 시정施精하는 위位에서 종終하는데 신해辛亥는 태양이 달보다 십팔도이원十八度以遠에 있어 달에 시정施精하고 정령政令이 종終하는 곳이므로 태양은 신해辛亥에서 종終하는 것이다.
복復이라 함은 외외로부터 내內에 입입함이니 월복月復이라 함은 달이 내內에 입입하여 시생始生하는 것이므로 월태月胎의 무신戊申이 또한 월복月復이 되고, 일복日復이라 함은 태양의 양정陽精이 월체중月體中에 입입하는 것이므로 월종月終하는 기해己亥가 또한 일복日復이 되는 것이다.

1) 종우무위성도지년終于戊位成度之年 십사도十四度

무위도수戊位度數를 이루는 해는 무술戊戌이다. 십사도十四度는 모지母指인 기해己亥에서 시작하여 임자壬子 14도에서 마친다는 것이다.

2) 복어기위성도지년復於己位成度之年 초일도初一度[93]

기위도수己位度數를 이루는 해는 기사己巳요, 그 초일도初一度는 경오庚

일월日月은 모두 그 본위本位에 복복復復하고 그 상대위相對位에서 종종終終하는 것이니 달은 무위戊位의 모위母位에서 생생生生하므로 또한 무위戊位에 복복復復하는데 모위무술母位戊戌은 선천월선天月의 존공尊空되는 곳이므로 월태월胎의 무신戊申에 복복復復하고 그 상대되는 기위己位에서 종종終終하는 것이다 태양은 기위己位의 부위父位에서 생생生生하므로 또한 기위己位에 복복復復하여 그 시정施精한 기해己亥에 복복復復하고 그 상대되는 무위戊位에서 종종終終하는 것이다.

태양이 기해己亥에 복복復復하고 달이 무신戊申에 복복復復하여 태양이 앞에 복복復復하고 달이 뒤에 복복復復하므로 또한 후득주後得主의 상象이 된 것이다.

종종終終과 복복復復에는 성도지년成度之年을 말하여 포태월胎의 성도지월성도지일成度之月成度之日과 상이相異하다 포태월胎의 이리에 있어서는 달의 일수사금一水四金은 성도成度한 월일에 포월胎하고, 태양의 칠화팔목七火八木은 성도成度한 일일에 포월胎한 것인데 종종終終과 복복復復은 월일月日과 일자체自體의 종복終復하는 것이므로 월일月日은 년年의 속에 있다하여 성도지년成度之年이라 한 것이니 이는 일월月日의 포태양생胎胎養生 성성의 간지干支는 일월月日을 표시하는 도도度로 되어있고 종복終復하는 무신戊申·기해己亥는 년年을 표시하는 도도度로 되는 까닭이다. 포태지리胎之理에 있어서는 무위戊位 성도지월成度之月의 초초일도初一度가 기해己亥이오, 초일도初一度가 경자庚子인데 달은 태양의 시정施精하는 기해己亥에서 종종終終하므로 기해己亥는 달의 도수度數가 되지 못하고 일수一水의 곳인 경자庚子 초일도初一度에서 포월胎하는 것이니, 이가 초초일도初一度의 유이무而無이오, 태양은 기해己亥가 성도成度의 일일이오 칠화七火의 곳인 병오丙午에서 포월胎하나 초초일도初一度인 경자庚子가 없는 것은 아니므로 도수度數는 경자庚子에서 기기起하여 일칠도一七度인 병오丙午에서 포월胎하는 것이니 이것이 초초일도初一度의 무이유而有이다.

성도지년成度之年은 포태월胎의 이리와는 상이相異하여 일월자체月自體의 종복終復하는 것이므로 무위戊位는 무술戊戌이 초일도初一度가 되고 기위己位는 기해己亥가 초일도初一度가 되는 것이다. 태양은 선선先에 신해辛亥에서 종종終終하고 후후後에 기해己亥에서 복복復復하니 태양의 도度는 역역逆하므로 계해癸亥 임술壬戌의 서서序로 역행역행逆行하면 신해辛亥가 선선先하고 기해己亥가 후후後하는 것이다."라고 하였다.

93) 『정역집주보해正易集註補解』에서는 "무위성도지년戊位成道之年은 무술궁戊戌宮이니 초일도初一度 기해己亥에서 태시太始하여 십사도임자十四度壬子에서 종종終終하는 바, 태양太陽은 신해궁辛亥宮에서 성도成道하므로 그 다음 자리인 임자壬子에서 마치는 것이며, 기위성도지년己位成道之年은 기사궁己巳宮이니 초일도경오初一度庚午에서 회복回復하는 바, 이는 경오庚午에서 태양太陽을 포월胎하는 병오丙午까지 삼십육도三十六度이므로 허도수虛度數를 뛰어 넘으면 회복回復하는 경오庚午가 곧 병오丙午인 것이다."라고 하였다.

『정역관지正易觀之』에서는 "무위无位가 종료終了하여 성도成度되는 년年이 십사도十四度이라 이 십사도十四度를 보유하고 기위己位에 복복復復하여 성도成度되는 년年이 초일도初一度에서 합합合하여 십오도十五度이라 이것이 태음太陰과 더불어 조화되는 온도溫度이다."라고 하였다.

午이니, 여기서 회복回復하는 것이다.

3) 복지지리復之之理 일칠사一七四[94]

회복回復하는 이치理致는 일칠사一七四이다. 즉 태음太陰에 중심中心을 두고 복지지리復之之理의 일칠사一七四(태양정사太陽政事)는 하도河圖(7) 낙서洛書(4)가 같이 한자리에서 작용한다는 의미이다. 하도河圖가 낙서洛書를 포함하듯이 칠七은 사四를 포함하고 있다는 것이다. 그러므로 태양太陽의 복지지리復之之理는 일칠사一七四라고 한 것이다. 일칠사一七四를 수지상수手支象數 형상으로 보면 수지手指로 일이삼사一二三四를 꼽고, 오五는 육六으로 펴놓은 형상形象이다. 그러므로 수지상수手支象數에서 사四자리에 칠七이 돌아오는 것이 일칠사一七四의 상象이다.

·일칠사一七四와 수지상수手指象數

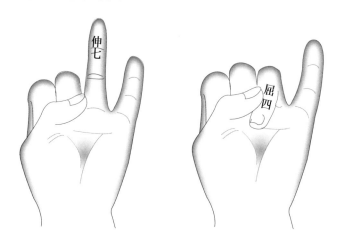

---

94) 『금화정역현토조해金火正易懸吐粗解』에서는 "태양太陽이 회복하는 자리가 일칠사一七四이다. 태양太陽은 일칠사一七四원리로 포오함육胞五含六하는 자리이니, 황중皇中의 자리를 천구天樞하여 황심월皇心月에 당도하게 된다. 건도乾道는 원형이정元亨利貞이요, 도생역성倒生逆成으로 십十·구九·팔八·칠七·육六·오五·사四하면 칠七·사四 수數가 칠일래복七日來復 자리에 같이 닿는 태양太陽의 십일시간행사十一時間行事이다."라고 하였다.

十五分이 一刻이오 八刻이 一時요
십 오 분　일 각　　팔 각　　일 시

十二時 一日이니라.
십 이 시 일 일

地天合道요 六十一을 日月同宮有无地요
지 천 합 도　　육 십 일　　일 월 동 궁 유 무 지

月日同度先后天을
월 일 동 도 선 후 천

○ 分(나눌 분) 刻(새길 각) 合(합할 합) 德(덕 덕) 同(한가지 동) 宮(집 궁) 有(있을 유) 无(없을 무)

십오분十五分이 일각一刻이오, 팔각八刻이 일시一時요

십이시十二時는 일일一日이니라. 천지天地가 덕德을 합합하니 32도이고,

지천地天이 덕德을 합합하니 61일日이 됨을,

해와 달은 집을 같이 하나(공간적空間的 합덕合德) 없는 땅이 있고,

달은 해와 도수度數를 같이하나 선후천임을

일정사日政事와 천지합덕에 관한 설명說明이다.

1) 십오분일각十五分一刻, 팔각일시八刻一時, 십이시일일十二時一日[95]

---

[95] 『정역집주보해正易集註補解』에서는 "태양지수太陽之數를 시時로 논한 것이다, 음陰은 양陽을 겸兼할 수 없으나 양陽은 음陰을 겸兼할 수 있으므로 기십己十(무극无極) 무오戊五(황극皇極)의 합수합수合數合數인 십오분十五分으로 일각一刻을 이루고, 각각刻은 팔괘八卦의 기기氣를 배합配合하여 팔각八刻으로 일시一時를 이루며, 시時는 육기六氣를 거듭(중重)하여 십이十二시時로 일일一日을 이루니 이는 태양太陽이 천지음양수天地陰陽數를 모두 갖추어 일일一日의 장장을 이루는 것이다."라고 하였다.
『정역관지正易觀之』에서는 "일一은 분分으로 시작하여 일일정사一日政事를 범위로 하였으니 동정일식動靜一息이라 칠분七分은 동동하고, 사분四分을 정정靜하고, 사분四分은 식식息이니 공공空이라. 십오분十五分이 일각一刻이 된다."라고 하였다.

십오十五는 태양지정太陽之政이다. 15분分이 일각一刻이고, 8각刻이 1시時이며, 12시時가 1일日이다[96].

2) 천지합덕天地合德 삼십이三十二

오황극五皇極의 무위戊位는 무술궁戊戌宮에서 순행順行하여 무술戊戌(년年), 기해己亥(월月), 무진戊辰(일日), 기사己巳(시時)로 오五(술戊)에서 십十(기己)으로 가니 삼십이도三十二度에서 성도成道하며 이를 황극체위도수皇極體位度數라 한다. 다시 말하면 태음太陰의 정사운행政事運行인 천지天地(천지비괘天地否卦)가 덕德을 합합하니 성도成道의 위치는 삼십이도三十二度이다.

3) 지천합도地天合道 육십일六十一[97]

지천합도육십일地天合道六十一은 무극체위도수无極體位度數이다. 십무극十无極의 기위己位는 기사궁己巳宮에서 역행逆行으로 일순一循하여 육십일도六十一度 기사궁己巳宮으로 환원하여 성도成道됨을 의미한다.[98] 태양정

---

96) 『정역과 일부』에서는 "일세一歲와 일일一日은 모두 태양의 운행을 기초로 하여 그 이理가 동일한 것이므로 일세一歲에 십이월十二月이 있음과 같이 일일一日에 십이시十二時가 있는 것이다. 십이시十二時는 일주야一晝夜의 시간인데 태양이 일주야一晝夜에 삼백육십도三百六十度를 일주一周하므로 삼십도三十度를 지내는 동안을 일시간一時間이라 하니 삼십도三十度는 일개월一個月 삼십일三十日의 이理이므로 십이시十二時는 십이월十二月의 이理이다. 달은 일개월一個月에 삼백육십도三百六十度를 일주一周하여 태양과 합삭合朔하는데 일일一日에 십이도十二度를 도순度順하여 행하므로 일도一度를 일시간一時間으로 하여 일일一日 십이시十二時가 되는 것이다

시간은 무형無形한 공空에서 유형有形한 수數가 생생하는 것인데 수數의 도상圖像이 처음으로 신神의 계시啓示에 의하여 유형화有形化한 것은 낙서구궁도洛書九宮圖이오, 낙서구궁洛書九宮은 종縱으로나 횡橫으로나 대각對角으로나 삼수三數씩을 합습하면 십오十五의 수數가 팔개八個이니 십오十五數는 무형無形한 공空에서 비로소 나타나는 건곤생명원乾坤生命元의 수數이다. 시간의 최저단위最低單位를 분분이라 하여 십오분十五分을 일각一刻으로 하고 팔각八刻을 일시一時로 한 것이다. 또 물상物象이 처음으로 유형有形한 도상圖像으로 화化한 것은 팔괘八卦이오, 매괘每卦를 상괘上卦와 하괘下卦로 인중因重하면 일괘一卦의 수數가 십오十五이니 팔괘八卦는 팔각八刻의 상象이오, 십오괘十五卦는 십오분十五分의 상象이며, 팔각八刻이라는 각자刻字는 시획始劃팔괘八卦라는 획자劃字와 상조相照하는 것이다."라고 하였다.

97) 천지天地는 태음太陰의 정사운행政事運行을 의미하고, 합덕삼십이合德三十二는 성도成道의 위치를 말한다. 지천地天은 태양정사운행太陽政事運行을 의미한다.

98) 김주성, 『주역집주보해』, 태훈출판사, 1999, 93쪽

사운행太陽政事運行인 지천地天(지천태괘地天泰卦)이 덕德을 합하니 육십일
六十一도라는 것이다.

4) 일월동궁유무지日月同宮有无地[99]

일월동궁유무지日月同宮有无地는 태음太陰과 태양太陽이 생기는 궁宮은
같은데 포태포태胞胎의 길은 다르다. 태음太陰은 경자庚子 초일도初一度에서
포포胞하지만 태양太陽은 병오丙午에서 일칠도一七度로 포포胞한다. 그러나 초
초일도初一度는 태음太陰·태양太陽 모두 기해己亥에서 동궁同宮하니 유
지有地와 무지无地가 다르다는 말이다.

반면에 태음太陰은 무위성도지일戊位成度之日에서, 태양太陽은 기위성도
지일己位成度之日에서 생겨나지만 모두 기해궁己亥宮이니 이것이 일월동
궁日月同宮이라는 것이다.

일월日月은 합궁合宮의 위치는 32도이고, 동궁同宮은 공간空間의 위치位
置 개념槪念으로 합덕合德을 말한다. 천지합덕天地合德은 정역正易의 핵심
核心이다. 월동궁月同宮이란 공간적空間的인 합덕合德을 말한다.

유무지有无地는 일월日月과 같은 경자庚子로 포궁胞宮하였지만 유지有地
와 무지无地가 있다는 것이다. 즉 태음太陰은 경자庚子에서 포포胞하여 초일

---

99) 『금화정역현토조해金火正易懸吐粗解』에서는 "선천先天의 정역正易은 황극체위도수皇極
體位度數이니 무술戊戌에서 기사己巳까지의 삼십도三十度요, 후천后天의 지천합덕地天合德은
기사己巳에서 역역逆으로 기사궁己巳宮까지 육십일도六十一度이다. 천지합덕天地合德은 천지비
운天地否運이며, 지천합덕地天合德은 지천태운地天泰運이다."라고 하였다. 또한 "태음太陰과
태양太陽이 생생하는 궁宮은 같으나 포태胞胎하는 과정은 다르다. 이는 태양太陽은 병오丙午
에서 칠도七度로 포포胞하니, 초초일도初一度는 태음太陰 태양太陽이 기해궁己亥宮으로 동일
하나, 태양太陽은 기위성도지일己位成道之日이요, 태음太陰은 무위성도지월戊位成道之月에서
각각 생생하지만 다같이 기해궁己亥宮이므로 일월동궁유무지日月同宮有无地이다."라고 하였
다.
『정역관지正易觀之』에서는 "일일日은 기사궁己巳宮에서 무진戊辰·기해己亥로 하며 기해己亥가
포궁胞宮이 되고, 월月은 무술戊戌에서 시작하여 기해己亥가 포궁胞宮이니 동일同一한 기해
己亥가 일월日月의 포궁胞宮이다. 여기서 유有는 무술위戊戌位이고, 무无는 지기위地己位이
다. 월月은 무술戊戌에서 기해己亥까지 포포胞했으나 유지有地에서 왔고, 일일日은 기사己巳에서
무진戊辰으로 하여 기해己亥에서 포포胞했으니 무지无地에서 왔다. 이것이 삼지양천三地兩天의
뜻이다."라고 하였다.

도初一度하니 이는 유지有地라 한다. 반면에 태양太陽은 병오丙午에서 포
胞하여 일칠도一七度로 시작하니 칠도七度 이전以前은 땅이 없다는 무지无
地라고 할 수 있다.

5) 월일동도月日同度 선후천先后天[100]

태음太陰은 경자庚子 초일도初一度에서 포胞하여 삼십도三十度 기사궁己
巳宮에서 성도成道하고, 태양太陽은 병오丙午 칠도七度에서 포胞하여 삼십
육도三六度 신해궁辛亥宮에서 성도成道하므로 일월日月이 성도成道하는 도
수度數는 삼십도三十度로 같으나 성도成道하는 궁宮은 선후천先后天이 다
르다는 것이다.[101] 이는 월일상망月日相望을 말함이니, 망望은 월체月體가
흡수일광吸收日光하여 성도成道하나 월체月體를 비추는 일(태양太陽)은 반
대편에 위치하며, 망전望前은 선천先天이지만 망후望後는 후천后天이 된
다. 그러므로 성도成道하는 도수度數는 비록 같으나 월일月日의 위치로
보면 일日은 선천先天(주晝)에 있고, 월月은 후천后天(야夜)에 있음을 밝힌
것이니, 앞 구절의 '일월동궁무유지日月同宮无有地'와 관련된 내용이다.[102]

---

100)『금화정역현토조해金火正易懸吐粗解』에서는 "태음太陰은 삼십도三十度에 성도成道하고
태양太陽은 삼십육도三十六度에 성도成道하니 태양太陽은 병오칠도丙午七度에서 포胞하여 삼
십육도신해궁三十六度辛亥宮에서 성도成道하므로 월일月日이 성도成道하는 도수度數는 같으
나 선후천先后天이 다르다는 것이다."라고 하였다.

101) 한장경,『주역·정역』, 삶과 꿈, 2001, 54쪽

102) 김주성,『정역집주보해正易集註補解』, 태훈출판사, 1999, 94쪽

四張····後

三十六宮先天月이 大明后天三十日을
삼 십 육 궁 선 천 월　　대 명 후 천 삼 십 일
四象分體度는 一百五十九니라.
사 상 분 체 도　　일 백 오 십 구

○ 四(넉 사) 象(코끼리 상) 分(나눌 분) 體(몸 체) 度(법도 도)

36궁宮(합덕合德)의 선천先天의 달이 후천后天(종시終始의 세계)의 30일(태음도수太陰度數)을 크게 밝히는 것을, 사상四象으로 나누어진 분체도수分體度數는 159(곤책坤策)이니라.

사상분체도수四象分體度數에 대한 설명이다.

1) 삼십육궁선천월三十六宮先天月 대명후천삼십일大明后天三十日[103]
36궁宮(합덕合德)의 선천先天달(태양도수太陽度數)이 크게 후천后天(종시終

---

103) 『금화정역현토조해金火正易懸吐粗解』에서는 "삼십육궁三十六宮 선천월先天月이 후천后天의 삼십일三十日을 크게 밝힌다 함은 삼십육도三十六度(태양太陽) 수數에 당當하는 신해궁辛亥宮을 말함이요. 선천先天의 초하루인 무진戊辰·무술戊戌에서 기산起算하면 십사일十四日에 신해辛亥·신사辛巳에 당當하는 선보름달이 후천后天에 가서는 계미癸未·계축癸丑인 초初하루에서 기산起算하여 이십구일二十九日째에 신해辛亥·신사辛巳에 당當하니 삼십육도三十六度 신해궁辛亥宮이 후천后天삼십일三十日을 밝힌다는 것이다."라고 하였다.

四張····後

83

始의 세계) 30도(태음도수太陰度數)의 해를 밝힌다는 것은 삼육도三六度에 당當하는 신해궁辛亥宮을 말함이요, 선천先天의 초하루인 무진戊辰·무술戊戌에서 기산起算하면 십사일十四日이 신해辛亥·신사辛巳로 당當하는 선보름달이 후천后天에 가서는 계미癸未·계축癸丑인 초하루에서 기산起算하여 이십구二十九일째에 신해辛亥·신사辛巳에 당當하니 삼십육도三十六度 신해궁辛亥宮이 후천后天 삼십일三十日을 밝힌다는 것이다. 다시 말하면 삼십육도三十六度에서 성도成道한 태양의 빛을 받아 반사하는 선천先天 보름달이 후천后天에는 그믐에 가서 크게 보름달이 되어 밝힌다. 이는 후천 보름 첫날인 16일이 초하루가 되어 30일 그믐에 보름달이 뜬다는 의미이다[104].

2) 사상분체도四象分體度 일백오십구一百五十九[105]

사상분체도수四象分體度數 일백오십구一百五十九란 무극체위도수无極體位度數가 육십일六十日, 황극체위도수皇極體位度數가 삼십이三十二, 월극체위도수月極體位度數가 삼십육三十六, 일극체위도수日極體位度數가 삼십三十을 합한 것이 일백오십구一百五十九이다. 그리고 일백오십구一百五十九

---

104) 『주역·정역』에서는 "달은 일수사금一水四金인 까닭에 스스로 양수陽水 경자庚子에서 포태하여 일도一度가 되고, 양금陽金 무신戊申에서 시태始胎하여 구도九度가 되고, 양수임자陽水壬子에서 양양하여 십삼도十三度가 되고, 양금陽金 경신庚申에서 생생하여 이십일도二十一度가 되고, 기사궁己巳宮에서 성성成成하여 삼십도三十度가 되니, 삼십도三十度는 일개월一個月 삼십일三十日의 이리理이다.

태양은 칠화팔목七火八木인 까닭에 스스로 양화陽火 병오丙午에서 포태하여 칠도七度가 되고, 양목陽木 갑인甲寅에서 태태胎하여 십오도十五度가 되고, 양화陽火 무오戊五에서 양양하여 십구도十九度가 되고, 양목陽木 병인丙寅에서 임인壬寅에 생생하여 이십칠도二十七度가 되고, 신해辛亥에서 성성成成하여 삼십육도三十六度가 되니, 삼십육도三十六度는 태양의 양정陽精의 자리는 일수日數로서 육십수중六十數中의 삼십육수三十六數가 건지책乾策數로 되는 이리理이다.

태양의 성성하는 해위亥位와 달의 성성하는 사위巳位는 선후천경계先后天境界의 상象이 되어 기갑야반생근己甲夜半生 계해癸亥하고 이십사절후二十四節候의 사월巳月에 뇌화뇌풍화雷風和化가 있고, 해월亥月에 금화금火의 정화명화正和明化가 있는 것이다."라고 하였다.

105) 『정역관지正易觀之』에서는 "사상四象은 천지일월天地日月이니 천天은 삼십이三十二이고, 地는 육십일六十一이고, 日은 삼십육三十六이고, 월月은 삼십三十이라 이를 합하니 일백오십구一百五十九라. 일월추연수日月推衍數 이백일십육二百一十六과 합합하여 삼백칠십오三百七十五이니 십오十五를 존공尊空하면 삼백육심三百六十이 된다."라고 하였다.

에서 중궁수中宮數 오五와 십十을 제외하면 곤지책坤之策 일백사십사
一百四十四이다.

> # 一元推衍數는 二百一十六이니라.
> 일 원 추 연 수　　이 백 일 십 육

○ 元(으뜸 원) 推(옮을 추) 衍(넘칠 연)

일원一元을 추리하여 불린(늘린) 수數는 이백일십육二百一十六이니라.

건책수乾策數에 대한 설명이다.

1) 일원추연수一元推衍數 이백일십육二百一十六[106]

『주역周易』에서 1, 3, 5는 양수陽數, 천수天數이며 2, 4는 음수陰數요,
지수地數이다. 일원추연수一元推衍數는 일원一元을 추리하여 불린 수數로
서 그 합이 216(4×9=36×6효=216 건책수乾策數)이다. 그러므로 곤책수坤
策數159(4×6=24×6효=144+15=159) + 건책수乾策數216 = 375로 원력도
수原曆度數가 성립된다.

> # 后天은 政於先天하니 水火니라.
> 후 천　　정 어 선 천　　수 화
> # 先天은 政於后天하니 火水니라.
> 선 천　　정 어 후 천　　화 수

----

106)『정역집주보해正易集註補解』에서는 "이백일십육二百一十六은 건지책수乾之策數이다. 이
는 태양지수삼십육太陽之數三十六을 육효지수六爻之數로 승승乘乘한 구구법九九法 추연수推衍數
와 일치한다. 일원一元은 즉 건원乾元이며 건원지수乾元之數는 구九이니 이 구수九數를 사상
수四象數로 승승乘乘하면 태양지수太陽之數인 삼십육三十六을 얻게 되고 또 삼십육三十六을 육수
六數로 승승乘乘하면 이백일십육二百一十六을 얻게 되는 바, 이것이 건일원추연수乾一元推衍數이
다."라고 하였다.

○ 后저(뒤 후) 政(다스릴 정) 於(어조사 어)

후천后天은 선천先天을 정사政事하니 수화水火이니라. 선천先天이 후천
后天을 정사政事하니 화수火水이니라.

선후천先后天과 정령政令·율려律呂작용(도역到逆원리)에 대한 설명이다.

1) 후천后天 정어선천政於先天 수화水火[107]

후천后天이 선천先天을 정령작용政令作用으로 정사政事한다는 것이다.
그러므로 수화水火로서 기제旣濟요, 낙서洛書와 상호의 대립을 시간으로
표시한 것으로 낙서洛書의 천도天道 작용을 말한다. ①정령작용正令作用
은 드러나는 것이고, ②율려작용律呂作用은 내면적內面的인 생명작용生命
作用을 말한다.

2) 선천先天 정어후천政於后天 화수火水[108]

선천先天이 후천后天을 정사政事하니 화수火水는 하도河圖의 도생역성
倒生逆成작용을 말한다.

---

107) 『금화정역현토조해金火正易懸吐粗解』에서는 "낙서洛書 후천后天은 선천先天에서 정사
政事하나, 수화기제水火旣濟이며, 천지비괘天地否卦이다."라고 하였다.
『정역집주보해正易集註補解』에서는 "낙서구궁洛書九宮은 후천지체后天之體이나 그 용용이
선천先天에 있으므로 후천정어선천后天政於先天이라 한 것이다. 낙서洛書의 후천용사后天用
事는 낙서하단洛書下端에 있는 일수一水가 역생역생逆生하여 남방南方으로 올라오는 정사政事이
므로 이를 수입화향水入火鄕이라고 하며, 괘상卦象으로는 수화기제水火旣濟이다. 또한 후천
용사后天用事는 음陰(수水)이 역생역생逆生하여 양陽(화火)이 되는 음변위양陰變爲陽의 과정이며,
역상역上하여 극極에 이르면 더 전진前進할 수 없으므로 후퇴하여 본체本體로 환원還元하는
것이니, 수화水火의 순환을 역생도성逆生倒成이고, 『주역』의 괘상卦象으로는 천지비괘天地否
卦이다."라고 하였다.
108) 『금화정역현토조해金火正易懸吐粗解』에서는 "하도河圖 선천先天은 후천后天에서 정사
政事하니 화수미제火水未濟이며, 지천태괘地天泰卦이다."라고 하였다.

금화일송金火一頌

> 聖人垂道하시니 金火明이로다.
> 성 인 수 도　　　금 화 명
> 將軍運籌하니 水土平이로다
> 장 군 운 주　　　수 토 평

○ 頌(기릴 송) 聖(성스러울 성) 垂(드리울 수) 道(길 도) 將(장차 장) 軍(군사 군) 運(돌 운) 籌(산가지 주, 꾀할 주, 투호 살 주)

성인聖人이 도道를 드리우시니 금화金火의 이치가 밝음이로다.

장군이 여러모로 계획하고 궁리하니(숫대(산가지)를 움직이니) 수토水土가 평平하구나.

개요槪要

금화교역金火交易으로 인해 선천先天이 후천后天으로 변화함을 찬미讚美하였다. 화금火金이 금화金火로 복귀復歸된다는 뜻이다. 복희팔괘伏羲八卦의 수수數가 낙서구궁수洛書九宮數로 변한 것을 말한다.

각설各說

1) 성인수도聖人垂道 금화명金火明[109]

성인聖人이 도道(하도적河圖的 작용 10→9)를 내리시니 금화金火의 이치를 밝혔다는 것이다. 하도河圖의 작용은 도생역성倒生逆成이다. 성인수도聖人垂道란 하늘의 뜻을 자각한 성인聖人들이 역도易道를 자각하여 후세에 전달한 성인聖人을 말하며, 금화명金火明은 금화교역金火交易의 이치理致를 밝힌 것을 말한다[110].

---

109) 『정역관지正易觀之』에서는 "수도垂道는 천도天道의 이룸(성成)을 말한다."라고 하였다
110) 『주역·정역』에서는 "이는 복희괘도伏羲卦圖의 수수數가 후천구궁수后天九宮數로 변한 것이다. 금화면金火明은 괘지이건卦之離乾이니 건乾은 금금金金이오, 이離는 화火이며, 후천구궁后天九宮의 동북정위東北正位이다. 금화명金火明은 건이乾離로서 성인남면청천하聖人南面聽天下의 상象이 되므로 성인수도聖人垂道라 한 것이다."라고 하였다.

2) 장군운주將軍運籌

장군운주將軍運籌은 성인聖人의 대리격格이다. 장군將軍은 오행五行의 변화작용變化作用인 상생相生과 상극相剋을 주관하므로 이것을 장군將軍에 비유한 것이다. 운주運籌은 여러모로 계획하고 궁리하는 것을 말한다.

3) 수토평水土平[111]

수토평水土平은 수토지성도水土之成道의 천지天地요, 천지합덕天地合德이 일월日月이다.[112] 토평土平은 금화교역金火交易을 말한다[113].

農夫洗鋤하니 歲功成이로다.
농 부 세 서   세 공 성
畵工却筆하니 雷風生이로다.
화 공 각 필   뇌 풍 생

○ 農(농사 농) 夫(지아비 부) 洗(씻을 세/깨끗할 선) 鋤(호미 서) 歲(해 세) 功(공 공) 成(이룰 성) 畵(그림 화) 工(장인 공) 却(물리칠 각) 筆(붓 필) 雷(우레 뇌(뢰)) 風(바람 풍) 生(날 생)

농부가 호미를 씻으니 한 해의 공이 이루어짐이로다.

화공이 붓을 물리치니 뇌풍雷風이 생함이로다.

---

111) 『정역집주보해正易集註補解』에서는 "장군將軍이라 함은 오행五行의 변화작용變化作用을 말함이니, 오행五行은 상생相生과 상극相剋으로서 생生과 극剋을 주관하므로 장군將軍에 비유한 것이다. 또한 상생相生과 상극작용相剋作用은 곧 음양陰陽의 변화變化를 뜻함이니 모두 수數의 도역倒逆에 의하여 양진음퇴陽進陰退하는 변화變化를 반복함으로 장군운주將軍運籌라고 하는 것이다. 수토평水土平은 십토일수十土一數의 변화를 말한 것이니, 일一은 수지시數之始로서 역수逆數하여 십十에 이르게 되고 십十은 만극지수萬極之數로서 수지종數之終이므로 되돌려 역생逆生함으로써 다시 일一로 돌아가게 되는바, 십十과 일一은 양극兩極으로서 십무극十无極과 일태극一太極이니, 이를 십일귀체十一歸體 또는 무극이태극无極而太極이라 한다. 일수一數가 역생逆生하여 십토十土에 이르면 수변위토數變爲土하고, 십토十土가 역생逆生하여 일수一數에 이르면 토화위수土化爲水하여 수토水土가 상평相平하므로 이를 수토평水土平이라고 한 것이다."라고 하였다.
『정역관지正易觀之』에서는 "운수運籌는 지도地道의 이룸(성성成)을 말한다."라고 하였다

112) 『정역구해正易句解』에서는 "수토평水土平은 장군將軍이 국가國家를 지키어 무공武功으로 수토水土를 평정하는 일이니 예로서 우禹임금이 수토평水土平한 일이다."라고 하였다.

113) 『주역·정역』에서는 "수토평水土平은 괘지감곤수지육팔卦之坎坤數之六八이니 감坎은 수水이오, 곤坤은 토土이며 후천구궁后天九宮의 북동유위北東維位이다. 수토평水土平은 곤감坤坎으로서 사師를 행行하는 상象이 되므로 장군운주將軍運籌라 한 것이다."라고 하였다.

농부가 봄, 여름 동안 농사를 지어 결실하는 때이다. 만물생성변화원리萬物生成變化原理의 완성으로 선후천先后天의 변화를 설명하고 있다.

1) 농부세서農夫洗鋤 세공성歲功成[114]

농부가 군자의 세계에서 호미를 씻으니 만물萬物의 생성원리生成原理가 완성完成됨을 말한다. 정역괘도正易卦圖와 금화교역金火交易의 후천지도后天之道를 일년 농사에 비유하여 설명하고 있다. 호미는 선천농사先天農事에 해당하고, 가을에 수확하면 이것을 보관했다가 내년 봄에 다시 사용하게 됨을 말한다[115].

2) 화공각필畵工却筆 뇌풍생雷風生[116]

화공각필畵工却筆은 일부一夫께서 정역팔괘正易八卦를 획정함을 의미한다. 즉 화공畵工이 붓을 치워버린다는 것은 성현聖賢들이 하도河圖 낙서洛書를 통해 복희伏羲 문왕괘도文王卦圖를 그렸으나 이제 정역팔괘도正易八卦圖가 출현하였으니 붓이 필요 없게 됨을 말한 것이다. 이것은 만물생성변화원리萬物生成變化原理의 완성으로 선후천先后天의 변화를 말한다. 즉 뇌풍생雷風生은 선천先天의 장남長男, 장녀長女로서 천지부모를 대신하여 선천先天의 생장生長을 주도主導한다는 것이다[117].

---

114) 『정역관지正易觀之』에서는 "삼팔간태三八艮兌가 합덕合德이라 인도人道를 이룸이다."라고 하였다.

115) 『주역·정역』에서는 "세서세공성자洗鋤歲功成者 간지경신干之庚申 수지구사數之九四이니 경신庚申은 금金으로서 서방西方에 있어 추절秋節과 서鋤의 상象이 되므로 추추에 수확收穫하는 세공歲功을 말한 것이오, 농부農夫는 추수秋收를 상象한 것이다."라고 하였다.

116) 『금화정역현토조해金火正易懸吐粗解』에서는 "금화정역도金火正易圖가 성도成圖되니 뇌풍雷風이 생생하고 각필却筆은 십수팔괘十數八卦가 완성完成되니 다시 괘도卦圖가 나오지 않음을 말한다."라고 하였다.
『정역관지正易觀之』에서는 "조화調和가 생생한 것이니 신도神道를 이룸이다."라고 하였다

117) 『주역·정역』에서는 "화공각필뇌풍생畵工却筆雷風生은 괘지진손수지십오卦之震巽數之十五이다. 천공天工의 계시啓示가 창공蒼空에 나타난 것을 사람의 인공人工이 필필로써 회畵

> 德符天皇하니 不能名이로다
> 덕 부 천 황   불 능 명
>
> 喜好一曲瑞鳳鳴이로다 瑞鳳鳴兮여 律呂聲이로다.
> 희 호 일 곡 서 봉 명   서 봉 명 혜   율 려 성

○ 德(덕 덕) 符(부신 부) 皇(임금 황) 不(아닐 불) 能(능할 능) 名(이름 명) 喜(기쁠 희) 好(좋을 호) 曲(굽을 곡) 瑞(상서 서) 鳳(봉새 봉) 鳴(울 명) 兮(어조사 혜) 律(법 율(률)) 呂(음률 려(여)) 聲(소리 성)

공덕功德이 천심天心과 황심皇心에 부합하니, 능히 이름을 짓지 못함이로다.

기쁘고 좋아서 한 곡조를 부르니, 서봉이 (화답하여) 우는구나

상서로운 봉의 울음이여 율려律呂의 소리이로다.

개요概要

금화교역金火交易과 정역正易의 원리가 하늘의 뜻에 따라 합덕의 세계가 이루어짐을 노래한 것이다.

각설各說

1) 덕부천황德符天皇 불능명不能名[118]

덕부천황德符天皇은 도덕道德이 이루어진 합덕合德의 세계를 말하며, 기위己位가 천심天心과 황심皇心에 부합하니 무戊인지, 기己인지 능히 이름을 짓지 못한다는 의미이다. 후천后天의 십간十干은 기己로 시작하니, 수지상수手支象數로 기己의 엄지에 무戊가 돌아온다는 것이다. 그러므로 무

하여 일장도화一張圖畵가 되고, 뇌풍雷風이 정위正位하여 금화호역金火互易의 정정政을 행행한다 함이니 이는 포도시布圖詩의 일장도화뇌풍생수식천공대인성一張圖畵雷風生誰識天工待人成의 뜻으로서 금화정역金火正易하는 때에 무기戊己의 위位에서 뇌풍雷風이 변화變化를 행한다는 뜻을 말한 것이다."라고 하였다.

118) 『금화정역현토조해金火正易懸吐粗解』에서는 "천심天心의 무토戊土와 황심皇心의 기토己土가 한자리에서 부합하니, 이를 천심天心이라 할지 황심皇心이라 할지 이름 지울 수 없다는 것이다."라고 하였다.

戌인지, 기기인지 이름을 붙이기가 어렵다는 것이다[119].

2) 희호일곡서봉명喜好一曲瑞鳳鳴[120]

한 곡조 상서로운 봉황의 소리는 천도天道의 소리를 의미한다.[121]

3) 서봉명혜瑞鳳鳴兮 율려성律呂聲[122]

『서경書經』에 순舜임금이 음악을 반주하니 봉황鳳凰이 와서 춤을 추었다는 '봉황래의鳳凰來儀'의 고사故事를[123] 인용引用하여 금화교역金火交易과 정역正易의 원리를 노래한 것이다. 상서로운 봉황의 소리요, 후천의 기상인 서봉瑞鳳이 운다는 것은 바로 율려律呂(시간적時間的 역수曆數리듬)의 소리이다[124].

---

119) 『주역·정역』에서는 "덕부천황德符天皇은 괘지간태수지이칠卦之艮兌數之二七이다. 천天은 천심天心이오, 황皇은 황심皇心이니 천심월天心月과 황심월皇心月을 말함이오, 이는 간태艮兌의 달이 천심월天心月로부터 황심월皇心月로 변하고 있음을 말한 것이다. 간태艮兌는 그 덕德이 천심월天心月 황심월皇心月과 부합符合하여 후천월后天月의 체體가 되는 것이오, 불능명不能名이라 함은 이송二頌의 오황대도吾皇大道의 뜻을 말함이다."라고 하였다.

120) 『금화정역현토조해金火正易懸吐粗解』에서는 "주역周易의 명학鳴鶴이 정역正易의 봉학鳳鶴이며, 일곡一曲은 영가詠歌이요 후천오행后天五行의 찬송가이다."라고 하였다.

121) 『정역집주보해正易集註補解』에서는 "일부一夫께서 정역괘도正易卦圖를 완성하신 그 기쁨을 노래한 것이 희호일곡喜好一曲이며, 하늘이 화답和答하여 상서로운 봉봉瑞鳳이 울어서 상응相應하듯이 계시啓示하였다는 것이다."라고 하였다.

122) 『정역집주보해正易集註補解』에서는 "일부一夫께서 금화교역金火交易과 정역괘도正易卦圖의 원리를 가송歌頌으로써 밝힌 것이다. 이것은 본인의 능력만으로 된 것이 아니라 하늘의 계시에 의한 덕부천황德符天皇하는 원리를 아울러 밝힌 것이다. 그러므로 봉황鳳凰의 울음소리가 율려律呂의 음율音律과 같이 부합하듯이 선생의 금화송金火頌이 율려지리律呂之理와 조화調和를 이루는 천지음양지정원리天地陰陽之正原理임을 고사故事를 인용하여 밝히신 것이다."라고 하였다.

123) 『서경書經』「우서虞書」

124) 『주역·정역』에서는 "회호喜好는 희황하지일청喜黃河之一淸 호일부지장관好一夫之壯觀의 회호喜好이오, 일곡一曲은 황하지일청黃河之一淸 일부지장관지가악一夫之壯觀之歌樂이다. 일월日月 합삭合朔하는 이화二火, 삼목三木, 육수六水, 구금九金의 中에 무위황극位戊位皇極이 있고 거기에서 율려성律呂聲이 발발發發한다. 진손지태양震巽之太陽 간태지월艮兌之月이 합삭合朔하는 때에 율려성律呂聲이 발발發發하므로 이것을 서봉명瑞鳳鳴이라 한 것이다."라고 하였다.

五張····前

금화이송金火二頌

> 吾皇大道當天心하니 氣東北而固守하고
> 오 황 대 도 당 천 심　　기 동 북 이 고 수
>
> 理西南而交通이라
> 이 서 남 이 교 통
>
> 庚金九而氣盈이요 丁火七而數虛로다.
> 경 금 구 이 기 영　　정 화 칠 이 수 허

○ 吾(나 오) 皇(임금 황) 當(당할 당) 氣(기운 기) 固(굳을 고) 守(지킬 수) 理(다스릴 이(리))
  西(서녘 서) 南(남녘 남) 交(사귈 교) 通(통할 통) 庚(일곱째 천간 경) 金(쇠 금) 盈(찰 영)
  丁(넷째 천간 정) 虛(빌 허)

황극의 큰 진리가 하늘의 마음을 당하니(깨달으니),

기氣는 동북東北(삼팔三八·일육一六)에서 굳게 지키고,

이理는 서남西南(사칠四七·이구二九)에서 통함이라.

경금庚金은 9(하도河圖的 표현)로되 기氣가 차 있고(낙서洛書)

정화丁火는 7이로되 수數(하도河圖)가 비어 있음이로다.

개요概要

　금화교역金火交易의 과정을 금화일송의 성인수도聖人垂道 금화명金火明
의미를 통해 두 번째 가송歌頌하는 것이다. 즉 사구금四九金과 이칠화二七

火를 두 번째 칭송한 것이다.[125] 정역팔괘도正易八卦圖의 도상圖上중에서 이천칠지二天七地에 대한 설명이다.

각설各說

1) 오황대도당천심吾皇大道當天心[126]

황심皇心에서 황중월皇中月이 생긴다는 것이다. 즉 황심皇心의 도道가 천심天心에 당한다는 것이다. 천심天心은 낙서洛書의 오황극五皇極인데 후천后天의 황심皇心이 된다는 것이다. 오황吾皇은 인도人道를 말한다. 인간이 하늘의 마음을 깨달았다는 것이다[127].

2) 기동북이고수氣東北而固守[128]

기氣는 동북東北(삼팔일육三八一六)에서 천심天心을 맞을 준비로 굳게 지킨다. 즉 낙서洛書의 동북東北(삼팔일육三八一六)이 하도河圖의 동북東北(삼팔일육三八一六)이 된다는 것이다[129].

---

125) 『정역관지正易觀之』에서는 "금화金火가 호위互位하여 천지화권天地化權을 경론經綸함을 연상하였다."라고 하였다.

126) 『정역집주보해正易集註補解』에서는 "정역팔괘도正易八卦圖의 주괘主卦인 오곤지五坤地가 하늘의 중심中心인 남방주궁南方主宮에 정위正位하는 원리原理를 밝힌 것이다. 이는 선천先天의 천심天心은 체體가 되어 가라앉고 후천后天의 황극皇極이 솟아올라 용사用事함을 뜻하는바 복희괘도伏羲卦圖는 건상곤하乾上坤下이나 정역괘도正易卦圖는 곤상건하坤上乾下로서 십건천十乾天이 아래로 내려가고 오곤지五坤地가 위로 올라와 천심天心에 당위當位하여 후천后天의 주主가 됨을 말한다."라고 하였다.

127) 『주역·정역』에서는 "오황대도吾皇大道는 황심皇心에서 황중월皇中月의 생생하는 도道이다. 오황대도당천심吾皇大道當天心이라 함은 천심天心은 낙서중궁洛書中宮의 오五인데 후천后天의 황극중심월皇極中心月이 선천천심先天天心의 위位에 당當하여 황심월皇心月이 된다 함이다."라고 하였다.

128) 『금화정역현토조해金火正易懸吐粗解』에서는 "일육一六 삼육三八은 동북東北에서 변함이 없음을 말한다, 기氣는 일一·이二·삼三·사四·오五와 같이 선천先天의 생장과정生長過程이요, 이理는 십十·구九·팔八·칠七·육六으로 성숙成熟의 과정過程이다."라고 하였다

129) 『주역·정역』에서는 "기동북이고수氣東北而固守라 함은 낙서洛書의 동북東北 일육삼팔一六三八이 그대로 후천하도구궁后天河圖九宮의 동북東北 일육삼팔 一六三八이 된다 함이다. 후천구궁后天九宮의 동북東北, 일건一乾, 팔곤八坤, 삼리三離, 육감六坎은 곧 천지일월天地日月로서 그 괘상卦象이 반역反易이 없고 전도顛倒하여도 변치 아니하니 이것도 또한 기동북이고수氣東北而固守의 상象이다."라고 하였다.

3) 이서남이교통理西南而交通[130]

이理는 서남西南(사칠이구四七二九)의 종시終始점에서 기동북氣東北과 통한다. 문왕팔괘도에서 사구금四九金과 이칠화二七火가 자리가 바뀌어서 서로 통하지 않았는데 이제 통하게 되었다는 것이다. 왜냐하면 정역괘도正易卦圖의 동북東北은 진震·건乾·감坎·간艮(양陽, 남男)이요, 서남西南은 손巽·곤坤·이離·태兌(음陰, 여女)이므로 정음정양正陰正陽이 되어 서로 대면하게 되었기 때문이다.

4) 경금구이기영庚金九而氣盈[131]

경금庚金은 구九(하도河圖的 표현)로되 기氣가 찼다는 것이다.(낙서洛書)

5) 정화칠이수허丁火七而數虛[132]

정화丁火는 칠七이로되 수數(하도河圖)가 비었다는 것이다.

理金火之互位하야 經天地之化權이라
이 금 화 지 호 위   경 천 지 지 화 권

風雲動於數象이요 歌樂章於武文이라
풍 운 동 어 수 상   가 락 장 어 무 문

○ 理(다스릴 이(리)) 互(서로 호) 位(자리 위) 經(날 경) 化(될 화) 權(저울추 권) 風(바람 풍) 雲(구름 운) 動(움직일 동) 數(셀 수) 象(코끼리 상) 歌(노래 가) 樂(즐길 락(풍류 악,좋아할 요)) 章(글 장) 武(굳셀 무) 文(글월 문)

금화金火가 자리를 같이 함을 다스려서, 천지天地의 화권化權을 (용구용육用九用六을) 경영함이라. 구름과 바람은 수數와 상象에서 움직이고, 노

---

130)『금화정역현토조해金火正易懸吐粗解』에서는 "정역正易의 금화교역金火交易에 대한 설명說明이다. 사구금四九金과 이칠화二七火가 서남西南에서 교통함으로써 하도河圖로 복귀復歸하는 것이니 금화교역金火交易의 이치理致이다."라고 하였다.

131)『금화정역현토조해金火正易懸吐粗解』에서는 "경庚은 구금九金이 사금四金으로 됨을 말한 것이다. 서방西方의 사구금四九金이로되 금화교역金火交易으로 인하여 남방南方의 기氣가 충만充滿하게 됨을 말한다."라고 하였다.

132)『금화정역현토조해金火正易懸吐粗解』에서는 "남방南方의 이칠화二七火가 사방西方으로 교역交易하는 이치理致로서 수數가 허虛하다는 것은 정화칠丁火七이 수數가 허虛하여 정화이丁火二로 되니 허虛하다는 것이다."라고 하였다.

래와 풍악은 무武와 문文에서 빛남이라.

개요概要

구이착종九二錯綜의 자리에서 금화金火가 서로 자리함을 말한다.

각설各說

1) 이금화지호위理金火之互位[133] 경천지지화권經天地之化權[134]

금화金火가 자리를 같이 함을 다스려서 천지天地가 변화하는 권능인 화권化權으로 용구용육用九用六을 행한다.

2) 풍운동어수상風雲動於數象[135]

풍운風雲은 하늘의 섭리인 구름과 바람으로 역도易道를 상징하는 수數와 상상象를 움직인다는 것이다.

3) 가락장어무문歌樂章於武文[136]

노래와 풍류는 무武와 문文에서 빛난다는 것이다. 이 때 무武는 육진뢰六震雷요, 문文은 구이화九離火이다. 성인聖人의 밝은 문체로 움직이니 즐거움이 흘러넘친다는 뜻으로 금화金火를 이룸을 설명하고 있다.

---

133) 『정역집주보해正易集註補解』에서는 "남방南方의 이칠화二七火와 서방西方의 사구금四九金중에서 자리를 바꾸는 것은 구금칠화九金七火이니 남방南方에는 구금九金과 이화二火가 동위同位하고, 서방西方에는 칠화七火와 사금四金이 동궁同宮하여 후천后天을 다스리므로 이것이 이금화지호위理金火之互位이다."라고 하였다.

134) 『정역집주보해正易集註補解』에서는 "만물萬物의 생장生長을 멈추게 하고 결실을 촉진하는 것은 금金의 권능이요, 결실을 성숙하도록 조화를 시키는 것은 화火의 권능權能이므로 이금화지호위理金火之互位 경천지지화권經天地之化權이라 한 것이다."라고 하였다.

135) 『정역집주보해正易集註補解』에서는 "풍뢰조화風雷調和는 수數와 상象으로 동動한다. 정역괘도正易卦圖의 일손풍一巽風과 사감수四坎水의 용사用事를 말하며, 합덕合德되면 풍수환괘風水渙卦가 되므로 뇌풍雷風이 동동動動하는 상象이고, 정역괘도正易卦圖의 양방陽方은 선천先天을 뜻하므로 선천先天의 말기에는 풍수風水가 크게 동동動動하여 만물萬物이 흩어지게 될 것임을 예견하시고 그 조짐을 미리 밝히신 것이다."라고 하였다.

136) 『금화정역현토조해金火正易懸吐粗解』에서는 "정역팔괘도正易八卦圖에서 무武는 육진뢰六震雷요, 문文은 구이화九離火이니 용구用九하는 자리에서 문무文武가 빛나는 것을 말한다. 무공武功을 먼저 하고 문덕文德이 뒤따르는 까닭에 무문無文이라고 한 것이다."라고 하였다.

喜黃河之一淸이여 好一夫之壯觀이라
희 황 하 지 일 청　　　호 일 부 지 장 관

風三山而一鶴이요 化三碧而一觀이라
풍 삼 산 이 일 학　　　화 삼 벽 이 일 관

觀於此而大壯하니 禮三千而義一이라.
관 어 차 이 대 장　　　예 삼 천 이 의 일

○ 喜(기쁠 희) 黃(누를 황) 河(강 이름 하) 淸(맑을 청) 好(좋을 호) 夫(지아비 부) 壯(씩씩할
장) 觀(황새 관, 볼 관) 風(바람 풍) 鶴(학 학) 化(될 화) 碧(푸를 벽) 此(이 차) 壯(씩씩할
장) 禮(예도 예(례)) 千(일천 천) 義(옳을 의)

기쁘다, 황하黃河의 맑음이여. 좋다, 일부一夫의 장관壯觀(후천后天)일세.
삼산三山(천天·지地·인人)은 바람이 움직이는 하나의 학鶴이요, 삼벽三碧
을 교화敎化하는 하나의 황새라. 관觀에서 대장大壯을 바라보니 예禮는
삼천三千인데 뜻은 하나(후천后天)라.

개요概要

금화궁金火宮이 뇌화궁雷風宮에 있으니 일부一夫의 장관이라는 것이다.

각설各說

1) 희황하지일청喜黃河之一淸

희황喜黃은 지상地上의 변화, 즉 오五·십토十土를 의미한다. 황하黃河가
천년에 한 번씩 맑아지면 성인聖人이 난다고 한다.

2) 호일부지장관好一夫之壯觀[137]

---

137) 『금화정역현토도해金火正易懸吐圖解』에서는 "호일부지장관好一夫之壯觀은 일부一夫께
서 후천后天의 장관壯觀을 본다는 뜻이 아니라 괘도卦圖에 전개되는 장관壯觀을 본다는 뜻이
다. 정역팔괘도正易八卦圖에 육진뢰六震雷가 십건천十乾天을 보필輔弼하여 뇌천대장雷天大壯
을 이루고, 일손풍一巽風이 오곤지五坤地를 보필輔弼하여 풍지관風地觀을 이룬다는 것이다.
대장괘大壯卦와 관괘觀卦가 합덕合德하여 후천시대后天時代의 일대장관一大壯觀을 이룬다는
것이다."라고 하였다.
『정역집주보해正易集註補解』에서는 "정역팔괘도正易八卦圖의 오곤지五坤地와 십건천十乾天
의 남북정위南北正位의 뇌풍용정雷風用政의 장관壯觀을 논論한 것이다. 성인聖人이 나게 되

호일好一은 항恒으로 일부一夫를 지칭하며, 장관壯觀은 후천后天을 의미한다.

3) 풍삼산이일학風三山而一鶴

삼산三山은 육진뢰六震雷가 팔간산八艮山으로 변하는 진변위간震變爲艮을 말한다. 이것은 문왕팔괘도文王八卦圖의 진동방震東方이 정역팔괘도正易八卦圖에서 간艮 동북東北으로 변한다는 것이다.[138] 또한 삼산三山[139]은 바람을 움직이는 하나의 학鶴(천도天道)이다.

4) 화삼벽이일관化三碧而一觀[140]

삼벽三碧(삼태택三兌澤)을 교화教化하는 황새이다. 이때, 관觀은 황새 관이다. 삼벽三碧이 화化하는 일관一觀이라는 것은 정역괘正易卦로 일손一巽, 이천二天, 삼태택三兌澤인 삼벽三碧이 화化하여 태兌로 나타나는 손변위태巽變爲兌의 학鶴이다. 삼벽三碧은 일손풍一巽風, 이천二天으로 손변위간巽變爲兌하여 뇌천대장괘雷天大壯卦를 삼효三爻로 압축하면 태괘兌卦가 되고, 풍지관괘風地觀卦를 삼효三爻로 압축하면 간艮이 된다. 이것은 간태

면 황하黃河의 물이 맑아진다고 하였으니, 후천后天이 열리면 반드시 일부정역一夫正易을 계승繼承하여 후천시대后天時代를 교화教化할 성인聖人이 나올 것이라는 이 괘도卦圖로서 밝힌 것이다."라고 하였다.

『정역正易과 천문력天文曆』에서는 "『정역正易』에서 장관壯觀은 천시天時에 준準할 수 있을 만큼 웅장雄壯할 때 사용하며, 고금천지일대장관古今天地一大壯觀, 천지장관天地壯觀, 일부지장관一夫之壯觀이다. 그것은 뇌풍雷風이 들어 있기 때문이다. 장壯은 뇌천대장괘雷天大壯卦에서 관觀은 풍지관괘風地觀卦에서 취取한 것이다."라고 하였다.

138) 이 구절을 두고 일부 민족종교民族宗教에서는 후천세계后天世界의 주도권主導權이 간방艮方인 우리나라로 오게 된다는 주장을 한다.

139) 천天·지地·인人 혹은 팔간산八艮山을 의미

140) 『정역과 천문력』에서는 "삼벽三碧이 화化하는 일관一觀이라는 것은 정역괘正易卦로 일손一巽, 이천二天, 삼벽三碧을 화化하는 한의 태兌로 나타나는 학鶴이다. 이것이 금화삼송金火三頌에서 말하는 서새산전백로비西塞山前白鷺飛가 되는 것이다."라고 하였다.

『정역집주보해正易集註補解』에서는 "풍삼산이일학風三山而一鶴의 풍은 오곤지五坤地를 보필輔弼하여 용정用政하는 일손풍一巽風이고, 팔간산八艮山을 삼산三山이라 한 것은 동방정위東方正位의 팔간산八艮山이니, 곧 동방간역東方艮域을 지칭한 것이며, 일학一鶴은 십오성통十五聖統을 이어받은 일부一夫 선생先生 말함이다. '삼산일학三山一鶴'을 계승한 '삼벽일관三碧一觀'이 후천后天을 교화教化하는 뜻으로 나오므로 화삼벽化三碧이라 한 것이다."라고 하였다.

艮兌의 동서합덕東西合德이요, 산택통기山澤通氣의 의미가 있다.

5) 관어차이대장觀於此而大壯 예삼천이의일禮三千而義一[141]

대장大壯을 바라보니 예禮는 삼천三千인데 뜻은 하나(후천后天)이다. 이 것이 금화삼송金火三頌에서 말하는 서새산전백로비西塞山前白鷺飛가 되는 것이다. 관觀은 『주역周易』 풍지관괘風地觀卦로서 '성인聖人이 신묘한 도道로 가르침을 베풀어 천하 만민이 복종한다.'[142]라고 하였고, 뇌천대장雷天大壯은 뇌천대장괘雷天大壯卦로서 '(성인聖人의 말씀은) 크고 바른 것이니 바르고 크면 가히 천지天地의 뜻을 볼 수 있다.'[143]라고 하였다.

---

141) 『정역집주보해正易集註補解』에서는 "십건천十乾天과 오곤지五坤地를 보필하여 용정用政하는 육진뢰六震雷와 일손풍一巽風을 논론한 것이다. 정역팔괘도正易八卦圖의 음방사괘陰方四卦 중 오곤지五坤地, 구이화九離火, 삼태택三兌澤은 음괘陰卦이다. 육진뢰六震雷는 陽卦로서 양방陽方의 음괘陰卦인 일손풍一巽風과 대궁對宮을 이루고 있다. 일손풍一巽風이 오곤지五坤地와 합덕合德하여 풍지관괘風地觀卦를 이루고 육진뢰六震雷와 십건천十乾天이 합덕合德하여 뇌천대장괘雷天大壯卦를 이루니 관觀과 대장大壯의 뜻이 나온다. 일손一巽에서 대궁對宮인 육진六震에 이르면 후천后天의 후기後期로서 다시 선천先天에 대비하는 시점에 이르게 되므로 이것이 천지순환지도天地循環之道이다."라고 하였다.

142) 『주역周易』 풍지관괘風地觀卦 「단사彖辭」, "성인聖人, 이신도설교이以神道設教而 천하복의天下服矣."

143) 『주역周易』 뇌천대장괘雷天大壯卦 「단사彖辭」, "대장이정大壯利貞, 대자정야大者正也. 정대이천지지정가견의正大而天地之精可見矣"

五張····後

금화삼송金火三頌

北窓淸風에 暢和淵明无絃琴하고
북 창 청 풍   창 화 연 명 무 현 금

東山第一三八峯에 次第登臨하야
동 산 제 일 삼 팔 봉   차 제 등 임

洞得吾孔夫子小魯意라
통 득 오 공 부 자 소 노 의

○ 北(북녘 북) 窓(창 창) 淸(맑을 청) 風(바람 풍) 暢(펼 창) 和(화할 화) 淵(못 연) 明(밝을 명) 无(없을 무) 絃(악기 줄 현) 琴(거문고 금) 東(동녘 동) 第(차례 제) 峯(봉우리 봉) 次(버금 차) 第(차례 제) 登(오를 등) 臨(임할 림{임}) 洞(통할 통, 꿰뚫을 통) 得(얻을 득) 吾(나 오) 孔(구멍 공) 夫(지아비 부) 小(작을 소) 魯(노둔할 노{로})

북창北窓(일육一六)의 맑은 바람에 기쁜 마음으로 도연명의 줄 없는 거문고(율려律呂)에 화답和答하고, 동산제일삼팔봉東山第一三八峰에 차례로 올라가서 우리 공부자孔夫子의 노나라는 작다(후천后天) 하신 뜻을 알았구나.

개요概要

금화삼송金火三松은 선천先天에서 후천后天을 크게 밝힘을 노래한 것이다. 수지手支로는 장지長指요, 3, 8자리 중심이다.

1) 북창청풍北窓淸風 창화연명무현금暢和淵明无絃琴[144]

도연명陶淵明[145]의 가락에 맞추어 노래 부르고 화창한 봄날에 자연을 벗 삼아 세월을 평화롭게 보낸다. 이것은 이상세계에서 행복하게 살아간다는 뜻으로 보인다. 북창北窓은 일육一六으로 정역팔괘正易八卦의 북건남곤北乾南坤을 말한다. 무현금无絃琴이란 율려律呂작용 원리로서 도연명陶淵明의 줄 없는 거문고와 북창청풍北窓淸風의 소리가 조화調和를 이룸을 말한다.

2) 동산제일삼팔봉東山第一三八峯 차제등임次第登臨[146]

동산東山은 간태합덕艮兌合德을 말한다. 삼팔三八은 목木이며, 목木은 동방東方이다. 동방東方은 정역正易의 팔간산八艮山을 말한다. 등임登臨은 삼팔봉三八峯인 팔간산八艮山에 올라 차례로 목적지에 임臨한다는 것이다. 즉 차례대로 도통한다는 뜻으로 보인다.

3) 통득오공부자소노의洞得吾孔夫子小魯意[147]

---

144) 『정역집주보해正易集註補解』에서는 "후천무극지리后天无極之里에 대하여 말씀이 없는 『주역周易』을 소리 없는 무현금无絃琴에 비유比喩하시고, 도연명陶淵明 선생이 무현금无絃琴을 안고 화락하듯이 일부一夫선생이 소리없이 『주역周易』을 탐구하시고 솔성지공率性之工을 다하여 후천지리后天之里를 통관洞觀하셨으므로 도공陶公의 고사故事를 인용하여 소회所懷를 밝히신 듯하다."라고 하였다. 『정역관지正易觀之』에서는 "금화삼송金火三頌은 건곤乾坤의 중립中立됨에 유불선儒佛仙이 일치됨을 말한다."라고 하였다.

145) 도연명陶淵明 중국 동진東晉말기 부터 남조南朝의 송대宋代초기에 걸쳐 생존한 중국의 대표적 시인. 기교를 부리지 않고, 평담平淡한 시풍이었기 때문에 당시의 사람들로부터는 경시를 받았지만, 당대 이후는 6조六朝 최고의 시인으로서 그 이름이 높아졌다. 그의 시풍은 당대唐代의 맹호연孟浩然, 왕유王維, 저광희 등 많은 시인들에게 영향을 줬다. 주요 작품으로 『오류선생전』, 『도화원기』, 『귀거래사』 등이 있다.

146) 『정역집주보해正易集註補解』에서는 "동산東山은 동방東方의 산山을 말하고 제일삼팔봉第一三八峯은 동방제일東方第一의 팔간산八艮山을 말함이니, 이를 삼팔봉三八峯이라 함은 서방정위西方正位의 삼태택三兌澤과 대궁對宮을 이루고, 정위正位한 동방제일東方第一의 팔간산八艮山임을 뜻하는 것이다. 차제등림次第登臨라 함은 동방東方 제일第一(정위正位)의 팔간산八艮山을 차례로 올랐음을 말함이니, 정역팔괘도正易八卦圖의 성도과정成圖過程을 삼팔봉三八峯등임에 비유하여 말씀 한 것이다."라고 하였다.

147) 『정역집주보해正易集註補解』에서는 "공자가 노로魯나라의 동산東山과 중국中國의 태산泰山에 올라보시고 공자孔子의 대도大道를 펴기는 천하天下가 작다고 말한 것을 일부一夫선생

공자孔子가 동산東山 삼팔봉三八峯에 올라 노魯나라가 작다고 하신 말씀을 통득洞得했다는 것이다. 즉 후천后天을 보니 선천先天이 작다는 것을 알았다는 것이다. 달리 말하면 천하가 하나로 통일되어 작아짐을 뜻한다. 소노小魯는 후천后天의 종말終末을 의미하며, 의意는 오곤지五坤地를 말한 것으로 보인다.

脱巾掛石壁하고 南望靑松架短壑하니
탈 건 괘 석 벽   남 망 청 송 가 단 학
西塞山前白鷺飛라
서 새 산 전 백 로 비
懶搖白羽扇하고 俯瞰赤壁江하니[148]
나 요 백 우 선   부 감 적 벽 강

○ 脱(벗을 탈) 巾(수건 건) 掛(걸 괘) 石(돌 석) 壁(벽 벽) 南(남녘 남) 望(바랄 망) 靑(푸를 청) 松(소나무 송) 架(시렁 가) 短(짧을 단) 壑(골 학) 西(서녘 서) 塞(변방 새) 山(뫼 산) 前(앞 전) 白(흰 백) 鷺(해오라기 로(노)) 飛(날 비) 懶(게으를 나(원음(原音);라,뢰)) 搖(흔들릴 요) 羽(깃 우) 扇(부채 선, 사립문 선) 俯(구푸릴 부) 瞰(볼 감) 赤(붉을 적) 壁(벽 벽) 江(강 강)

두건을 벗어 돌 벽(십건천十乾天)에 걸고 남南쪽을 바라보니, 푸른 솔이 짧은 골짜기(오곤지五坤地)에 시렁처럼 걸려 있고 바라보니 서西쪽 변방의 산(팔간산八艮山) 앞으로 백로가 날아드는구나. 게을리 흰 깃의 부채(손괘巽卦)를 흔들고 적벽강(감괘坎卦)을 굽어보니

이 비유하여 육십년솔성六十年率性의 공력功力으로 통관洞觀하신 후천금화지리后天金火之里와 선후천순환지리先后天循環原理를 밝힌 대도大道를 세계만방에 펼치기에는 동방간역東方艮域이 너무 작다고 생각하시어 문득 공자孔子의 소노小魯, 소천하小天下라고 말씀하신 뜻을 일치一致함을 있다."라고 하였다.

148) 『금화정역현토조해金火正易懸吐粗解』에서는 "남방南方의 적적赤赤과 서방西方의 백백白白이 서로 한가운데라 함은 삼팔중지三八中指를 중심으로 하여 구이九二는 백적白赤이요, 사칠四七도 백적白赤이다. 이칠二七은 적적赤赤 사구四九는 백백白白으로 사구이칠금화문四九二七金火門을 뜻하니 금화金火의 교역변역交易變易이요."라고 하였다. 또한 "게을리 백우편白羽扇을 흔든다는 것은 진손괘震巽卦를 뜻함이요, 나요懶搖는 진동震動을 말하고, 백우편白羽扇은 손방풍巽方風을 말한다."라고 하였다.

고사古事와 시詩를 이용하여 정역팔괘도正易八卦圖를 설명하고 있다.

1) 탈건괘석벽脫巾掛石壁[149]

이태백의 '하일산중시夏日山中詩'[150]를 인용하였다. 탈건괘석벽脫巾掛石壁은 십건천十乾天과 팔간산八艮山을 말한다. 두건을 벗어 돌 벽에 건다는 것은 십건천十乾天에 비유한 것이다. 즉 복희괘도伏羲卦圖의 건乾이 남쪽에 있다가 정역괘도正易卦圖에서 북쪽으로 정위定位함을 말한다.

2) 남망청송가단학南望靑松架短壑

당나라 시인詩人 두보杜甫의 시詩와 장지화張志和의 어부가漁夫歌 싯귀를 인용하였다.[151] 남南쪽으로 푸른 솔이 짧은 구렁에 바라보는 것은 정역팔괘正易八卦의 오곤지五坤地를 말한다. 정역괘도正易卦圖 중 일손一巽(남동쪽)이 팔간八艮(동쪽)과 오곤五坤(남쪽) 사이에 나란히 서로 연결되어 있음을 뜻한다. 이는 복희괘도伏羲卦圖의 북北쪽에 있던 곤괘坤卦가 정역괘도正易卦圖에서 남南쪽으로 정위正位하였고, 동東쪽의 간艮은 남동南東쪽의 손巽으로 자리함을 시詩로써 노래한 것이다.

3) 서새산전백로비西塞山前白鷺飛[152]

---

149) 『금화정역현토조해金火正易懸吐粗解』에서는 "건巾을 벗어서 석벽石壁에 걸었다 함은 십건十乾의 괘도卦圖 위치가 남南에서 북北으로 이동됨을 말한다."라고 하였다.

150) 백우선 부치기도 귀찮아 (난요백우선嬾搖白羽扇)
푸른 숲 속에서 웃통을 벗어 젖혔네 (라단청림중裸袒靑林中)
모자 벗어 석벽에 거니 (탈건괘석벽脫巾掛石壁)
드러난 이마를 솔바람이 씻어 주네 (로정쇄송풍露頂灑松風)

151) 서새산 앞에 백로 나는데 (서새산전백로비西塞山前白鷺飛)
복사꽃 흐르는 물에 쏘가리는 살졌네. (도화유수궐어비桃花流水鱖魚肥)
푸른 갈대 삿갓과 도롱이로 저녁이지만, (청약립록사만靑蒻笠綠簑衣晚)
비낀 바람 가랑비 오니 돌아가지 않으리. (사풍세우불수귀斜風細雨不須歸)

152) 『금화정역현토조해金火正易懸吐圖解』에서는 "청송靑松이 짧은 계곡에 시령을 한다 함은 곤괘坤卦를 지칭하고, 곤삼절坤三絶을 상징한 것이고, 서쪽 가에 산 앞에 백로白鷺가 날아든

장지화張志和의[153] 어부가漁夫歌 시구詩句를 인용해서 곤삼절坤三絶의 형상形象을 그려본 곳이다. 서색西塞은 태괘兌卦를 의미한다. 정역팔괘도正易八卦圖의 설위設位에 대한 설명이다. 문왕팔괘도文王八卦圖의 칠태七兌가 정역팔괘도正易八卦圖에서 삼태三兌로 숫자는 변하였으나 위치는 서쪽에 그대로(색塞) 있음을 말한다.

4) 나요백우선懶搖白羽扇

이태백李太白의 '하월산중' 시를 빌려다가 설명하였다.[154] 나요백우선懶搖白羽扇은 금화삼송金火三頌 중에서 진손괘震巽卦의 의미를 후천后天 정역괘正易卦를 노래하면서 나요懶搖는 진동하는 것으로 진震을 뜻하고, 백우선白羽扇은 바람이라 손巽을 의미한다. 즉 진손震巽이 마주하고 있음을 말한다.

5) 부감적벽강俯瞰赤壁江

제갈공명諸葛孔明의 진중고사陣中古事를 비유하였다. 적벽강을 본다는 것은 정역팔괘도의 사감수四坎水를 적벽강赤壁江에 비유하고, 부감俯瞰은 구이화九離火를 말한다. 감瞰은 이離의 상象이요. 적벽강은 감坎(=물)의 상象으로서 정역팔괘도正易八卦圖에서는 일손一巽·육진六震과 구리九離·사감四坎이 서로 마주 대하고 있음을 말한다.

다는 것은 백로白鷺가 팔간산八艮山을 향하여 날아드는 형상을 말함이니, 산택통기山澤通氣의 뜻을 함축하고 있다."라고 하였다.

153) 장지화張志和는 당唐나라 때의 관리이자 시인이다. 3세에 책을 읽고, 6세에 문장을 지었고, 16세에 명경과明經科에 급제하여 벼슬은 한림대조翰林待詔, 좌금오위록사참군左金吾衛錄事參軍, 남포현위南浦縣尉 등을 역임했다. 후에 관직생활에 풍파를 겪고 모친과 처자식을 먼저 저 세상으로 보내는 슬픔을 맞이하여 관직을 버리고 강호를 유랑했다.

154) 이백의 자는 태백太白. 호는 청련거사青蓮居士. 두보杜甫와 함께 '이두李杜'로 병칭되는 중국 최고의 시인이며, 시선詩仙이라 불린다. 이백의 시는 흘러나오는 말이 바로 시가 되는 시풍詩風이다. 두보의 오언율시五言律詩에 대하여, 악부樂府 칠언절구七言絶句를 장기로 한다. 현존하는 최고最古의 그의 시문집은 송대宋代에 편집된 것이며, 주석으로는 원대元代 소사빈의 『분류보주이태백시分類補註李太白詩』, 청대清代 왕기王琦의 『이태백전집李太白全集』 등이 있다.

赤赤白白互互中에 中有學仙侶하야
적 적 백 백 호 호 중　　중 유 학 선 려

吹簫弄明月을
취 소 농 명 월

○ 中(가운데 중) 有(있을 유) 學(배울 학) 仙(신선 선) 侶(짝 려(여)) 吹(불 취) 簫(퉁소 소) 弄(희롱할 농(롱)) 明(밝을 명)

붉고 붉고 희고 흰 것이 서로 섞인 가운데, 신선을 배우는 무리가 있어 퉁소를 불며, 밝은 달을 희롱하는구나.

개요概要

학學은 유학儒學을, 선仙은 선도仙道를, 여侶는 불도佛道를 의미하기도 한다. 음악音樂의 시간예술時間藝術에 비유하여 유불도의 조화調和를 설명하고 있다.

각설各說

1) 적적백백호호중赤赤白白互互中 중유학선려中有學仙侶

붉고 붉은 것은 이칠화二七火요, 희고 흰 것은 사구금四九金으로 금화교역金火交易을 말한다. 금화金火가 서로 섞인 가운데 신선神仙을 배우는 무리가 있다는 선려仙侶는 유불선의 조화이며, 후천后天의 경지요, 유자儒者의 경지로 보인다.

2) 취소농명월吹簫弄明月[155]

퉁소(육진뢰六震雷)를 부는 음악은 시간예술이다. 밝은 달인 명월明月은 천지역수天之曆數를 깨달은 경지, 후천后天의 경지를 말한다. 달리 말하면 깨우쳐 도道를 이룸을 뜻한다.

---

155) 『금화정역현토조해金火正易懸吐粗解』에서는 "학선려學仙侶는 유선불儒仙佛을 이름이니 (中略) 유불선삼도儒佛仙三道가 일월日月과 같이 밝아올 것을 가송歌頌한 것이다."라고 하였다.

五張⋮後

六張····前

금화사송金火四頌

四九二七 金火門은 古人意思不到處라
사 구 이 칠 금 화 문   고 인 의 사 부 도 처

我爲主人次第開하니 一六三八 左右分列하야
아 위 주 인 차 제 개   일 육 삼 팔 좌 우 분 열

古今天地一大壯觀이오 今古日月第一奇觀이라
고 금 천 지 일 대 장 관   금 고 일 월 제 일 기 관

歌頌七月章一篇하고 景慕周公聖德하니
가 송 칠 월 장 일 편   경 모 주 공 성 덕

於好夫子之不言이 是今日이로다
어 호 부 자 지 불 언   시 금 일

○ 意(뜻 의) 思(생각할 사) 到(이를 도) 處(살 처) 我(나 아) 爲(할 위) 主(주인 주) 次(버금 차)
第(차례 제) 開(열 개) 左(왼 좌) 右(오른쪽 우) 分(나눌 분) 列(줄 렬[열]) 古(옛 고) 今(이제
금) 壯(씩씩할 장) 觀(볼 관) 今(이제 금) 奇(기이할 기) 觀(볼 관) 歌(노래 가) 頌(기릴 송)
章(글 장) 篇(책 편) 景(볕 경) 慕(그리워할 모) 周(두루 주) 公(공변될 공) 聖(성스러울 성)
德(덕 덕)

사구금四九金·이칠화二七火의 금화문金火門은 옛 사람의 생각이 이르지
못한 곳이라. 내가 주인이 되어 차례를 열어 놓았으니, 일육一六(북北)과
삼팔三八(동東)이 좌우左右로 나뉘어 벌어져서 고금古今 천지天地에 하나
의 장관壯觀이오, 고금今古(선후천后先天) 일월日月에 제일第一의 기이한 구
경이라. 빈풍 칠월장 한편을 노래하여 주공周公의 성덕聖德을 사모하니,

오호, 공부자께서 말씀을 안 하신 것이 바로 오늘날이로구나.

정역괘도正易卦圖의 십무극十无極과 금화교역金火交易에 대한 설명이다.

1) 사구이칠四九二七 금화문金火門

사구四九는 원리原理로써의 관문, 하도河圖·낙서洛書 변화變化의 관문, 선후천변화先后天變化의 관문이다. 수지상수手指象數로는 사四 ⇨ 칠七, 구九 ⇨ 이二 (착종錯綜)자리가 바뀜을 말한다. 금화교역金火交易으로 지도地道의 생육적生育的 도수度數와 하도적河圖的 작용원리作用原理가 수지상수手支象數의 같은 자리에서 위치位置가 바뀜을 말한다. 즉 선천先天 4.9가 후천后天 2.7로 바뀜을 말한다. 이칠二七은 무명지 화火를 말한다. 금화문金火門이란 금화교역문金火交易門이다.[156]

2) 고인의사부도처古人意思不到處

고인古人은 공맹孔孟 이후의 유학자들을 말하며, 그들의 생각과 뜻이 금화문金火門에 대해서 생각이 미치지 못했다는 것이다.

3) 아위주인차제개我爲主人次第開[157]

아我는 일부一夫께서 천지天地를 주체主體한다는 말이다. 내가 그 문의 주인이 되어 차례대로 열어 놓았다는 것이다.

4) 일육삼팔一六三八 좌우분열左右分列

건곤乾坤을 중심으로 일손풍一巽風과 육진뢰六震雷는 북北쪽에, 삼태택

---

156) 『정역구해』에서는 "천지天地와 일부一夫가 금화문金火門으로 출입出入하니 금화문金火門은 삼재문三才門과 같은 것이다."라고 하였다.

157) 『금화정역현토조해金火正易懸吐粗解』에서는 "금화문金火門은 서방사구금西方四九金이 남방南方으로 남방이칠화南方二七火가 서방西方으로 교역交易,변역 變易, 호역互易하는 문門이라는 뜻이다. 괘도卦圖로는 사감수四坎水 구이화九離火, 이천二天 칠지七地의 상象이다. 그러므로 고인古人의 의사意思가 이르지 못한 곳이라 한 것이다."라고 하였다.

三兌澤과 팔간산八艮山은 동쪽에 좌우左右로 나뉘어 벌어져서 선후천先后天 천지天地에 하나의 장관壯觀(대장괘大壯卦, 관괘觀卦)이다.

5) 고금천지일대장관古今天地一大壯觀[158]
금고일월제일기관今古日月第一奇觀[159]

고금今古이란 선후천后先天 변화로 기이한 구경이다. 건곤乾坤이 중립中立하고 4.9와 2.7 금화문金火門이 뇌천대장괘雷天大壯卦(☳☰)와 풍지관괘風地觀卦(☴☷)를 이루어 산택통기山澤通氣하고 동서합덕東西合德하여 천하天下가 상생相生의 도道로 성립成立됨이 먼 옛날부터 지금까지 없었던 일대장관一代壯觀이요, 먼 훗날까지 이어지는 기이한 모습이다.

6) 가송칠월장일편歌頌七月章一篇[160]

가송歌頌은 성인聖人을 칭송 노래하는 것이고, 칠월장七月章을 노래하는 것이다. 칠월장七月章은『시경詩經』의「빈풍장」에 있는 글로서 주공周公의 성덕聖德을 노래한 것이나 이에는 7월의 뜻이 따르고 있다. 이는 농사짓는 환경이 7월부터 시작한다는 말이다.

『주역周易』지택임괘地澤臨卦(☱☷)에 '지우팔월유흉至于八月有凶'은 8월에 흉凶이 있으니 하늘의 은택에 안주하고, 태만하지 말라는 경계사이다.

---

158)『금화정역현토조해金火正易懸吐粗解』에서는 "건곤부모乾坤父母가 중립이 되어 이를 기준으로 좌우로 나뉘어 차례로 卦를 연다는 것이다. 일손풍一巽風, 육진뢰六震雷, 삼태택三兌澤, 팔간산八艮山 등의 괘卦가 좌우左右로 분열이 되어 자리함을 뜻한다."라고 하였다.

159)『금화정역현토조해金火正易懸吐粗解』에서는 "옛날부터 이제까지 온 천지天地에서 제일장관第一壯觀은 뇌천대장雷天大壯과 풍지관風地觀이요, 고금古今의 제일기관第一奇觀은 사구이칠금화문四九二七金火門을 가리킴이니 건곤천지乾坤天地가 중심이 되어 동서삼팔東西三八과 좌우左右의 일육一六과 사구四九로 분열되어 중천건重天乾과 중지곤重地坤의 괘도성립卦圖成立으로 인한 일대장관一代壯觀과 제일기관第一奇觀임을 표현表現 한 것이다."라고 하였다.

160)『정역집주보해正易集註補解』에서는 "『시경詩經』의「빈풍칠월豳風七月」장章을 가송歌頌하시고 주공周公의 성덕聖德을 사모하셨음은 주공周公의 덕업德業을 칭송한 것이나, 여기에는 숨은 뜻이 있는 듯하다. 일년一年을 선후천后先天으로 나누면 금화교역金火交易은 여름에서 가을로 넘어가는 칠월七月에 이루어지는 것이니, 금화金火가 교역交易하는 시기와 현상을 칠월七月 장章의 주공성덕周公聖德에 사의寫意하여 금화교역金火交易의 이치理致를 밝힌 것이다."라고 한 것이다.

『정역正易』의 관점觀點으로 보면 임림臨은 지벽어축地闢於丑에 해당되며, 두 호씩을 묶으면 육진뢰六震雷의 제출호진帝出乎震하는 이치理致가 있다. 이는 어머니가 아버지의 기운을 받아 수태한 후에 품성品性을 갖추어 만물萬物이 나오는 이치理致이다.

8) 경모주공성덕景慕周公聖德 어호부자지불언於好夫子之不言
   시금일是今日[161]

주공周公이 성인聖人의 성덕聖德을 크게 사모하니, 공자孔子께서 후천后天 십무극十无極과 7월의 뜻을 아시고도 말씀하지 않으셨던 것이다. 오늘날 와서 일부一夫께서 『정역正易』에서 그 원리原理를 밝혔다는 것이다.

---

[161] 『정역집주보해正易集註補解』에서는 "공자孔子께서 천지유형지리天地有形之理를 말씀하셨으나 후천무극지리后天无極之理와 십수괘도원리十數卦圖原理에 대해서는 말씀하지 않았으니 이를 한탄한 것이다."라고 하였다.

금화오송金火五頌

> 嗚呼라 金火互易은 不易正易이니
> 오호　금화호역　불역정역
> 晦朔弦望 進退屈伸 律呂度數造化功用이 立이라
> 회삭현망 진퇴굴신 율려도수조화공용　입
> 聖人所不言이시니 豈一夫敢言이리오마는 時요
> 성인소불언　기일부감언　시
> 命이시니라.
> 명

○ 嗚(탄식 소리 오) 呼(부를 호) 金(쇠 금) 火(불 화) 互(서로 호) 易(바꿀 역) 正(바를 정) 晦(그믐 회) 朔(초하루 삭) 弦(반달 현) 望(바랄 망) 進(나아갈 진) 退(물러날 퇴) 屈(굽을 굴) 伸(펼 신) 律(법 율(률)) 呂(음률 려(여)) 度(법도 도) 數(셀 수) 造(지을 조) 化(될 화) 功(공 공) 用(쓸 용) 立(설 입(립)) 聖(성스러울 성) 所(바 소) 不(아닐 불) 言(말씀 언) 豈(어찌 기) 夫(지아비 부) 敢(감히 감) 命(목숨 명)

아! 금金과 화火가 서로 바뀌는 것은 변하지 않는 정역正易이니, 회삭현망晦朔弦望하고 진퇴굴신進退屈伸하여 율려도수律呂度數에 따라 조화공용調和功用이 서는지라. 성인聖人께서 말씀을 하지 않으신 바이니 어찌 일부一夫가 감히 말하리오 마는 때가 왔고 명命이 계심이니라.

개요槪要

금화金火호역과 달 정사에 관한 설명이다. 오송五頌은 수지상수手支象數로는 약지藥指에 해당한다. 그러므로 성인聖人·군자지도君子之道요 인도人道를 의미한다.

각설各說

1) 금화호역金火互易 불역정역不易正易[162]

---

[162] 『정역집주보해正易集註補解』에서는 "역易에는 변역變易과 불역不易의 이치가 있으니 금화교역지리金火交易之理는 금화金火가 교역交易·변역變易을 함으로써 후천后天을 여는 변역지도變易之道를 말함이다."라고 하였다.

천인합덕天人合德(구九, 육六)이다. 금화교역金火交易의 변역變易원리가 바로 불역不易의 정역正易임을 밝히고 있다.

2) 회삭현망晦朔弦望 진퇴굴신進退屈伸

회晦는 그믐이요, 삭朔은 초하루이다. 현弦은 초팔일과 23일이요, 망望은 보름을 말한다. 그러므로 회삭현망晦朔弦望은 일월日月의 자연운행自然運行에 의하여 달이 변동하는 현상이요, 진퇴進退는 지구地球의 공전公轉에 따라 회귀선回歸線이 남북南北으로 왕래往來하는 것을 말하고, 굴신屈伸은 지구地球의 자전으로 동서東西로 회전함을 말한다. 즉 『정역正易』에서 진퇴굴신進退屈伸은 지구의 공전자전公轉自轉과 일월日月의 인력引力에 따라 일어나는 조류潮流 현상을 말한다.

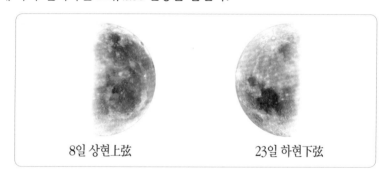

8일 상현上弦   23일 하현下弦

3) 율려도수조화공용律呂度數造化功用 입立[163]

지수방地數方은 정을계신丁乙癸申이오, 천도원天道圓은 구칠오삼九七五三이라고 하였다. 이 모든 것을 율려도수律呂度數라고 한다. 굴신屈

---

163) 『금화정역현토조해金火正易懸吐粗解』에서는 "십진일퇴위十進一退位 포오함육상하굴신지도胞五含六上下屈伸之度이며, 양율음려陽律陰呂의 도수度數와 천지자연天地自然의 조화調和와 육갑지공六甲之功이 성립成立됨을 뜻한다."라고 하였다.
『정역집주보해正易集註補解』에서는 후천后天 율려도수律呂度數에 따른 조화공용調和功用이 성립하는 것이니, 이는 만물萬物의 생성生成을 주재主宰하는 체용體用이 달라짐을 뜻한다. 선천先天은 하도河圖 십수十數를 체體로 하고, 낙서구수洛書九數를 용用으로 하고, 후천后天은 낙서洛書를 체體로 하고 하도河圖를 용用하므로 그 체용體用이 반대라 고故로 역易(역曆)도 후천역后天易으로 바뀌게 되는 것이다. 금화교역金火交易을 상징象徵하는 택화혁괘澤火革卦의 「대상사大象辭」에서 "택중유화澤中有火 혁革이니 군자君子는 이以하야 치력명시治歷明時 하나니라."라고 하였는바, 이는 바로 "역수曆數(율려도수律呂度數)를 바르게 다스려 후천지시后天之時를 밝히라는 것이다."라고 하였다.

伸 율려도수律呂度數란 천지역수天之曆數를 달의 생성작용도수生成作用度數로 조화調和 성립成立한다는 것이다. 정령政令은 하도적河圖的 작용인데, 율려도수律呂度數는 낙서적洛書的 작용이다. 율려律呂는 양율음려陽律陰呂로 되어 있다. 1년 12개월個月 중에서 12월은 율월律月이고, 11월은 려월呂月이다. 각 달마다 율려律呂의 이름이 있으며, 음악音樂에도 고저高低와 음율音律의 청탁淸濁에 따라서 곡조가 있는 것을 율려律呂라고 한다. 천지운행天地運行의 자연율동自然律動 등에 이르기까지 율려律呂가 아닌 것이 없다. 『정역正易』의 이론전개理論展開도 율려律呂가 중추中樞를 이루고 있다.[164]

4) 성인소불언聖人所不言 기일부감언불-夫敢言 시명時命[165]

공자孔子께서 말씀안하셨으나 이제 천시天時가 되고 천명天命이 계시니 천지일월天地日月이 율려도수律呂度數로 조화調和를 이루어 이제 정역正易 후천后天의 시대가 오게 됨을 감히 세상에 알린다는 의미이다.

---

164) 율려도수律呂度數는 하루에 36분인데 1년이 쌓이면 12,960분이 된다. 그리고 율律은 육수구금六水九金이 회윤한 것이고, 여呂는 이화삼목二火三木이 분명한 것이라고 한다.
165) 『금화정역현토조해金火正易懸吐粗解』에서는 "천시천명天時天命을 어찌 일부一夫가 감히 회삭현망晦朔弦望과 진퇴굴신進退屈伸 율려도수律呂度數와 조화공용調和功用의 불역정역不易正易이 성립하는 과정을 말하리요마는 천시天時오, 천명天命이니 말씀하셨다는 것이다." 라고 하였다.

六張····後

嗚呼라 日月之德이여
오호   일월 지덕

天地之分이니 分을 積十五하면 刻이오
천지지분   분 적십오   각

刻을 積八하면 時요 時를 積十二하면 日이오
각 적팔   시 시 적십이   일

日을 積三十하면 月이오 月을 積十二하면 朞니라.
일 적삼십   월 월 적십이   기

○ 嗚(탄식 소리 오) 呼(부를 호) 德(덕 덕) 積(쌓을 적) 刻(새길 각) 積(쌓을 적) 時(때 시) 朞
(돌 기)

아아 해와 달의 공덕功德은 하늘과 땅이 나누어진 것이니, 분分을 십오
十五로 쌓으면 각刻이요, 각刻을 팔八로 쌓으면 시時가 되고 시時를 십이
十二로 쌓으면 일日이 되고, 일日이 삼십三十으로 쌓으면 월月이요, 월月을
십이十二로 쌓으면 기朞니라.

개요概要

일월지도日月之道의 시간운행원리에 대한 설명이다.

1) 오호嗚呼 일월지덕日月之德[166)]

일월지덕日月之德은 일월운행日月運行으로 시간운행時間運行은 시간적時間的, 공간적空間的 원리原理와 작용作用이 공존共存한다는 것이다. 그러나 천도天道가 합덕合德한 것을 일월日月이라고 하면 일월日月의 덕德은 천지天地가 나누어져서 생생生生하는 현상이다. 일각一刻이 여삼추如三秋라는 말이 있다. 이것은 시간적時間的개념으로 의식세계意識世界요, 무형원리無形原理로 절대적絶對的 세계, 형이상학적形而上學的 세계이다. 그러나 현상세계現狀世界와 결부되면 형이하形而下이다.

2) 천지지분天地之分

천지지분天地之分은 천지인격성天地人格性이 덕德이다. 분分은 시생始生을 말하며, 종시終始원리이다[167)].

3) 분分 적십오각積十五刻

십오十五는 하도河圖·낙서洛書의 기본수基本數이다. 십오분十五分이 쌓여서 각刻이 된다.

4) 각刻 적팔시積八時

각刻이 적팔積八이면 시時를 이룬다. 또한 팔괘八卦를 상징하기도 한다.

5) 시時 적십이일積十二日

십이十二시간이 쌓이면 일日이 된다. 12지지地支, 지도적시간성地道的時間性, 포오함육包五含六, 체오용육體五用六과 연관성을 가진다.

6) 일日 적삼십월積三十月

---

166) 『정역과 천문력』에서는 "천도天道가 합덕合德한 것을 일월日月이라고 하면 일월日月의 덕德은 천지天地가 나오는 바 생생生生하는 현상이다."라고 하였다.

167) 『주역·정역』에서는 "천지天地는 통일하여 구분이 없는데 일월日月운행에 의하여 지상에 사시주야四時晝夜의 구분이 생生하니 이가 일월日月의 덕德으로 인하여 천지天地에 분分이 생生한 것이다. 우주宇宙는 무형無形하여 공空한 것인데 처음으로 일월日月의 운행에 의依하여 십오十五라는 수數가 생生하니 그러므로 천지天地의 구분은 십오분十五分에서 시始한다."라고 하였다.

일日이 30일 쌓이면 월月을 이룬다.

7) 월月 적십이기積十二朞[168]

월月이 12번 쌓이면 일년一年을 이룬다.

> 朞는 生月하고 月은 生日하고
> 기　생월　　월　생일
>
> 日은 生時하고 時는 生刻하고
> 일　생시　　시　생각
>
> 刻은 生分하고 分은 生空하니 空은 无位니라
> 각　생분　　분　생공　　공　무위

○ 朞(돌 기) 刻(새길 각) 時(때 시) 空(빌 공) 无(없을 무)

기朞는 월月을 낳고, 월月은 일日을 낳고, 일日은 시時를 낳고, 시時는 각刻을 낳고, 각刻은 분分을 낳고, 분分은 공空을 낳으니 공空은 자리가 없느니라.

개요槪要

일 년 기수朞數의 생성生成원리와 무위无位에 대한 설명이다.

각설各說

1) 기朞 생월生月, 월月 생일生日

기朞가 생월生月하면 십이월十二月이 되고, 월月이 생일生日하면 삼십일三十日이 된다.

2) 일日 생시生時, 시時 생각生刻

---

168)『금화정역현토조해金火正易懸吐粗解』에서는 "일월日月의 덕德은 곧 천지일월天地日月이 생생生生하는 덕德을 말함이니, 천지天地에서 나누어진 것이 일월日月의 덕德이다. 건곤십오乾坤十五를 단위로 하여 쌓은 것이 일각一刻이 되고, 팔각八刻이 일시一時가 되고, 십이시十二時가 일일一日이 되니 구십육각九十六刻이고, 일삼십日三十하면 월月이 되고, 월月을 십이十二하면 당기삼백육십일當朞三百六十日이 된다."라고 하였다

일日이 생시生時하면 십이시十二時가 되고, 시時가 생각生刻하면 팔각八刻이 된다.

3) 각刻 생분生分, 분分 생공生空

각刻이 생분生分하면 십오분十五分이 되고, 분分이 생공生空한다.

4) 공空 무위无位.

공空이 자리가 없다. 이때 공空은 현상차원現狀次元이요, 변화變化의 기본基本이다.

帝堯之碁는 三百有六旬有六日이니라.
제 요 지 기   삼 백 유 육 순 유 육 일
帝舜之碁는 三百六十五度四分度之一이니라.
제 순 지 기   삼 백 육 십 오 도 사 분 도 지 일

○ 帝(임금 제) 堯(요임금 요) 碁(돌 기) 舜(순임금 순) 分(나눌 분) 度(법도 도)

제요帝堯의 기碁는 366일日이니라. 제순帝瞬의 기碁는 365도度 사四분의 일一이니라.

개요槪要

요순지기堯舜之碁를 설명하고 있다.

각설各說

1) 제요지기帝堯之碁 삼백유육순유육일三百有六旬有六日[169]

제요帝堯의 기碁는 366일이고, 『서경書經』「요전堯傳」편篇에서 보인다.

2) 제순지기帝舜之碁 삼백육십오도사분도지일三百六十五度四分度之一[170]

---

169) 『서경書經』의 「우서虞書·요전堯典」편에서 말한 '당기삼백육십육일碁三百六十六日'을 말한 것이다.
170) 『서경書經』의 「상서商書·순전舜典」편에서 말한 '당기삼백육십일사분지일碁三百六十

제순지기帝舜之朞 삼백육십오도사분도지일三百六十五度四分度之一과 제요지기帝堯之朞 삼백육십육일三百有六旬有六日이라고 하여 두 문장을 분리하여 설명한 것은 낙서洛書의 분체원리分體原理에 기인하기 때문이다. 사四분의 일一은 동양東洋의 시간으로 3시간(양력으로는 6시간)이다. 요순지기堯舜之朞를 사력변화원리四曆變化原理와 결부結付하여 도식화圖式化하면 다음과 같다.[171]

사력변화四曆變化와 기수변화朞數變化

구분	원력시대 原曆時代	하도시대 河圖時代	낙서시대 洛書時代	정력시대 正曆時代
역易의 명칭名稱	원력原曆 375도	윤력閏曆 366도	윤력閏曆 365¼도	정력正曆 360도
기朞의 명칭名稱	일부지기 一夫之朞	제요지기 帝堯之朞	제순지기 帝舜之朞	공자지기 孔子之朞
윤도수 閏度數	15도=180시 (99+81)	6도(72시) (81시에서 9시간 귀공歸空)	5¼도=63시 (72시에서 9시간 귀공歸空)	15도 전체全體 귀공歸空

七張⋯⋯前

> 一夫之朞는 三百七十五度니 十五를
> 일 부 지 기　　삼 백 칠 십 오 도　　십 오
> 尊空하면 正吾夫子之朞가 當朞三百六十日이니라.
> 존 공　　　정 오 부 자 지 기　　당 기 삼 백 육 십 일

○ 夫(지아비 부) 朞(돌 기) 尊(높을 존) 空(빌 공) 當(당할 당)

일부一夫의 기朞는 삼백칠십오도三百七十五度니 십오十五를 존공하면
우리 공부자孔夫子의 기朞가 삼백육십일三百六十日에 당함이니라.

개요槪要

십오존공원리十五尊空原理에 의해 일부지기一夫之朞와 공자지기孔子之朞
가 같아짐을 설명하고 있다.

각설各說

1) 일부지기一夫之朞 삼백칠십오도三百七十五度, 십오존공十五尊空

일부지기一夫之朞는 삼백칠십오도三百七十五度이니 (사상분체도수四象分
體度數159 + 일원추연수216) 삼백칠십오도三百七十五度에서 하도낙서의 중
심수이며, 인격성人格性과 생명정신生命情神을 표상하는 십오十五를 존공
尊空하면 일부지기一夫之朞와 공자지기孔子之朞가 십오존공원리十五尊空原

理에 의해 같아짐을 말하는 것이다. 십오十五에는 현실적으로 오행五行이 저변에 있고, 용구용육用九用六의 원리와도 관련이 있다고 할 수 있다.

2) 정오부자지기正吾夫子之朞 당기삼백육십일일當朞三百六十日[172]

정正은 정역正易의 의미로 "우리 공부자孔夫子의 기朞가 삼백육십일三百六十日에 당한 바로 그것이다."라고 하여 일부지기一夫之朞와 공자지기孔子之朞가 사력변화원리四曆變化原理와 십오존공十五尊空으로 같아짐을 말하는 것이다. 사력변화四曆變化의 기수변화朞數變化를 도식화圖式化하면 다음과 같다.[173]

구분	원력시대 原曆時代	하도시대 河圖時代	낙서시대 洛書時代	정력시대 正曆時代
역易의 명칭名稱	원력原曆 375도	윤력閏曆 366도	윤력閏曆 365¼도	정력正曆 360도
기朞의 명칭名稱	일부지기 一夫之朞	제요지기 帝堯之朞	제순지기 帝舜之朞	공자지기 孔子之朞

일부지기一夫之朞는 삼백칠십오도三百七十五度이다. 십오건곤수十五乾坤數인 무십기토戊十己土를 존공尊空하면 바로 공자지기孔子之朞인 삼백육십육일三百六十六日이다. 소강절邵康節이 제시한 원회운세元會運世의 기수朞數도 삼백육십三百六十을 기본으로 한 것이다. 그 내용을 도식화 하면 아래와 같다.

---

172) 『정역집주보해正易集註補解』에서는 "하도십수河圖十數와 낙서구수洛書九數를 합한 십구수十九數를 자승自乘하여 얻은 삼백육십일수三百六十一數(19×19=361)에서 본체수本體數 일一(태극太極)을 제외한 수이므로 이 기수朞數에는 하락河洛의 원리原理와 천지만물天地萬物의 이치理致를 포함하고 있다. 이 기수朞數는 우주순환도수宇宙循環度數와 변화를 척도測度할 수 있는 기본척도基本尺度가 되는 것이다. 소강절邵康節이 제시한 대순환도수기수大循環之朞 십이만구천육백년十二萬九千六百年도 사실은 기삼백육십朞三百六十을 자승自乘(360×360=129,600)하여 얻은 수數이다, 그러므로 그 의의는 참으로 크다."라고 하였다.

173) 유남상, 앞의 논문, 22쪽.

일원一元	129,600년	360년	십이회十二會
일회一會	10,800년	129,600월	삼십운三十運
일운一運	360년	129,600일	십이세十二世
일세一世	30년	129,600시	

기삼백육십朞三百六十은 극대極大에서 극미極微에 이르는 모든 순환체循環體의 순환도수循環度數를 말한다. 지구地球의 자전自轉을 예례로 들면 지구地球는 옛날 시간으로 12시간에 한 번 자전自轉하므로 그 자전自轉의 도수度數가 12라고 생각하기 쉬우나 지구地球의 자전도수自轉度數는 삼백육십三百六十이며, 십이시十二時는 삼백육십도三百六十度를 십이등분十二等分한 시간 단위인 것이다. 그러므로 순환주기循環週期가 순환도수循環度數와 일치一致하는 순환체循環體는 우주宇宙에서 오직 지구地球의 일일지기一日之朞 뿐이다. 그러므로 지구地球의 공전주기公轉週期와 달의 주기週期 및 모든 순환체循環體의 주기週期를 측도測度하는 척도尺度는 일일지기一日之朞 삼백육십三百六十(십이시간十二時間)을 기본으로 하는 것이다.

『주역周易』「계사상繫辭上」편 제9장의 건곤책수절乾坤策數節의 삼백육십三百六十이 일일지기一日之朞 삼백육십三百六十에 부합符合한다는 뜻이다. 또한 일년지기一年之朞가 심백육십三百六十이라는 뜻은 천지지도의 합습이 삼백육십三百六十이라는 의미로도 보인다.

五度而月魂生申하니 初三日이오
오 도 이 월 혼 생 신   초 삼 일
月弦上亥하니 初八日이오
월 현 상 해   초 팔 일
月魄成午하야 十五日望이니 先天이니라.
월 백 성 오   십 오 일 망   선 천

○ 度(법도 도) 魂(넋 혼) 弦(반달 현) 亥(돼지 해) 望(바랄 망)

오도五度(무진戊辰→임신壬申)에 월혼月魂(작용作用)이 신申에서 나니 초3일이오, 달이 해亥에서 상현上弦이 되니 초팔일初八日이요, 월혼月魄이 오午(임오壬午)에서 이르니 십오일十五日이 보름이니 이것이 선천先天이니라.

◎선천의 달정사

| 초삼일初三日 | 초팔일初八日 | 십오일十五日 |

선천先天 월정사月政事에 대한 설명이다. 달의 몸체가 보름인 임오壬午에서 전체가 빛난다(선천의 보름달).

1) 오도이월혼생신五度而月魂生申 초삼일初三日[174]

오도五度는 달빛이 경진庚辰, 무진戊辰, 기사己巳, 경오庚午, 신미辛未까지 오일五日간 나타나지 않다가 임신壬申에 가서 월혼月魂(작용作用)이 나타난다는 것이다. 다시 말하면 28일 경진庚辰의 달이 굴굴窟窟하여 오도五度를 가면 〈1(진辰), 2(사巳), 3(오午), 4(미未), 5(신申)〉 신申에 당하니 이날이 초삼일(경오庚午)이다. 이것을 월혼月魂이 신申에서 생생生生한다고 하는 것이다.

2) 월현상해月弦上亥 초팔일初八日

월月 현상(보름되기 전의 반달이 상현上弦달이다)은 선천先天 무진戊辰(초하루)에서 계산하면 팔일八日째 되는 초팔일初八日이 상현上弦이요, 간지干支는 을해乙亥이다.

---

174) 달빛이 29, 30, 1, 2일 동안 나타나지 않다가 3일에 다시 나타나므로 계산하여 무진戊辰, 기사己巳, 경오庚午, 신미辛未까지 나타나지 않다가 임신壬申일에 나타남(생생함)을 뜻함.

3) 월백성오月魄成午 십오일망十五日望 선천先天[175]

달의 형태가 무진戊辰 초하루에서 기사己巳, 경오庚午, 신미辛未, 임신壬申, 계유癸酉, 갑술甲戌, 을해乙亥, 병자丙子, 정축丁丑, 무인戊寅, 기묘己卯, 경진庚辰, 신사辛巳, 임오壬午에 가서 달이 십오일十五日에 보름달이 되니 선천先天 보름달이 된다는 것이다. 한 달을 기준으로 선보름은 선천先天이요, 후보름은 후천后天이다.

> **月分于戌**하니 **十六日**이오 **月弦下巳**하니
> 월 분 우 술　　　 십 육 일　　　 월 현 하 사
> **二十三日**이오 **月窟于辰**하니 **二十八日**이요
> 이 십 삼 일　　 월 굴 우 진　　　 이 십 팔 일
> **月復于子**하니 **三十日**이 **晦**니 **后天**이니라.
> 월 복 우 자　　 삼 십 일　 회　 후 천

○ 戌(개 술) 月(달 월) 弦(반달 현, 시위 현) 巳(여섯째 지지 사) 窟(굴 굴) 于(어조사 우) 辰(지지 진) 復(돌아올 복) 晦(그믐 회)

달이 술戌(무술戊戌, 후보름 시작)에서 나뉘니 16일日이요, 달이 사巳(을사乙巳)에서 하현下弦이 되니 23일이요, 달이 경진庚辰에서 굴窟이 되니 28일이요, 달이 임자壬子에서 회복하니 30일이 그믐(회晦)이니, 이것이 후천后天이니라.

개요概要

후천后天 월정사月政事에 대한 설명이다. 후천 달이 계미癸未 초하루부터 16일이 무술戊戌이 되고, 30일이면 임자壬子가 되어 그믐(회晦)이 된다. 임자壬子 30日일의 후천책력원리后天策曆原理를 말한다.

---

175) 『금화정역현토조해金火正易懸吐粗解』에서는 "오도五度에 가면 월혼月魂이 신申자리에서 생生하니 초삼일初三日이 되는 것은 십팔일경진十八日庚辰에 달이 굴屈한 즉 오도五度에 가서 초삼일初三日 갑신甲申에 당當하니 월혼생신月魂生申이라 하며, 달이 반월半月이 된 것은 월현月弦이라 하고, 선천先天 무진戊辰 초하루에서 팔일八日이 되면 을해乙亥가 되니 이것을 상현上弦이라고 하고, 또 선천先天 무진戊辰 초하루에서 십오일十五日 임오壬午에 가서 체혼體魂이 형성되니 원만한 선천先天 보름달이 된다."라고 하였다.

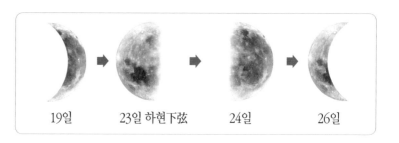

| 19일 | 23일 하현下弦 | 24일 | 26일 |

1) 월분우술月分于戌 십육일十六日

　한 달이 나뉘어 무술戊戌에서 후보름 시작하니 16일日이다. 후천后天엔 초하루 계미癸未에서 시작하여 16일이 무술戊戌이 된다. 그러므로 술戌에서 태음정사太陰政事의 선후천先后天이 나누어진다는 것이다.

월분우술月分于戌
(후천后天16일)

→ 15일 정유丁酉　벽壁　정묘丁卯

→ 16일 무술戊戌　실室　무술戊戌

2) 월현하사月弦下巳 이십삼일二十三日

　달이 을사乙巳에서 하현下弦이 되니 23일이다. 후천后天엔 초하루 계미癸未에서 23일이면 을사乙巳가 하현下弦이 된다. 을사乙巳란 후천后天의 계미癸未·계축癸丑 초하루에서 23일에 당當하는 날이다.

월현하사月弦下巳 이십삼일二十三日

↓

23일日　을사乙巳　미尾　을해乙亥

3) 월굴우진月窟于辰 이십팔일二十八日

　후천역后天曆은 계미癸未, 계축癸丑에서 초하루가 되니, 계축에서 경진

까지 28일이면 달이 경진庚辰에서 굴窟이 된다는 것이다.

4) 월복우자月復于子 삼십일회三十日晦 후천后天[176]

자자子에서 복復한다는 것은 후천后天의 계미癸未, 계축癸丑에서 초하루가 되어 삼십일三十日에 가면 임오壬午·임자壬子에서 복復한다는 것이다. 즉 달이 임자壬子에서 회복하니 30일이 그믐(회晦)이니 이것이 후천后天이다. 임자壬子로 다시 돌아옴은 60간지干支 전체를 설명하기 위함이다. 즉 인도人道인 군자지도君子之道를 강조하기 위함이다.

월복우자月復于子 삼십일회三十日晦

⬇

30일 임자壬子 각角 임오壬午

月合中宮之中位하니 一日이 朔이니라.
월 합 중 궁 지 중 위   일 일   삭

○ 宮(집 궁) 位(자리 위) 朔(초하루 삭)

달이 중궁中宮의 중위中位에서 합슴하니 1일이 초하루이니라.

개요槪要

선후천先后天 초하루에 대한 설명이다.

---

176) 『금화정역현토조해金火正易懸吐粗解』에서는 "일월日月이 마주 바라보는 상태가 망望이니 후천后天 계미癸未 초하루에서 십육일十六日 무술戊戌이므로 이를 월분우술月分于戌이라 하며, 이십삼일二十三日이면 을해가 되니 이를 하현下弦이라 하고, 이십팔일二十八日이면 경진庚辰·경술庚戌하니 이를 월굴우진月窟于辰이라 한다. 월月이 자자子에서 회복한다는 것은 후천역后天易으로 삼십일三十日이면 임자壬子·임오壬午가 되므로 자자子에서 회복한다고 하며, 이를 후천회월后天晦月이라고 한다. 달이 본시 자체自體에서 빛을 발하는 것이 아니라 태양太陽의 빛을 받아 영허소장盈虛消長하는 형태를 이루는 것이며, 달 자체는 어두운 것이다. 월굴우진月窟于辰하니 이십팔일二十八日이오 월복우자月復于子하야 삼십일三十日이면 달이 본체本體로 회복하는 것이다."라고 하였다.

1) 월합중궁지중위月合中宮之中位 일일一日 삭朔[177]

선후천先后天에 관계없이 초하루가 되는 원리를 말한다. 달이 중궁中宮 16일의 중위中位에서 합합하니 1일이 삭朔이 된다는 것이다. 이로서 선천先天 중궁中宮(16일-후천后天의 초하루)인 계미癸未·계축癸丑이 후천后天에 초하루가 된다. 반면에 선천先天 초하루가 후천后天 중궁中宮(16일)이 된다.(중궁지중위中宮之中位) 중궁中宮은 무술戊戌, 무진戊辰, 계미癸未, 계축癸丑 선보름을 의미하고, 중위中位는 정역正易의 중위中位로서 천지합덕天地合德 32도度 무술궁戊戌宮의 끝이다. 즉 월月은 중궁지중中宮之中에 가서 합덕合德하고 그날 하루가 삭朔이 된다는 말이다.

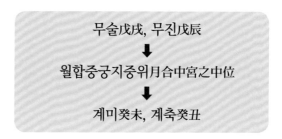

중궁지중위中宮之中位로 도수度數는 15일이다. 왜냐하면 달의 생성生成이 15일이기 때문이다. 태양정사太陽政事는 32도이지만 실제 작용은 30도이다. 왜냐하면 2도는 천지天地가 맡고 있는 기본도수이기 때문이다.

---

177)『금화정역현토조해金火正易懸吐粗解』에서는 "선천先天과 후천后天 초하루가 되는 원리는 달리 중궁中宮의 중위中位에서 합삭合朔되는 때가 초初하루가 되는 것이다. 이십팔수운기도二十八宿運氣圖의 운기運氣가 그것인 즉 선천先天의 초初하루는 계미癸未·계축癸丑으로부터 삼십일三十日 임오壬午·임자壬子까지 중궁지중위中宮之中位인 무진戊辰·무술戊戌이 초하루가 되고, 후천后天의 초하루 또는 선천先天무진戊辰·무술戊戌에서 삼십일三十日 정유丁酉·정묘丁卯까지의 중궁지중위中宮之中位인 계미癸未·계축癸丑이 후천后天 초하루가 되는 것이다."라고 하였다.

| 六水九金은 會而潤而律이니라 |
| 육 수 구 금 회 이 윤 이 율 |
| 二火三木은 分而影而呂니라 |
| 이 화 삼 목 분 이 영 이 여 |

○ 會(모일 회) 潤(젖을 윤) 律(법 율(률)) 分(나눌 분) 影(그림자 영) 呂(음률 여(려))

육수六水와 구금九金은 모여서(합덕合德) 불려(작용) 율律이 됨이니라.

이화二火와 삼목三木은 나눠서 그림자가 여呂임이니라.

개요槪要

정령도수政令度數와 율려도수律呂度數의 관계를 밝히고 있다.

합덕合德과 분생分生의 의미를 율려律呂로 표현한 것이다.

각설各說

1) 육수구금六水九金 회이윤이율會而潤而律[178]

육수六水와 구금九金은 모여서 불어난 것으로 율律이고, 육수구금六水九金의 태양太陽 율려도수는 일수사금一水四金의 태음太陰 정령도수가 모

---

178) 『금화정역현토조해金火正易懸吐粗解』에서는 "육수구금六水九金은 회윤會潤(합삭合朔과 순환循環)을 하는 율律인즉 무정을계신戊丁乙癸辛인 계육수癸六水 신구금辛九金이 회윤會潤하는 양율陽律이다."라고 하였다.

여서 형성된 것이다. 즉 육수六水와 구금九金은 합덕合德으로 율律이 된다는 것이다. 합덕合德과 분생分生의 의미를 율려律呂로 표현하고 있다. 율려律呂와 낙서洛書는 역생도성逆生倒成으로 작용하고, 정령政令과 하도河圖는 도생역성倒生逆成으로 작용한다. 윤윤潤은 실체적인 성수합덕成數合德 작용을 말한다.

2) 이화삼목二火三木 분이영이여分而影而呂[179]

이화삼목二火三木의 태음太陰 율려도수律呂度數는 칠화팔목七火八木의 태양(太陽) 정령도수政令度數가 나누어져 그림자가 된 것이다.

육수구금六水九金은 이화삼목二火三木이다. 분이영이여分而影而呂의 분分은 생성근거生成根據이다. 여呂는 형이상적 율려작용律呂作用이며, 영影은 형이상적 그림자요, 작용이다. 체영지도體影之道는 율려律呂의 구九와 정령正令의 육六으로 작용한다.

○ 수지상수手支象數와 회분會分 및 정령政令·율려律呂작용

수지상수 手指象數	1 무지 拇指	2 식지 食指	3 중지 中指	4 약지 藥指	5 소지 小指	6 소지 小指	7 약지 藥指	8 중지 中指	9 식지 食指	10 무지 拇指
회會·분分	회會(굴屈)					분分(신伸)				
후천도수 后天度數	기己	경庚	신辛	임壬	계癸	갑甲	을乙	병丙	정丁	무戊
	십十	사四	구九	일一	육六	삼三	팔八	이二	칠七	오五
오행五行	토土	금金		수水		목木		화火		토土
율려律呂 정령政令	정령 政令	정령 政令	율려 律呂	정령 政令	율려 律呂	정령 政令	율려 律呂	정령 政令	율려 律呂	율려 律呂

1) 십천간十天干은 선후천先后天에 따라 다르게 운행되게 된다.

첫째, 『정역正易』의 '삼오착종삼원수三五錯綜三元數'에서 "갑기야반생갑

---

179) 『금화정역현토조해金火正易懸吐粗解』에서는 "이화二火 삼목三木은 분영分影한 여呂인 즉 무정을계신戊丁乙癸辛인 정이화丁二火 을삼목乙三木이 분영分影하는 음여陰呂이다."라고 하였다.

자병인두甲己夜半生甲子丙寅頭니라."라고 하여, 선천先天은 갑도수甲度數로 시작하고, '구이착종오원수九二錯綜五元數'에서는 "기갑야반생계해정묘두己甲夜半生癸亥丁卯頭니라."라고 하여, 후천后天은 기도수己度數로 시작된다.

둘째, 선천先天은 낙서원리洛書原理를 위주로 하기 때문에 갑을병정무기경신임계甲乙丙丁戊己庚辛壬癸의 순으로 운행되었으나, 후천后天은 하도河圖의 도생역성倒生逆成 원리原理를 위주로 하기 때문에 기경신임계갑을병정무己庚辛壬癸甲乙丙丁戊의 순서로 운행된다.

2) 정령과 율려를 비교하면 다음과 같다.

첫째, 정령政令은 기경임갑병己庚壬甲丙을 도수度數와 오행五行으로 나타내며, 기기가 경임갑병庚壬甲丙의 중中으로 본체도수本體度數이다. 정령政令은 태양太陽(일日)의 운행도수運行度數를 중심으로 일 년간의 역수曆數 및 기수朞數이며, 음체양용陰體陽用으로 밖으로 드러나는 작용이다.

둘째, 율려律呂는 무정을계신戊丁乙癸辛을 도수度數와 오행五行으로 나타내며, 무戊가 정을계신丁乙癸辛의 중中으로 본체도수本體度數이다. 율려律呂는 태음太陰(월月)의 운행도수運行度數를 중심으로 일 년간의 역수曆數이며, 양체음용陽體陰用으로 숨어서 작용한다.

一歲周天律呂度數라
일 세 주 천 율 려 도 수

分은 一萬二千九百六十이니라
분 일 만 이 천 구 백 육 십

刻은 八百六十四이니라
각 팔 백 육 십 사

時는 一百八이니라 日은 九이니라.
시 일 백 팔 일 구

○ 歲(해 세) 天(하늘 천) 律(법 율(률)) 呂(음률 여(려)) 度(법도 도) 數(셀 수) 刻(새길 각) 時(때 시)

한 해의 하늘을 주회하는 율려도수이니라. 분分으로는 12,960이니라. 각刻은 864이니라. 시時는 108이니라. 일日는 9이니라.

한해의 하늘과 땅이 돌아가며 차이가 나는 율려도수律呂度數를 말한다. 율려도수律呂度數는 하루에 36분씩 늦어져서 15일 동안 540분(9시간) 시차時差가 나므로 아침 밀물이 15일 9시간 후에 저녁 밀물로 변한다. 또한 율려도수律呂度數의 차이에 의해 9일마다 1각(15분)씩 일조장단이 차이가 난다. 즉 동지冬至에서 하지夏至까지는 180일이므로 180÷9일日=20회이고, 20회×15분(1각)=300분이 되며, 300분÷60분=5시간이 된다. 실제로 하지夏至때는 동지冬至때보다 5시간 가량 일조가 길고, 그 이후 매 9일마다 15분씩 일조가 짧아진다.[180]

1) 일세주천율려도수一歲周天律呂度數[181]

일일一日의 율려도수律呂度數는 36(4×9)이다. 36×360일= 12,960분이 되니 이것이 일세一歲의 하늘을 주회周回하는 율려도수律呂度數이다.

2) 분분 일만이천구백육십一萬二千九百六十[182]

---

180) 권영원,『정역과 천문력』, 상생출판,2013, 346쪽 참조

181)『정역집주보해正易集註補解』에서는 "일세주천一歲周天은 음양오행지기陰陽五行之氣가 일순一循하는 기삼백육십도朞三百六十度를 말함이니, 지구地球의 공전주기公轉週期는 삼백육십오도사분지일일三百六十五度四分之一日을 말하는 것이 아니다. 율려도수律呂度數는 음양오행陰陽五行의 상수이기상수리기象數理氣를 모두 함축含蓄하고 있는 십천간十天干과 십이지지十二支地의 배합配合으로 이루어진 육십갑자六十甲子의 운행도수運行度數를 말한다. 육십갑자六十甲子를 율려律呂로 나누면 갑자甲子에서 계사癸巳까지 삼십도三十度가 양율陽律이고, 갑오甲午에서 계해癸亥까지 삼십도三十度가 음려陰呂이다. 그러므로 육십갑자六十甲子가 육순六循하면 육율육여六律六呂가 이루어지고, 일세주천도수一歲周天度數인 기삼백육십도朞三百六十度를 일순환一循環하게 되는 것이다. 고故로 일부一夫께서는 전문前文에 태음회이윤이율太陰會而閏而律과 태양분이영이여太陽分而影而呂의 이치리致를 말씀하신 것이며, 하문下文에서는 율려律呂가 성도成度하는 기본원리基本原理를 밝힌 것이다."라고 하였다.

182)『정역집주보해正易集註補解』에서는 "일세주천율려도수一歲周天律呂度數는 낙서구궁지

일세주천율려도수一歲周天律呂度數를 분분으로 하면 12,960분(36×360)이다. 달리 말하면 9일×12지지地支=108×8각刻 = 864각刻×15분 = 12,960분이다.

2) 각刻 팔백육십사八百六十四[183]

산출의 근거는 9일×12지지地支=108×8각刻 =864각刻이다.

3) 시時 일백팔一百八

9일×12지지地支=108이다. 180시간時間에서 9도 탈락(8×9=72) =108이다. 9일日을 12시時로 승승乘하면 108시時이다.

4) 일日 구九

기본율려도수基本律呂度數이다. 9일은 시간으로는 180시간이며, 864각刻이다.[184]

·일세주천율려도수一歲周天律呂度數

> · 36분×360일 = 12,960분
>
> · 9일×12地支= 108× 8刻 = 864刻×15분 = 12.960분

理會本原原時性이라 乾坤天地 雷風中을
이 회 본 원 원 시 성   건 곤 천 지 뇌 풍 중

○ 理(다스릴 이(리)) 會(모일 회) 本(밑 본) 原(근원 원) 是(옳을 시) 性(성품 성) 乾(하늘 건) 坤(땅 곤) 雷(우레 뇌(뢰)) 風(바람 풍)

─────────────────

수를 기본으로 한 것이다. 육율육여六律六呂를 이루는 십이지지十二支地가 구궁도수九宮度數에 의하여 성립하기 때문이다."라고 하였다.

183) 『금화정역현토조해金火正易懸吐粗解』에서는 "시時 108을 8각刻으로 승승乘한 것이 864각刻이니라"라고 하였다.

184) 율려律呂는 하루에 36분씩 늦어져서 15일동안 540분(9시간) 시차가 나므로 아침 밀물이 15일 후엔 9시간 후 저녁 밀물로 변한다. 또한 율려도수의 차이에 의해 9일마다 1각(15분)씩 일조장단이 차이가 난다. 즉 동지에서 하지까지는 180일이므로 180 ÷ 9 = 20회이고, 20회 × 15분 = 300분이 되며 300분 ÷ 60분 = 5시간이 되므로 실제로 하지夏至 때는 동지冬至 때보다 5시간가량 일조가 길고, 그 이후 매 9일마다 15분씩 일조가 짧아진다고 한다.

이理가 본원에 모이는 것이 원리의 본성이라. 이러한 이치가 건곤乾坤과 천지天地에 뇌풍雷風이 가운데로구나.

뇌풍정위雷風正位에 관한 설명이다. 건곤부모乾坤父母가 합덕合德함으로써 자각을 한다는 것이다.

1) 이회본원원시성理會本原原時性

역학易學의 총결론總結論이다. 이해理會란? 도학道學적으로는 이치理致의 근원根源자리로 회귀回歸하는 것이며, 인사人事적으로는 인간人間 본성本性의 근원根源을 자각自覺함을 의미한다. 이치의 본원本原을 이루는 것을 성성이라고 한다. 이해理會의 의미를 불가佛家로는 깨달음을 통해 자신을 보는 견성見性이며, 도가道家에서는 수련으로 도를 이룬 연성練性이라고 볼 수 있다. 따라서 모든 것은 이회理會이며, 그 본원本原이 성성이라는 것이다.[185]

----

185) 『주역·정역』에서는 "이理가 본원本原에 회會하니 원원은 이것이 성성이오, 성성은 건곤乾坤 천지天地 뇌풍중雷風中에 있는 것이다. 이理는 음양陰陽이 교합하여 조화하는 작용이니 일월日月의 합삭合朔함을 말함이오, 본원本原은 건곤乾坤의 생명원生命元이니 건곤생명원乾坤生命元의 본원本原에 음양陰陽이 교합하여 합벽운동闔闢運動을 행하여 율려성률呂聲을 생성하는데 물物이 생생하면 반드시 성성이 있는 것이므로 원원은 곧 성성이오, 성성은 건곤乾坤 천지天地 뇌풍중雷風中에 있어 뇌풍雷風의 기氣로써 운행하는 것이므로 뇌풍雷風의 행行하는 곳에 성성이 있는 것이니 이는 천행건天行健의 이理이오, 그러므로 역괘명易卦名 중에 심자心字를 종(從)한 것은 오직 뇌풍항일괘雷風恒一卦이다
일월日月이 합삭合朔하면서 달이 생생하고 달에도 성성이 있는데 거기에서 광명이 생생하고 율려성律呂聲이 생생하는 것이며 사람도 일월日月에서 생생하므로 사람에게는 광명光明에 의擬한 천성天性과 율려율呂에 의의하는 언어言語가 있으니 언어言語는 곧 달의 율려율呂이며 이 언어言語는 천성天性 속의 뇌풍雷風의 기氣에서 발發하는 것이다 사람의 천성天性과 신神은 그 원원이 동일하므로 사람의 천성天性에서 언어言語가 발發한 즉 신神도 또한 언어言語를 발發하는 것이니 신야자묘만물이위언자야神也者妙萬物而爲言者也는 신神이 언어言語를 발發한다는 뜻이오, 그러므로 신神과 사람이 가히 더불어 주작酬酌하는 것이다.
달의 율려성律呂聲은 매일 평균 삼십육분간三十六分間을 발發하는데 사람도 직업적職業的 발

2) 건곤천지乾坤天地 뇌풍중雷風中[186]

건곤乾坤은 천지天地의 인격성人格性 표현表現이다. 뇌풍항괘雷風恒卦는 성인지도聖人之道가 영구永久하다는 의미이다. 그러므로 이치(이理)가 본처(본원本原)에 모임(회會)이 성性이며, 건곤천지乾坤天地에 뇌풍雷風이 들어가 행사한다는 것이다. 달리 말하면 육진뢰六震雷, 일손풍一巽風은 장남長男, 장녀長女로서 건곤乾坤을 대행代行하여 천지부모의 일을 대신 보게 된다는 것이다.

언발언發言 이외에 일월합삭日月合朔과 같은 음양陰陽 조화된 언어言語는 매일 평균 삼십육분간三十六分間이라는 원리가 되는 것이다

우주宇宙는 건곤생명원乾坤生命元이 무형항구無形恒久한 뇌풍雷風의 기氣로써 용用을 삼아 변화變化작용을 행행하는 것이므로 역학에 천행건天行健의 이理가 있는 것이며, 문왕팔괘도文王八卦圖는 장長의 시운時運의 괘도卦圖인데 진震이 동방東方에 있고, 손巽이 생장生長에 있어 씨와 형질形質의 생장生長함을 주主하는 것이오, 일월日月은 뇌풍雷風의 기氣에 의하여 운행하는 것이므로 장長의 시운時運에서 성成의 시운時運으로 넘어갈 때에는 뇌풍雷風이 중위中位에서 용사用事하여 모든 변화變化작용을 행행하는 것이니 괘지진손중위정역卦之震巽中位正易 뇌풍정위용정雷風正位用政은 모두 이 뜻을 말한 것이다

그러므로 일월日月이 합삭合朔하는 때는 태양의 뇌풍雷風의 기氣가 황극궁皇極宮에 작용하여 光明과 율려律呂가 생생하는 것이오, 사람에게도 광명같은 천성天性과 율려律呂같은 언어言語가 있는 것은 또한 뇌풍雷風의 기氣의 작용에 의한 것이다. 천지간天地間 생물중에서 처음으로 창조된 것이 식물인데 식물에는 천성天性도 언어言語도 없고, 다음에 창조된 것이 동물인데 동물에는 천성天性은 있으되 극히 어둡고 언어言語는 불완전하여 성聲만 있으며 그다음에 창조된 것이 사람인데 사람에게는 광명한 천성天性과 음율의 조화한 언어言語가 있으니 이는 신神이 신神의 형상대로 사람을 창조하였으므로 신神과 서로 통할 수 있는 천성天性과 언어言語를 가지고 있는 것이다. 그런데 신神도 뇌풍雷風의 기氣에 의하여 운행되고 있으므로 뇌雷가 지상에 출出하는 예괘豫卦에 상제上帝의 상象이 있고, 풍風이 지상에 행하는 관괘觀卦에 신도神道가 있는 것이니, 사람의 천성天性과 언어言語가 신神으로 더불어 서로 통하는 것은 또한 뇌풍雷風의 기氣에 의하여 운행되는 까닭이다.

뇌풍雷風이 대천代天하여 일월日月의 政을 용용用하는데 일부선생一夫先生이 그 정정政을 임任하시므로 천명天命에 의하여 명명名을 항자恒字로 고치시니 항恒은 뇌풍雷風이며, 이것이 사유사불사선일부진도차斯儒斯佛斯仙一夫眞蹈此의 뜻이다."라고 하였다.

186) 『금화정역현토조해金火正易懸吐粗解』에서는 "사리事理를 깨달아 아는 것을 회會라고 하고, 알 수 있는 까닭의 본원本原을 성性이라고 하며, 건곤乾坤은 천지뇌풍天地雷風의 중중이 되니, 수지手指로는 십건천十乾天 오곤지五坤地의 중지中指자리에 좌우左右로 육진뢰六震雷와 일손풍一巽風이 호위互位하고 있는 중위中位이다."라고 하였다.

『정역구해正易句解』에서는 "정역팔괘正易八卦에서 뇌풍雷風이 건곤乾坤과 천지天地의 중간에 있다. 뇌풍중위雷風中位를 말한다."라고 하였다.

> 歲甲申 六月 二十六日 戊戌에
> 세 갑 신 유 월 이 십 육 일 무 술
> 校正書頌하노라 水土之成道가 天地요
> 교 정 서 송　　　　수 토 지 성 도　　천 지
> 天地之合德이 日月이니라.
> 천 지 지 합 덕　　일 월
> 太陽恒常은 性全理直이니라.
> 태 양 항 상　　성 전 이 직

○ 歲(해 세) 申(아홉째 지지 신) 戊(다섯째 천간 무) 戌(개 술) 書(쓸 서) 頌(기릴 송) 成(이룰 성) 道(길 도) 德(덕 덕) 陽(볕 양) 恒(항상 항) 常(항상 상) 性(성품 성) 全(온전할 전) 理(다스릴 이(리)) 直(곧을 직)

갑신년甲申年 유월六月 이십육일二十六日 무술戊戌에 교정하여 쓰고 기린다. 수水(1.6)와 토土(5.10)가 성도成道(천인합덕天人合德)한 것이 하늘과 땅이요, 하늘과 땅이 합덕合德한 것이 해와 달이니라. 태양太陽(일日)이 항상恒常한 것은 성性이 온전하고 이理가 곧기 때문이니라.

개요概要

천지天地와 일월지도日月之道에 대한 설명이다.

135

1) 세갑신歲甲申 유월이십육일六月二十六日 무술戊戌 교정서송校正書頌

일부一夫께서 갑신년甲申年(1884년) 유월이십육일六月二十六日 무술戊戌에 교정校正하여 금화교역金火交易을 가송歌頌하였음을 설명하고 있다.

2) 수토지성도水土之成道 천지天地

건진乾震(10토土, 6수水)과 곤손坤巽(5토土, 1수水)이 서로 천지天地를 이루어 성도成道함을 뜻한다.

3) 천지지합덕天地之合德 일월日月[187]

천지지합덕天地之合德이 일월日月이니라. 천수天數 1·3·5·7·9의 합은 25요, 지수地數 2·4·6·8·10의 합은 30인데, 5일간 달빛이 보이지 않으니 지수地數 30에서 5를 제하면 25가 되어 천수天數와 지수地數가 같게 됨을 뜻한다.

4) 태양항상太陽恒常 성전이직성全理直[188]

태양太陽이 항상 똑같음은 성품이 온전하고 다스림을 변함없이 곧게 하기 때문이다. 그러므로 태양太陽의 항상恒常은 일태극一太極이 불변不變한다는 것이다. 성전性全은 본성本性의 완성完成이요, 이직理直은 불변不變의 상도常道를 의미한다.

---

[187] 『정역집주보해正易集註補解』에서는 "수토水土는 천지天地를 성도成道시킨다고 하였으나 일태극一太極, 십무극十无極, 오황극수五皇極數인 일수一數, 십토十土, 오토五土가 천지天地를 성도成道시키는 수토水土이며, 천지합덕天地合德을 일월日月이라 하였으니 천지지분天地之分과 천지天地의 합덕合德이 모두 일월日月로 곤困하기 때문에 천지天地가 일월日月이 없으면 빈 껍데기라고 한 것이다."라고 하였다.

[188] 『금화정역현토조해金火正易懸吐粗解』에서는 "태양太陽은 영허소장盈虛消長이 없이 항상恒常한 것으로 그 본성本性이 온전하고 도리道理가 순직純直한 것이니, 『주역周易』의 성성性을 성지자成之者라고 하고, 성전性全을 성성존존成性存存이라 하면 이직理直은 정직正直한 도의道義라고 한 것이다."라고 하였다.

> **太陰消長은 數盈氣虛니라.**
> 태 음 소 장　수 영 기 허
>
> **盈虛는 氣也니 先天이니라 消長은 理也니 后天이니라**
> 영 허 　 기 야 　 선 천 　 　 소 장 　 이 야 　 후 천

○ 太(클 태) 陰(응달 음) 消(사라질 소) 長(길 장) 數(셀 수) 盈(찰 영) 氣(기운 기) 虛(빌 허) 理(다스릴 이{리})

태음太陰(월月)이 사라지고 자라는 것은 수水가 차고 기氣가 비기 때문이다. 비었다 찼다하는 것은 기氣이니 선천先天(선천 보름1-15)이니라. 사라졌다 자랐다 하는 것은 이理이니 후천后天(후천 보름16-30)이니라.

선후천先后天의 원리原理를 월정사月政事와 천지역수天之曆數로 설명하고 있다.

1) 태음소장太陰消長 수영기허數盈氣虛[189]

월정사月政事는 소멸消滅과 성장成長으로, 수영數盈은 달이 차가는 선先보름이요, 기허氣虛는 달이 비어가는 후後보름을 말한다. 경사庚四가 구九가 되는 이치理致는 기영氣盈이며, 정칠丁七이 이二로서 수數가 비는 것은 수허數虛이다.

2) 영허기야盈虛氣也 선천先天

태음太陰 달이 소멸되었다 자라나는 것은 수기數氣가 차고 비기(영허盈虛) 때문이다. 선천先天의 달 정사를 표현한 말이다.

---

189)『금화정역현토조해金火正易懸吐粗解』에서는 "달의 보름에서 선보름까지(기망지망旣望至望)를 소장消長이라 하니, 이를 후천后天이라 하고 달의 선보름 초하루부터 그믐까지(삭지회朔至晦)를 영허盈虛라고 하며 이를 선천先天이라고 한다."라고 하였다.

3) 소장이야消長理也 후천后天[190]

달의 소장消長은 후後보름 16일부터 사라지다가 그 다음달 초初하루부터 보름까지 자라는 것은 소장消長하는 이치理致이니 이는 후천后天 굴신지도屈伸之道이며, 지구地球의 자전운동自轉運動이다. 후천后天의 월정사月政事를 상象으로 표현하고 있다.

> 后天之道는 屈伸이오 先天之政은 進退나라.
> 후 천 지 도　굴 신　　선 천 지 정　　진 퇴
> 進退之政은 月盈而月虛나라.
> 진 퇴 지 정　월 영 이 월 허

○ 進(나아갈 진) 退(물러날 퇴) 政(정사 정) 月(달 월) 盈(찰 영) 虛(빌 허)

후천后天의 도道는 굽었다 펴는 것이고, 선천先天의 정사政事(정령政令)는 나아갔다 물러나는 (달의 성장成長) 것이니라.

나아갔다 물러갔다 하는 정사政事는 달이 찼다 비었다 하는 것이니라.

개요概要

달 정사政事에 대한 설명이다. 굴신지도屈伸之道란 굽혔다 펴는 이치, 즉 달이 소장消長하는 형상形象(도道)을 말한다.

각설各說

1) 후천지도后天之道 굴신屈伸

달을 굴신屈伸으로 보면 16일은 달이 굴屈한 것에서 시작하여 다음 달 보름까지 되면 신伸이라고 하는 것이다. 이것을 후천지도后天之道 굴신屈

---

190) 『금화정역현토조해金火正易懸吐粗解』에서는 "먼저 차고 뒤에 허虛한 것은 기운 때문이니 선천先天이라는 것은 선천先天의 진퇴지정進退之政이요."라고 하였다.
『정역집주보해正易集註補解』에서는 "영허盈虛는 낙서원리洛書原理로서 역생도성逆生倒成을 말함이다."라고 하였다.

伸이라고 한다[191].

2) 선천지정先天之政 진퇴進退[192]

달의 현상으로 보아 초하루에서 보름까지 달이 커져가서 진전進展하지만 16일부터 30일까지 사라져가서 퇴소退消하므로 선천先天을 진퇴進退라고 한다.

3) 진퇴지정進退之政 월영이월허月盈而月虛[193]

진퇴지정進退之政은 나갔다 물러났다 하는 정사政事는 선천지도先天之道요, 시종始終원리이다. 월영이월허月盈而月虛는 달의 작용으로 달이 찼다 달이 비었다 하는 것이다.

---

191) 『주역·정역』에서는 "굴屈하고서 신伸함은 곧 소消하고서 장長함이니 굴屈하고서 신伸함은 회晦의 후後에 월재일후月在日後 일음일양一陰一陽하는 것이므로 후천后天의 도道라 한 것이다.
진進하고서 퇴退하는 정政은 달이 영盈하고서 허虛함이니 정政이라 함은 일월광명日月光明의 운행을 말하며 진進하고서 퇴退함은 망望에서 광명光明의 정政을 행行한 뒤에 월재일전위선미月在日前爲先迷이라 고왈선천지정야故曰先天之政也이다. 진퇴進退의 정政은 달이 영盈하고서 달이 허虛함이니 달이 영盈하여 망望하는 것은 일월광명日月光明의 정政이므로 진퇴進退의 정政이라 한 것이오, 굴신屈伸의 도道는 달이 소消하고서 달이 장長하는 것이니 달이 회晦에 소消하고 다시 양陽을 우遇하여 일음일양一陰一陽하는 것은 일월日月의 일음일양一陰一陽하는 도道이므로 굴신屈伸의 도道라 한 것이다."라고 하였다.
192) 『금화정역현토조해金火正易懸吐粗解』에서는 "후천后天의 천도정사天道政事는 동서東西로 굴신屈伸하는 지구地球의 자전운동自轉運動을 뜻함이요, 달의 굴신屈伸을 보면 16일달이 굴屈한데서 시작始作하여 다음 보름까지 신伸하는 것이니 이를 굴신정사屈伸政事라고 한다. 선천先天의 천도정사天道政事는 남북南北으로 진퇴進退하는 공전운동公轉運動이니 춘하추동春夏秋冬의 절후節侯는 남북진퇴南北進退로 인因하여 발생發生하는 것이다. 후천后天은 사시장춘四時長春이 되는 연고緣故로 진퇴進退가 아니고 굴신지도屈伸之道이다."라고 하였다.
『정역구해正易句解』에서는 "달을 굴신屈伸으로 보면 16일은 달이 굴屈한데서 시작하여 다음달 보름까지 되면 신伸이라고 하는 것이니 굴신屈伸이라고 한다. 달의 현상으로 보아 초하루에서 보름까지 달이 커져가서 진전進展하지만 16일부터 30일까지 사라져가서 퇴소退消하므로 선천先天을 진퇴進退라고 한다."라고 하였다.
193) 『금화정역현토조해金火正易懸吐粗解』에서는 "진퇴進退의 정사政事는 달이 차는데서 부터 달이 비어 가는데 까지를 말하며 이를 태음지정太陰之政이라고 한다."라고 하였다.

八張----後

屈伸之道는 月消而月長이니라.
굴 신 지 도　　월 소 이 월 장

抑陰尊陽은 先天心法之學이니라
억 음 존 양　　선 천 심 법 지 학

調陽律陰은 后天性理之道니라.
조 양 율 음　　후 천 성 리 지 도

○ 屈(굽을 굴) 伸(펼 신) 道(길 도) 月(달 월) 消(사라질 소) 長(길 장) 抑(누를 억) 陰(응달 음) 尊(높을 존) 陽(볕 양) 先(먼저 선) 心(마음 심) 法(법 법) 學(배울 학) 調(고를 조) 陽(볕 양) 律(법 율(률)) 陰(응달 음) 后(임금 후) 性(성품 성) 理(다스릴 리) 道(길 도)

　굽었다 폈다 하는 도道(후천지도后天之道)는 달이 사라졌다 달이 자라났다(종시終始) 하는 것이니라. 음陰을 누르고 양陽을 높이는 것은 선천先天 심법心法의 학學이니라. 양陽을 고르고 음陰을 맞추는 것(합덕合德)은 후천后天 성리性理의 도道이니라.

개요概要

　후천后天 굴신지도屈伸之道를 통해서 선천先天의 심법지학心法之學과 후천后天의 조양율음調陽律陰으로 인한 정음정양正陰正陽에 대한 선후천변화先后天變化에 대한 설명이다.

1) 굴신지도屈伸之道 월소이월장月消而月長[194]

굴신지도屈伸之道는 굽혔다 펴는 도리道理, 즉 달이 소장消長하는 형상形象(도道)을 말한다. 달리 말하면 종시終始원리이다.

2) 억음존양抑陰尊陽 선천심법지학先天心法之學[195]

음陰을 누르고 양陽을 높이는 것은 선천先天의 구체적인 실천 방법이었다. 즉 소인지도小人之道를 누르고 군자지도君子之道를 높이는 것이 선천先天의 심법지학心法之學임을 밝히고 있다. 낙서洛書와 문왕팔괘도文王八卦圖에서 2, 4, 6, 8(음수陰數)은 유위(모퉁이 자리)에서 눌려 있고, 1, 3, 7, 9(양수陽數)는 정위正位(바른 자리)에서 존양存陽되었다.

3) 조양율음調陽律陰 후천성리지도后天性理之道[196]

양陽을 고르고 음陰을 맞추는 것(합덕合德)은 열매원리, 대형이정大亨利貞 원리이며, 음양陰陽이 합도合道되어 가는 것은 학學과 행行이 일치하는 후천后天 성리性理의 도道이다. 하도河圖와 정역괘도正易卦圖는 1·6, 3·8, 2·7, 4·9, 5·10이 각각 제자리에서 음양조화陰陽調和를 이루었으며 천간天干과 지지地支가 각각 55로 조율이 되었다[197].

---

194) 『금화정역현토조해金火正易懸吐粗解』에서는 "굴신屈伸을 하는 도리道理는 후천后天의 태양정사太陽政事로서 선천先天을 표준으로 하면 십육일十六日에 계미계축癸未癸丑이 당當함으로 후천后天의 달은 달이 사라져가는 쪽에서부터 달이 자라나는 상태로 간다는 것이니 이는 후천后天의 굴신屈伸하는 달의 운행하는 형태를 나타내는 지구地球의 자전운동自轉運動이다."라고 하였다.

195) 『금화정역현토조해金火正易懸吐粗解』에서는 "선천先天은 독서학역讀書學易으로 심법心法을 닦는 도리道理를 배우는 것이다."라고 하였다.

196) 『금화정역현토조해金火正易懸吐粗解』에서는 "양陽을 조리調理하고 음陰을 율화律和하는 것은 후천성리后天性理의 길이니 율려조음양律呂調陰陽이라 함은 조양율음調陽律陰을 말하며 자율적으로 조화하는 궁리진성窮理盡誠이 후천지도后天之道이다."라고 하였다.

197) 『주역·정역』에서는 "양陽을 조절調節하고 음陰을 율도律度하여 일음일양一陰一陽하는 것이 성리性理의 도이다. 회晦에서 달이 일후日後에 있어 다시 자라고 일음일양一陰一陽하면서 음양조화陰陽調和하는 것이 조양율음調陽律陰이다. 성성은 뇌풍雷風에서 발發하는데 회晦에서 일월日月이 교회交會하여 합삭合朔이 되어 일음일양一陰一陽하고 태양太陽은 뇌풍雷風의 기氣로써 운행하므로 뇌풍雷風의 성性과 일월음양日月陰陽의 조화하는 이리가 곧 성리

> 天地는 匪日月이면 空殼이오
> 천지　비일월　　공각
> 日月은 匪至人이면 虛影이니라.
> 일월　비지인　　허영

○ 匪(대상자 비) 空(빌 공) 殼(껍질 각) 至(이를 지) 虛(빌 허) 影(그림자 영)

하늘(시간원리時間原理의 주체主體)과 땅이 해(사상변화四象變化)와 달(사덕변화四德變化)이 아니면 빈 껍질이요, 해와 달이 지극한 사람(성인聖人, 군자君子)이 아니면 빈 그림자이니라.

개요槪要

천지天地와 일월日月을 체용體用의 관점에서 설명하고 있다.

각설各說

1) 천지비일월天地匪日月 공각空殼

천지天地는 현상적現象的 천지天地이며, 일월日月은 시간운행時間運行의 주체主體이다. 그러나 천지天地는 광대하지만 일월日月이 없다면 만물이 존재할 수가 없으니 빈 껍질과 같다는 의미이다. 왜냐하면 일월지정日月之政을 기본으로 한 책력冊曆이 없다면 일월日月은 의미 없이 순환하는 단순한 자연현상에 불과하기 때문이다.

2) 일월日月 비지인匪至人 허영虛影[198]

일월日月의 빛은 시간운행의 주체인 일월원리日月原理를 깨달은 지인至人이 아니면 빈 그림자에 불과하다는 것이다. 『주역周易』의 관점으로는

性理의 도道이다. 사람이 뇌풍일월雷風日의 성리작용性理作用을 법법하여 천성天性이 광명과 같이 밝고 언어言語가 율려律呂와 같이 화和한 것이 후천성리后天性理의 도道이다."라고 하였다.

198) 『금화정역현토조해金火正易懸吐粗解』에서는 "천지天地도 일월日月이 아니면 빈 껍질에 불과하고 일월日月도 지인至人이 아니면 헛된 그림자이다."라고 하였다.

천도天道인 사상四象이 인도人道인 사덕四德으로 드러나는데 사덕四德의
근원이 되는 사상四象이 없다면 사덕四德은 빈 그림자에 불과하다. 그러
므로 사상四象의 그림자가 사덕四德이라고 할 수 있다.

潮汐之理는 一六壬癸水位北하고
조 석 지 리　　일 육 임 계 수 위 북

二七丙丁火宮南하야
이 칠 병 정 화 궁 남

火氣는 炎上하고 水性은 就下하야 互相衝激하며
화 기　　염 상　　　수 성　　취 하　　　호 상 충 격

互相進退而隨時候氣節은 日月之政이니라.
호 상 진 퇴 이 수 시 후 기 절　　　일 월 지 정

○ 潮(조수 조) 汐(조수 석) 理(다스릴 리) 壬(아홉째 천간 임) 癸(열째 천간 계) 丙(세 번째 천
간 병) 丁(넷째 천간 정) 宮(집 궁) 南(남녘 남) 氣(기운 기) 炎(불탈 염) 性(성품 성) 就(이룰
취) 互(서로 호) 相(서로 상) 衝(찌를 충) 激(물결 부딪쳐 흐를 격) 進(나아갈 진) 退(물러날
퇴) 隨(따를 수) 候(물을 후) 節(마디 절)

밀물과 썰물의 이치理致는 일육一六 임계수壬癸水가 북北쪽에 자리 잡
고, 이칠二七 병정화丙丁火가 남南쪽에 들어 있다 하야, 불기운은 타오르
고, 물 성질性質은 흘러내려 서로 충격衝激하고, 서로가 진퇴進退하면서
시時와 후候와 기氣와 절節을 따르게 되니, 이것은 해와 달의 정사政事이
니라.

개요概要

일월정사日月政事와 도서원리圖書原理에 대한 설명이다.

각설各說

1) 조석지리潮汐之理 일육임계수위북一六壬癸水位北

밀물과 썰물의 이치理致는 낙서원리인 일육一六이 문왕팔괘도文王八卦

圖의 일육임계수一六任癸水로 북北쪽에 자리 잡고 있다는 것이다.

2) 이칠병정화궁남二七丙丁火宮南

낙서洛書의 이칠병정화二七丙丁火가 염상炎上하여 문왕팔괘도文王八卦圖의 남南쪽에 들어 있다는 것이다.

3) 화기염상火氣炎上 수성취하水性就下 호상충동互相衝激

화기火氣는 염상炎上하고, 수성水性은 취하就下하여 내린다. 이칠병정화二七丙丁火의 불기운은 타오르고, 일육임계수一六壬癸水 물 성질性質은 흘러내려 서로 충격衝激한다는 것이다. 이것이 오행원리이다. 율려律呂의 물리적物理的현상을 하도河圖의 일육一六 원리原理로 설명하고 있다.

4) 호상진퇴이수시후기절互相進退而隨時候氣節 일월지정日月之政[199]

서로가 나아가고 물러서면서 시時와 후候와 기氣와 절節에 따르니 이것이 해와 달의 정사政事라는 것이다.

嗚呼라 日月之政이여 至神至明하니 書不盡言이로다.
오 호　　일 월 지 정　　지 신 지 명　　서 불 진 언

○ 嗚(탄식 소리 오) 呼(부를 호) 政(정사 정) 至(이를 지) 神(귀신 신) 至(이를 지) 明(밝을 명) 書(쓸 서) 盡(다될 진) 言(말씀 언)

아아, 해와 달의 정사政事는 지극히 신묘하고, 지극히 밝으시니, 글로서는 다 말할 수 없음이로다.

---

199)『금화정역현토조해金火正易懸吐粗解』에서는 "조석潮汐의 이치理致는 일육임계수一六壬癸水가 북방北方에 위치되어 있고, 이칠병정화二七丙丁火는 남방南方에 자리하고 있음이니. 밀물과 썰물이 달의 인력引力으로 인하여 간만干滿하는 이치이다. 화기火氣는 이칠병정화二七丙丁火로 염상炎上하고, 수성水性은 일육임계수一六壬癸水로 취하就下하니 서로 상대하여 형돌衝突하고 격동激動하는 것은 포오함육胞五含六의 기운氣運으로서 복지지리復之之理 일사칠一四七의 태양운행도수太陽運行度數와도 관련되며, 서로 상대하여 진퇴進退함이 일진일퇴一進一退의 기운氣運으로서 태음太陰의 복지지리復之之理인 일팔칠一八七도 관련關聯이 되는 것이니, 조석潮汐의 간만干滿과 일조日照의 장단長短에 따라 생기는 시후기절時候氣節을 따라 정사政事하는 것이 일월日月의 정사政事이다."라고 하였다. 달이 합삭(초1일) 또는 망(보름)일 때는 수위가 가장 높으며 이것을 '사리(대조:음력 15일, 30일)'라 하고, 상현上弦(8일) 하현下弦(23일)때는 수위가 가장 낮게 나타난다. 이것을 '조금(소조)'이라 한다.

일월정사日月政事와 신명지덕神明之德에 대한 설명이다.

1) 일월지정日月之政[200]

신명神明은 일월日月의 시간정사時間政事이다. 천도天道의 내용內用인 천지역수天之曆數이다.[201] 천지역수는 천명天命의 구체적 내용인 천도天道이다. 천지역수天之曆數는 시간운행원리時間運行原理이며, 시간 변화의 마디를 상징하는 것은 수數이다. 그러므로 천지역수天之曆數는 과거와 현재와 미래를 꿰뚫는 시간의 선험적인 원리이며, 그것을 객관화하여 나타낸 것이 인도人道인 도덕원리道德原理이다.[202]

2) 지신지명至神至明

신명원리神明原理는 60간지干支로 표상되며, 60간지干支는 시간時間을 형상화形象化한 것이다. 신神은 변화變化의 오묘한 원리原理, 변화變化의 도道를 아는 것이다. 다시 말하면 변화變化의 궁극적窮極的 원리原理인 신神의 도道를 아는 것이다. 신도神道는 사력변화원리四曆變化原理, 선후천변화원리先后天變化原理를 말한다.

----

200) 『정역구해正易句解』에서는 "조석潮汐의 간만과 일조의 장단長短에 따라 생기는 시후기절時候氣節을 일월지정日月之政이다."라고 하였다.
『금화정역현토조해金火正易懸吐粗解』에서는 "일월日月의 정사政事는 지극히 신비롭고 지극히 밝으시니, 글로서는 다 말할 수 없느니라"라고 하였다.
201) 『정역』에서의 천지역수는 일월성신日月星辰의 역상원리曆象原理를 인간과 사회의 생활 시간표(인시人時)로 응용하도록 구체적인 시간변화의 원리를 응용한 개념으로 보기 때문이다. 그 근거로서 『서경書經』「홍범洪範」편에서는 '세월일시歲月日時'나 「요전堯典」편의 '역상일월성신曆象日月星辰'은 역易의 주제가 시간론 임을 밝혀주고 있다. 그러므로 역상曆象의 개념도 천天의 시간운행원리를 생활에 적용시킨 것이다. 그러나 천지역수에 대한 기존 견해는 역수曆數를 과학적 입장에서 단순히 기상대에서 작성하는 캘린더의 구성 법칙인 책력冊曆으로만 생각하였다. 또한 천명天命과 책력冊曆을 분리함으로써 천문학적 역법曆法으로 인식함으로써 천지역수를 시간의 메카니즘을 밝힌 명제로 이해하지 못하였던 것이다. 『정역』에서는 천지역수가 역易의 본질적 명제로서 시간時間의 문제임을 밝히고 있다는 것이다."라고 하였다.(김재홍, 『정역』에서의 천지역수에 관한 소고小考」, 『철학논총』61집 새한철학회, 6쪽)
202) 김재홍, 『정역』에서의 천지역수에 관한 소고小考」, 『철학논총』61집 새한철학회, 13쪽

3) 서불진언書不盡言

　일월지도日月之道의 지극히 신묘하고 밝은 이치를 글로서는 말하고자 함을 다할 수 없다는 것이다.

嗚呼라 天何言哉시며 地何言哉시리오마는
오 호   천 하 언 재   지 하 언 재
一夫能言하노라
일 부 능 언
一夫能言兮여 水潮南天하고 水汐北地로다.
일 부 능 언 혜   수 조 남 천   수 석 북 지

○ 嗚(탄식 소리 오) 呼(부를 호) 何(어찌 하) 哉(어조사 재) 能(능할 능) 兮(어조사 혜) 潮(조수 조) 南(남녘 남) 天(하늘 천) 水(물 수) 汐(조수 석)

아아, 하늘이 무엇을 말하시며, 땅이 무엇을 말하리오 마는

일부一夫가 능히 말하노라. 일부一夫가 능히 말할 수 있음이여, 밀물이 남南쪽 하늘에 모이고, 썰물이 북쪽 땅에서 빠짐이로다.

개요槪要

성인聖人에 의해 인도人道와 천도天道를 구명究明하며, 천지天地의 필연적인 합덕合德의 논리論理를 전개(임자壬子→계해癸亥)하게 된다는 것이다.

각설各說

1) 천하언재지하언재天何言哉地何言哉 일부능언一夫能言[203]

---

[203] 『금화정역현토조해金火正易懸吐粗解』에서는 "천지天地도 말씀하지 않으신 바를 一夫가

천지天地도 말씀하지 않으신 바를 일부一夫가 능히 60간지干支로 일월지정日月之政의 변화원리, 선후천先后天의 변화를 시간운행으로 드러냈다는 것이다.

2) 일부능언혜一夫能言兮 수조남천水潮南天

일부一夫가 능히 말할 수 있음은 물(일육임계수一六壬癸水)이 남南쪽 하늘에 모이고(남천南天), 물이 북쪽 땅에서 빠지는 현상적인 표현을 말한다.(수조水潮)

3) 수석북지水汐北地

수석북지水汐北地는 이칠병정화二七丙丁火의 현상적 표현을 말한다. 즉 낙서적洛書的(과거過去), 현상적 표현이다. 역생도성逆生倒成의 낙서적洛書的 변화變化를 말한다.

水汐北地兮여 早暮를 難辨이로다.
수 석 북 지 혜   조 모   난 판
水火旣濟兮여 火水未濟로다.
수 화 기 제 혜   화 수 미 제

○ 汐(조수 석) 地(땅 지) 早(새벽 조,이를 조) 暮(저물 모) 難(어려울 난) 辨(분별할 변, 힘쓸 판) 旣(이미 기) 濟(건널 제) 未(아닐 미)

물이 북北쪽 땅에서 빠짐이여, 이르고 늦음을 판가름[204]하기 어렵도다. 수화水火가 기제旣濟됨이여 화수火水가 미제未濟로다.

개요概要

일월지도日月之道와 조석지리潮汐之理에 대한 설명이다.

홀로 말씀하심이니 『논어論語』에서도 '자왈子曰 천하언재天下言哉시리오 사시행언四時行焉하며 백물생언百物生焉하나니 천하언재天下焉哉시리오'"라고 하였다.
204) 변辨은 힘쓸 판자이다.

1) 수석북지혜水汐北地兮 조모난판早暮難辦[205]

썰물은 북지北地에서 임계수壬癸水인 일육수一六水의 운동이며, 밀물은 남천南天에서 병정화丙丁火인 이칠화二七火의 운동이라고 하니, 조석潮汐의 이치理致는 이르고 저물고 힘쓰기(판단하기가)가 어렵다는 것이다.

2) 수화기제혜水火旣濟兮 화수미제火水未濟[206]

수화기제혜水火旣濟兮는 낙서적변화洛書的變化요, 화수미제火水未濟로는 하도적河圖的 종시변화終始變化로서 새로운 변화變化의 시작始作을 말한다. 그러므로 하도河圖와 낙서洛書의 선후천先后天의 변화變化는 동시同時 운행運行으로 이루어진다는 것이다. 그 유형은 먼저, 구육합덕원리九六合德原理로 전개된다. 실질적實質的으로는 전체가 다 합덕合德(1·9, 2·8, 3·7, 4·6의 동시同時 운행運行)되는 것이다. 다음으로 정령작용政令作用은 81(9×9), 72(9×8), 63(9×7), 54(9×6)으로 운행運行이 된다는 것이다.

大道從天兮여 天不言가 大德從地兮여
대 도 종 천 혜　천 불 언　대 덕 종 지 혜

地從言이로다. 天一壬水兮여 萬折必東이로다.
지 종 언　　천 일 임 수 혜　만 절 필 동

地一子水兮여 萬折于歸로다.
지 일 자 수 혜　만 절 우 귀

○ 道(길 도) 從(좇을 종) 不(아닐 불) 言(말씀 언) 萬(일만 만) 折(꺾을 절) 必(반드시 필) 東(동녘 동) 于(어조사 우) 歸(돌아갈 귀)

큰 도道는 하늘을 따름이여, 하늘이 말씀을 않겠는가. 큰 덕德은 땅을

---

205) 『금화정역현토조해金火正易懸吐粗解』에서는 "썰물은 북지北地의 임계수壬癸水인 일육수一六水의 운동運動이며, 밀물은 남천南天에서 병정화丙丁火인 이칠화운동二七火運動이라고 하니, 조석潮汐의 이치는 이르고 늦을 것을 판단하기 어렵다는 것이다."라고 하였다.

206) 『금화정역현토조해金火正易懸吐粗解』에서는 "수화水火는 선천先天의 역생도성逆生倒成하는 이치理致이며, 화수火水는 후천后天의 도생역생倒生逆成하는 이치理致이다."라고 하였다.

따르니 땅은 말씀을 따름이로다. 천일임수는 만 번을 꺾여도 반드시 동쪽으로 흐른다. (생명生命 근간根幹인) 지일자수地一子水(임자壬子)여 만萬 번이나 꺾여도 기어코 임수壬水를 따라 돌아감이로다.

개요槪要

천지天地의 도덕성道德性을 해명하고 하도河圖·낙서洛書의 합수合數인 100이 대도大道로 드러난다는 것이다.

각설各說

1) 대도종천혜大道從天兮 천불언天不言

큰 도道는 하늘로부터 오나니 하늘이 말하지 않으실까. 무의無意의 음音으로 천지天地의 도덕성道德性을 해명하고 있다. 대도大道는 천天의 하향적下向的 작용作用과 지地의 상향적上向的 작용作用으로 지도地道를 포함한 천도天道를 의미한다. 하도·낙서로 보면 하도적河圖的 작용에 낙서적洛書的 작용이 포함됨을 말한다. 천불언天不言은 성인聖人을 통해 하향적下向的, 하도적河圖的, 종시적終始的 작용作用으로 말씀을 전달한다는 것이다.(천도天道)

2) 대덕종지혜大德從地兮 지종언地從言[207]

큰 덕德은 땅으로부터 오나니(하도河圖 + 낙서洛書= 100) 땅도 따라 말을 한다는 것이다.

3) 천일임수혜天一壬水兮

천일임수혜天一壬水兮는 천天이 수水를 가지고 작용함을 의미한다. 천지수화天地水火 안에서 만물萬物이 생육生育함으로 천지인天地人 합일사상合一思想을 말한다.

---

207) 『금화정역현토조해金火正易懸吐粗解』에서는 "대덕大德은 무위천심戊位天心의 황심皇心 자리에 놓임이니 이를 지종언地終焉이라고 한다. 황심皇心의 자리는 모지신母指伸인 칠지七地의 자리이다."라고 하였다.

4) 만절필동萬折必東[208]

만절萬折은 만 마디 곡절, 만 가지 물줄기를 말한다. 필동必東은 모든 것이 우여곡절 끝에 동東으로 간다는 것이다.

5) 지일자수혜地一子水兮 만절우귀萬折于歸[209]

생명의 근간인 지일자수地一子水(임자壬子)는 만萬 번이나 꺾여서 기어코 임수壬水따라 가서 완성된다. 지일자수혜地一子水兮는 지지地支를 말하고, 귀歸는 되돌아감을 의미한다. 이것은 심성론적心性論的으로 성인聖人에게 시집간다는 의미로 완성됨을 말한다.

---

208) 『정역집주보해正易集註補解』에서는 "수水는 생명生命의 근원이다. 천일임수天一壬水는 생명지수生命之水를 뜻하며, 수조남천水潮南天하고 수석북지水汐北地하여 조석潮汐의 후천변혁后天變革으로 천일임수天一壬水도 변혁變革될 것이나 결국에는 생육지방生育之方인 동방東方으로 흘러 생명生命을 꽃피우게 된다는 것이다."라고 하였다.

209) 『정역집주보해正易集註補解』에서는 "천일임수天一壬水가 생명지수生命之水라면 지일자수地一子水는 생명을 양육하는 수水이니 그 방위方位는 북방北方이다. 만절우귀萬折于歸는 임수壬水가 마침내 본원本源으로 돌아가게 되므로 자수子水도 역시 임수壬水를 따라 북방北方으로 돌아가게 되는 이치理致를 밝힌 것이다."라고 하였다.

九張····後

歲甲申流火 六月七日에 大聖七元君은 書하노라.
세 갑 신 유 화 육 월 칠 일   대 성 칠 원 군   서

○ 歲(해 세) 甲(첫째 천간 갑) 申(아홉째 지지 신) 流(흐를 유(류)) 聖(성스러울 성) 元(으뜸 원)
君(임금 군)

갑신년 유화 육월 칠일에 대성칠원군은 쓰노라.

개요概要

정역正易에서의 성통聖統을 설명하고 있다.

각설各說 [210]

1) 세갑신유화歲甲申流火 육월칠일六月七日

갑신년甲申年 유화流火는 갑신甲申 오월五月이 윤달에서 유화流火 육월
이라고 한 것이다. 그리고 육월 칠일에 대성 칠원군七元君(북두칠성北斗七
星의 정령政令)은 쓴다고 한 것이다.

---

[210] 『금화정역현토조해金火正易懸吐粗解』에서는 "갑신년甲申年 오월五月이 윤달이라 유화
육월流火六月이라 하였다. 칠월七月이 되면 화성火星이 서쪽으로 기울게 되니 날씨가 이때부
터 서늘하여 지므로 유화流火라고 한 것이다. 유화육월流化六月은 절기節氣로는 칠월七月을
뜻한다. 갑신년甲申年 육월六月 칠일七日은 기묘일己卯日이며, 대성칠원군大成七元君은 일부
一夫선생의 다른 호칭이니 북두칠성北斗七星의 조화무궁한 뜻이 함축되어 있다."라고 하였
다.

2) 대성칠원군大聖七元君 서書

대성칠원군大聖七元君은 일부一夫선생을 지칭한 것이다. 칠원七元은 도가적道家的인 표현으로 북두칠성北斗七星을 의미한다. 원元은 시원始原을 뜻하는 것이다.

鳴呼라 天地无言이시면 一夫何言이리오
오 호　　천 지 무 언　　　일 부 하 언
天地有言하시니 一夫敢言하노라.
천 지 유 언　　　일 부 감 언

○ 鳴(탄식 소리 오) 呼(부를 호) 何(어찌 하) 敢(감히 감)

아아, 하늘과 땅이 말이 없으시면 일부一夫가 어찌 말하리오.
하늘과 땅이 말이 있으시니 일부一夫가 감히 말하노라.

개요概要

일부一夫선생이 하늘의 뜻을 자각하여 말을 했다는 것이다.

각설各說

1) 오호嗚呼 천지무언天地无言 일부하언一夫何言

하늘과 땅이 말이 없으시면 일부一夫가 어찌 말하겠는가.

2) 천지유언天地有言 일부감언一夫敢言[211]

천지유언天地有言이란? 때가 되어 하늘의 뜻을 자각하여 일부一夫선생이 말씀을 한다는 것이다.

---

211)『금화정역현토조해金火正易懸吐粗解』에서는 "천지天地는 본시 말이 없이 행한다 하였으나 특히 여기서는 천지天地가 말씀이 없으시면 일부一夫가 어찌 말을 하리요 마는 천지天地가 말씀하시니 일부一夫가 감히 말한다는 것이다."라고 하였다.

九張∴後

153

> 天地가 言하시니 一夫言하니 一夫이 言天地言하노라
> 천지 언 일부언 일부 언천지언
>
> 大哉라 金火門이여
> 대재 금화문
>
> 天地出入하고 一夫出入하니 三才門이로다.
> 천지출입 일부출입 삼재문

하늘과 땅이 말씀하시니, 일부一夫 말하며,

일부一夫가 말하니, 하늘과 땅도 말씀하노라.

위대하도다 금화문金火門이여, 하늘과 땅이 드나들고

일부一夫가 드나드니 삼재문三才門이로다.

개요概要

천지天地와 금화교역金火交易과 삼재지도三才之道(괘효적卦爻的 표현)의 위대함을 설명하고 있다.

각설各說

1) 천지언天地言 일부언一夫言, 일부一夫 언천지언言天地言[212]

천지언天地言은 건곤십오乾坤十五를 의미하며, 일부언一夫言은 십오일언十五一言을 말한다.

2) 대재大哉 금화문金火門, 천지출입天地出入 일부출입一夫出入

금화문金火門으로 천지天地가 출입하고 일부一夫도 출입하니 금화문金火門이 크다는 것이다. 정역正易에서는 금화문金火門이 금화교역金火交易의 문門이고, 『주역周易』에서는 건곤乾坤이 역지문易之門이다. 그리고 역수변화曆數變化 원리原理를 구명究明함을 의미하기도 한다.

---

212) 『금화정역현토조해金火正易懸吐粗解』에서는 "천지天地의 말씀이 일부一夫의 말씀이요, 일부一夫의 말씀이 곧 천지天地의 말씀이라는 뜻이다."라고 하였다.

3) 삼재문三才門[213]

삼재문三才門이란? 천지인天地人이 같이 통하는 문門이다. 즉 천지天地도 사람도 이 문門으로 출입하니 천지인天地人 삼재문三才門이다.

> 日月星辰이 氣影하고 一夫氣影하니 五元門이로다.
> 일 월 성 신   기 영   일 부 기 영   오 원 문
>
> 八風이 風하고 一夫風하니 十无門이로다.
> 팔 풍   풍   일 부 풍   십 무 문
>
> 日月은 大明乾坤宅이오 天地는 壯觀雷風宮이라
> 일 월   대 명 건 곤 택   천 지   장 관 뇌 풍 궁

○ 星(별 성) 辰(날 신(지지 진)) 氣(기운 기) 影(그림자 영) 明(밝을 명) 乾(하늘 건) 坤(땅 곤) 宅(집 택) 壯(씩씩할 장) 觀(볼 관) 雷(우레 뇌(뢰)) 風(바람 풍) 宮(집 궁) 誰(누구 수)

일월성신의 기운이 빛나고 일부一夫의 기운氣運이 빛나니 오원문으로다. 팔풍八風(팔괘八卦)이 바람(손巽) 불고 일부一夫가 바람 부니 십무문이로다. 해와 달은 크게 건곤의 집을 크게 밝히고, 하늘과 땅은 장히 뇌풍雷風의 집을 보는구나.

개요槪要

일월성신日月星辰이 기영氣盈하다는 것은 금화호역金火互易에 따라 일월성신日月星辰도 새 기운氣運이 충만하여, 일부一夫의 기운도 빛나니 후천오원수后天五元數인 오원문五元門이 이루어짐을 뜻한다.

각설各說

1) 일월성신日月星辰 기영氣影 일부기영一夫氣影 오원문五元門[214]

---

213) 『금화정역현토조해金火正易懸吐粗解』에서는 "대재大哉라 함은 위대함을 지칭指稱하는 감탄사感歎詞이며, 사구금四九金과 이칠화二七火의 금화문金火門이 천지天地와 일부一夫가 함께 출입하는 위대한 문門이므로 곧 천지인天地人 삼재三才와 같이 위대함을 말한 것이다. 금화문金火門은 구이착종원리九二錯綜原理이다."라고 하였다.

214) 『정역구해正易句解』에서는 "기氣는 무형無形한 기운氣運이고, 영影은 무형無形에서 유

천지天地가 변화하면 일월성신日月星辰이 따라서 운행도수運行度數가 바뀌고 은하계와 태양계 중심축이 지축地軸과 일치되므로 남북동서南北東西가 기氣가 통하여 십자로十字路를 이루므로 막혔던 기氣가 열려 천지만물天地萬物의 기氣가 맑고 사람은 물론 머리가 열려 삼생三生의 일을 알고 현명한 군자로 변한다고 한다. 이에 일월성신日月星辰과 일부一夫를 더하여 오원문五元門이라 한 것이다. 또한 일월성신日月星辰은 현상적 시간운행원리, 24절기 사용에 대한 육갑六甲의 원리적原理的 표현이다.

2) 팔풍八風 풍風 일부풍一夫風, 십무문十无門[215]

문왕팔괘도文王八卦圖에서는 밖으로만 지향하던 것이 정역팔괘도正易八卦圖에서는 안으로 수렴되어 괘상卦象의 방향이 바뀐 변동을 풍風이라 표현하신 것이며, 문왕팔괘도文王八卦圖의 구궁九宮(8괘의 8자와 중궁中宮의 5를 합합하여 표시함)에서 완성문인 무극문无極門이 열렸다는 것이다. 십무문十无門은 십수팔괘도의 완성이요, 이천칠지二天七地가 팔괘八卦의 원리임을 말한다.

『정역正易』에서는 십수대도무문十數大道无門이다. 즉 팔풍八風이 일풍一風하면, 구풍九風에 일부풍一夫風하고, 십풍十風인데 십풍十風이라고 아니하고 십무문十无門이라고 하는 것은 십무문十无門은 금화문金火門이기 때문이다.

3) 일월日月 대명건곤택大明乾坤宅

일월日月은 건곤乾坤의 집에서 크게 밝힌다 하니 이는 후천后天 정역팔괘도正易八卦圖를 보면서 노래한 구절이다. 정역팔괘正易八卦를 수지상수

형유형有形으로 되어가는 순간이다."라고 하였다.

215) 『정역구해正易句解』에서는 "십무극十无極의 문門이다. 대도무문大道無門이라고도 한다. 정역正易에서는 십수대도十數大道 무문无門이다. 즉 팔풍八風이 일풍一風하면, 구풍九風에 일부풍一夫風하고, 십풍十風인데 십풍十風이라고 아니하고 십무문十无門이라고 하는 것은 십무문十无門은 금화문金火門이기 때문이다."라고 하였다.
『금화정역현토조해金火正易懸吐粗解』에서는 "팔괘八卦가 변동變動하는 바람이 팔풍八風이며, 일부一夫의 바람이 일부풍一夫風이니, 팔일八一은 구궁도수九宮度數라 십수팔괘十數八卦는 성도成道함을 이름이다. 십무문十无門은 곧 십무극十无極을 말함."이라고 하였다.

手支象數로 볼 때 건곤乾坤이 중지中指에 놓이고, 감리일월坎離日月이 사구이칠四九二七자리에서 건곤乾坤을 싸고 있으니 이것이 일월대명건곤택日月大明乾坤宅의 형상形象이 된다. 일월日月은 크게 건곤乾坤 집을 밝힘은 정역正易 중 건곤乾坤이 중립하고 좌우로 감리坎離의 일월日月이 좌우로 사구四九, 이칠二七과 더불어 섰다는 뜻이다. 택宅은 정역팔괘도正易八卦圖를 의미한다.

4) 천지天地 장관뇌풍궁壯觀雷風宮[216]

건곤乾坤을 중심으로 좌우로 육진뢰六震雷, 일손풍一巽風이 옹호하고 이천二天, 칠지七地, 사감수四坎水, 구이화九離火, 팔간산八艮山, 삼태택三兌澤이 뇌천대장괘雷天大壯卦와 풍지관괘風地觀卦의 상象을 이룬다. 그러므로 장관壯觀은 대장괘大壯卦와 풍지관괘風地觀卦를 의미하고, 뇌풍궁雷風宮은 후천합덕后天合德, 뇌풍항괘雷風恒卦를 말한다.

○ 선후천先后天과 십간十干

·갑을병정무기경신임계甲乙丙丁戊己庚辛壬癸 ⇒ 화금火金(선천先天)
·기경신임계갑을병정무己庚辛壬癸甲乙丙丁戊 ⇒ 금화金火(후천后天)

216) 『금화정역현토조해金火正易懸吐粗解』에서는 "일월日月은 건곤乾坤의 집을 크게 밝힌다 함은 수지상수手指度數로 중지中指인 건곤乾坤자리를 중립中立하고 가리일월坎離日月이 구사四九 이칠二七자리에서 싸고 있음 말한다. 천지天地의 장관壯觀이 뇌풍궁雷風宮이라 함은 수지手指로는 중지中指 자리가 건곤천지乾坤天地이며, 좌우左右에 육진뢰六震雷 일손풍一巽風이 자리하고 있으니 풍지관괘風地觀卦와 뇌천대장괘雷天大壯卦를 말한다."라고 하였다.

誰識先天復上月이 正明金火日生宮가
수 식 선 천 복 상 월   정 명 금 화 일 생 궁

化无上帝言이시니라.
화 무 상 제 언

復上에 起月하면 當天心이오
복 상   기 월   당 천 심

皇中에 起月하면 當皇心이라
황 중   기 월   당 황 심

○ 識(알 식) 先(먼저 선) 復(돌아올 복) 生(날 생) 宮(집 궁) 化(될 화) 无(없을 무) 帝(임금 제)
言(말씀 언) 復(돌아올 복) 起(일어날 기) 當(당할 당) 皇(임금 황) 起(일어날 기)

선천先天의 복상復上(갑甲)달이 바로 금화金火가 날로 생하는 집(금화궁)을 밝힐 줄 누가 알았겠는가? 화무상제께서 말씀이시니라. 복상復上(갑위甲位)에서 달을 일으키면 천심天心(무戊)에 당하고 황중皇中에서 달을 일으키면(용육用六) 황심皇心에 당함이라.

개요槪要

선후천先后天과 달 정사政事에 대한 설명이다.

1) 수식선천복상월誰識先天復上月 정명금화일생궁正明金火日生宮[217]

복상월復上月은 본래 선천先天의 초하루에서 시작하여 선보름까지의 달인데, 선후천先后天이 전도顚倒(구이착종九二錯綜 금화교역金火交易)되어 16일부터 초하루 달이 새롭게 드러난다는 것이다. 복상월復上月은 천심월天心月로서 선천先天의 갑자甲子로 시작하는 현상적現象的인 달이다.

정명正明은 후천后天의 일월日月이 나오는(금화교역金火交易, 하도河圖) 것을 말한다.

2) 화무상제언化无上帝言[218]

『정역正易』에서 화무상제化无上帝, 화무옹化无翁, 화화옹化化翁, 화옹化翁, 반고화盤古化는 동일한 의미이다. 그러나 그 용도用途는 서로 다를 수 있다. 그러나 과거 연구 성과나 구체적인 논거가 빈약하여 차후의 연구 과제로 보인다.

3) 복상復上 기월起月 당천심當天心[219]

달이 복상에 뜨면 하늘의 중심인 천심天心에 해당한다는 말이다. 다시 말하면 기월起月은 달을 일으키는 상태를 말한다. 그러므로 복상기월復上起月은 선천先天의 갑자甲子자리인 무진戊辰, 무술戊戌의 초하루에 달이 일어난다는 의미이다.

---

217) 『정역집주보해正易集註補解』에서는 "복상월復上月은 복상復上(갑자궁甲子宮)에서 기월起月하는 선천월先天月을 이룸이니 곧 십오일十五日에 망望이 되는 천심월天心月을 말한다. 선천先天의 천심월天心月이 금화후천金火後天의 일생궁日生宮을 밝힌다 함은 정역괘도正易卦圖의 사감수四坎水 월궁月宮이 문왕괘도文王卦圖의 간인궁艮寅宮(남북유위南北維位)에 정위正位하였으므로 후천後天의 황심월皇心月은 선천先天의 일생궁日生宮인 인궁寅宮을 밝히게 되는 것이니 이는 선후천先后天의 괘변卦變에 따라 월정月政이 달라지는 이치理致를 말한 것이다."라고 하였다.

218) 『금화정역현토조해金火正易懸吐粗解』에서는 "화무상제化无上帝께서 말씀하심은 후천 황중월后天皇中月을 분부하심이다."라고 하였다.

219) 『정역구해正易句解』에서는 "천심天心에 당當한다는 천심天心은 지뢰복괘地雷復卦의 천지지심天地之心이 아니라 이천二天이 닿는 무戊의 천심天心과 칠지七地가 닿는 무戊의 황심皇心자리를 말한다."라고 하였다.

당천심當天心은 현상적現象的인 달이다. 천심天心에 당當한다는 천심天心은 선천의 달로서 지뢰복괘地雷復卦의 천지지심天地之心이 아니라 이천二天이 닿는 무戊의 천심天心과 칠지七地가 닿는 무戊의 황심皇心자리를 말한다. 『정역正易』에서는 천심天心은 선천달이요, 황중皇中은 후천달을 말한다.

4) 황중皇中 기월起月

달이 중천中天에 떠오르면 황심皇心에 해당한다는 말이다. 황중皇中은 오수五數(임오壬午-보름)이며, 달이 황중皇中을 기점으로 하면 황심월皇心月이다. 수지상수手支象數로는 손가락을 전부 편 상태이다. 황중기월皇中起月은 선천先天의 16일인 계미癸未가 후천后天의 계미癸未, 계축癸丑의 초하루(후천역법后天曆法)에 달이 뜬다는 것이다.

5) 당황심當皇心[220]

당황심當皇心은 황심월皇心月, 후천后天의 합덕合德을 의미한다. 망월望月이 되어 밝은 달을 황심월皇心月이라고 한다.

敢將多辭古人月이 幾度復上當天心고
감 장 다 사 고 인 월   기 도 복 상 당 천 심

月起復上하면 天心月이오
월 기 복 상   천 심 월

月起皇中하면 皇心月이니
월 기 황 중   황 심 월

普化一天 化翁心이 丁寧分付皇中月이로소이다.
보 화 일 천 화 옹 심   정 녕 분 부 황 중 월

○ 敢(감히 감) 將(장차 장) 多(많을 다) 辭(말 사) 古(옛 고) 幾(기미 기) 度(법도 도) 復(돌아올 복) 當(당할 당) 起(일어날 기) 復(돌아올 복) 皇(임금 황) 普(널리 보) 化(될 화) 翁(늙은이 옹) 丁(넷째 천간 정) 寧(편안할 녕(영)) 分(나눌 분) 付(줄 부)

---

220) 『정역구해正易句解』에서는 "황황이 기근를 의미한다면 천天은 무戊를 의미한다. 황중황中은 오육五六자리를 말하고, 황심황心은 십十자리이다."라고 하였다.

감히 말 많은 옛 사람의 달을 헤아려 보면 장차 복상復上을 건너 천심天心에 당할 것이요, 달을 복상復上에서 일으키면 천심월天心月이고, 달을 황중皇中에서 일으키면 황심월皇心月이니, 일관된 하늘의 이치로서 널리 화化하시는 화옹의 마음이 정녕코 황중월皇中月 쓰기를 분부하심 이로다.

개요槪要

달 정사인 천심월天心月과 황중월皇中月에 대한 설명이다.

각설各說

1) 감장다사고인월敢將多辭古人月 기도복상당천심幾度復上當天心[221]

월월月月은 역수변화원리曆數變化原理, 책력산출冊曆算出의 과정을 말하고, 기도복상당천심幾度復上當天心의 천심天心은 후천后天의 합덕合德을 의미한다.

2) 월기복상月起復上 천심월天心月

월기복상月起復上을 간지干支로 말하면 무술戊戌, 무진戊辰에서 임자壬子까지를 말한다. 천심월天心月은 선천先天달이다. 천심월天心月은 무진戊辰 달이 정역팔괘도正易八卦圖의 이천二天자리에 와서 만월滿月이 되는 달이다. 반면에 후천后天의 황심월皇心月은 무진戊辰 달이 변한 계미癸未 달이 정역팔괘도正易八卦圖의 칠지七地자리에 와서 만월滿月이 되는 달을 말

---

221) 『정역구해正易句解』에서는 "복상復上이란 갑을병정무甲乙丙丁戊인 갑甲에 해당하는 자리이니 수지상수手支象數로는 일一자리이다. 무戊가 소지小指인 오五인 이천二天자리에 닿으니 이를 천심天心이라고 한다."라고 하였다.
『금화정역현토조해金火正易懸吐粗解』에서는 "천심天心에 당한다는 것은 선천先天의 각항저방심角亢低房心 자리가 수지手指로는 갑을병정무甲乙丙丁戊에 다섯 자리이며 정역괘도正易卦圖로는 이천二天자리인 천심天心이며, 황심皇心에 당한다 함은 소지小指인 육六자리에 간지干支로 갑을병정무甲乙丙丁戊하면 무오토戊午土가 모지母指인 황심皇心에 당하니 정역괘正易卦로는 칠지七地의 자리이다. 다사고인월多辭古人月이라 함은 선천력先天曆 윤력閏曆을 하은주夏殷周 삼대三代에 세수歲首로 자축인子丑寅으로 썼기 때문에 말많은 고인월古人月이라 한 것이며, 천심天心은 갑을병정무甲乙丙丁戊의 무오토戊午土가 이천二天 자리인 천심天心에 당當함을 말씀한 것이다."라고 하였다.

한다. 갑갑甲으로부터 시始하여 계계癸로 종終終하면 천심월天心月이 되고, 기기
로부터 시始하여 무무戊로 종終終하면 황심월皇心月이 된다.

3) 월기황중月起皇中 황심월皇心月[222]

월기황중月起皇中은 마음속에서 달을 일으킨다는 것이다. 황심월皇心
月은 인간의 마음으로(그믐-초생달) 천도天道의 선후천先后天 변화變化에
대비함을 말한다.[223] 『주역周易』 지뢰복괘地雷復卦에서 칠일래복七日來復
이 보인다. 이는 모든 괘상卦象이 6개의 효효爻로 이루어지며, 상효上爻에
서 끝이 나고 일곱 번 만에 초효初爻로 회복이 되니 칠일래복七日來復이라
한 것이다.

복復은 24절 중 일양시생一陽始生하는 동지괘冬至卦로도 나타내며, 선
후천先后天이 전도顚倒되어 낙서洛書 선천先天이 하도河圖 후천后天으로 복
귀復歸한다는 뜻도 있다.[224] 그러므로 지뢰복괘地雷復卦 「단사彖辭」에서

---

222) 『정역연구正易研究』에서는 "황중皇中은 후망後望의 첫날이다. 즉 선천先天의 16일의 위
치이다. 후망後望의 첫날을 기산起算하면 15일에 가서는 천심天心에 해당하니 이것이 천심월
天心月이다. 달을 16에서 기산起算하면 15일 후에는 황심皇心에 해당하니 황심월皇心月이 된
다. 선천先天月이 복상월復上月이고, 후천后天月이 황중월皇中月이지만 15일을 표준으로
전자前者는 천심월天心月이요, 후자後者는 황심월皇心月이 된다. 내용으로 보면 복상월復上月
이 자라서 천심월天心月이 되고, 황중월皇中月이 자라서 황심월皇心月이 된다."라고 하였다.
『금화정역현토조해金火正易懸吐粗解』에서는 "달은 복상復上에서 기월起月하면 천심월天心月
이라 함은 수지手指로 모지일母指一 자리에서 갑을병정무甲乙丙丁戊로 굴屈하면 이천二天에
무戊가 당當하니 천심월天心月이라 한 것이고, 황심월皇心月이라 함은 소지小指인 육六자리
에서 갑을병정무甲乙丙丁戊로 굴屈하면 모지母指 칠지七地자리에서 무오토戊午土가 당當하
니 황심월皇心月이 되는 것이다. 황심월皇心月은 기위己位(모지母指자리)에서 기경신임계己庚
辛壬癸(소지오小指五 자리)로 포오함육胞五含六에 당當하는 자리이다."라고 하였다.
223) 『정역구해正易句解』에서는 "달이 황중을 기점으로 할 때 황심월이 된다 함은 손을 다 펴
있는 상태를 말한다."라고 하였다.
224) 12벽괘설

구분	11월	12월	1월	2월	3월	4월	5월	6월	7월	8월	9월	10월
	대설大雪 동지冬至	소한小寒 대한大寒	입춘立春 우수雨水	경칩驚蟄 춘분春分	청명淸明 곡우穀雨	입하立夏 소만小滿	망종芒種 하지夏至	소서小暑 대서大暑	입추立秋 처서處暑	백로白露 추분秋分	한로寒露 상강霜降	입동立冬 소설小雪
괘명	복復	임臨	태泰	대장大壯	쾌夬	건乾	구姤	돈遯	비否	관觀	박剝	곤坤

천지天地의 마음을 볼 수 있다고 한 것이다.(기견천지지심호其見天地之心乎)
그리고 초하루에서 달이 일어나 보름달이 되면 천심天心에 당當한다고
한다.

4) 보화일천普化一天 화옹심化翁心 정녕분부황중월丁寧分付皇中月

한 하늘을 널리 화化하시는 화옹의 마음이 정녕코 황중월皇中月 쓰기를
명命하고 있다는 말이다. 일천一天은 하나의 하느님을 의미한다. 역수曆
數로 보면 하나요(一), 하늘에 계시면 하느님(十)이다. 그러므로 일천一天
화옹심化翁心은 한 하늘인 화옹의 마음이다.[225] 즉 화옹化翁께서 황중월
皇中月을 분부하신다는 의미이다.

化无上帝重言이시니라.
화 무 상 제 중 언

推衍에 无或違正倫하라
추 연　　무 혹 위 정 륜

倒喪天理父母危시니라.
도 상 천 리 부 모 위

○ 化(될 화) 无(없을 무) 帝(임금 제) 重(거듭할 중, 무거울 중) 言(말씀 언) 推(옮을 추) 衍(넘
칠 연) 无(없을 무) 或(혹 혹) 違(어길 위) 倫(인륜 륜(윤)) 倒(넘어질 도) 喪(죽을 상) 理(다
스릴 리) 母(어미 모) 危(위태할 위)

화무상제께서 거듭 말씀이시니라. 이치를 미루어 헤아릴 때에 혹 바른
윤리倫理(사덕四德의 진리眞理)를 어기지 마라. 하늘의 이치를 거꾸로 잃어
버리면 부모父母가 위태하시니라.

사시四時	11월	12월	1월	2월	3월	4월	5월	6월	7월	8월	9월	10월
	겨울		봄			여름			가을			겨울
괘상												

225) 일설一說에 의하면 보화일천普化一天의 일천一天은 일부一夫의 전모요, 일부一夫는 일천
一天의 신분分身이라고 한다.

정역이해正易理解

164

화무상제火无上帝의 말씀에 대한 중요성을 강조하신 말씀이다.

각설各說

1) 화무상제중언化无上帝重言

화무상제火无上帝께서 시간적時間的 원리를 인간의 주체적 자각을 통해 도덕성道德性을 확립할 것을 거듭 말씀하신 것이다.

2) 추연推衍 무혹위정륜无或違正倫

수리數理를 미루어 이치를 헤아릴 때에 혹 바른 윤리倫理(사덕四德의 진리眞理)를 어기지 말라는 것이다.

3) 도상천리부모위倒喪天理父母危[226]

천리天理를 거꾸로 잃어버리면 부모父母가 위태롭다는 것이다. 위정론違正倫으로 보면 패륜이 없도록 하라는 것이다. 정역正易의 윤리倫理와 천지역수天之曆數, 인격적人格的으로 사덕원리四德原理에 어긋남이 없도록 하라는 것이다. 천리天理는 천지지도天地之道의 인격성人格性으로 역수변화曆數變化를 말한다. 부모父母는 건곤乾坤, 천지天地, 십오十五, 60간지干支로는 무기戊己(무오戊五, 기토己十) 등을 의미한다.

---

[226] 『금화정역현토조해金火正易懸吐粗解』에서는 "추연推衍함에 있어서 윤리倫理에 어긋남이 없도록 하라는 분부이시니, 천리天理를 역행逆行하고 훼상毁傷하면 천지부모天地父母가 위태롭게 된다는 훈계訓戒이다."라고 하였다.

不肖敢焉推理數리오마는 只願安泰父母心이로다.
불 초 감 언 추 리 수　　　　지 원 안 태 부 모 심

歲甲申 七月十七日 己未에
세 갑 신 칠 월 십 칠 일 기 미

不肖子金恒은 感泣奉書하노라.
불 초 자 김 항　　감 읍 봉 서

○ 肖(닮을 초) 敢(감히 감) 焉(어찌 언) 推(옮을 추) 理(다스릴 리) 數(헤아릴 수, 셀 수) 只(다
만 지) 願(원할 원) 安(편안할 안) 泰(클 태) 歲(해 세) 己(자기 기) 未(아닐 미) 肖(닮을 초)
恒(항상 항) 感(느낄 감) 泣(울 읍) 奉(받들 봉) 書(쓸 서)

　불초가 감히 어찌 (천지의) 이치를 헤아릴 수 있으리요마는, 다만 부모
의 마음이 편안하시길 원할 뿐이로다. 갑신년 칠월 십칠일 기미에 불초
자 김항은 흐느껴 울며 감히 받들어 쓰노라.

　개요槪要

화무상제火无上帝의 거듭된 말씀에 감사하는 글이다.

　각설各說

1) 불초감언추리수不肖敢焉推理數 지원안태부모심只願安泰父母心[227]

---

[227] 『금화정역현토조해金火正易懸吐粗解』에서는 "천지생화지리天地生化之理를 깨우쳐 주신

일부一夫께서 천지부모의 마음이 편안하길 기원하면서 정역을 쓴다는 의미이다. 이때, 추리推理란? 360도 정력正曆의 천지도수天地度數를 추리推理한다는 것이다.

2) 세갑신歲甲申 칠월십칠일七月十七日 기미己未 불초자김항不肖子金恒 감읍봉서感泣奉書[228]

갑신년(1884년)에 감읍하며 받들어 정역을 편찬하였다는 것이다.

> 化翁親視監化事라
> 화 옹 친 시 감 화 사
> 嗚呼라 金火正易하니 否往泰來로다.
> 오 호　金火正易하니 否往泰來로다.
> 오 호　　금 화 정 역　　　비 왕 태 래

○ 化(될 화) 翁(늙은이 옹) 親(친할 친) 視(볼 시) 監(볼 감) 事(일 사)

화옹께서 친히 보이신 감화하신 일이라. 아아! 금金과 화火가 바르게 바뀌니 천지비가 가고 지천태가 오는 것이로다.

개요槪要

금화교역金火交易에 대한 설명이다.

각설各說

1) 화옹친시감화사化翁親視監化事

화옹化翁이 친히 감화監化하심을 보이는 것이다. 감화사監化事는 변화하는 일을 거울같이 비쳐 보이심이다.

화무상제化无上帝의 은택恩澤에 감읍感泣하고 상제上帝의 뜻을 받들어 정역正易을 쓰셨음을 밝힌 것이다. 불초자라 함은 화무상제无上帝를 부모父母로 섬긴다는 뜻이다."라고 하였다.
228) 『금화정역현토조해金火正易懸吐粗解』에서는 "조화옹께서 친親히 보시고 감화感化하신 사실 그대로 쓰셨음을 밝힌 것이다."라고 하였다.

2) 오호嗚呼 금화정역金火正易 비왕태래否往泰來[229]

금화정역金火正易은 오행五行을 중심으로 한 정역正易을 금화정역이라고 하고, 팔괘八卦를 중심으로 한 정역正易을 중위정역中位正易이라고 한다. 비왕태래否往泰來는 금화金火가 서로 바뀌니 천지비괘天地否卦가 온다는 것이다. 이것은 건乾과 곤坤이 구석에 처한 문왕괘文王卦를 말하며, 천지만물天地萬物이 서로 통하지 않으며, 소인지도小人之道는 자라나고 대인지도大人之道는 사라져서 비색한 세상으로 선천을 의미한다. 반면에 지천태괘地天泰卦는 건곤乾坤이 중심中心에 바로선 정역괘正易卦를 말하며, 천지만물天地萬物이 서로 통하며 안으로 굳건하고 밖으로 유순柔順한 군자지도君子之道는 자라나고 소인지도小人之道는 사라져 태평성대를 이루는 후천后天을 의미한다.

嗚呼라 己位親政하니 戊位尊空이로다.
오호　기위친정　　무위존공

嗚呼라 丑宮이 得旺하니 子宮이 退位로다.
오호　축궁　득왕　　자궁　퇴위

嗚呼라 卯宮이 用事하니 寅宮이 謝位로다.
오호　묘궁　용사　　인궁　사위

○ 嗚(탄식 소리 오) 呼(부를 호) 火(불 화) 易(바꿀 역) 否(아닐 부) 往(갈 왕) 泰(클 태) 來(올 래(내)) 己(자기 기) 位(자리 위) 親(친할 친) 政(정사 정) 戊(다섯째 천간 무) 尊(높을 존) 空(빌 공) 丑(소 축) 宮(집 궁) 得(얻을 득) 旺(성할 왕) 子(아들 자) 退(물러날 퇴) 位(자리 위) 卯(넷째 지지 묘) 用(쓸 용) 事(일 사) 寅(셋째 지지 인) 謝(물러갈 사, 사례할 사)

아아, 기위己位에서 친히 정사政事하시니 무위戊位는 존공尊空됨이로다.

아아, 축궁丑宮이 왕운을 얻으니 자궁子宮이 자리를 물러남이로다.

아아, 묘궁卯宮이 일을 하게 되니 인궁寅宮이 자리를 떠남이로다.

---

229) 『금화정역현토조해金火正易懸吐粗解』에서는 "사구금四九金과 이칠화二七火가 바르게 교역交易하니 천지天地의 비운否運은 가고 지천태운地天泰運이 도래到來한다는 말씀이다."라고 하였다.

　선후천先后天 변화變化에 대한 설명이다. 『정역正易』에서는 시간적인 입장에서 천도天道의 어떠한 일대 변혁이 일어나는 시위時位를 기준으로 하여 그 이전의 세계를 선천先天이라고 하고, 그 이후의 세계를 후천后天이라고 한다.

1) 기위친정己位親政

　기위친정己位親政이란? 선천先天은 무위无位가 주재主宰하였으나 후천后天은 기위己位가 주재主宰하여 친히 정사政事를 맡아 한다는 것이다. 이때 기위己位는 무극신无極神·상제上帝의 자리이다.

2) 무위존공戊位尊空[230]

　무위존공戊位尊空은 후천后天에는 십무극十无極 기위己位가 친親히 정사政事를 하고 묘궁卯宮을 용사用四하기 때문에 선천先天에 정사政事하던 무위戊位가 존공尊空되고, 인궁寅宮으로 쓰던 일一도 물러간다. 존공尊空은 십오존공十五尊空으로 사력변화四曆變化를 통해서 이루어진다. 정역正易에서 존공尊空의 의미는 높이 모시거나 그 자리를 비워두는 것을 의미한다.

3) 축궁득왕丑宮得旺

　후천后天에는 정월正月을 묘월卯月에서 시작하여 이를 묘궁용사卯宮用事라고 한다. 이 묘궁용사卯宮用事를 하게 되는 체제는 축궁丑宮에서 왕운旺運을 얻게 되는 것이다. 즉 선천先天에서는 하늘의 정사政事가 자子에서 열리지만 후천后天에서는 왕의 정사政事도 바뀌어 축궁丑宮이 왕운旺運을 얻는다는 것이다.

---

230) 『금화정역현토조해金火正易懸吐粗解』에서는 "십수기사궁十數己巳宮(상제上帝)이 친히 정사政事하시니 무위戊位는 존공尊空되며, 수지手指로는 기사궁己巳宮이 모지굴母指屈이요, 무술궁戊戌宮은 모지신母指伸이다."라고 하였다.

4) 자궁퇴위子宮退位[231)]

선천先天에 인궁용사寅宮用事하던 자궁子宮의 체體가 그 위치位置에서 물러간다는 것이다. 자인오신子寅午申은 선천지선후천先天之先後天이고, 축묘미유丑卯未酉는 후천지선후천後天之先後天이다. 갑기甲己가 기갑己甲으로 전도됨에 따라 육갑六甲이 육기六己로 된다. 그리고 육갑六甲의 초두初頭에 갑자甲子로 쓰던 것을 기축己丑으로 쓴다. 이것은 지축地軸의 변동으로 인한 것으로 자궁子宮이 물러나고 축궁丑宮이 들어섬으로 표현하였다. 『주역周易』의 천산돈괘天山遯卦 육이효六二爻의 '집지용황우지혁執之用黃牛之革'과 택화혁괘澤火革卦 초효初爻의 '공용황우지혁鞏用黃牛之革'의 혁革은 갑자甲子가 기축己丑으로 변혁됨을 나타낸 것이다.

3) 묘궁용사卯宮用事 인궁사위寅宮謝位[232)]

후천后天에는 정월세수正月歲首를 묘궁卯宮이 일을 하게 되니 선천先天의 세수歲首로 쓰이는 인궁寅宮은 자리에서 떠나는구나. 갑기야반생갑자甲己夜半生甲子 병인두丙寅頭 자축인子丑寅으로 삼원수三元數로 쓰이던 것이 기갑야반생계해己甲夜半生癸亥 정묘두丁卯頭 해자축인묘亥子丑寅卯로 오원수五元數로 쓰이게 됨을 말한 것이다. 그러므로 "오호라 오운五運이 운運하고 육기六氣가 기氣하여 십일귀체十一歸體하니 공덕무량功德无量이로다."라고 한 것이다.

---

231) 『금화정역현토조해金火正易懸吐粗解』에서는 "선천先天에서는 자子에서 열였으나 후천后天에서는 지정地政으로 바뀌어 축궁丑宮이 왕운旺運을 얻으니 자궁子宮은 퇴위退位하는 것이다. 수지상수干指象數로는 해자축亥子丑 하니 "축궁丑宮에서 모지일母指一을 굴굴屈한다."라고 하였다.

232) 『정역집주보해正易集註補解』에서는 "선후천先后天의 용사원두用事元頭를 논론論한 것이다."라고 하였다.
『금화정역현토조해金火正易懸吐粗解』에서는 "기갑야반己甲夜半에 생계해生癸亥로 후천后天에서는 묘월卯月을 세수歲首로 하여 용사用事하니 선천先天과 인월세수寅月歲首는 자연히 물러가게 되며, 선천先天은 자축인子丑寅으로 삼원두三元頭를 쓰고 후천后天는 해자축인묘亥子丑寅卯로 오원두五元頭를 쓰니 정월월건正月月建을 묘월卯月로 세수歲首한다."라고 하였다.
『정역구해正易句解』에서는 "후천后天에는 정월세수正月歲首를 묘궁卯宮이 행사行使하니 선천先天의 세수歲首로 쓰이는 인궁寅宮은 본 위位에서 물러간다."라고 하였다.

> 嗚呼라 五運이 運하고 六氣가 氣하야
> 오 호 오 운 운   육 기 기
> 十一歸體하니 功德无量이로다.
> 십 일 귀 체   공 덕 무 량

○ 嗚(탄식 소리 오) 呼(부를 호) 運(돌 운) 氣(기운 기) 歸(돌아갈 귀) 體(몸 체) 功(공 공) 德(덕 덕) 无(없을 무) 量(헤아릴 량(양))

아아, 오운이 운행하고 육기가 기동하여 십十과 일一이 한 몸이 되니, 그 공덕(인격적차원人格的次元)이 그지없구나.

개요槪要

십일귀체원리十一歸體原理와 오운육기五運六氣에 대한 설명이다.

각설各說

1) 오운운五運運 육기기六氣氣[233]

오운五運은 음양陰陽으로 나누면 십간十干이 되고, 육기六氣를 음양陰陽

---

233) 『정역연구正易硏究』에서는 "갑자甲子에서 오도五度를 헤아려 무진戊辰을 천심월天心月이라 하고, 이 무진戊辰을 오운五運이라고 하고, 계해癸亥에서 육도六度를 헤아려 무진戊辰을 황중월皇中月이라고 하여 계해癸亥를 육기六氣라고 한 것이다. 그러므로 오운五運이 운운運한다는 것은 천심天心의 무진戊辰이 황심皇心의 무진戊辰으로 이동함을 말함이요, 육기六氣가 기氣한다는 것은 황심皇心의 계해癸亥가 복상復上의 계해癸亥로 다시 솟아 오름을 말한다." 라고 하였다.

으로 나누면 지지地支가 된다. 오운五運이 천간天干으로 육갑六甲의 지지地支를 다섯 번 운행한다는 것이고, 육기六氣는 지지地支로 천간天干을 여섯 번 돈다는 것이다.

2) 십일귀체十一歸體[234]

○ 십일귀체원리도十一歸體原理圖[235]

기己 십十	➡	체용일월體用一元 십일귀체十一歸體 십오존공十五尊空	⬅	일一 임壬
신辛 구九	➡	구이착종九二錯綜 삼오이변三五以變	⬅	이二 정丁
갑甲 팔八	➡	삼팔동궁三八同宮 간태합덕艮兌合德	⬅	삼三 을乙
병丙 칠七	➡	사칠용중四七用中	⬅	사四 경庚
계癸 육六	➡	오운육기五運六氣 십일귀체十一歸體 공덕무량公德无量	⬅	오五 술戌

　　모든 것이 오운육기五運六氣로 돌아서 십일귀체十一歸體한다는 것이다. 다시 말하면 용육用六이 기동하여 십十과 일一이 한 몸이 된다는 것이다. 십일十一은 삼팔三八이요 포오함육胞五含六이나 십진일퇴十進一退도 모두 십일귀체十一歸體 원리와 관련이 있다고 할 수 있다.

3) 공덕무량功德无量[236]

234) 『정역연구正易研究』에서는 "하도河圖의 사상수四象數(구이九二, 칠사七四, 오육五六, 삼팔三八, 십일十一) 모두가 십일十一에 귀체歸體함을 말한다."라고 하였다.

235) 유남상, 『주·정역경합편』, 연경원, 2009, 96쪽, 『주·정역경합편』에는 삼오이변參伍以變으로 되어 있으나 『정역正易』에서는 삼오이변三五以變으로 표기되어 있으므로 부득이 인용 과정에서 수정하였다.

236) 『금화정역현토조해金火正易懸吐粗解』에서는 "선천先天에 갑을병정무甲乙丙丁戊하면 무

공덕功德이 한량없다는 것은 오운육기五運六氣가 십일귀체十一歸體됨으로서 그 공덕功德이 그지없다는 것이다.

无極體位度數라 己巳 戊辰 己亥 戊戌이니라.
무 극 체 위 도 수　기 사 무 진 기 해 무 술

度는 逆하고 道는 順하니라 而數六十一이니라.
도　　역　　도　순　　　　이 수 수 육 십 일

○ 无(없을 무) 極(다할 극) 體(몸 체) 位(자리 위) 度(법도 도) 數(셀 수) 戊(다섯째 천간 무) 辰(지지 진) 己(자기 기) 亥(돼지 해) 戌(개 술) 逆(거스를 역) 道(길 도) 順(순할 순) 而(말 이을 이)

무극이 체위한 무극도수라. 기사, 무진, 기해, 무술이니라. 간지干支로는 거슬리고 수數로는 순順하다. 그 수數는 육십일而六十一이니라.

개요概要

십무극十无極의 체위도수體位度數인 십토기위十土己位 성도도수成道度數에 대한 설명이다.

각설各說

1) 무극체위도수无極體位度數[237], 기사己巳 무진戊辰 기해己亥 무술戊戌[238]

태양지정太陽之政의 무극체위도수无極體位度數에 대한 설명이다. 무극

오戊午가 기위친정己位親政으로 인因하여 십十자리로 옮겨 내려가고 십十자리에 있던 계육癸六은 소지小指인 오五자리로 기동起動하여 올라와서 십일귀체十一歸體가 되며, 이 변화로 인因하여 계해癸亥가 간지干支로 모지母指에서 용사用事함으로 무진戊辰은 용육用六하게 되나 그 공덕功德은 무량無量하다는 것이다."라고 하였다.

237) 『정역집주보해正易集註補解』에서는 "십무극十无極의 체위體位는 십토기위十土己位이니, 그 체위體位의 성도도수成道度數를 논論한 것이다."라고 하였다.

238) 『정역구해正易句解』에서는 "무극无極이 체위體位한 무극도수无極度數를 말한다. 이를 기사己巳, 무진戊辰, 기해己亥, 무술戊戌이라고 한다."라고 하였다.
『정역집주보해正易集註補解』에서는 "무극지체无極之體는 기사궁己巳宮이니 그 행도行度는 기사己巳, 무진戊辰, 기해己亥, 무술戊戌로 역행逆行하니 육십갑자六十甲子를 전순全循하고 다시 기사궁己巳宮에 이르러 성도成道한다. 그 육갑행도六甲行度를 밝힌 것이다."라고 하였다.

无極의 체위도수體位度數는 32도, 하도적河圖的 작용으로 천간天干작용이 무기戊己부터 기사己巳, 무진戊辰, 기해己亥, 무술戊戌이다. 즉 무극无極이 체위體位한 도수度數이다. 하늘의 사주四柱이다.

기사궁己巳宮이 무극无極을 체위體位한 궁宮이요, 무술궁戊戌宮은 황극皇極을 체위體位한 궁宮이다. 반면에 태극체위太極體位는 상원축회上元丑會인 기축도수己丑度數이다.

기위도수己位度數는 이루는 해(기사己巳)의 초일도初一度(경오庚午이지만 원리상 기사己巳의 거슬린 수數인 무진戊辰으로 본다)에서 마치고, 무위도수 해(무술戊戌)의 십일도十一度인 기유己酉에 다시 시작(복復)한다. 회복하는 이치는 일팔칠一八七이다.(1은 본체本體이므로 빼고 계산하면 8+7=15) 이는 태음太陰(달)의 보름에 해당하는 운행이다.

2) 도역도순度逆道順[239] 이수육십일而數六十一[240]

도역도순度逆道順의 도度는 기사己巳에서 무술戊戌로 가기 때문에 역逆으로 가는 것이고, 수數로 가는 도道는 기십己十에서 무오戊五로 가기 때문에 순順이다. 그러므로 기위己位는 도역이도순度逆而道順하여 기위己位는 기사己巳(년年)·무진戊辰(월月)·기해己亥(일日)·무술戊戌(시時)로서 십기十己에서 오무五戊로 가니 61도에서 성도成道한다. 이를 무극체위도수无極體位度數라 한다. 이는 칠화七火(병화丙火:기氣)와 팔목八木(갑목甲木:체體)으로 된 아버지 하늘의 운행을 의미한다.

---

239) 『금화정역현토조해金火正易懸吐粗解』에서는 "육십갑자도수六十甲子度數는 역逆하고 수리數理로는 십오十五로 역생逆生하니 순리順理이다."라고 하였다.
『정역집주보해正易集註補解』에서는 "무극체위无極體位가 기사궁己巳宮에서 성도成道하는 과정을 밝힌 것이다. 육십갑자六十甲子의 행도行度가 역행逆行하니 그 성도지수成道之數는 십十에서 일一로 순수順數하여 도행度行하므로 이를 도역도순度逆道順이라고 한다."라고 하였다.
240) 『금화정역현토조해金火正易懸吐粗解』에서는 "기사궁己巳宮에서 역逆으로 무진戊辰 기사己巳까지 육십일수六十一數이니 태양지정太陽之政이다."라고 하였다.

○도역도순度逆道順 원리

역逆

도度 : 기사己巳 ·····················▶ 무진戊辰

도道 : 기십己十 ·····················▶ 무오戊五

순順

·간지干支는 기사己巳에서 무진戊辰으로 역逆하고,
도道는 십十에서 오五로 순順한다.

皇極體位度數라 戊戌 己亥 戊辰 己巳니라.
황 극 체 위 도 수 무 술 기 해 무 진 기 사

度는 順하고 道는 逆하니라. 而數는 三十二니라.
도 순 도 역   이 수 삼 십 이

○ 皇(임금 황) 極(다할 극) 體(몸 체) 位(자리 위) 度(법도 도) 數(셀 수) 戊(다섯째 천간 무)
戌(열한 번째 지지 술) 亥(열두 번째 지지 해) 辰(지지 진) 巳(여섯째 지지 사)

황극의 체위도수라. 무술 기해 무신 기사이니라.

간지로는 순하고 수로는 거스른다. 그 수는 32이니라.

개요概要

땅의 사주인 황극체위도수皇極體位度數에 대한 설명이다.

각설各說

1) 황극체위도수皇極體位度數[241] 무술戊戌 기해己亥 무진戊辰 기사己巳[242]

---

[241] 『금화정역현토조해金火正易懸吐粗解』에서는 "오황극五皇極이 체위體位한(오토무위五土
戊位) 도수度數이니 태음지정太陰之政이다."라고 하였다.

[242] 『정역집주보해正易集註補解』에서는 "오황극五皇極의 체體인 오수정도지위五數成道之位
는 곧 무술궁戊戌宮이다. 그 행도行度는 무술戊戌, 기해己亥, 무진戊辰, 기사己巳로 순행順行한

황극皇極의 체위도수體位度數는 오황극五皇極의 체體이다. 황극皇極을 극極으로 세운 것은 무기戊己이다. 황극皇極의 체위體位한 도수度數가 무술戊戌·기해己亥·무진戊辰·기사己巳이다. 이 수數를 무술戊戌에서 기사己巳까지 삼십三十이라고 한 것이다. 월정사月政事로 땅 사주四柱이다.

2) 도순도역度順道逆 이수삼십이而數三十二[243]

도순도역度順道逆은 육십갑자六十甲子에서 무술戊戌에서 기해己亥·무진戊辰·기사己巳로 순행順行하니 도순度順이고, 도수度數로는 오五에서 십十으로 역행逆行하므로 도역道逆이라 한 것이다. 그러므로 지지干支로는 순順하고 수數로는 거스른다고 하는 것이다. 그리고 32도 기사궁己巳宮에서 성도成道하니 그 수數는 무술戊戌에서 기사己巳까지의 32도라고 하는 것이다.

○도순도역度順道逆 원리도

순順

도度 : 무술戊戌 ┅┅┅┅┅▶ 기해己亥

도道 : 무오戊五 ┅┅┅┅┅▶ 기십己十

역逆

·간지干支는 무술戊戌에서 기해己亥로 순順하고,
수數로는 오五에서 십十으로 역逆한다.

다. 무술궁戊戌宮은 무위戊位의 본궁本宮이니, 무술戊戌을 시두始頭로 하여 기해己亥 무진戊辰으로 행도行度하여 삼십이도三十二度 기사궁己巳宮에 이르러 성도成道함을 밝힌 것이다." 라고 하였다.

243) 『금화정역현토조해金火正易懸吐粗解』에서는 "무술궁戊戌宮에서 무진戊辰, 기사己巳까지 순수하게 되면 삼십이수三十二數에 당당當當하니 태음지정太陰之政이다."라고 하였다.

정역이해正易理解

> 月極體位度數라 庚子 戊申 壬子 庚申 己巳니라.
> 월 극 체 위 도 수   경 자 무 신 임 자 경 신 기 사
>
> 初初一度는 有而无니라.
> 초 초 일 도   유 이 무
>
> 五日而候니라. 而數는 三十이니라.
> 오 일 이 후   이 수   삼 십

○ 月(달 월) 極(다할 극) 體(몸 체) 位(자리 위) 度(법도 도) 數(셀 수) 初(처음 초) 度(법도 도) 候(물을 후)

 월극月極의 체위도수니라. 경자(1/포胞) 무신(9/태胎) 임자(13/양養) 경신 (21/생生) 기사(30/성成)이니라. 초초일도初初一度는 있어도 없는 것이니 라. 오五일이 후候이니라. 그 수는 30이니라.

개요概要

 월극체위月極體位의 성도도수成道度數를 설명한 것이다.[244]

---
244) 『정역집주보해正易集註補解』에서는 "황극체위도수皇極體位度數는 32도度이고 월극체 위도수月極體位度數는 30도度이므로 2도度가 차이가 있다. 이것은 태음太陰의 본궁本宮과 월 극태위月極太位 포궁胞宮이 다르기 때문이다. 이는 선천先天 갑자궁甲子宮에서 후천后天 경자 궁庚子宮으로 전환하는 과정에서 36도의 허도수虛度數를 뛰어넘는 이치와 같다. 육십갑자六 十甲子의 도수度數는 60도度이나 월극체위月極體位는 30도度로 성도成道한다. 그 이유는 음 陰이 스스로 형상形象을 드러내지 못하고 반드시 양陽과 합덕合德해야만 형상形象을 드러낼 수 있다. 그 체상體象이 반음반양半陰半陽인 까닭에 음陰은 반수半數만을 사용하는 것이니,

1) 월극체위도수月極體位度數[245], 경자庚子 무신戊申 임자壬子 경신庚申 기사己巳[246]

월극체위도수月極體位度數란? 무위황극无位皇極은 일수一水(임수壬水)와 사금四金(경금庚金)으로 된 월극체위를 수중水中의 중위中位인 무술궁戊戌 宮에서 잉태하여 후천后天 무위도수戊位度數를 이루는 달(기해己亥) 경자庚 子의 초일도初一度에 포胞(모체에서 떨어져 나와 개체가 되는 힘, 포자 등)하고, 9도(무신戊申)에 태胎하고, 13도(임자壬子)에 양養하고, 21도(경신庚申)에 생生하고 30도(기사己巳)에서 성도成道한다는 것이다[247].

경자 庚子	⇨	무신 戊申	⇨	임자 壬子	⇨	경신 庚申	⇨	기사 己巳
1도度		9도度		13도度		21도度		30도度

2) 초초일도初初一度 유이무有而无[248]

태음太陰의 경우 초일도初一度 경자庚子에서 포胞하나, 초초일도初初一 度는 있어도 없는 것이라 하였고, 태양太陽의 경우 일칠도一七度 병오丙午 에서 포胞하나 초초일도初初一度는 없어도 있는 것이다.

이를 수영기허數盈氣虛라고 한다. 일부一夫께서는 이러한 이치를 깨달아 이수삼십而數三十이 라고 한 것이다."라고 하였다.

245) 『금화정역현토조해金火正易懸吐粗解』에서는 "월극月極이 체위體位한 태음지정太陰之精度數 이다."라고 하였다.

246) 『금화정역현토조해金火正易懸吐粗解』에서는 "월극체위도수月極體位度數는 경자궁庚子 宮 초일도初一度에서 포胞하고 무신구도戊申九度에서 태胎하고 임자삼십도壬子三十度에서 양養하고 경신이십일도庚申二十一度에서 생生하니 기축궁삼십도己丑宮三十度로서 성도成道 한다."라고 하였다.

247) 『주역·정역』에서는 "초초일도初初一度 기해己亥가 유이무有而無한 까닭에 오일五日에 후候하여 그 수數가 삼십三十에 되는 것이다."라고 하였다.

248) 『금화정역현토조해金火正易懸吐粗解』에서는 "경자궁庚子宮에서 태胞하였으니 경자초 초일도庚子初一度는 있으나 기해궁己亥宮이 없음을 뜻한다."라고 하였다.

3) 오일이후五日而候[249]

1년을 72후候로 나눈 것을 말한다. 오행五行(토금수목화土金水木火)이 일순一循하는 5일이 일후一候이다. 한 달은 육후六候이고, 일 년은 칠십이후七十二候이다.

4) 이수삼십而數三十[250]

월극체위月極體位의 성도도수成道度數를 말한다. 경자일도庚子一度에서 포胞하여 기사己巳까지 삼십도三十度로 성도成道한다.

日極體位度數라
일 극 체 위 도 수

丙午 甲寅 戊午 丙寅 壬寅 辛亥니라.
병 오 갑 인 무 오 병 인 임 인 신 해

○ 日(해 일) 極(다할 극) 體(몸 체) 位(자리 위) 度(법도 도) 數(셀 수) 丙(세 번째 천간 병) 甲(첫째 천간 갑) 寅(셋째 지지 인) 戊(다섯째 천간 무) 午(일곱째 지지 오) 寅(셋째 지지 인) 壬(아홉째 천간 임) 辛(여덟 번째 천간 신) 亥(열두 번째 지지 해)

일극日極의 체위도수(36度)이다. 병오(포胞) 갑인(태胎) 무오(양養) 병인(생生) 임인(성成) 신해(종終)이니라.

개요槪要

태양도수太陽度數인 일극체위日極體位의 성도도수成道度數를 설명한 것이다.

---

249) 『금화정역현토조해金火正易懸吐粗解』에서는 "오일五日이 일후一候, 한 달이 육후六候, 일년一年이 칠십이후七十二候이다."라고 하였다.
250) 『금화정역현토조해金火正易懸吐粗解』에서는 "경자일도庚子一度에서 포胞하여 기사己巳까지 삼십도三十度를 성도成道한다."라고 하였다.

十一張…後

1) 일극체위도수日極體位度數[251], 병오丙午 갑인甲寅 무오戊午 병인丙寅
임인壬寅 신해辛亥[252]

일극체위도수日極體位度數란? 기위도수己位度數 이루는 날(기해己亥)의
17도度(병오丙午)에 포胞(모체에서 떨어져 나와 개체가 되는 힘, 포자 등)하고,
15도度(갑인甲寅)에 태胎하고, 19도(무오戊午)에 양養하고, 27도度(임인壬寅)
에 생生生하고 36도度(신해辛亥)에서 성도成道한다[253].

251) 『금화정역현토조해金火正易懸吐粗解』에서는 "무술궁戊戌宮에서 무진戊辰·기사己巳까지
순수하게 되면 삼십이수三十二數에 당當하니 태음지정太陰之政이다."라고 하였다.
252) 『금화정역현토조해金火正易懸吐粗解』에서는 "월극月極이 체위體位한 태음도수太陰度數
이다."라고 하였다.
253) 『주역·정역』에서는 "태양太陽이 기해己亥에서 기기起하고 병오丙午에서 포胞하므로 초초
일도初初一度 경자庚子는 없는 듯하나 그 기산起算은 경자庚子에서 시始하므로 초초일도初初
一度는 무이유無而有이다. 행도行度는 삼십육三十六이오 실도수實度數는 삼십사三十四이다.
칠일이복七日而復 = 초초일도初初一度 경자庚子가 무이유無而有한 까닭에 일칠사一七四의 칠
병七丙에서 사경四庚까지 칠일七日하고 복復하여 그 수數가 삼십육三十六이 된 것이다."라고
하였다.

정역이해正易理解

180

十二張……前

初初一度는 无而有니라.
초 초 일 도　　무 이 유
七日而復이니라 而數는 三十六이니라.
칠 일 이 복　　　이 수　　삼 십 육

○ 初(처음 초) 无(없을 무) 有(있을 유) 復(돌아올 복)

초초일도初初一度는 없어도 있는 것이니라. 칠七일에 회복함이니라. 그 수數는 36이니라[254].

개요概要

초초일도初初一度와 칠일래복七日來復 원리의 이치에 대한 설명이다.

각설各說

1) 초초일도初初一度 무이유无而有[255]

---

254) 『주역·정역』에서는 "달이 무술궁戊戌宮에서 기起하는데 초초일도初初一度 기해己亥는 일복日復의 위位이므로 달은 기해己亥에서 종종終終하고 초초일도初初一度 경자庚子에서 포胞하니 초초일도初初一度 기해己亥는 유이무有而無하고 행도行度는 삼십三十이오, 실도수實度數는 이십이二十四이다."라고 하였다.

255) 『정역집주보해正易集註補解』에서는 "초초일도初初一度라 함은 일극체위日極體位가 포胞하는 병오궁丙午宮 이전以前의 시궁始宮 경자궁庚子宮과 그 전위前位인 기사궁己巳宮을 말함이니, 기해己亥 경자궁庚子宮은 포태이전胞胎以前의 궁宮이므로 성도과정成道過程에서 보면 없는 궁宮이나 태양지정太陽之政인 일체日體는 '성전이직性全理直하여 항존이무소불유恒

초초일도初初一度란? 태음太陰과 태양太陽이 생기는데 포궁胞宮 초초初 2
도의 터전이 되는 도수度數를 말한다. 태음太陰의 경우 초일도初一度인 경
자庚子에서 포胞하므로 초초일도初初一度는 경자庚子의 일도一度 전前인
기해己亥가 되는 것이다. 반면에 태양太陽의 경우는 일칠一七 도도度인 병오
丙午에서 포胞하니 초초일도初初一度는 역시 기해己亥가 된다. 그런데 태
음太陰의 경우 초일도初一度 경자庚子에서 포胞하니 초초일도初初一度는
있어도 없는 것이라고 하였고, 태양太陽의 경우에는 일칠一七 도도度 병오
丙午에서 포胞하니 초초일도初初一度는 없어도 있는 것이라 하였다. 달의
외면은 보이지 않지만 안은 보이는 이치이다.

2) 칠일이복七日而復[256] 이수삼십육而數三十六[257]

칠七일에 회복한다(기해己亥 6도度를 넘어서). 그 수數는 36이다.

化翁은 无位시고 原天火시니 生地十己土니라.
화 옹　무 위　　원 천 화　　생 지 십 기 토

○ 化(될 화) 翁(늙은이 옹) 无(없을 무) 位(자리 위) 原(근원 원) 地(땅 지) 己(자기 기)

화옹은 자리가 없으시고 원천原天의 화火이시니, 지십기토를 낳느니
라.

개요槪要

화옹化翁은 변화를 인격적으로 표현한 것이다.

存而無所不有라 고故로 무이유無而有'라고 한 것이다. 태음지정太陰之政인 월극체위月極體位
는 수영이기허數盈而氣虛하여 초초일도初初一度 유이무而無라고 하고, 일극체위日極體位는
무이유無而有라고 하였음은 양실음허陽實陰虛한 음양지리陰陽之理이니 일월日月은 음양지정
陰陽之政이므로 음양陰陽의 원리原理를 벗어날 수 없음을 밝힌 것이다."라고 하였다.

256) 『금화정역현토조해金火正易懸吐粗解』에서는 "칠일래복七日來復하는 이치理致로서 칠일
七日만에 회양回陽되는 것이다. 요순堯舜은 칠정옥형七政玉衡이라고 하였고, 현재現在도 일
월화수목금토日月火水木金土로 칠일정사七日政事이다."라고 하였다.

257) 『금화정역현토조해金火正易懸吐粗解』에서는 "병오丙午에서 포胞하여 신해궁辛亥宮에
이르러 삼십육도三十六度로 성도成道한다."라고 하였다.

1) 화옹무위化翁无位 원천화原天火,

기사己巳에서 21도 하여 기축己丑이 나오고, 기축己丑에서 10도 하면 무술戊戌이 되고, 무술戊戌에서 5도 하면 임인壬寅이 된다. 이것은 천지인天地人의 생도수生度數라 한다. 다시 임인壬寅에서 21도度 하면 임술壬戌이 되어 완전히 변화된다. 따라서 화옹化翁이 건곤乾坤과 합덕合德된 원천화原天火임을 알 수 있다. 화옹化翁은 변화의 주인공이요, 원천原天의 화火이다.

2) 생지십기토生地十己土[258]

지십기토地十己土는 태음太陰과 태양太陽의 근원이다. 역수曆數로는 5·10이고, 오행五行의 체體이다. 십十은 무극수无極數로써 생성生成과 종시終始를 총괄한다.

己巳宮은 先天而后天이니라.
기 사 궁   선 천 이 후 천

○ 己(자기 기) 巳(여섯째 지지 사) 宮(집 궁) 先(먼저 선) 而(말 이을 이) 后(임금 후)

기사궁己巳宮은 선천이로되 후천이니라.

무위체위도수无位體位度數인 기사궁己巳宮이 선천이후천先天而后天임을 설명하고 있다.

---

258) 『금화정역현토조해金火正易懸吐粗解』에서는 "『주역周易』에 '신무방이역무체神无方而易无體'라고 하였으니, 신神은 본시 일정한 방향이 없다. 신神이란 상제上帝의 천사天使격이며, 화옹火翁은 위位가 없으신 원천原天의 화火이시니 지십기토地十己土를 생생하며, 지십기토地十己土는 기사궁己巳宮으로 곧 하늘이다."라고 하였다.

1) 기사궁己巳宮 선천이후천先天而后天[259]

무극无極이 체위體位한 기사도수己巳度數를 말한다. 무극체위수无極體位數의 기사己巳는 하느님 자리이다. 기사궁己巳宮이 원천화原天火로서 선천先天이로대 후천后天이다. 이는 하도河圖가 선천先天인데 후천后天이 됨을 밝힌 것이다. 기사궁己巳宮은 지십기토地十己土의 성도지궁成道之宮이다. 무위체위도수无位體位度數인 기사궁己巳宮에서 성도成道하여 후천后天을 용사用事하나 그 체體는 선천先天이므로 선천이후천先天而后天이라고 한 것이다.

地十己土는 生天九辛金하고
지 십 기 토　　생 천 구 신 금

天九辛金은 生地六癸水하고
천 구 신 금　　생 지 육 계 수

○ 地(땅 지) 己(자기 기) 辛(매울 신) 金(쇠 금) 辛(매울 신) 生(날 생) 癸(열째 천간 계)

지십기토는 천구신금(육갑六甲)을 낳고, 천구신금은 지육계수를 낳고,

지십기토地十己土의 도생작용倒生作用에 대한 설명이다. 즉 기사궁己巳宮이 만들어지는 순서를 말하는 것이다.

1) 지십기토地十己土 생천구신금生天九辛金[260]

---

259) 『금화정역현토조해金火正易懸吐粗解』에서는 "기사궁己巳宮은 경오庚午에서 무인戊寅까지이며, 기사궁己巳宮은 원천화原天化의 하늘 상징象徵하고 선천先天이로되 하도河圖후천后天이라는 것이다."라고 하였다.

260) 『정역집주보해正易集註補解』에서는 "지십기토地十己土가 처음으로 역생逆生하는 금기

지십기토地十己土는 처음으로 금기金氣로서 십생구十生九하므로 천구신금天九辛金이라고 한 것이다. 그리고 신금辛金은 선천생성수先天生成數로는 십토十土에서 역생逆生하는 구금九金이나, 후천后天에서는 십토十土에서 도생倒生하는 금金이므로 천구신금天九辛金이 된다는 것이다.

2) 천구신금天九辛金 생지육계수生地六癸水[261]

계수癸水는 선천생성수先天生成數로는 구금九金에서 역생逆生하는 일수一水이나, 후천后天에서는 구금九金에서 도생倒生하는 수水이므로 지육계수地六癸水가 된다는 것이다.

金氣로서 십생구十生九하므로 천구신금天九辛金이라고 한 것이다."라고 하였다.
『금화정역현토조해金火正易懸吐粗解』에서는 "율려律呂인 무정을계신戊丁乙癸辛의 수지형상手指形象으로서 천구신금天九辛金은 중지中指 삼三자리를 굴굴한다"라고 하였다.
261)『금화정역현토조해金火正易懸吐粗解』에서는 "율려律呂의 수지형상手指形象으로서 지육계수地六癸水는 소지小指 오五자리를 굴굴한다."라고 하였다.

十二張……後

> 地六癸水는 生天三乙木하고
> 지 육 계 수　　생 천 삼 을 목
>
> 天三乙木은 生地二丁火하고
> 천 삼 을 목　　생 지 이 정 화
>
> 地二丁火는 生天五戊土니라.
> 지 이 정 화　　생 천 오 무 토
>
> 戊戌宮은 后天而先天이니라
> 무 술 궁　　후 천 이 선 천

○ 地(땅 지) 六(여섯 육(륙)) 癸(열째 천간 계) 水(물 수) 戊(다섯째 천간 무) 戌(개 술) 宮(집 궁)

지육계수地六癸水는 천삼을목天三乙木을 생하고, 천삼을목天三乙木은 지이정화地二丁火를 생하고, 지이정화地二丁火는 천오무토天五戊土를 낳느니라. 무술궁은 후천后天이로되 선천先天이니라.

개요概要

토금수목화土金水木火 오행五行의 역생逆生은 삼천양지三天兩地로서 후천后天에서는 토土에서 태음太陰이 생겨남을 말한다.

1) 지육계수地六癸水 생천삼을목生天三乙木[262]

을목乙木은 선천생성수先天生成數로는 육수六水에서 역생逆生하는 팔목八木이나, 후천后天에서는 육수六水에서 도생倒生하는 목木이므로 천삼을목天三乙木이 된다는 것이다.[263]

2) 천삼을목天三乙木 생지이정화生地二丁火[264]

정화丁火는 선천생성수先天生成數로는 삼목三木에서 역생逆生하는 칠화七火이나, 후천后天에서는 삼목三木에서 도생倒生하는 화火이므로 지이정화地二丁火가 된다는 것이다.

3) 지이정화地二丁火 생천오무토生天五戊土[265]

무토戊土가 선천생성수先天生成數로는 이화二火에서 역생逆生하는 십토十土이나, 후천后天에서는 이화二火가 도생倒生하는 토土이므로 지이정화地二丁火가 된다는 것이다.

4) 무술궁戊戌宮 후천이선천后天而先天[266]

무술궁戊戌宮에서 합덕合德됨을 말한다. 무술궁戊戌宮은 황극皇極으로 낙서洛書 담당인데 낙서洛書가 후천后天이었으나 앞으로 선천先天이 됨을 뜻하는 것이다. 무술궁戊戌宮은 합덕合德의 위치요, 인격성人格性으로 후천后天의 완성을 의미한다. 종시終始로 보면 선천先天으로 이어진다.

---

262) 『금화정역현토조해金火正易懸吐粗解』에서는 "율려律呂의 수지형상手指形象으로서 천삼을목天三乙木은 무명지無名指 칠七자리를 신신伸한다"라고 하였다.

263) 김주성, 『정역집주보해』 태훈출판사, 222쪽

264) 『금화정역현토조해金火正易懸吐粗解』에서는 "율려律呂의 수지형상手指形象으로서 지이정화地二丁火는 식지食指 구九자리에서 신신伸한다"라고 하였다.

265) 『금화정역현토조해金火正易懸吐粗解』에서는 "율려律呂의 수지형상手指形象으로서 천오무토天五戊土는 모지母指 십十자리에서 신신伸한다"라고 하였다.

266) 『금화정역현토조해金火正易懸吐粗解』에서는 "무술궁戊戌宮은 후천后天이로되 낙서洛書 선천先天이라는 것이다."라고 하였다.

天五戊土는 地四庚金하고
천 오 무 토　　지 사 경 금

地四庚金은 天一壬水하고
지 사 경 금　　천 일 임 수

天一壬水는 地八甲木하고
천 일 임 수　　지 팔 갑 목

地八甲木은 天七丙火하고
지 팔 갑 목　　천 칠 병 화

천오무토는 지사경금을 생하고,

지사경금은 천일임수를 생하고,

천일임수는 지팔갑목을 생하고,

지팔갑목은 천칠병화를 생하고,

개요槪要

앞 구절의 내용을 이어서 설명하고 있다.

각설各說

1) 천오무오天五戊土 지사경금地四庚金[267]

경금庚金은 선천先天의 생성수生成數로서 오토五土가 역생逆生하는 양금陽金이며, 후천后天에서는 오토五土가 도생倒生하는 금金이므로 지사경금地四庚金이 되는 것이다[268].

------

[267] 『정역집주보해正易集註補解』에서는 "경금庚金은 선천생성수先天生成數로는 천오무토天五戊土가 역생逆生하는 양금陽金이므로 천구경금天九庚金이나, 후천后天에서는 천오무토天五戊土가 역생逆生하는 금金이므로 지사경금地四庚金이 되는 것이다. 그러나 경금庚金은 양금陽金이며, 지사地四는 역생순서逆生順序를 말한다"라고 하였다.

[268] 『주역·정역』에서는 "무양생양간야戊陽生陽干也 = 무오戊五 경사庚四 임일壬一 갑팔甲八 병칠丙七 기십己十. 이는 무기戊己의 생생生生에 의한 십간원도수十干原度數이다 자연수는 반드시 양양陽이 음음陰을 생생하고 음음陰이 양양陽을 생한다. 이 일절一節은 기음己陰이 음간陰干을 생생하고 무양戊陽이 양간陽干을 생생하여 부전자수父傳子受의 상象이 되므로 십간원도수十干原度數가 되는 것이오, 기십己十이 내종에 무오戊五를 생하고 무오戊五가 내종에 기십己十을

2) 지사경금地四庚金 천일임수天一壬水[269)]

임수壬數는 선천先天의 생성수生成數로서 사금四金이 역생逆生하는 음수陰水이며, 후천后天에서는 사금四金이 도생倒生하는 수水이므로 천일임수天一壬水가 되는 것이다.

3) 천일임수天一壬水 지팔갑목地八甲木[270)]

갑목甲木은 선천先天의 생성수生成數로서 일수一水가 역생逆生하는 삼목三木이며, 후천后天에서는 일수一水가 도생倒生하는 목木이므로 지팔갑목地八甲木이 되는 것이다.

4) 지팔갑목地八甲木 천칠병화天七丙火[271)]

병화丙火는 선천先天의 생성수生成數로서 팔목八木이 역생逆生하는 이화二火이며, 후천后天에서는 팔목八木이 도생倒生하는 화火이므로 천칠병화天七丙火가 되는 것이다.

생생하는 것은 무기戊己가 오행五行을 상생相生하여 일순환一循環한 뒤에는 음양陰陽이 변하여 다시 오행五行을 하여 일음일양一陰一陽하는 도道를 행行하는 까닭이다. 십간원도수十干原度數 중에서 무기오십토戊己五十土 임계일육수壬癸一六水 병정칠이화丙丁七二火의 수토화水土火의 음양수陰陽數는 선천先天의 낙서오행수洛書五行數와 변치 아니하고 오직 갑을경신甲乙庚辛의 음양수陰陽數가 선천수先天數와

十干原度數 相生圖

변하여 갑팔을삼甲八乙三 경사신구庚四辛九가 되니 이는 만물의 生生은 수화水火로써 체體를 삼고 토土로써 생명체生命體를 삼고 있는데 만물의 변화變化에는 체體는 변치 아니하고 용用이 변한다는 체항구용변화體恒久用變化의 이리理에 의한 것이다 갑을목甲乙木이 씨의 생생하는 상象이오 경신금庚辛金은 열매의 성성하는 상象이라 선후천先后天의 변화變化라는 것은 생장生長과 성성과의 변화變化이오 씨와 열매에 생장성生長成의 변화變化하는 용用이 있으므로 갑을목甲乙木 경신금庚辛金의 본체本體는 변치 아니하고, 그 용用이 되는 음양陰陽의 수數가 상역相易한 것이며 금화정역도金火正易圖에 무기戊己 임계壬癸 병정丙丁의 수화토水火土는 내방內方에 있어 불변하는 체體가 되고, 갑을甲乙 경신庚辛의 목금木金은 외원外圓에 있어 변화變化하는 용用이 된 것은 이 까닭이다."라고 하였다.

269) 『정역집주보해正易集註補解』에서는 "갑목甲木은 선천생성수先天生成數로는 천일임수天一壬水가 역생逆生하는 삼목三木이나 후천后天에서는 천일임수天一壬水가 역생逆生하는 지팔음수地八陰數의 목木이므로 팔목八木이 되는 것이다. 그 역생지서逆生之序는 일一에서 십구팔十九八로 역생逆生한다."라고 하였다.

270) 『금화정역현토조해金火正易懸吐粗解』에서는 "정령政令의 수지형상手指形象으로서 지팔갑목地八甲木은 소지小指 육六자리에서 신신伸伸한다."라고 하였다.

271) 『정역집주보해正易集註補解』에서는 "정령政令의 수지형상手指形象으로서 천칠병화天七丙火는 중지中指 팔八자리에서 신신伸伸한다."라고 하였다.

十三張····前

天七丙火는 生地十己土니라
천칠병화　생지십기토

地十己土는 生天九庚金하고
지십기토　생천구경금

天九庚金은 生地六癸水하고
천구경금　생지육계수

地六癸水는 生天三甲木하고
지육계수　생천삼갑목

天三甲木은 生地二丙火하고
천삼갑목　생지이병화

地二丙火는 生天五戊土하고
지이병화　생천오무토

天五戊土는 生地四辛金하고
천오무토　생지사신금

천칠병화天七丙火는 지십기토地十己土를 낳느니라

지십기토地十己土는 천구경금天九庚金을 낳고,

천구경금天九庚金은 지육계수地六癸水를 낳고,

지육계수地六癸水는 천삼갑목天三甲木을 낳고,

찬삼갑목天三甲木은 지이병화地二丙火를 낳고,

지이병화地二丙火는 천오무토天五戊土를 낳고,

천오무토天五戊土는 지사신금地四辛金을 낳고

앞 구절의 내용을 이어 지십기토地十己土와 기사궁己巳宮이 만들어지는 과정을 설명하고 있다.

1) 천칠병화天七丙火 생지십기토生地十己土[272]

기토己土는 선천先天의 생성수生成數로서 칠화七火가 역생逆生하는 오토五土이므로, 후천后天에서는 칠화七火가 도생倒生하는 토土이므로 지십기토地十己土가 되는 것이다.

2) 지십기토地十己土 생천구경금生天九庚金[273]

경금庚金은 선천先天의 생성수生成數로서 십토十土가 역생逆生하는 사금四金이므로, 후천后天에서는 구금九金이 도생倒生하는 금金이므로 천구경금天九庚金이 되는 것이다.

3) 천구경금天九庚金 생지육계수生地六癸水[274]

계수癸水는 선천先天의 생성수生成數로서 구금九金이 역생逆生하는 일수一水이므로, 후천后天에서는 육수六水가 도생倒生하는 수水이므로 지육계수地六癸水가 되는 것이다.

----

272) 『정역집주보해正易集註補解』에서는 "천오무토天五戊土가 경임갑병庚壬甲丙을 역생逆生하여 금수목화金水木火의 상象(양사상陽四象)을 이루니, 곧, 후천后天의 역생逆生 태양太陽으로 삼천양지三天兩地이다. 상象이 이루어지면 종국終局에는 지십기토地十己土로 생생하여 무술궁戊戌宮에서 다시 기사궁己巳宮으로 전환轉換한다. 이는 음극칙양생陰極則養生하고 양극칙음생陽極則陰生하는 음양변화원리陰陽變化原理이다."라고 하였다

273) 『정역집주보해正易集註補解』에서는 "상문上文의 기사궁己巳宮에서는 지십기토地十己土가 천구경금天九庚金을 생생 하였는데 차此문에서는 지십기토地十己土가 천구경금天九庚金을 생生하는 것은 일음일양一陰一陽하는 음양지도陰陽之道이다. 기사궁己巳宮에서 처음으로 생생한 신금辛金은 음금陰金이고, 다음에 생생한 경금庚金은 양금陽金이니 한번은 음陰을 생생하고 한번은 양陽을 생생하는 것이 음양생성陰陽生成의 정리正理이다."라고 하였다.

274) 『금화정역현토조해金火正易懸吐粗解』에서는 "율려呂律의 수지형상手指形象으로 지육계수地六癸水는 소지小指 오五자리에서 굴굴屈屈한다."라고 하였다.

4) 지육계수地六癸水 생천삼갑목生天三甲木[275]

갑목甲木은 선천先天의 생성수生成數로서 육수六水가 역생逆生하는 팔목八木이므로, 후천后天에서는 삼목三木이 도생倒生하는 목水이므로 천삼갑목天三甲木이 되는 것이다.

5) 천삼갑목天三甲木 생지이병화生地二丙火[276]

병화丙火는 선천先天의 생성수生成數로서 삼목三木이 역생逆生하는 칠화七火이므로, 후천后天에서는 이화二火가 도생倒生하는 화火이므로 지이병화地二丙火가 되는 것이다.

6) 지이병화地二丙火 생선오무토生天五戊土[277]

무토戊土는 선천先天의 생성수生成數로서 이화二火가 역생逆生하는 십토十土이므로, 후천后天에서는 오토五土가 도생倒生하는 토土이므로 천오무토天五戊土가 되는 것이다.

7) 천오무토天五戊土 생지사신금生地四辛金[278]

신금辛金은 선천先天의 생성수生成數로서 오토五土가 역생逆生하는 구금九金이므로, 후천后天에서는 구금九金이 도생倒生하는 금金이므로 지사신금地四辛金이 되는 것이다.

---

275) 『금화정역현토조해金火正易懸吐粗解』에서는 "율려呂律의 수지형상手指形象으로 천삼갑목天三甲木은 무명지無明指 칠七자리에서 신신한다."라고 하였다.

276) 『금화정역현토조해金火正易懸吐粗解』에서는 "율려呂律의 수지형상手指形象으로 지이병화地二丙火는 식지食指 구九자리를 신신한다."라고 하였다.

277) 『금화정역현토조해金火正易懸吐粗解』에서는 "율려呂律의 수지형상手指形象으로 천오무토天五戊土는 모지母指 십十자리를 신신한다."라고 하였다.

278) 『금화정역현토조해金火正易懸吐粗解』에서는 "정령政令 기경임갑병己庚壬甲丙의 수지형상手指形象으로서 지사신금地四辛金을 식지食指 이二자리에서 굴굴한다."라고 하였다.

天一壬水는 生地八乙木하고
천 일 임 수   생 지 팔 을 목

地八乙木은 生天七丁火하고
지 팔 을 목   생 천 칠 정 화

天七丁火는 生地十己土니라.
천 칠 정 화   생 지 십 기 토

地十己土는 成天一壬水하고
지 십 기 토   성 천 일 임 수

天一壬水는 成地二丁火하고
천 일 임 수   성 지 이 정 화

地二丁火는 成天九辛金하고
지 이 정 화   성 천 구 신 금

天九辛金은 成地八乙木하고
천 구 신 금   성 지 팔 을 목

地八乙木은 成天五戊土니라.
지 팔 을 목   성 천 오 무 토

천일임수天一壬水는 지팔을목生地八乙木을 생하고,

지팔을목地八乙木은 천칠정화生天七丁火를 생하고,

천칠정화天七丁火는 지십기토生地十己土를 생하니라.

지십기토地十己土는 천일임수天一壬水를 이루고,

천일임수天一壬水는 지이정화地二丁火를 이루고,

지이정화地二丁火는 천구신금天九辛金을 이루고,

천구신금天九辛金은 지팔을목地八乙木을 이루고,
지팔을목地八乙木은 천오무토天五戊土를 이루니라.

개요槪要
정령작용政令作用과 수지상수手指象數에 관한 설명이다.

각설各說

1) 천일임수天一壬水 생지팔을목生地八乙木[279]

팔목八木은 선천先天의 생성수生成數로서 일수一水가 역생逆生하는 삼목三木이고 후천后天에서는 일수一水가 도생倒生하는 목金이며, 지팔을목地八乙木이 되는 것이다.

2) 지팔을목地八乙木 생천칠정화生天七丁火[280]

정화丁火는 선천先天의 생성수生成數로서 을목乙木이 역생逆生하는 이화二火이고 후천后天에서는 을목乙木이 도생倒生하는 화火이며, 천칠정화天七丁火가 되는 것이다.

3) 천칠정화天七丁火 생지십기토生地十己土[281]

기토己土는 선천先天의 생성수生成數로서 칠화七火가 역생逆生하는 오토五土이고 후천后天에서는 칠화七火가 도생倒生하는 기토己土이며, 지십기토地十己土가 되는 것이다.

4) 지십기토地十己土 성천일임수成天一壬水[282]

임수壬水는 선천先天의 생성수生成數로서 십토十土가 역생逆生하는 육수

---

279) 『금화정역현토조해金火正易懸吐粗解』에서는 "정령政令 기경임갑병己庚壬甲丙의 수지형상手指形象으로서 천일임수天一壬水는 무명지無明指 사四자리에서 굴屈한다."라고 하였다.

280) 『금화정역현토조해金火正易懸吐粗解』에서는 "정령政令의 수지형상手指形象으로서 지팔을목地八乙木은 소지小指 육六자리를 신伸한다."라고 하였다.

281) 『금화정역현토조해金火正易懸吐粗解』에서는 "정령政令의 수지형상手指形象으로서 천칠정화天七丁火는 중지中指 팔八자리에서 신伸한다."라고 하였다.

282) 『금화정역현토조해金火正易懸吐粗解』에서는 "정령政令의 수지형상手指形象으로서 지십기토地十己土는 모지母指 일一자리에서 굴屈한다."라고 하였다.

六水이며, 후천后天에서는 십토十土가 도생倒生하는 수水이므로 천일임수天一壬水를 이룬다.

5) 천일임수天一壬水 성지이정화成地二丁火[283]

정화丁火는 선천先天의 생성수生成數로서 일수一水가 역생逆生하는 칠화七火이고 후천后天에서는 일수一水가 도생倒生하는 화火이며, 지이정화地二丁火를 이룬다.

6) 지이정화地二丁火 성천구신금成天九辛金[284]

신금辛金은 선천先天의 생성수生成數로서 이화二火가 역생逆生하는 사금四金이고 후천后天에서는 이화二火가 도생倒生하는 금金이며, 천구신금天九辛金을 이룬다.

7) 천구신금天九辛金 성지팔을목成地八乙木[285]

을목乙木은 선천先天의 생성수生成數로서 구금九金이 역생逆生하는 삼목三木이고 후천后天에서는 구금九金이 도생倒生하는 목木이며, 지팔을목地八乙木을 이룬다.

8) 지팔을목地八乙木 성천오무토成天五戊土[286]

무토戊土는 선천先天의 생성수生成數로서 팔목八木이 역생逆生하는 십토十土이고 후천后天에서는 팔목八木이 도생倒生하는 토土이며, 천오무토天五戊土를 이룬다.

---

283) 『금화정역현토조해金火正易懸吐粗解』에서는 "지십기토地十己土 자리에서 다시 모지母指 일一자리를 굴굴屈屈하며, 천일임수天一壬水를 성성成成하니 십편시태극일十便是太極一의 형상形象이다."라고 하였다.

284) 『금화정역현토조해金火正易懸吐粗解』에서는 "천일임수天一壬水 자리에서 다시 식지食指 이二 자리를 굴굴屈屈하면 지이정화地二丁火를 성성成成하니 태극이생양의太極而生兩義의 형상形象이다."라고 하였다.

285) 『금화정역현토조해金火正易懸吐粗解』에서는 "지이정화地二丁火 자리에서 다시 무명지無明指 사四자리를 굴굴屈屈하면 천구신금天九辛金을 성성成成하니 양의생사상兩義生四象의 형상形象이다."라고 하였다.

286) 『금화정역현토조해金火正易懸吐粗解』에서는 "천구심금天九辛金의 자리에서 다시 중지中指 팔八자리를 신신伸伸하면 지팔을목地八乙木을 성성成成하니 사상생팔괘四象生八卦의 형상形象이다."라고 하였다.

十四張····前

天五戊土는 成地六癸水하고
천 오 무 토　　성 지 육 계 수

地六癸水는 成天七丙火하고
지 육 계 수　　성 천 칠 병 화

天七丙火는 成地四庚金하고
천 칠 병 화　　성 지 사 경 금

地四庚金은 成天三甲木하고
지 사 경 금　　성 천 삼 갑 목

天三甲木은 成地十己土니라.
천 삼 갑 목　　성 지 십 기 토

丙甲庚三宮은 先天之天地니라
병 갑 경 삼 궁　　선 천 지 천 지

丁乙辛三宮은 后天之地天이니라.
정 을 신 삼 궁　　후 천 지 지 천

先天三天兩地니라.
선 천 삼 천 양 지

천오무토天五戊土는 지육계수地六癸水를 이루고,

지육계수地六癸水는 천칠병화天七丙火를 이루고,

천칠병화天七丙火는 지사경금地四庚金을 이루고,

지사경금地四庚金은 천삼갑목天三甲木을 이루고,

천삼갑목天三甲木은 지십기토地十己土를 이루니라.

병丙과 갑甲과 경庚의 삼궁三宮은 선천先天의 하늘과 땅이니라.

정丁과 을乙과 신辛의 삼궁三宮은 후천后天의 땅과 하늘이니라.

선천先天은 삼천양지三天兩地니라.

개요概要

삼천양지三天兩之와 삼지양천三地兩天을 태泰·비괘否卦(선후천원리)와 비교하여 설명하고 있다.

각설各說

1) 천오무토天五戊土 성지육계수成地六癸水[287]

계수癸水는 선천先天의 생성수生成數로서 오토五土가 역생逆生하는 일육一六이므로 후천后天에서는 오토五土가 도생倒生하는 수水이며, 지육계수地六癸水를 이룬다[288].

---

[287] 『금화정역현토조해金火正易懸吐粗解』에서는 "지팔을목地八乙木자리에서 다시 소지小指 오五자리를 굴굴屈屈하면 천오무오天五戊五를 성성成成하니 이천二天자리인 천심天心에 당당當當한다."라고 하였다.

[288] 『주역·정역』에서는 "성자成者 후천지상后天之象 고당위십간원도수야故當爲十干原度數也 이수토금화개위원도수而水土金火皆爲原度數 유갑을목위낙서생장시운지수唯甲乙木爲洛書生長時運之數하니 이는 물물物物이 성성成成하면 그 체내에 차세대의 씨를 장장藏藏하여 홀로 생장生長작용을 행행하는 까닭이며, 역서괘하경지도易序卦下經地道가 수렴收斂작용을 행하되 오직 태궁사괘태궁四卦가 생장生長작용을 행하고 있음과 같은 것이다. 갑을삼팔목甲乙三八木은 씨의 상象象으로서 생장生長의 이리가 있으므로 후천后天의 성성成成하는 시운時運에서 홀로 낙서생장시운洛書生長時運의 오행수五行數가 된 것이다.

이 일절一節은 후천后天의 성성成成하는 상象象을 말한 것이다 갑을甲乙 삼팔목三八木은 간태艮兌의 삼팔수三八數와도 상통相通하여 갑을甲乙 삼팔목三八木은 씨의 상象象이 되고 삼팔간태三八艮兌가 또한 생장과정生長過程의 달로서 미성未成한 열매의 상象象이 되니 간태艮兌의 여무라는 것이 곧 후천后天이며 그러므로 역서괘易序卦에도 유월六月의 미성未成한 열매의 제제濟하는 상象象의 미제괘未濟卦로써 종종終한 것이다.

생성生成의 이리를 토생금土生金 금생수金生水의 예례로써 보건대 토토土가 금금을 생생生生함은 일세부一世父가 이세자二世子를 생생生生함이오, 금금金이 수수水를 생생生生함은 이세자二世子가 삼세손三世孫을 생생生生함이오, 일세부一世父인 토토土가 심세손三世孫인 수수水를 극극克함은 조조가 손손孫을 성성成成함이다. 그러므로 일세一世는 조조이오, 이세二世는 자자子의 생생生生함이오, 삼세三世는 손손孫의 성성成成함이며, 이것을 우주宇宙로써 보면 일세조一世祖는 원천原天이오, 이세자二世子는 선천先天이오, 삼세손三世孫은 후천后天이다.

원천原天은 조조祖의 세대世代이오, 선천先天은 자자子의 세대世代이오, 후천后天은 손손孫의 세대

2) 지육계수지六癸水 성천칠병화成天七丙火[289]

병화丙火는 선천先天의 생성수生成數로서 육수六水가 역생逆生하는 이화二火이며, 후천后天에서는 육수六水가 도생倒生하는 화火이므로 천칠병화天七丙火를 이룬다.

3) 천칠병화天七丙火 성지사경금成地四庚金[290]

경금庚金은 선천先天의 생성수生成數로서 칠화七火가 역생逆生하는 구금九金이며, 후천后天에서는 칠화七火가 도생倒生하는 금金이므로 지사경금地四庚金을 이룬다.

4) 지사경금地四庚金 성천삼갑목成天三甲木[291]

갑목甲木은 선천先天의 생성수生成數로서 사금四金이 역생逆生하는 팔목八木이며, 후천后天에서는 사금四金이 도생倒生하는 목木이므로 천삼갑목天三甲木을 이룬다.

5) 천삼갑목天三甲木 성지십기토成地十己土[292]

기토己土는 선천先天의 생성수生成數로서 삼목三木이 역생逆生하는 오토五土이며, 후천后天에서는 삼목三木이 도생倒生하는 토土이므로 지십기토地十己土를 이룬다.

世代이니 그러므로 토土가 수水를 극克한다 함은 상극相克하는 극克이 아니라 조조祖가 손손孫을 여물게 하는 극성克成이다.”라고 하였다.

289) 『금화정역현토조해金火正易懸吐粗解』에서는 “천오무오天五戊五자리에서 다시 소지小指 육六자리를 신신伸하면 지육계수地六癸水를 성성成하니 육六자리인 태양성도신해궁太陽成道辛亥宮에 당當한다.”라고 하였다.

290) 『정역집주보해正易集註補解』에서는 “천일임수天一壬水는 지이정화地二丁火를 이루고 지육계수地六癸水 천칠병화天七丙火를 이루어 심명心命을 밝히고 발현發顯하는 기기氣와 질질質을 형성形成한다.”라고 하였다.

291) 『정역집주보해正易集註補解』에서는 “지이정화地二丁火는 천구신금天九辛金을 이루고, 천칠병화天七丙火는 지사경금地四庚金을 이루고 체백體魄의 기기氣와 질질質을 완성한다.”라고 하였다.

292) 『금화정역현토조해金火正易懸吐粗解』에서는 “지사경금地四庚金 자리에서 다시 중지中指 삼三 자리를 굴굴屈하면 천삼갑목天三甲木을 성성成하니 십오건곤十五乾坤 자리에 당當한다.”라고 하였다.

6) 병갑경삼궁丙甲庚三宮 선천지천지先天之天地[293]

병갑경丙甲庚 삼궁三宮은 양陽이므로 선천先天이 되고, 하늘이 되니 삼천三天의 상象이요, 이것을 음양陰陽의 수數로 보면 그 원도수原度數가 병칠丙七, 갑팔甲八, 경사庚四인데 갑경甲庚 이간二干은 음수陰數로서 지地가 되니 이는 양지兩地의 상象이다. 그러므로 병갑경丙甲庚은 삼천양지三天兩地로서 선천先天의 천지天地가 되는 것이다.[294] 달리 말하면 후천지지천后天之地天에서 선천先天을 천지天地라 함은 천지비괘天地否卦에서 유래한 것이다. 수지상수手支象數로 보면 일삼오칠구一三五七九인 삼천양지三天兩地를 천지天地라 하고 이사육팔십二四六八十인 삼지양천三地兩天을 지천地天이라 한다[295].

7) 정을신삼궁丁乙辛三宮 후천지지천后天之地天[296]

정을신丁乙辛 삼궁三宮은 음陰이므로 후천后天이 되고, 지地가 되니 이는 삼지三地의 상象이요, 이것을 음양陰陽의 수數로 보면 그 원도수原度數는 정이丁二, 을삼乙三, 신구辛九인데 을신乙辛 이간二干은 양수陽數로 천天

---

293)『금화정역현토조해金火正易懸吐粗解』에서는 "천삼갑목天三甲木 자리에서 다시 모지母指 십十자리를 굴屈하면 지십기토地十己土를 성성하니 칠지七地인 중지곤괘重地坤 자리에 당當한다."라고 하였다.

294) 한장경,『주역과 정역』, 꿈과 삶, 526쪽

295)『주역·정역』에서는 "십간十干의 음양수陰陽數는 무기戊己 임계壬癸의 수토水土만이 변치 아니하고 병정丙丁 갑을甲乙 경신庚辛의 목금木金은 변하여 선후천先后天 변화變化의 상象이 되는 것이니 십토육수불역지지十土六水不易之地 일수오토불역지천一水五土不易之天은 이 뜻을 말함이다.
병갑경丙甲庚 삼간三干은 양陽이므로 선천先天이 되고 천天이 되니 이는 삼천三天의 상象이오 이것을 음양수陰陽數로써 보면 그 원도수原度數는 병칠丙七, 갑팔甲八, 경사庚四인데 갑경甲庚 이간二干은 음수陰數로서 지地가 되니 이는 양지兩地의 상象이다 그러므로 병갑경丙甲庚은 선천先天의 삼천양지三天兩地로서 선천先天의 천지天地가 되는 것이다."라고 하였다.

296)『금화정역현토조해金火正易懸吐粗解』에서는 "병갑경삼궁丙甲庚三宮은 낙서洛書 선천先天의 삼천양지三天兩地이며 천지비운天地否運이다."라고 하였다.
『정역구해正易句解』에서는 "선천先天을 천지天地라 하고 후천后天을 지천地天이라 함은『주역』의 비태괘泰否卦에서 유래한 것이다. 수리數理로 보면 일삼오칠구一三五七九인 삼천양지三天兩地를 천지天地라 하고 이사육팔십二四六八十인 삼지양천三地兩天을 지천地天이라 한다. 정을신丁乙辛 삼궁三宮에서 정을丁乙은 지지地쪽이요, 신辛은 천天쪽이다."라고 하였다.

이 되니 이는 양천兩天의 상象이다. 그러므로 정을신丁乙辛은 후천后天의 삼지양천三地兩天으로서 후천后天의 지천地天이 되는 것이다.[297] 달리 말하면 정을신丁乙辛 삼궁三宮에서 정을丁乙은 지地쪽이요, 신辛은 천天이라 후천后天의 지천地天이다. 수지상수手指象數로 보면 이사육팔십二四六八十이 삼지양천三地兩天이니 지천地天이다.

8) 선천삼천양지先天三天兩地[298]

『정역正易』에서는 수리數理로는 일삼오칠구一三五七九를 삼천양지三天兩地라 하고 이사육팔십二四六八十을 삼지양천三地兩天이라 한다. 그러나 『주역周易』에서 삼천양지參天兩地는 생수生數인 일一·이二·삼三·사四·오五에서 일一·삼三·오五가 삼천參天이요, 이二·사四는 양지兩地로서 그 의미를 달리하고 있다.

·삼천양지三天兩地과 삼지양천三地兩天

주역의 삼천양지參天兩地   정역의 삼천양지三天兩地

---

297) 한장경, 『주역과 정역』, 꿈과 삶, 526쪽
298) 『금화정역현토조해金火正易懸吐粗解』에서는 "정을신丁乙辛 삼궁三宮은 하도河圖 후천后天의 삼지양천三地兩天이며 지천태운地天泰運이다."라고 하였다.

后天은 三地兩天이니라.
후천 삼지양천

子寅午申은 先天之先后天이니라.
자 인 오 신   선 천 지 선 후 천

丑卯未酉는 后天之先后天이니라.
축 묘 미 유   후 천 지 선 후 천

후천은 삼지양천이니라.

자와 인, 오와 신은 선천의 선후천이니라.

축과 묘, 미와 유는 후천의 선후천이니라.

개요概要

간지도수干支度數와 선후천先后天에 대한 설명이다.

각설各說

1) 후천삼지양천后天三地兩天[299]

　『정역正易』에서 후천后天은 성수成數로서 양천兩天은 칠七·구九이나 수
지상수手指象數로는 신신伸하지 않고 굴굴屈하므로 이二·사四의 형상으로 보
는 것이다.

---

299) 『금화정역현토조해金火正易懸吐粗解』에서는 "일一, 이二, 삼三은 삼천三天이니 수지手指
굴굴屈이요, 칠七, 구九는 양지兩地이니 수지手指로는 신신伸한 형상形象이다."라고 하였다.

2) 자인오신子寅午申 선천지선후천先天之先后天[300]

자인오신子寅午申에서 자인子寅은 선천先天의 선천先天이요, 오신午申은 선천先天의 후천后天이다. 『정역正易』은 『주역周易』과 달리 선천先天을 선천先天과 후천后天으로 나누고 있다[301].

3) 축묘미유丑卯未酉 후천지선후천后天之先后天[302]

○ 자인오신子寅午申과 축묘미유丑卯未酉의 선후천도先后天圖[303]

구분	선천지선천 先天之先天								선천지후천 先天之後天					
선천先天 (자인오신子寅午申)			자子	축丑	인寅	묘卯	진辰	사巳	오午	미未	신申	유酉	술戌	해亥
수지상수手指象數	9	10	1	2	3	4	5	6	7	8	9	10	1	2
후천後天 (축묘미유丑卯未酉)	해亥	자子	축丑	인寅	묘卯	진辰	사巳	오午	미未	신申	유酉	술戌		
	후천지선천 后天之先天								후천지후천 后天之后天					

---

300) 『금화정역현토조해金火正易懸吐粗解』에서는 "수지手指로는 일삼오칠구一三五七九의 굴신형상屈伸形象으로서 선천先天 자운子運은 모지母指에서 자子로 기용起用하니 자인子寅은 일지삼지굴一指三指屈이요, 오신午申은 칠지구지신七指九指伸이니 자인子寅은 선천先天에서 용용이 되고, 후천后天에서는 체體가 되며, 오신午申은 선천先天에서는 체體가 되고 후천后天에서는 용용이 되므로 곧 선천지선후천先天之先后天이다."라고 하였다.

301) 『주역·정역』에서는 "지地의 십이지十二支 방위方位에는 술해戌亥와 진사辰巳가 경계선으로 되어 있으므로 십이지十二支의 선후천先后天 표시에는 술해戌亥와 진사辰巳가 없다. 기사궁己巳宮은 태양의 부父가 되고 달도 기사궁己巳宮에서 도성도度道成道하는데 태양은 신해辛亥에서 역성逆成하니 이는 사巳·해亥가 선후천先后天의 경계가 되고 있음이다 또 태양은 기사己巳에서 생生하고 기해己亥에서 복復하니 이도 또한 사巳·해亥의 경계이며, 후천后天에는 기갑야반생계기甲夜半生癸亥하니 이도 해亥가 선후천先后天의 시간의 경계가 되어 있음이다. 진사辰巳·술해戌亥가 십이지十二支의 음양방陰陽方의 경계가 되어 있으므로 자축인묘子丑寅卯는 양방陽方이 되고, 오미신유午未申酉는 음방陰方이 되는 것이며, 자인오신子寅午申은 양지陽支이므로 선천先天이 되고 동일한 선천先天으로되 자인子寅은 양방陽方에 있으므로 선천先天의 선천先天이 되고, 오신午申은 음방陰方에 있으므로 선천先天의 후천后天이 되니 그러므로 자인子寅과 오신午申은 선천先天의 선후천先后天이 되는 것이다."라고 하였다.

302) 『주역·정역』에서는 "축묘미유丑卯未酉는 음지陰支이므로 후천后天이 되고 동일한 후천后天으로되 축묘丑卯는 양방陽方에 있으므로 후천后天의 선천先天이 되고, 미유未酉는 음방陰方에 있으므로 후천后天의 후천后天이 되니 그러므로 축묘丑卯와 미유未酉는 후천后天의 선후천先后天이 되는 것이다."라고 하였다.

303) 권영원, 『정역과 천문력』, 상생출판, 2013, 398쪽

十四張 …後

축묘미유丑卯未酉에서 축묘丑卯는 후천后天의 선천先天이요, 미유未酉는 후천后天의 후천后天이라는 것이다.[304]

304) 『금화정역현토조해金火正易懸吐粗解』에서는 "수지手指 일삼오칠구一三五七九의 삼지양천三地兩天 굴신형상屈伸形象으로서 후천축운后天丑運은 모지母指에서 해亥를 기용起用하나 삼지오지굴三指五指屈은 축묘丑卯요, 구지신九指伸은 미유未酉이므로 하도河圖 후천后天의 선후천先后天이다."라고 하였다.

상원축회간지도上元丑會干支圖

己丑宮은 庚寅 辛卯 壬辰 癸巳 甲午
기축궁　경인 신묘 임진 계사 갑오

乙未 丙申 丁酉 戊戌이니라.
을미 병신 정유 무술

己亥宮은 庚子 辛丑 壬寅 癸卯 甲辰
기해궁　경자 신축 임인 계묘 갑진

乙巳 丙午 丁未 戊申이니라.
을사 병오 정미 무신

○ 己(여섯째 천간 기) 丑(두번째 지지 축) 宮(집 궁) 庚(일곱째 천간 경) 寅(셋째 지지 인) 辛
(여덟 번째 천간 신) 卯(넷째 지지 묘) 壬(아홉째 천간 임) 辰(지지 진) 癸(열째 천간 계) 巳
(여섯째 지지 사) 甲(첫째 천간 갑) 午(일곱째 지지 오) 乙(두 번째 천간 을) 未(여덟 번째 지
지 미) 丙(셋째 천간 병) 申(아홉째 지지 신) 丁(넷째 천간 정) 酉 (아홉 번째 지지 유) 戊(다
섯째 천간 무) 戌(열한 번째 지지 술) 亥(열두 번째 지지 해)

상원 축회의 간지도라.

기축己丑은 경인庚寅 신묘辛卯 임진壬辰 계사癸巳 갑오甲午 을미乙未

병신丙申 정유丁酉 무술戊戌이니라.

기해己亥는 경자庚子 신축辛丑 임인壬寅 계묘癸卯 갑진甲辰 을사乙巳

병오丙午 정미丁未 무신戊申이니라.

개요概要

후천后天 책력冊曆인 상원축회간지도上元丑會干支圖에 대한 설명이다.

각설各說

1) 상원축회간지도上元丑會干支圖[305]

　기축己丑은 기토십己土十 축토십丑土十이므로 기축己丑이 후천后天 책력

---

305) 『금화정역현토조해金火正易懸吐粗解』에서는 "상고上古의 원천칙하도후천原天則河圖后
天이요 지정축회운地政丑會運의 천간지지도수天干地支度數를 뜻한다. 선천先天은 상원자회
上元子會요 후천后天은 상원축회上元丑會이다."라고 하였다.

册歷의 시始가 된다. 그러므로 기축궁己丑宮에서 상원上元이 시작된다는 것이다. 상원上元이 원천原天의 기틀이라면 원천原天은 상원上元의 선천 후천先天后天이라는 길이다. 상원上元은 무위无位로서 기위己位와 무위戊 位가 생생生하는 곳이며, 후천后天 육갑六甲이 나오는 곳이다.[306] 선천先天은 갑甲부터 시작하는데 후천后天은 기己부터 시작한다. 그러므로 상원축회 간지도上元丑會干支圖는 기축己丑에서 시작해서 무자戊子까지 간 것이다.

2) 기축궁己丑宮 경인庚寅 신묘辛卯 임진壬辰 계사癸巳 갑오甲午 을미乙未
   병신丙申 정유丁酉 무술戊戌

   제 일지一指 기축己丑으로부터 십지十指 무술戊戌에서 종終한다. 기축己 丑에서 상원上元이 시작되어 기축己丑은 경인庚寅, 신묘辛卯, 임진壬辰, 계 사癸巳, 갑오甲午, 을미乙未, 병신丙申, 정유丁酉, 무술戊戌이다.

3) 기해궁己亥宮 경자庚子 신축辛丑 임인壬寅 계묘癸卯 갑진甲辰 을사乙巳
   병오丙午 정미丁未 무신戊申

   제 일지一指 기해己亥로부터 십지十指 무신戊申에서 종終한다. 기해己亥 는 경자庚子, 신축辛丑, 임인壬寅, 계묘癸卯, 갑진甲辰, 을사乙巳, 병오丙午, 정미丁未, 무신戊申이다.

306) 권영원, 『정역과 천문력』 상생출판, 2013, 399쪽

己酉宮은 庚戌 辛亥 壬子 癸丑 甲寅 乙卯 丙辰
기유궁　경술 신해 임자 계축 갑인 을묘 병진

丁巳 戊午이니라.
정사 무오

己未宮은 庚申 辛酉 壬戌 癸亥
기미궁　경신 신유 임술 계해

甲子 乙丑 丙寅 丁卯 戊辰이니라.
갑자 을축 병인 정묘 무진

己巳宮은 庚午 辛未 壬申 癸酉
기사궁　경오 신미 임신 계유

甲戌 乙亥 丙子 丁丑 戊寅이니라.
갑술 을해 병자 정축 무인

己卯宮은 庚辰 辛巳 壬午 癸未
기묘궁　경진 신사 임오 계미

甲申 乙酉 丙戌 丁亥 戊子이니라.
갑신 을유 병술 정해 무자

○ 酉(열 번째 지지 유) 宮(집 궁) 庚(일곱째 천간 경) 戌(열한 번째 지지 술) 亥(돼지 해) 壬(아홉째 천간 임) 子(첫 번째 지지 자) 癸(열째 천간 계) 丑(소 축) 甲(첫째 천간 갑) 寅(셋째 지지 인) 乙(두 번째 천간 을) 卯(넷째 지지 묘) 丙(세 번째 천간 병) 辰(지지 진) 丁(넷째 천간 정) 巳(여섯째 지지 사) 戊(다섯째 천간 무) 午(일곱째 지지 오) 未(여덟 번째 지지 미) 申(아홉째 지지 신) 辛(여덟 번째 천간 신)

기유궁己酉宮은 경술庚戌 신해辛亥 임자壬子 계축癸丑 갑인甲寅 을묘乙卯 병진丙辰 정사丁巳 무오戊午이니라.

기미궁己未宮은 경신庚申 신유辛酉 임술壬戌 계해癸亥 갑자甲子 을축乙丑 병인丙寅 정묘丁卯 무진戊辰이니라.

기사궁己巳宮은 경오庚午 신미辛未 임신壬申 계유癸酉 갑술甲戌 을해乙亥 병자丙子 정축丁丑 무인戊寅이니라.

기묘궁己卯宮은 경진庚辰 신사辛巳 임오壬午 계미癸未 갑신甲申 을유乙酉 병술丙戌 정해丁亥 무자戊子이니라.

개요概要

24장張 후면後面을 이어서 후천后天 책력冊曆인 상원축회간지도上元丑 會干支圖에 대한 설명이다.

각설各說

1) 기유궁己酉宮 경술庚戌 신해辛亥 임자壬子 계축癸丑 갑인甲寅 을묘乙卯 병진丙辰 정사丁巳 무오戊午

제 일지一指 기유己酉로부터 십지十指 무오戊午에서 종終한다. 기유궁己 酉宮은 경술庚戌, 신해辛亥, 임자壬子, 계축癸丑, 갑인甲寅, 을묘乙卯, 병진丙 辰, 정사丁巳, 무오戊午이다.

2) 기미궁己未宮 경신庚申 신유辛酉 임술壬戌 계해癸亥 갑자甲子 을축乙丑 병인丙寅 정묘丁卯 무진戊辰

제 일지一指 기미己未로부터 십지十指 무진戊辰에서 종終한다. 기미궁己 未宮은 경신庚申, 신유辛酉, 임술壬戌, 계해癸亥, 갑자甲子, 을축乙丑, 병인丙 寅, 정묘丁卯, 무진戊辰이다.

3) 기사궁己巳宮 경오庚午 신미辛未 임신壬申 계유癸酉 갑술甲戌 을해乙亥 병자丙子 정축丁丑 무인戊寅

제 일지一指 기사己巳로부터 십지十指 무인戊寅에서 종終한다. 기사궁己 巳宮은 경오庚午, 신미辛未, 임신壬申, 계유癸酉, 갑술甲戌, 을해乙亥, 병자丙

子, 정축丁丑, 무인戊寅이다.

4) 기묘궁己卯宮 경진庚辰 신사辛巳 임오壬午 계미癸未 갑신甲申 을유乙酉
    병술丙戌 정해丁亥 무자戊子[307]

제 일지一指 기묘己卯로부터 십지十指 무자戊子에서 종終한다. 기묘궁己
卯宮은 경진庚辰, 신사辛巳, 임오壬午, 계미癸未, 갑신甲申, 을유乙酉, 병술丙
戌, 정해丁亥, 무자戊子이다.

---

307) 『정역집주보해正易集註補解』에서는 선천先天은 일수一數(낙서洛書가 용용)에서 역생역생逆生
하므로 갑자甲子를 기두起頭로 하여 육십도六十度를 성도成道하나, 후천后天은 지십기토地十
己土(기위己位)가 친정親政하므로 기위육궁己位六宮 중에서 기축궁己丑宮을 기두起頭로 하여
행도行度하는 이치理致를 밝힌 것이다.

十五張····後

이십팔수운기도二十八宿運氣圖[308]

하늘은 본시 체위體位와 방위方位가 없다. 진診에서 벽壁까지 성좌星座를 구성하는 큰 별의 수는 대략 108개이요, 그 도수度數는 216도이며, 실실室 에서 각角까지의 별의 수는 대략 55개요, 그 도수度數는 144도이다.[309]

癸未 軫	癸丑(后天 正月 初하루)
계미 진	계축 후천 정월 초
甲申 翼	甲寅
갑신 익	갑인
乙酉 張	乙卯(初삼일)
을유 장	을묘 초
丙戌 星	丙辰
병술 성	병진

308) 『금화정역현토조해金火正易懸吐粗解』에서는 "선후천先后天의 운기運氣를 정하는 것이 니 선천先天은 무진戊辰·무술戊戌을 중궁지중위中宮之中位로 하여 선천先天의 초하루를 무진 戊辰·무술戊戌로 정하고, 후천后天은 계미癸未·계축癸丑을 중궁지중위中宮之中位로 하여 계 미癸未·계축癸丑을 후천后天의 초하루로 한 것이다. 선천先天에서는 각항角亢으로 시작始作 한 것을 후천后天에서는 진익軫翼으로 시작하여 항각亢角에 이르러 종終하는 운기運氣를 변 역變易으로서 이는 후운기기도后天運氣圖이다."라고 하였다.

309) 권영원, 『정역과 천문력』, 상생출판, 401쪽

丁亥柳	丁巳
정해류	정사
戊子鬼	戊午
무자귀	술오
己丑井	己未
기축정	기미

◈ 南方朱雀七宿：井·鬼·柳·星·張·翼·軫
　남방주작칠숙　정　귀　유　성　장　익　진

○ 癸(열째 천간 계) 未(여덟 번째 지지 미) 軫(수레 뒤턱 나무 진) 癸(열째 천간 계) 丑(두 번째 지지 축) 甲(첫째 천간 갑) 申(아홉째 지지 신) 翼(날개 익) 寅(셋째 지지 인) 乙(두 번째 천간 을) 酉(열 번째 지지 유) 張(베풀 장) 卯(넷째 지지 묘) 丙(세 번째 천간 병) 戌(열한 번째 지지 술) 星(별 성) 辰(지지 진) 丁(넷째 천간 정) 亥(돼지 해) 柳(버들 유(류)) 巳(여섯째 지지 사) 戊(다섯째 천간 무) 子(첫 번째 지지 자) 鬼(귀신 귀) 午(일곱째 지지 오) 己(여섯 번째 천간 기) 井(우물 정)

개요概要

이십팔수운기도二十八宿運氣圖의 남방주작월수에 대한 설명이다. 남방 칠수(주작)는 정수井宿·귀수鬼宿·유수柳宿·성수星宿·장수張宿·익수翼宿·진수軫宿를 말한다.[310] 후천 역법의 등장을 의미한다. 선천先天의 초하루는 무진戊辰·무술戊戌이고, 후천后天의 초하루는 계미癸未·계축癸丑이다.

각설各說

1) 이십팔수운기도二十八宿運氣圖

이십팔수二十八宿는 본래 주천삼백육십오도여周天三百六十五度餘를 표시한 것인데 후천后天에는 그것을 일월日月의 행도行度로 쓰지 아니하고 운기運氣의 행도行度로 쓰니 그러므로 달이 매일每日에 일수一宿를 행하는 것이요, 이십칠팔二十七八 양일兩日에 성수星宿가 없는 것은 달이 이십육

---

310) 주작朱雀은 남관南官에 속하는 남방칠수(남방칠숙南方七宿) 별자리 정井·귀鬼·유柳·성星·장張·익翼·진軫을 다스리는 신神이다. 동서남북 네 방위方位 중 남쪽 방위方位를 지키는 수호신守護神으로서 주조朱鳥라고도 한다.

十五張∷後

일二十六日인 저氐에 이르면 광명光明의 정政이 행행行치 못함으로 이십칠일
二十七日 이후以後 사일간四日間은 달의 광명光明이 공空하는 때요, 항각이
수亢角二宿는 무광無光의 위위位이다. 그러므로 항각亢角은 이십구일二十九
日과 회일晦日에 배배配하여 선천월先天月의 존공尊空되는 상상象을 표시한 것
이다. 일월日月은 수화水火요 수화水火의 정正은 자오子午이므로 일월日月
의 운행運行은 자오子午로써 그 변화變化하는 위위位를 삼으니 달의 복복復하
는 일팔칠一八七은 임자오壬子午의 회회晦, 갑자오甲子午의 십이일十二日, 병
자오丙子午의 이십사일二十四日이며, 하물능청각何物能聽角은 일임一壬이
요 무공평위산武功平胃散은 팔갑八甲이요, 문덕양심탕文德養心湯은 칠병七
丙이다.

달은 무신戊申에서 복복復하고, 신명저불항神明氐不亢은 무신戊申의 이십
육일二十六日이니 신명神明이라 함은 일월지정日月之政이 지신지명至神至
明하므로 일월日月 광명光明의 정政을 신명神明이라 한 것이다. 달의 정政
은 이십육일二十六日의 저氐에 이르러 무위戊位의 모태母胎에 복복復하므로
달의 광명光明은 저氐에서 종종終하고 이십칠일二十七日로부터는 광光이 미
미微하여 능능能히 용정용政치 못하니 그러므로 달의 정政은 저氐에 지止하고
그 위위位는 공空하고 항亢에 행행行치 못하는 것이다.[311]

이십팔수운기도二十八宿運氣圖는 역서괘易序卦와 상조相照하고 있다 서
괘序卦에서 태궁胎宮을 제제除하고 보면 상경上經의 수수首인 건乾·곤坤의 대
명종시大明終始는 초삼일初三日이다.

태泰·비否는 초팔일初八日 상현上弦이요, 무망无妄·대축大畜은 십오일
十五日 망望이오, 이頤·대과大過는 십육일十六日 월분月分이다. 월분月分이
란? 양陽이 음중陰中에 들어가는 상상象이요, 하경下經의 머리 괘인 함咸·항
恒은 십팔일十八日이다. 상上·하경下經의 수수首가 모두 화화和化의 절후節侯
로 되는 것이다.

311) 한장경, 『주역과 정역』, 삶과 꿈, 2001. 528쪽

손손損·익益은 이십삼일二十三日 하현下弦이니 태泰·비否, 손損·익益의 건乾·곤괘坤卦가 모두 현현弦으로 되는 것이다. 풍豊·려旅는 이십팔일二十八日 월굴月窟이니 월굴月窟은 월영즉식月盈則食이오, 환渙·절節은 삼십일三十日 회회晦이니, 회晦는 일삭一朔의 절節이다.

중부中孚·소과小過는 초일일初一日 삭朔이니, 삭朔은 일월日月이 중궁中宮의 중위中位에서 합삭合朔하는 것이다. 감坎·리離는 십칠일十七日의 태양太陽의 복復하는 위위危位이니, 감坎·리離가 동궁同宮하여 태양太陽의 양정陽精이 음중陰中에 들어가 다시 생생生하는 것이다.

진震·간艮은 이십육일二十六日의 달의 복復하는 저위氐位이니 진震·간艮은 태궁胎宮의 소생所生이라 달이 진震·간艮에 복復하는 것은 곧 태궁胎宮에 복復함이오 그러므로 무신戊申은 월태月胎의 궁宮이 되는 것이다.

달의 복지지리復之之理 일팔칠一八七을 서괘序卦로써 보면 삼십일三十日 회晦의 임일壬一은 환渙·절節에 당當하여 침수잠월沈水潛月이 되고, 십이일十二日의 갑팔甲八은 임臨·관觀에 당當하여 양기陽氣의 침장浸長이 되고, 이십사일二十四日의 병칠丙七은 쾌夬·구姤에 당當하여 양陽이 생장生長을 끝내고 음중陰中에 들어감이다. 하늘은 원래 체위體位와 방위方位가 없다. 그런데 천황대제天皇大帝를 중심으로 북두칠성이 천구天樞가 되어 모든 천체天體가 운전되듯이 천지天地의 장관壯觀을 이룬다.

28수宿가 선후천先后天의 운기運氣를 정하는 바 선천先天에는 무진戊辰과 무술戊戌을 중궁지중위中宮之中位로 하여 초하루를 정하고 후천后天에는 계미癸未·계축癸丑을 중궁지중위中宮之中位로 위치하여 초하루로 정하는 것이다. 그러므로 선천先天에는 항각亢角으로 시작하는 것이 후천后天에는 항각亢角으로 마치게 되니 이것이 이십팔수운기二十八宿運氣이다.

○이십팔수二十八宿 별자리[312]

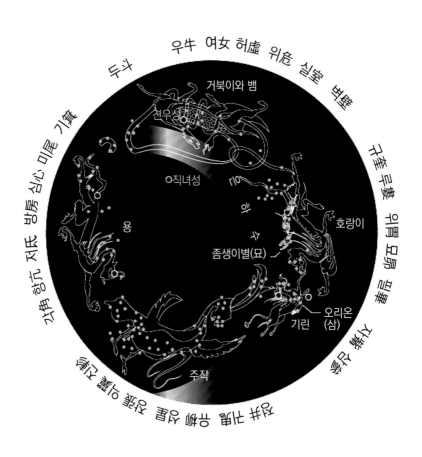

312) 이미지 출처 : http://blog.naver.com/sunghan60?Redirect=Log&logNo=100061199448

十六張····前

庚寅 參 庚申(初八日)
경인 삼 경신 초 팔 일

辛卯 觜 辛酉
신묘 자 신유

壬辰 畢 壬戌
임진 필 임술

癸巳 昴 癸亥
계사 묘 계해

甲午 胃 甲子
갑오 위 갑자

乙未 婁 乙丑
을미 루 을축

丙申 奎 丙寅
병신 규 병인

◈ 西方白虎七宿：參觜畢昴胃婁奎.
서방백호칠수 삼자필묘위루규

○ 丙(세 번째 천간 병) 申(아홉째 지지 신) 癸(열째 천간 계) 巳(여섯째 지지 사) 壬(아홉째 천
간 임) 辰(지지 진) 辛(여덟 번째 천간 신) 卯(넷째 지지 묘) 庚(일곱째 천간 경) 寅(셋째 지
지 인) 虎(범 호) 宿(별자리 수) 奎(별 이름 규) 婁(별 이름 루(누)) 胃(밥통 위) 昴(별자리 이
름 묘) 畢(마칠 필) 觜(털 뿔 자) 參(석 삼(간여할 참))

개요概要

　서방백호칠수에 대한 설명이다.[313] 서방칠수(백호)는 규수奎宿·누수婁宿
·위수胃宿·묘수昴宿·필수畢宿·자수觜宿·삼수參宿를 말한다.

> 丁酉 壁 丁卯
> 정유 벽 정묘
>
> 戊戌 室 戊辰
> 무술 실 무진
>
> (十六日 后天之初日 月分于戌生魄)
> 십육일 후천지초일 월분우술생백

○ 戌(다섯째 천간 무) 戌(열번째 지지 술) 室(집 실) 辰(지지 진) 后(임금 후) 初(처음 초) 月
(달 월) 分(나눌 분) 于(어조사 우) 生(날 생) 魄(넋 백)

---

313) 백호白虎는 하늘을 별자리에 따라 구분한 동·서·남·북의 4관官 중 서관西官에 속하는
서방칠수(서방칠숙西方七宿) 별자리 규奎·루樓·위胃·묘昴·필畢·자觜·삼參을 다스리는 신神으
로 청룡靑龍·주작朱雀·현무玄武와 더불어 사신四神 중 하나인데, 동·서·남·북 네 방위方位 중
서쪽 방위方位를 지키는 수호신守護神을 상징한다. 백호白虎는 백색白色으로 표현되고 있다.

十六張····後

己亥 危 己巳
기해 위 기사

庚子 虛 庚午
경자 허 경오

辛丑 女 辛未
신축 여 신미

壬寅 牛 壬申
임인 우 임신

癸卯 斗 癸酉
계묘 두 계유

◈ 北方玄武七宿 : 壁室危虛女牛斗
　북방현무칠수　　벽실위허녀우두

○ 己(여섯 번째 천간 기) 亥(돼지 해) 危(위태할 위) 巳(여섯째 지지 사) 庚(일곱째 천간 경) 虛(빌 허) 辛(여덟 번째 천간 신) 丑(두 번째 지지 축) 未(여덟 번째 지지 미) 壬(아홉째 천간 임) 寅(셋째 지지 인) 牛(소 우) 申(아홉째 지지 신) 癸(열째 천간 계) 卯(넷째 지지 묘) 斗(말 두) 酉(열 번째 천간 유) 北(북녘 북) 方(모 방) 玄(검을 현) 武(굳셀 무) 七(일곱 칠) 宿(별 자리 수) 虛(빌 허) 危(위태할 위) 室(집 실) 壁(벽 벽)

개요概要

　북방현무칠수에 대한 설명이다.[314] 북방칠수(현무)는 두수斗宿·우수牛宿·여수女宿·허수虛宿·위수危宿·실수室宿·벽수壁宿를 말한다.

---

314) 현무玄武는 북관北官에 속하는 북방칠수(북방칠숙北方七宿) 별자리 두斗·우牛·여女·허虛·위危·실室·벽壁을 다스리는 신神이다. 현무玄武는 흑색黑色으로 표현되고 있다.

十六張···後

217

甲辰 箕 甲戌
갑 진 기 갑 술
乙巳 尾 乙亥 (二十三日 月弦下巳 月弦上亥)
을 사 미 을 해   이십삼일   월현하사   월현상해

○ 甲(첫째 천간 갑) 辰(지지 진) 箕(키 기) 戌(열한 번째 지지 술) 乙(두 번째 천간 을) 巳(여섯
째 지지 사) 尾(꼬리 미) 亥(열두 번째 지지 해) 弦(반달 현, 시위 현)

丙午 心 丙子
병오 심 병자

丁未 房 丁丑
정미 방 정축

戊申 氐 戊寅
무신 저 무인

己酉 ○ 己卯(亢空)
기유 　 기묘 항공

庚戌 ○ 庚辰(角空)
경술 　 경진 각공

辛亥 亢 辛巳
신해 항 신사

壬子 角 壬午 (三十日 月復于子晦 月魄成午望)
임자 각 임오 　삼십일 월복우자회 월백성오망

◆ 東方靑龍七宿[315] : 箕尾心房氐亢角
　동방청룡칠수 　　　　기미심방저항각

○ 丙(세 번째 천간 병) 午(일곱째 지지 오) 心(마음 심) 丁(넷째 천간 정) 未(여덟 번째 지지 미) 房(방 방) 丑(두 번째 지지 축) 戊(다섯째 천간 무) 申(아홉째 지지 신) 氐(근본 저) 寅(셋째 지지 인) 己(여섯 번째 천간 기) 酉(열 번째 지지 유) 卯(넷째 지지 묘) 亢(목 항) 庚(일곱째

---

315) 『정역집주보해正易集註補解』에서는 "이십팔수二十八宿의 역순逆循은 음양陰陽의 원리이다. 선천先天은 체양용음體陽用陰하고 후천后天은 체음용양體陰用陽하므로 양순음역陽順陰逆의 원리에 따라 후천后天에서는 이십팔수二十八宿의 역순逆循이 원리에 부합符合하는 것이다. 역易은 천지天地 자연自然 법칙을 그대로 글로 옮긴 것이니, 선천先天의 생장生長하는 작용을 멈추고, 후천后天의 수렴收斂하는 작용이 시작되면 당연히 모든 자연법칙은 반대로 작용할 것이므로 일부一夫께서는 이를 밝힌 것이다."라고 하였다,

천간 경) 辰(지지 진) 角(뿔 각) 空(빌 공) 辛(여덟 번째 천간 신) 亥(열두 번째 지지 해) 亢
(목 항) 壬(아홉째 천간 임) 角(뿔 각) 午(일곱째 지지 오) 復(돌아올 복) 晦(그믐 회) 月(달
월) 魄(넋 백) 成(이룰 성) 望(바랄 망) 東(동녘 동) 方(모 방) 蒼(푸를 창) 龍(용 룡) 宿(별자
리 수) 角(뿔 각) 亢(목 항) 氐(근본 저) 房(방 방) 心(마음 심) 尾(꼬리 미)

동방청룡칠수에 대한 설명이다.[316] 동방칠수(청룡)는 각수角宿·항수亢
宿·저수氐宿·방수房宿·심수心宿·미수尾宿·기수箕宿를 말한다.

이십팔수운기도二十八宿運氣圖[317]

계미癸未	진진軫	계축癸丑
갑신甲申	익翼	갑인甲寅
을유乙酉	장張	을묘乙卯
병술丙戌	성星	병진丙辰
정해丁亥	류柳	정사丁巳
무자戊子	귀鬼	술오戊午
기축己丑	정井	기미己未

남방주작칠수南方朱雀七宿: 진익장성류귀정軫翼張星柳鬼井

---

316) 청룡靑龍은 동방칠수(동방칠숙東方七宿) 별자리 각角·항亢·저氐·방房·심 心·미尾·기箕를
다스리는 신神으로 백호白虎·주작朱雀·현무玄武와 더불어 사신四神 중 하나이다. .

317) 『정역과 천문력』에서는 "이십팔수 중심에는 자미원이 있다. 북쪽을 자미라고 하는데 천
자가 있는 곳이다. 북극권을 중심으로 천황대제가 있기 때문에 자미원권이라고 한다. 자미원
을 둘러싸고 있는 것이 6대 성좌이며, 6대 성좌를 18수가 둘러싸고 있다고 한다."라고 하였다.

경인庚寅	삼參	경신庚申
신묘辛卯	자紫	신유辛酉
임진壬辰	필畢	임술壬戌
계사癸巳	묘昴	계해癸亥
갑오甲午	위胃	갑자甲子
을미乙未	루婁	을축乙丑
병신丙申	규奎	병인丙寅

서방백호칠수西方白虎七宿 : 삼자필묘위루규參觜畢昴胃婁奎

정유丁酉	벽壁	정묘丁卯
무술戊戌	실室	무진戊辰
기해己亥	위危	기사己巳
경자庚子	허虛	경오庚午
신축辛丑	여女	신미辛未
임인壬寅	우牛	임신壬申
계묘癸卯	두斗	계유癸酉

북방현무칠수北方玄武七宿 : 벽실위허녀우두壁室危虛女牛斗

갑진甲辰	기箕	갑술甲戌
을사乙巳	미尾	을해乙亥
병오丙午	심心	병자丙子
정미丁未	방房	정축丁丑
무신戊申	저氐	무인戊寅
기유己酉	○	기묘己卯(亢空)
경술庚戌	○	경진庚辰(角空)
신해辛亥	항亢	신사辛巳
임자壬子	각角	임오壬午

동방청룡칠수東方靑龍七宿 : 기미심방저항각箕尾心房氐亢角

十七張…前

十七張····後

항각이수존공시亢角二宿尊空詩

何物이 能聽角고 神明도 氐不亢을
하 물 능 청 각 신 명 저 불 항

室張 三十六하니 莫莫莫无量을
실 장 삼 십 육 막 막 막 무 량

武功은 平胃散이오 文德 養心湯을
무 공 평 위 산 문 덕 양 심 탕

正明金火理하야 律呂調陰陽을 고른다.
정 명 금 화 리 율 려 조 음 양

○ 何(어찌 하) 物(만물 물) 能(능할 능) 聽(들을 청) 角(뿔 각) 神(귀신 신) 氐(근본 저) 亢(목
항) 室(집 실) 張(베풀 장) 莫(없을 막, 더할 수 없을 막) 量(헤아릴 량(양)) 武(굳셀 무) 功
(공 공) 平(평평할 평) 胃(밥통 위) 散(흩을 산) 德(덕 덕) 養(기를 양) 湯(넘어질 탕) 리 律
(법 율(률)) 呂(음률 려(여)) 調(고를 조)

　무슨 물건이 능히 뿔(각角)소리를 듣는고, 신명神明의 자리라 저氐에서
항亢으로 나가지 못함을, 실室에서 장張까지 36도는 아득하고 아득하여
그지(헤아릴 수) 없음을, 무공武功은 위산胃散을 편안하게 하는 약이요, 문
덕文德은 심탕心湯(마음)을 기르는 약임을, 금화金火가 바뀌는 이치理致를
바로 알았으니 율려律呂로는 음양陰陽을 고르게 하리라.

이십팔수운기二十八宿運氣에서 항각亢角의 이수二宿가 존공尊空되는 이치를 시詩로써 설명한 것이다.

1) 항각이수亢角二宿 존공시尊空詩

후천后天에서는 이십팔수운기二十八宿運氣가 진익軫翼에서 시작하니 선천先天의 항각亢角으로 시작하던 이수二宿(항각角亢)가 존공尊空되는 바, 저수低宿의 다음에 항각亢角이 당當하는 이십칠二十七, 이십팔일二十八日은 신명神明의 자리가 되는 까닭으로 존공尊空 항각이수亢角二宿는 이십구二十九, 삼십일三十日에 당當하니 그 이치를 시詩로써 밝힌 것이다.

2) 하물능청각何物能聽角 신명저불항神明氐不亢[318]

각항角亢은 신명한 황룡黃龍(무진戊辰)의 자리이므로 저수氐宿는 항수亢宿로 나아가지 못하고 존공尊空됨을 말한다.[319]

3) 실장실장室張 삼십육막막막무량三十六莫莫莫无量[320]

실장실장室張은 16일의 실실室에서 초삼일初三日의 장장張까지를 말한다. 즉 무술戊戌(실室)에서 을묘乙卯(장張)까지 합합이 36도라는 것이다. 그러므로 선천先天에서 후천后天으로 넘어가는 것이 한량없다는 것이다.

4) 무공평위산武功平胃散 문덕양심탕文德養心湯[321]

---

318) 『금화정역현토조해金火正易懸吐粗解』에서 "룡龍은 뿔소리를 듣는다 하니 각수角宿은 동방창룡칠수東方蒼龍七宿중에 바로 뿔에 해당하고, 진방震方에 위치하였으니 각角은 곧 룡각龍覺이며, 각성角聲은 오성五聲 중에 동방위東方位 목성木聲이다."라고 하였다.

319) 『금화정역현토조해金火正易懸吐粗解』에서 "신명정사神明政事는 저氐에서 항亢을 아니 한다. 함은 동방이수東方二宿을 존공尊空한다는 뜻이다."라고 하였다.

320) 『금화정역현토조해金火正易懸吐粗解』에서 "무술戊戌(실室)에서 임자壬子(각角)까지 십오十五, 무진戊辰(실室)에서 임오壬午(각角)까지 십오十五, 계미癸未(진軫)에서 을유乙酉(장張)까지 삼三, 계축癸丑(진軫)에서 을묘乙卯(장張)까지 삼三, 합합 삼십육三十六은 실수室宿에서 장수長宿까지의 삼십육도三六度數이니, 이는 선천先天에서 후천后天으로 넘어가는 수數로서 더 없고 더 없는 한량없는 무량수无量數가 됨을 밝힌 것이다."라고 하였다.

321) 『금화정역현토조해金火正易懸吐粗解』에서는 "무공평위산武功平胃散이오 문덕양심탕文德養心

평위산平胃散은 28수의 자리를 말하고, 양심탕養心湯은 심心을 말한다. 평위산平胃散과 양심탕養心湯은 한약漢藥으로서 뱃속(곤위복坤爲腹)이 불화不和하면 평위산平胃散을, 머릿속(乾爲頭)이 불안한데는 양심탕養心湯이어야 한다는 소리이다. 평위산平胃散은 28수宿의 위수胃宿를 가리키고, 양심탕養心湯은 심수心宿를 가리킨다.

5) 정명금화리正明金火理 율려조음양律呂調陰陽

금화교역金火交易에 관한 밝은 이치를 밝힌다는 것이다. 율려律廬는 양율陽律과 음율陰律로 되어 있다. 그러므로 율려律廬로 천지天地의 운행運行을 조율한다는 의미로 보인다.

德養心湯이라 함은 금화金火가 바뀌는 이치理致를 밝힌 것이니, 뱃속(곤위복坤爲腹)이 불화不和한데는 평위산平胃散이라야 하고, 머릿속(건위수乾爲首)이 불안한데는 양심탕養心湯이라야 한다. 평위산平胃散은 무공으로 편안하고, 삼정사는 문덕으로 이루어지는 것을 말한다.”라고 하였다. 이것은 후천后天에 심신心身의 변화變化가 있음을 말하는데 이때, 산散은 가루약이고, 탕湯은 끓일 탕이다. 평위산平胃散은 9,7,5,3 정을계신丁乙癸辛을 나타내고, 양심탕養心湯은 2,4,6,8 경임갑병庚壬甲丙을 나타낸다.

『정역구해正易句解』에서는 “무공武功은 평위산平胃散이라 하고, 문덕文德은 양심탕養心湯이라야 한다. 금화金火가 바뀌는 이치理致를 바로 알았으니 율려律呂로는 음양陰陽을 고르게 하리라. 평위산平胃散과 양심탕養心湯은 한약漢藥으로서 배속(坤爲腹)이 불화不和하면 평위산平胃散을, 머릿속(건위두乾爲頭)이 불안不安한데는 양심탕養心湯이어야 한다는 소리. 평위산平胃散 28수宿의 위수胃宿가르키고, 양심탕養心湯은 심수心宿를 가르킨다.”라고 하였다.

구구음九九吟

> 凡百滔滔儒雅士아 聽我一曲放浪吟하라
> 범 백 도 도 유 아 사　　청 아 일 곡 방 랑 음
> 讀書學易은 先天事이라 窮理修身 后人誰오
> 독 서 학 역　　선 천 사　　궁 리 수 신 후 인 수

○ 凡(무릇 범) 百(일백 백) 滔(물 넘칠 도) 儒(선비 유) 雅(초오 아) 聽(들을 청) 我(나 아) 曲
(굽을 곡) 放(놓을 방) 浪(물결 랑{낭}) 吟(읊을 음) 讀(읽을 독) 書(쓸 서) 學(배울 학) 易(바
꿀 역) 先(먼저 선) 事(일 사) 窮(다할 궁) 理(다스릴 리) 修(닦을 수) 身(몸 신) 后(임금 후)
誰(누구 수)

범백이 도도한 선비님네야, 나의 한 곡조 방랑음을 들어보라.

경서經書를 읽고 배우는 것은 선천先天의 일이라. 이치理致를 궁구窮究
하고 몸을 닦기는 후천后天의 사람은 누구인가.

개요概要

구구법九九法의 도수度數를 칠운시七韻詩로 찬미한 것이다.

각설各說

1) 구구음九九吟[322]

구九는 생장生長을 극極한 수數이다. 그리고 구九가 장長하면 십十이 된
다. 그러므로 구구九九란? 구九하고 십十한다는 의미이다. 이것을 하도·
낙서의 측면에서 살펴보면 선천先天의 낙서구수洛書九數가 후천后天의 하
도河圖 십수十數로 넘어간다는 것이다[323].

---

322) 『정역집주보해正易集註補解』에서는 "선후천先后天의 대순환大循環에서 소순환小循環에
이르기까지 모든 성도수成道度數가 구구법九九法안에 들어 있음을 밝힌 것이다. 순환도수
循環度數의 기본基本이 되는 기삼백육십도朞三百六十度 하도십수중河圖十數中에서 불용지수
不用之數인 중궁십오도中宮十五度를 존공尊空하고 용수用數인 팔수八數를 각각 구九로 승乘
하여 산출算出한 것이니 조화지리수調和之理數가 모두 구구법九九法중에 있으므로 이를 시송
詩頌한 것이다."라고 하였다.
323) 『주역·정역』에서는 "구九는 생장生長을 극極한 수數이오 구九가 장長한 위에 또 구九가

2) 범백도도유아사凡百滔滔儒雅士[324] 청아일곡방랑음聽我─曲放浪吟[325]

유아사儒雅士는 행동이 반듯한 선비를 말한다. 주변에 소인의 유혹에 흔들리지 않는 선비를 의미한다. 이러한 선비들에게 구구중九九中에 배열한 일육궁─六宮의 이치理致를 들어보라는 것이다.

3) 독서학역讀書學易 선천사先天事, 궁리수신窮理修身 후인수后人誰[326]

책을 읽고 공부를 하는 것은 선천先天의 일이요, 몸을 닦아 이치를 궁구하는 것은 후천后天의 일이다. 즉 시대의 흐름에 도도한 유아사들처럼 경전經傳을 읽고 『주역周易』을 공부하는 것은 선천先天의 일이요, 이치를 궁구하고 수양하여 몸을 닦고 행실을 올바르게 하는 후천군자后天君子는 누구인가를 말하고 있다.[327]

三絕韋編吾夫子도	不言无極有意存이라
삼 절 위 편 오 부 자	불 언 무 극 유 의 존
六十平生狂一夫는	自笑人笑恒多笑라
육 십 평 생 광 일 부	자 소 인 소 항 다 소

○ 絕(끊을 절) 韋(다룸가죽 위) 編(엮을 편) 吾(나 오) 夫(지아비 부) 无(없을 무) 極(다할 극) 存(있을 존) 平(평평할 평) 狂(미칠 광) 笑(웃을 소) 恒(항상 항) 多(많을 다)

(책을) 엮은 가죽 끈을 세 번 끊어지도록 읽으신 우리 공부자孔夫子께서

장長하면 십十이 되니 구구九九라 함은 구九하고서 십十한다는 뜻으로서 낙서구수洛書九數의 선천先天에서 하도십수河圖十數의 후천后天으로 넘어간다는 뜻이다."라고 하였다.

324) 『주역·정역』에서는 "범백凡百은 낙서洛書 월月 사십오四十五와 후천后天 하도河圖 태양 오십오수五十五數를 합한 수數이니 선후천先后天의 유사儒士를 총칭總稱한 것이다. 일부─夫는 무극십수无極十數를 소이가笑而歌하니 소자笑字가 모두 십수十數이다."라고 하였다.

325) 『금화정역현토조해金火正易懸吐粗解』에서는 "무릇 많은 도도한 선비들아 도道를 찾아서 방랑放浪하며 읊은 나의 곡조曲調를 들어보라는 것이니. 바로 구구음九九吟을 말한 것이다."라고 하였다.

326) 『금화정역현토조해金火正易懸吐粗解』에서는 "경서經書를 읽고 학역學易을 하는 것은 선천先天의 일이요, 궁리진성窮理盡誠하며, 몸을 닦는 것은 후천后天에서 할 일이라는 것이다."라고 하였다.

327) 권영원, 『정역과 천문력』, 상생출판, 2013, 511쪽

는 무극无極을 말씀 안하시고 뜻만 두셨구나. 60평생 미친 사람처럼 산 일부一夫는 스스로 웃고 사람들이 웃으니 항상 웃음이 많았노라.

개요概要

무극无極에 대한 공자孔子의 의도를 설명하고 있다.

각설各說

1) 삼절위편오부자三絶韋編吾夫子 불언무극유의존不言无極有意存[328]

『주역』공부에 가죽 끈을 세 번 끊어지도록 읽으신 공자孔子께서 무극无極에 대하여 말씀 안하시고 뜻만 두었다는 것이다.

2) 육십평생광일부六十平生狂一夫 자소인소항다소自笑人笑恒多笑[329]

일부一夫선생의 웃음은 공자孔子의 삼절위편三絶韋編의 300수數와 일부一夫의 육십평생 60수數가 합하여 360이 되었다는 것이다. 그러므로 능히 웃을만한 것을 보고 웃는다는 것이다.

---

328) 『금화정역현토조해金火正易懸吐粗解』에서는 "역서易書를 엮은 가죽 끈이 세 번이나 끊어지도록 『주역周易』을 탐독耽讀하신 공자께 태극太極만 말씀하시고 무극无極을 말씀하지 않았으나 무극无極 자리를 뜻에만 두었다는 것이다."라고 하였다.

329) 『금화정역현토조해金火正易懸吐粗解』에서는 "육십평생六十平生이라 함은 을유년乙酉年(1885년)에 정역正易을 완성하였음을 말씀한 것이며, 광일부狂一夫라 함은 수무족도手舞足蹈로 영가무도詠歌舞蹈하시기를 불철주야不撤晝夜하시니 당시 사람들이 미쳤다고 하였으므로 선생께서는 이에 광일부狂一夫라고 자칭하셨다. 선생은 정역正易을 완성한 기쁨을 이기지 못하고 영가무도詠歌舞蹈하시며 웃는 것을 세인世人들은 이를 알지 못하고 광인狂人이라 조소嘲笑하니 이래서 항상 웃음이 많다고 말씀하신 것이다."라고 하였다.

十七張…後

笑中有笑笑何笑요 能笑其笑笑而歌라
소 중 유 소 소 하 소   능 소 기 소 소 이 가

○ 笑(웃을 소) 何(무엇 하) 能(능할 능) 歌(노래 가)

웃음 속에 웃음이 있으니 그것이 무슨 웃음인가. 능히 그 웃음을 웃고
웃으며 노래를 함이라.

개요概要

구구법九九法을 통하여 『정역正易』 십수원리十數原理를 설명하고 있다.

각설各說

1) 소중유소소하소笑中有笑笑何笑 능소기소소이가能笑其笑笑而歌[330]

구구음의 결구結句는 웃을 소笑자가 10획으로 묘하게 처리되어 있다.
구구음의 시구詩句는 이치를 읊은 것이 아니라 일부一夫선생이 구구법을
통해서 천지 이수理數를 헤아리고 후천무극后天无極의 이치를 통관洞觀하
여 후천역后天易인 『정역正易』을 완성하였음을 세상에 밝힌 것이다.[331]

---

330) 『금화정역현토조해金火正易懸吐粗解』에서는 "웃음 가운데 웃음이 있으니 그 웃음은 무
슨 웃음인고, 능히 그 웃음을 웃고 웃으며 노래하는 것이다."라고 하였다.
331) 김주성, 『정역집주보해』, 태훈출판사, 1999, 256참조.

三百六十當朞日을
삼 백 육 십 당 기 일

大一元三百數는 九九中에 配列하고
대 일 원 삼 백 수　구 구 중　배 열

无无位六十數는 一六宮에 分張하야
무 무 위 육 십 수　일 육 궁　분 장

○ 朞(돌 기) 排(밀칠 배) 列(벌일 열(렬)) 分(나눌 분) 張(베풀 장)

삼백육십三百六十에 기일朞日에 당함을, 그 중 하나의 큰 으뜸인 대일원삼백수大一元三百數는 구구법九九法 속에 배열配列하고, 없고 없는 자리 육십수六十數는 일육궁一六宮에 나뉘어 베풀어져 있으니,

개요概要

정역수正易數의 구성법칙이 구구법칙九九法則에 의거하고 있음을 설명하고 있다.

각설各說

1) 삼백육십당기일三百六十當朞日[332]

　1년의 기수가 360일에 해당한다는 것이다.

2) 대일원삼백수大一元三百數

　300수로 크게 하나가 되는 수를 말한다. 일원수100×삼재三才=300이다[333].

---

332) 『금화정역현토조해金火正易懸吐粗解』에서는 "일년一年은 삼백육십일三百六十日이 기朞에 당當하니, 서書에 이르기를 세유십이월歲有十二月하고 월유삼십일月有三十日하니 삼백육십자三百六十者는 일세지상수야一歲之常數也라 하였다."라고 하였다.

333) 『주역·정역』에서는 "대일원삼백수大一元三百數 일절一節은 입도시立道詩와 상조相照하니 정리현현正理玄玄은 묘묘현현妙妙玄玄 현묘리玄妙理와 상조相照하고, 무무위无无位는 무무유유无无有有와 상조相照하고, 구구중일육궁九九中一六宮은 육구지년六九之年과 상조相照하고, 소소반반昭昭班班은 만변일창공萬變一蒼空과 상조相照하는 것이며, 또 대일원삼백수大一元三百數 절節과 입도시立道詩는 포도시布圖詩와 상조相照하니 무무위无无位 무무유유无无有有는 우주무중宇宙无中과 상조相照하고, 오십오점소소五十五點昭昭 사십오점반반四十五

3) 구구중九九中 배열排列

구구중九九中은 용구도수用九度數의 위치로서 구육합덕원리九六合德原理
이다. 구구중九九中 배열排列은 구구법九九法에 의해 쌓여있는 것을 질서
있게 늘어놓는다는 것이다. 원형이정元亨利貞을 형상形象한 수지상수手支
象數에 따라 배열配列한 것을 도표로 보면 다음과 같다.

손 度數	1	2	3	4	
사시四時	원元	형亨	이利	정貞	
배열수 排列數	(9×9+1×9)	(8×9+2×9)	(7×9+3×9)	(6×9+4×9)	360
대일원수 大一元數	90	80	70	60	300

4) 무무위육십수无无位六十數 일육궁一六宮 분장分張[334]

합수合數 360을 십일十一, 구이九二, 팔삼八三, 칠사七四의 위치에 배열
하였던 그 자리에 90, 80, 70, 60의 합수合數 대일원大一元 300수를 배
열하니 나머지 60수는 자연히 무무위无无位되어 일육궁一六宮으로 갈라
지게 된다는 것이다.[335] 수지상수手指象數로 일육궁一六宮 자리에서 포오
함육胞五含六이 이루어지는 것을 말한다. 즉 역생逆生의 오五와 도생倒生
의 육六이 합합한 자리이다.

點班班은 만고문장일월명萬古文章日月明과 상조상조相照相照하고, 정관만변靜觀萬變은 정관우주靜觀
宇宙와 상조상조相照相照하고, 육구지년시견공六九之年始見工은 천공대인성天工待人成과 상조상조相照하
고, 현현玄玄은 무중벽无中碧과 상조상조相照하는 것이다 그러므로 당기일절當碁一節의 이리는
포도시布圖詩에 말한 금화정역금화金火正易圖를 말한 것이다."라고 하였다.

334) 『금화정역현토조해金火正易懸吐粗解』에서는 "이개월二個月 무색정사無色政事하는 육십
궁六十宮은 일육궁一六宮에 나뉘어 베풀어 놓았으니, 일육궁一六宮자리는 포오함육胞五含六
의 자리로서 수지手指로는 역생逆生하는 오五와 역생逆生하는 육六이 합습치는 자리이다, 무
무위육無無位六이 곧 무색정사육십수無色政事六十數이다.

335) 음양생성수陰陽生成數를 종합한 수數는 90×4 = 360(성수변화成數變化 = 81, 72, 63, 54, 생
수변화生數變化 = 9, 18, 27, 36)이다. 또한 일원추연수 즉 건책수乾策數(216) + 곤책수坤策數(144)
= 360(정력수正曆數)되고, 사상분체도수四象分體度數 216 + 159 = 375(원력수原曆數)가 된다.

○ 歸(돌아갈 귀) 空(빌 공) 點(점 점) 昭(밝을 소, 환하게 나타날 소) 班(나눌 반)

단오五를 귀공歸空하면 오십오점五十五點이 분명하고

십오十五를 귀공歸空하면 사십오점四十五點이 분명하다.

개요槪要

십오존공원리十五尊空原理와 단오귀공원리單五歸空原理의 낙서洛書 후천
용사지수后天用事之數에 관한 설명이다. 하도河圖·낙서洛書에서의 천지일
월天地日月의 사상생성원리四象生成原理와 더불어 단오귀공單五歸空, 십오
귀공十五歸空의 원리이다. 귀공歸空=귀체歸體=존공尊空은 모두 비슷한 의
미이다. 그러나 구체적으로 구분하자면 ①귀공歸空은 빈 곳으로 돌려주
어 형체를 없애는 것이고, ②귀체歸體는 본체를 제자리에 돌려주는 것이
다. 존공尊空은 빈곳으로 모셔두고 용용을 하지 않는다는 의미이다.

동지冬至에 일양시생一陽始生하는(지뢰복괘地雷復卦(☷☳)) 11월부터 다음
해 8월까지를 생장성生長成하는 수數로 보아 300일로 계산하고 (두 달
60일은 쉼) 무무위육십수无无位六十數(하도중궁수15+낙서중궁수5=20×천지
인 삼재三才=60)는 일육궁一六宮에 분장分張하여, 즉 60일의 수數는 1·6
궁宮에 분배하여 단오單五를 귀공歸空하면 오십오점소소五十五點昭昭하
고 십오十五를 귀공歸空하면 사십오점반반四十五點班班하다는 것은 60-
5=55(하도수河圖數)가 되고, 60-15=45(낙서수洛書數)가 된다. 하도河圖·낙
서洛書의 궁중宮中(5, 15수)을 말한다.

1) 단오귀공單五歸空 오십오점소소五十五點昭昭[336]

하도河圖·낙서洛書에 반영된(나타난) 천지일월天地日月의 사상생성원리四象生成原理와 더불어 단오귀공單五歸空, 십오귀공十五歸空의 원리이다. 그 근거는 십오十五+오五=이십二十×천지인天地人=60에서 단오귀공單五歸空하면 하도河圖 55가 된다. 즉 55로 환하게 나타나게 한다는 것이다.

2) 십오귀공十五歸空[337] 사십오점반반四十五點班班[338]

십오十五+오五=이십二十×천지인天地人=60에서 십오十五를 귀공歸空하면 낙서洛書 45가 된다. 즉 45로 나누이 놓여진다는 것이다.

·십오귀공十五歸空과 단오귀공單五歸空

·360일(當朞日)
·300(大一元)=건지책乾之策216 + 곤지책坤之策 144
·60(无无位)=하도중궁수河圖中宮數15+낙서중궁수洛書中宮數5=20×천지인
·60(无无位)-5(單五歸空)=오십오점소소五十五點昭昭(河圖)
-15(十五歸空)=사십오점반반四十五點班班(洛書)

---

336) 『금화정역현토조해金火正易懸吐粗解』에서는 "태양太陽은 술방戌方을 비추지 못하므로 일일一日 한 시간이 공空이라 육십일六十日간 육십시간六十時間이 공空이 되니 이를 일일一日 십이시十二時로 나누면 오일五日이 되므로 단오귀공單五歸空하니 하도河圖 오십오점五十五點을 소소昭昭하게 밝혔다는 것이다."라고 하였다.

337) 『금화정역현토조해金火正易懸吐粗解』에서는 "태음太陰은 술해자戌亥子 삼방위三方位를 비추지 못하므로 일일一日 세 시간時間이 공空이라 육십일六十日간에 백팔십百八十 시간時間이 공空이니, 이를 십이시十二時(일일一日)로 나누면 십오十五 일日이되므로 십오十五를 귀공歸空하니 낙서사십오점洛書四十五點이 되는 것이다."라고 하였다.

338) 『주역·정역』에서는 "무무위육십수일육궁분장无无位六十數一六宮分張 일손궁一巽宮의 기위己位와 육진궁六震宮의 무위戊位에 무극체위도수无極體位度數 육십갑자六十甲子를 열렬하고 그 도수상度數上에서 태음太陰이 역생도성逆生倒成하고 태양이 도생역성倒生逆成하고 함을 말한 것이다. 오십오五十五(후천수后天數)는 육갑六甲의 종終인 계해癸亥(기갑야반생기甲夜半生)로부터 도역度逆하여 일日의 부인 기사궁己巳宮에 지至하는 수數이오, 사십오四十五(선천수先天數)는 육갑六甲의 시始인 갑자甲子(갑기야반생甲己夜半生)로부터 도순度順하여 월복月復하는 무신궁戊申宮에 지至하는 수數이다. 소소昭昭는 자체自體가 광명光明을 생생함이오, 반반班班은 음陰이 양광陽光을 받아서 광명光明을 생생함이니 소소昭昭는 태양지부지궁지광야太陽之父之宮之光也이요, 반반班班은 월복지궁지광야月復之宮之光也이다."라고 하였다.

我摩道正理玄玄眞經이
아 마 도 정 리 현 현 진 경

只在此宮中이니
지 재 차 궁 중

誠意正心하야 終始無怠하면
성 의 정 심　　종 시 무 태

丁寧我化化翁이 必親施敎하시리니
정 녕 아 화 화 옹　　필 친 시 교

是非是好吾好아
시 비 시 호 오 호

○ 我(나 아) 摩(갈 마) 道(길 도) 正(바를 정) 理(다스릴 리) 玄(검을 현) 眞(참 진) 經(날 경)
只(다만 지) 在(있을 재) 此(이 차) 宮(집 궁) 誠(정성 성) 意(뜻 의) 終(끝날 종) 始(처음 시)
无(없을 무) 怠(게으름 태) 丁(넷째 천간 정) 寧(편안할 녕[영]) 我(나 아) 化(될 화) 翁(늙은
이 옹) 必(반드시 필) (친할 친)親(친할 친) 施(베풀 시) 敎(가르침 교)

아마도 바른 원리와 현묘한 진리를 밝힌 경전이 다만 이 궁수宮數에 있
는 것이니, 뜻을 정성스럽게 하고 마음을 바르게 하며, 시종일관始終一貫
게으름이 없으면 정녕코 화무상제께서 반드시 친히 가르침을 베푸실 것
이니, 이것이 바로 내가 좋아하는 것을 좋아하는 까닭이 아닌가

개요概要

『정역正易』의 이치가 하도河圖·낙서洛書 속에 있음을 설명하고 있다.

각설各說

1) 아마도정리현현진경我摩道正理玄玄眞經 지재차궁중只在此宮中[339]

정리현현진경正理玄玄眞經은 정역正易의 별칭別稱이다. 아마도 바른 이
치와 현현玄玄한 진경眞經이 다만 이 궁宮(하도河圖와 낙서洛書) 속에 있다

---

339)『금화정역현토조해金火正易懸吐粗解』에서는 "내가 도道를 어루만져 현묘玄妙하고 진정
한 경서經書(정역正易)를 이룩하였으니, 모든 진리眞理가 이 가운데 있다는 것이다."라고 하였
다.

는 의미이다.

2) 성의정심誠意正心[340] 종시무태終始无怠[341]

　성의정심誠意正心하여 종시무태終始無怠하면, 뜻을 참되게 하고 마음을 바르게 하여 처음이나 끝이나 게으름이 없도록 하라는 것이다.

3) 정녕아화화옹丁寧我化化翁 필친시교必親施教,
　　시비시호오호是非是好吾好[342]

　정녕코 우리 조화옹께서 반드시 친히 가르쳐주실 것이니 이것이 바로 내가 좋아하는 것을 좋아하는 것이 아닌가를 말한다.

---

340)『금화정역현토조해金火正易懸吐粗解』에서는 "성의정심誠意正心으로 노력하면 정령코 화化를 주재主宰하시는 화옹化翁께서는 반드시 친히 가르침을 베풀어 주신다는 것이다."라고 하였다.

341)『금화정역현토조해金火正易懸吐粗解』에서는 "의지를 성실히 하고 마음가짐을 바르게 하여 종終과 시始를 태만함이 없이 노력하라는 말씀이다."라고 하였다.

342)『금화정역현토조해金火正易懸吐粗解』에서는 "진실로 내가 좋아하는 것을 좋아한다는 뜻이니, 이는 소남小男(간산艮山) 소녀小女(태택兌澤)의 호의好意를 뜻한다."라고 하였다.

십오가十五歌

> 水火旣濟兮여 火水未濟로다
> 수 화 기 제 혜　　화 수 미 제
>
> 旣濟未濟兮여 天地三元이로다
> 기 제 미 제 혜　　천 지 삼 원
>
> 未濟旣濟兮여 地天五元이로다
> 미 제 기 제 혜　　지 천 오 원
>
> 天地地天兮여 三元五元이로다
> 천 지 지 천 혜　　삼 원 오 원

○ 旣(이미 기) 未(아닐 미) 濟(건널 제) 兮(어조사 혜)

수화水火가 기제旣濟함이여 수화火水가 미제未濟로다.

기제旣濟가 미제未濟됨이여 천지天地는 삼원三元이로다.

미제未濟가 기제旣濟됨이여 지천地天이 오원五元이로다.

천지天地가 지천地天됨이여 삼원三元이 오원五元이로다.

개요槪要

도역지리倒逆之理에 의한 선후천先后天의 변화를 통해서 선천先天은 천지삼원天地三元이고, 후천后天은 지천오원地天五元임을 밝히고 있다.

1) 십오가十五歌[343]

십오일언十五一言을 노래한 것이다. 십오일언十五一言은 『정역正易』의 「상편上篇」으로서 기축己丑에서 무술戊戌까지의 십十과 무술戊戌에서 임인壬寅까지의 오五를 합한 하나의 말씀이다.

2) 수화기제혜水火旣濟兮 화수미제火水未濟

수화기제水火旣濟는 선천先天의 역생작용逆生作用(1~9)이고, 화수미제火水未濟는 후천后天의 도생작용倒生作用(10~1)으로 새로운 시작을 말한다.

역逆 : 1, 2, 3, 4, 5, 6, 7, 8, 9, 10 수화기제水火旣濟(용사用事)

도倒 : 10, 9, 8, 7, 6, 5, 4, 3, 2, 1 화수미제火水未濟(용정用政)

---

3) 기제미제혜旣濟未濟兮 천지삼원天地三元[344]

천지삼원天地三元은 선천先天을 의미한다. 수화기제水火旣濟와 화수미제火水未濟의 반복反復됨이 선후천변화원리先后天變化原理임을 밝히고 있다. 천지삼원天地三元이란 삼오착종三五錯綜 삼원수三元數임을 의미한다.

기제旣濟 : 선천先天에서 정사政事하는 수화水火(1수2화, 6수7화)

미제未濟 : 후천后天에서 용정用政하는 화수火水(7화6수, 2화1수)

삼오착종三五錯綜 삼원수三元數란? 선천先天 지구地球는 자오축子午軸이 되어 야반夜半이 자子에서 기起한다. 자子는 양지陽支로서 생장生長의 상

---

343) 『금화정역현토조해金火正易懸吐粗解』에서는 "십오일언十五一言의 진리眞理를 노래한 것이니, 십오十五는 십일十一의 체體가 되고, 십일十一은 십오十五의 용用이 된다."라고 하였다.

344) 『금화정역현토조해金火正易懸吐粗解』에서는 "선천先天의 역생도성逆生倒成하는 것이 수화기제水火旣濟이며, 후천后天의 도생역성倒生逆成하는 것이 화수미제火水未濟임을 밝힌 것이다."라고 하였다.
『정역집주보해正易集註補解』에서는 "선천지종先天之終이 후천지초后天之初이니 『주역周易』의 '종즉유시終則有始 천행야天行也'라는 것은 선후천先后天의 순환원리循環原理를 말한다."라고 하였다.

象이 되므로 다음의 양지陽支인 인寅까지이므로 자축인子丑寅을 삼원三元이라고 한 것이다.

삼오착종三五錯綜은 낙서洛書의 선천先天 현상이므로 천간天干의 갑을병정무甲乙丙丁戊와 기경신임계己庚辛壬癸가 선천先天의 차례에 따라 각각 갑기甲己, 을경乙庚, 병신丙辛, 정임丁壬, 무계戊癸로 되어, 그 야반夜半에 각각 갑자甲子, 병자丙子, 무자戊子, 임자壬子를 생生함을 보여주고, 다시 월건月建의 경우 그 야반夜半의 생도수生度數에서 각각 삼도三度씩 나간 병인丙寅, 무인戊寅, 경인庚寅, 임인壬寅, 갑인甲寅을 세수월건歲首月建으로 하므로 이것을 삼오착종三五錯綜 삼원수三元數라고 한다[345].

구이착종九二錯綜은 성成의 시운時運의 달에 여물어서 금화호역金火互易하는 상象을 말한 것이요, 반면에 삼오착종三五錯綜은 장長의 시운時運의 달이 태궁胎宮에서 자라는 상象을 말한 것이다. 하도河圖 후천后天에서 낙서洛書 선천先天으로 변화하는 것이다[346]. 선천先天의 복상월復上月은 동방진東方震에서 생生하니 낙서洛書 동방東方은 삼수三數요, 복상월復上月은 태궁胎宮인 중궁中宮에서 자라고 있는데 낙서洛書 중궁中宮은 오수五數이니 이는 삼三이 오五로 변變하는 것으로서 곧 삼오착종三五錯綜이다.

『주역周易』「계사繫辭」편 10장에서 "삼參과 오伍로써 변화하며 그 수를 섞고 뒤집어 봄으로써 변화에 통달하여 하늘의 모든 문채를 이룬다.[347]" 하였다. 그러므로 천지지문天地之文은 일월日月을 말하는 것이다

345) 이정호, 『정역正易과 일부一夫』, 아시아문화사, 1984, 78쪽
346) 이정호, 『정역正易과 일부一夫』, 아시아문화사, 1984, 79쪽

태세도수太歲度數	월건月建	세수월건歲首月建	일진도수日辰度數	시건時建
갑甲 혹은 기己	갑자甲子	병인丙寅	갑甲 혹은 기己	갑자甲子
을乙 또는 경庚	병자丙子	무인戊寅	을乙 또는 경庚	병자丙子
병丙 또는 신辛	무자戊子	경인庚寅	병丙 또는 신辛	무자戊子
정丁 또는 임壬	경자庚子	임인壬寅	정丁 또는 임壬	경자庚子
무戊 또는 계癸	임자壬子	갑인甲寅	무戊 또는 계癸	임자壬子

347) 『주역』「계사상」편 제10장, "삼오이변參伍以變 착종기수錯綜其數 통기변通其變 수성천지지문遂成天地之文"

4) 미제기제未濟旣濟 지천오원地天五元[348]

  정역팔괘正易八卦 생성수生成數는 지천地天으로 구성되어 있다. 이것은 구이착종九二錯綜 오원수五元數[349]임을 의미한다. 『정역正易』에서의 구이착종九二錯綜은 금화金火의 정역正易을 말한다. 후천后天의 지구地球는 해기축亥己軸이 되어 야반夜半이 해亥에서 기기起하는데, 해亥는 음지陰支로서 이루는 상象이 되므로 삼원三元의 양陽을 내포한 다음의 음지陰支인 묘卯까지 해자축인묘亥子丑寅卯의 오원五元이 된 것이다.

5) 천지지천天地地天 삼원오원三元五元[350]

  『정역正易』에서 천지天地는 천지비괘天地否卦이고, 지천地天은 지천태괘地天泰卦를 의미한다. 그러므로 천지天地와 지천地天은 상대적 개념이다. 정역팔괘도正易八卦圖는 지천地天을 의미한다. 그러므로 선천先天은 천지삼원天地三元이요, 후천后天은 지천오원地天五元이라고 한 것이다.

---

348) 『정역집주보해正易集註補解』에서는 "기제이미제旣濟而未濟는 선천先天의 역생도성逆生倒成을 말하는 것이며, 천지天地는 건남곤북乾南坤北의 천지정위天地正位를 이름이니, 곧 복희괘도伏羲卦圖의 천지설위天地設位를 말함이다. 천지삼원天地三元이란 천지인天地人 대삼원大三元을 말함이니 곧 천개어자天開於子, 지벽어축地闢於丑, 인생어인人生於寅의 삼원三元을 말하는 것이다. 그러므로 선천先天은 자회子會에서 하늘이 열리고, 축회丑會에서 땅이 열리며, 인회寅會에서 사람이 생生하여 역생도성逆生倒成하는 선천용사先天用事의 시작이 되는 것이니 원元은 곧 시원始元을 뜻한다."라고 하였다.
『금화정역현토조해金火正易懸吐粗解』에서는 "선천先天의 역생逆生은 수화기제水火旣濟이고, 후천后天의 역생逆生은 화수미제火水未濟이다. 천지삼원天地三元은 천지비운天地否運의 삼오착종三五錯綜이다."라고 하였다.

349) 『주역·정역』에서는 "구이착종九二錯綜은 금화金火의 정역正易함이오 후천지구后天地球는 해사축亥巳軸이 되어 야반夜半이 해亥에서 기기起하는데 해亥는 음지陰支로서 성성成成의 상象이되므로 삼원三元의 양陽을 내포한 다음의 음지陰支인 묘卯까지 해자축인묘亥子丑寅卯의 오원五元이 된 것이다."라고 하였다.

350) 『정역집주보해正易集註補解』에서는 "미제이기제未濟而旣濟는 후천后天의 도생역성倒生逆成을 말한다. 후천后天의 지천地天은 곤남건북坤南乾北의 지천정위地天正位를 이름이니, 곧 정역팔괘도正易八卦圖의 지천설위地天設位를 말함이다. 지천오원地天五元이란 오원두五元頭를 말함이니 선천先天은 개태開泰하는 과정이니 삼원두三元頭로 대시大始하나, 후천后天은 선천先天에서 역생逆生한 만물萬物을 숙살肅殺하고 결실로 수렴收縮하여 저축貯藏하는 과정이므로 그 단계가 많은 것이다. 그러므로 후천后天은 경자궁庚子宮의 전위前位인 해궁亥宮을 시두始頭로 하여 제오위第五位에 이르러 묘궁卯宮을 세수歲首로 하니, 곧 후천后天의 지천오원地天五元인 것이다."라고 하였다.

삼오착종三五錯綜 삼원수三元數와 구이착종九二錯綜 오원수五元數를 비교하면 다음과 같다.

삼오착종 三五錯綜 삼원수 三元數	·삼원두三元頭 : 갑기야반생갑자甲己夜半生甲子 병인두丙寅頭 (갑자甲子, 을축乙丑, 병인丙寅) ·삼원수三元數 : 선천先天, 천지天地, 기제미제旣濟未濟
구이착종 九二錯綜 오원수 五元數	·오원두五元頭는 기갑야반생계해己甲夜半生癸亥 정묘두丁卯頭 (계해癸亥, 갑자甲子, 을축乙丑, 병인丙寅, 정묘丁卯) ·오원수五元數 : 후천后天, 지천地天, 미제기제未濟旣濟

三元五元兮여 上元元元이로다
삼 원 오 원 혜　상 원 원 원
上元元元兮여 十五一言이로다
상 원 원 원 혜　십 오 일 언
十五一言兮여 金火而易이로다
십 오 일 언 혜　금 화 이 역

(선천의) 삼원三元이 (후천의) 오원五元됨이여, 상원上元에 원元이 원元됨이로다.

상원上元의 원元이 원元 됨이여, 십오十五가 일언一言이로다.

십오十五가 일언一言이 됨이여, 금金과 화火가 바뀌게 됨이로다.

개요槪要

선천先天의 삼원三元과 후천后天의 오원五元에 대한 설명이다.

각설各說

1) 삼원오원혜三元五元兮 상원원원上元元元[351]

상원上元은 갑자甲子로 시작한다. 삼원三元이 오원五元되니 상원上元의 원원元元이라는 것이다.

2) 상원원원혜上元元元兮 십오일언十五一言[352]

상원上元이란? 무극无極자리에서 황극皇極 태극太極이 하나로 일치됨을 말한다. 이것을 존재存在와 존재론적存在論的 차원에서 보면 그 의미는 서로 다르다. ①존재存在 자체自體로는 태극太極과 황극皇極, 무극无極이 본래 하나이다. 그러나 ②존재론적인 차원에서는 태극太極과 황극皇極, 무극无極이 분리된다. 하도河圖에 있어서 본체수本體數 십오十五가 중앙에 합덕合德되어 있는 것은 인간 본래성本來性(五皇極)이 곧 우주성宇宙性(십무극十无極)임을 상징하는 것이다. 또한 천도天道의 인간人間 주체화主體化의 원리에 의하여 드러나는 천인합덕天人合德의 경지를 나타낸다.

삼극지도三極之道가 선후천先后天의 시원始元이 되므로 삼극三極의 이치를 밝힌 것이 십오일언十五一言이라는 것이다. 십오일언十五一言은 천지天地의 용정원리用政原理로서 십무극十无極과 일태극一太極을 근거根據로 한 하락합덕河洛合德 작용作用의 변화법칙變化法則이다. 십오十五는 천지지도天地之道(언言)가 십오성통十五聖統에 따라 제시된 하락河洛의 변화지도變化之道에서 일치一致되며, 일언一言은 삼극三極, 십오十五에 대한 말씀이라는 것이다.

---

351) 『금화정역현토조해金火正易懸吐粗解』에서는 "천지비운天地否運이 지천태운地天泰運으로 바뀌는 것이니 선천先天의 삼원두三元頭는 후천后天에서는 오원두五元斗가 되는 것이다."라고 하였다.

352) 『정역집주보해正易集註補解』에서는 "상원원원上元元元은 원초原初의 시원始元을 말함이니, 곧 상원上元의 원원元元이라는 것이다. 선천先天의 삼원三元은 일태극一太極의 역생지시원逆生之始元이며, 후천오원后天五元은 십무극十无極과 오황극五皇極의 역생지시원逆生之始元을 말함이니, 십무극十无極, 오황극五皇極, 일태극一太極은 후천后天과 선천先天의 대시원大始元이므로 이를 상원上元의 원원元元이라 한 것이다."라고 하였다.

십팔장十八張⋯後

241

상원원원上元元元 ⇨ 십오일원十五一元 ⇨ 십오건곤十五乾坤

3) 십오일언혜十五一言兮 금화이역金火而易[353]

십오일언十五一言을 통해서 금화교역金火交易의 이치理致를 밝힌 것이다. 또한 십오일언十五一言은 앞서 언급했듯이, 천지지도天地之道가 십오성통十五聖統에 따라 계시된 하락河洛의 변화지도變化之道에서 일치된다는 것이다. 그러므로 건곤乾坤이 열(십十)이면서 하나(일一)라는 수지상수적手支象數的 정의이다. 따라서 무극无極이 태극太極이라는 주렴계의 주장은 원리적으로 일치一致하는 의미가 있다고 할 수 있다.

금화이역金火而易은 하도河圖의 변화變化요, 선후천先后天의 변화이다. 이것을 오행五行으로 보면 금화교역金火交易이다.

353) 『금화정역현토조해金火正易懸吐粗解』에서는 "상원上元의 원원元元이 십오일언十五一言이 되고, 십오건곤十五乾坤의 말씀이 된다."라고 하였다.

金火而易兮여 萬曆而圖로다
금 화 이 역 혜　　만 역 이 도

萬曆而圖兮여 咸兮恒兮로다
만 역 이 도 혜　　함 혜 항 혜

咸兮恒兮兮여 十兮五兮로다
함 혜 항 혜 혜　　십 혜 오 혜

○ 易(바꿀 역) 兮(어조사 혜) 萬(일만 만) 曆(책력 력(역)) 圖(그림 도) 萬(일만 만) 世(인간 세)
策(채찍 책) 曆(책력 력(역)) 咸(다 함) 恒(항상 항)

금金과 화火가 바뀌니 만세萬世 책력策曆의 그림이 됨이로다.

만세책력萬世策曆의 그림이 되니 택산함澤山咸이 뇌풍항雷風恒이로다.

택산함澤山咸이 뇌풍항雷風恒으로 되고 보니 십十이요, 오五로다.

<u>개요槪要</u>

　금화정역도金火正易圖의 근거가 산택통기山澤通氣와 뇌풍용정雷風用政에
있음을 밝히고 있다.

<u>각설各說</u>

1) 금화이역혜金火而易兮 만력이도萬曆而圖[354]

----

354)『금화정역현토조해金火正易懸吐粗解』에서는 "금화호역金火互易이 되니 금화정역도金火

일부一夫선생이 정역팔괘도正易八卦圖로 후천后天의 일을 밝히고, 금화정역도를 완성하여 후천后天의 순환지도循環之度와 원리原理를 밝히시니 만세萬世의 역력이 된다는 것이다.

2) 만력이도혜萬曆而圖兮 함혜항혜咸兮恒兮[355)356)]

만세萬世의 역력인 금화정역도金火正易圖의 원리가 『주역周易』하경下經 택산함괘澤山咸卦의 부부지도와 뇌풍항괘雷風恒卦의 장남長男·장녀長女가 후천后天에서 계승하고 있음을 말한다. 그리고 그 원리의 근거가 산택통기山澤通氣와 뇌풍용정雷風用政에 있음을 밝히고 있다.

3) 함혜항혜咸兮恒兮 십혜오혜十兮五兮[357)]

택산함괘澤山咸卦가 뇌풍항괘雷風恒卦로 되니 열(십十)의 기축궁己丑宮이요, 또한 다섯(오五)의 무술궁戊戌宮일세 간태艮兌(소남小男, 소녀小女)가 자라서 진손震巽(장남長男, 장녀長女)이 되어 그 수數가 십十과 오五가 되었다는 것이다.

正易圖가 만세萬歲의 역원曆元이 되는 것이다.”라고 하였다.

355) 『금화정역현토조해金火正易懸吐粗解』에서는 “만세萬歲의 역력이 금화호역金火互易이며, 택산함澤山咸와 뇌풍항雷風恒으로 용사用事하니, 간태합덕艮兌合德으로 십일용정十一用政하는 뇌풍정역雷風正易이다.”라고 하였다.

356) 『정역구해』에서는 “함咸은 천하를 화평和平하게 하는 괘卦이요, 항恒은 세상을 화성化成하게 하는 괘이다. 함항咸恒에 의하여 24절기의 화和와 화化가 연유된 것이니, 후천后天의 만력도萬曆圖는 함咸과 항恒이라고 한 것이다.”라고 하였다.

357) 『금화정역현토조해金火正易懸吐粗解』에서는 “택산함괘澤山咸卦와 뇌풍항괘雷風恒卦를 말함이니 십十은 기축궁己丑宮이고, 오五는 무술궁戊戌宮이며, 십오뇌풍정사十五雷風政事이다.”라고 하였다.

선후천정윤도수先後天正閏度數

先天은 體方用圓하니 二十七朔而閏이니라
선천　체방용원　　이십칠삭이윤

后天은 體圓用方하니 三百六旬而正이니라
후천　체원용방　　삼백육순이정

原天은 无量이니라
원천　무량

○ 體(몸 체) 方(모 방) 用(쓸 용) 圓(둥글 원) 朔(초히루 삭) 閏(윤 윤) 旬(열흘 순) 量(헤아릴 량(양)) 原(근원 원)

선천先天은 방方을 바탕(체體)으로 하고 원圓을 쓰니(용用), 이십칠二十七 삭朔에 윤달이 든다. 후천后天은 원圓을 바탕으로 하고 방方을 쓰니 360 日이 정력正曆이니라. 원천은 한량이 없으시니라.

개요槪要

선후천先后天 정윤도수正閏度數에 대한 설명이다. 선후천先后天의 체용 體用과 후천后天은 1년이 360일 임을 말한다.

각설各說

1) 선후천정윤도수先后天正閏度數[358)][359)]

선후천先后天 정윤도수正閏度數란 선천의 윤역도수와 후천의 정윤도 수를 말한다. 달이 하늘을 일주하는 360도를 일주一周하는 일수日數는 27.3일인데 선천에는 윤도閏度가 있는 까닭으로 도度와 일日이 정합正合

[358)] 『금화정역현토조해金火正易懸吐粗解』에서는 "선천先天은 기삼백朞三百인 윤도수閏度數 를 말함이고, 후천后天은 삼백육십일三百六十日 당기일當朞日인 정도수正度數를 말함이다." 라고 하였다.

[359)] 『주역·정역』에서는 "선천先天에는 윤도閏度가 있는 까닭에 도度와 일日이 정합正合치 아니하여 윤일閏日이 생생하는 것이다. 그러나 후천后天의 삼백육십일三百六十日은 태양이 주천삼백육십도周天三百六十度를 일주一周하는 일수日數이니 도度와 일日이 정합正合하므로 윤일閏月이 없어 정역正易이 되는 것이다."라고 하였다.

치 못해서 윤일閏日이 생기는 것이다. 그러나 후천后天은 360도와 360일이 일치하여 도度와 일日이 정합正合하니 정역正易이 되는 것이다.

2) 선천체방용원先天體方用圓[360] 이십칠삭이윤二十七朔而閏[361]

체원體圓은 천도天道, 시간성時間性으로 체體이다.[362] 용방用方은 지도地道이다. 선천先天은 방方을 바탕으로 하고, 원圓을 쓰니 27개월個月에 윤달이 든다. 천도天道의 선천先天과 역생도성逆生倒成 작용作用과 용팔用八로 윤역閏易의 세계를 설명하고 있다.

선천先天은 윤도수閏度數를 사용한다는 것이다. 3년에 윤閏이 있어 실

----

360) 『정역구해正易句解』에서는 "체방용원體方用圓이란? 이사육팔십二四六八十을 방방이라고 하고, 일삼오칠구一三五七九는 원圓이라고 한다. 그리하여 방方은 하도河圖이요, 원圓은 낙서洛書이다. 체방용원體方用圓은 선천先天의 상상象으로 이사육팔십二四六八十을 체體로 하고 일삼오칠구一三五七九를 사용하는 것이다."라고 하였다.

361) 『정역구해』에서는 "3년 윤인 바 실제 윤일閏日은 32일이며 5년에 재윤再閏인 바 실제 윤일閏日은 54일이다. 54일을 두 달로 나누면 27일이 되어 27일을 한 삭朔으로 이에 윤閏한다고 한다."라고 하였다.
『금화정역현토조해金火正易懸吐粗解』에서는 "선천先天은 음수陰數 이사육팔십二四六八十으로 체體하고 양수陽數 일삼오칠구一三五七九로 용용用하니 이십칠삭二十七朔이 되는 윤역閏曆이다."라고 하였다.

362) 시간성의 논리구조는 뜻의 시간이요, 의식意識의 시간이다. 따라서 중정지도中正之道는 천도의 시간운행원리인 시간성時間性으로 이해되어져야 한다는 것이다. '시간의 형식'은 천지天地의 도道를 자각한 인간의 심성 내면에서 인식주체의 의식, 즉 시간의식으로 존재한다고 할 수 있다. 도서역학圖書易學에서도 객관적 사물의 생성변화현상生成變化現象은 시간의 본질인 '변화지도變化之道'의 인식 근거가 되는 것이며, 따라서 인식 내용으로서의 생성生成의 원리인 변화지도變化之道는 시간의 존재 근거가 된다. 여기서 형이상학적 존재인 '도道'(변화지도變化之道)가 시종始終으로 정해진 생성현상生成現象을 나타내는 물리적 시간의 세계 안에 들어와서는 시간時間의 본질로서의 '시간성(종시성終始性)'으로 정착된다. 이로서 인격성의 내용이 시간의 존재 근거로서의 본질적 시간인 시간성時間性임을 알 수 있다. 그리고 본질적인 시간은 현상적으로 '과거過去', '현재現在', '미래未來'라는 존재 양상을 가지고 있다. 시간성時間性이 채용體用의 구조構造에 의해 나타나면 삼극지도三極之道가 된다. 『주역周易』에서 육효六爻의 변화變化는 삼극지도三極之道를 표상하는 것이다. 즉 삼극三極을 시간성時間性 구조構造로 나타내면 무극无極(십十), 태극太極(일一), 황극皇極(오五)이다. 무극无極은 미래의 시간존재時間存在 근거로 미래성을 나타내고 미래 세계의 이상理想으로서의 종말성終末性이다. 태극太極은 과거의 시간존재時間存在 근거로 과거성過去性을 나타내고 종말성終末性이 바탕이 되어 이미 전개된 세계의 본성本性으로서 태초성太初性이다. 황극皇極은 현재現在의 시간존재時間存在 근거根據로서 현재성現存性을 의미한다.(김재홍, 『역학의 중정지도에 관한 연구』, 충남대학교 대학원 박사학위논문, 2007, 86쪽)

제 윤일閏日은 32일이며, 오세재윤五歲再閏이라 5년에 윤달이 두 번이니, 실제윤일閏日은 54일이다. 54일을 두 달로 나누면 27일되어 27일을 한 삭朔으로 이에 윤閏한다는 것이다. 즉 윤역閏曆의 세계를 말한다.

3) 후천체원용방后天體圓用方 삼백육순이정三百六旬而正[363]

후천后天은 낙서洛書인 일삼오칠구一三五七九의 원圓을 체體로 하고, 하도河圖의 이사육팔십二四六八十의 방방을 용用으로 한다. 그러므로 후천后天은 정도正道를 사용한다. 체방體方이란 지도地道는 방方(공간성空間性)을 체體로 하는 것은 선천先天이다. 후천后天은 용원用圓으로 원圓을 바탕으로 하고 방方을 쓰니 360일日이 정역正曆이다.

4) 원천原天 무량无量[364]

상원上元의 원천原天은 지경地境이 없다는 것이다. 즉 원천原天의 조화造化는 무궁하여 끝이 없으므로 무량无量이라고 한 것이다. 따라서 선후천先后天의 변화變化도 생생지위역生生之謂易이요, 종즉유시終則有始라. 그 순환循環은 영원하다는 것이다.

---

363) 『금화정역현토조해金火正易懸吐粗解』에서는 "후천后天은 양수陽數인 일삼오칠구一三五七九를 체體하고, 음수陰數인 이사육팔십二四六八十을 용用하니 삼백육십구三百六十旬의 태양력太陽曆이다."라고 하였다.
364) 『금화정역현토조해金火正易懸吐粗解』에서는 "상원원천上元原天은 헤아릴 수 없이 한계가 없다는 것이다."라고 하였다.

선후천주회도수先后天周回度數

先天은 二百十六萬里니라
선천   이백십육만리

后天은 三百二十四萬里니라
후천   삼백이십사만리

先后天合計數는 五百四十萬里니라
선후천합계수   오백사십만리

盤古 五化元年壬寅으로 至大淸光緒十年 甲申에
반고 오화원년임인   지대청광서십년 갑신

十一萬八千六百四十三年이니라
십일만팔천육백사십삼년

○ 盤(소반 반) 古(옛 고) 化(될 화) 元(으뜸 원) 壬(아홉째 천간 임) 寅(셋째 지지 인) 至(이를 지) 淸(맑을 청) 光(빛 광) 緖(실마리 서) 甲(첫째 천간 갑) 申(아홉째 지지 신)

선후천의 주회도수라

선천은 이백십육만리니라.

후천은 삼백이십사만리가 되느니라.

선후천의 합계수는 오백사십만리이니라.

반고오화 원년 임인으로부터 청나라 광서 십년 갑신(1884)까지 118,643년이니라 선후천先后天 주회도수를 설명하고 있다. 이것은 공간성空間性으로 표현한 것이다.

1) 선후천주회도수先后天周回度數[365]

주회도수周回度數는 지구地球가 태양주위를 공전公轉하는 도수度數이니 지구地球가 1회 공전公轉하는 거리를 말한다.

2) 선천先天 이백일십육만리二百一十六萬里[366]

이백일십육만리二百一十六萬里의 산출 근거는 $(4 \times 9)36 \times 6 = 216 \times 10,000 = 2,160,000$이다. 선천先天은 음陰에서 양陽으로 변화하는 과정이라 육六으로 승승乘한다. 만리萬里는 100×100으로 천지역수天之曆數의 극極을 말한다.

2) 후천后天 삼백이십사만리三百二十四萬里[367]

삼백이십사만리三百二十四萬里의 산출 근거는 $(4 \times 9)36 \times 9 = 324 \times 10,000 = 3,240,000$이다. 후천后天은 양陽이 음陰으로 변變하니 구九로 승승乘한다.

3) 선후천합계수先后天合計數 오백사십만리五百四十萬里[368]

선후천先后天의 합수合數인 오백사십만리五百四十萬里는 천지양원天地兩

---

365) 『금화정역현토조해金火正易懸吐粗解』에서는 "선천先天과 후천后天의 주회도수周回度數는 지구地球가 태양주위太陽周圍를 공전公轉하는 도수度數이니, 지구地球가 일일공전一日公轉하는 이정리程은 약육백만리約六百萬里라고 한다."라고 하였다.

366) 『금화정역현토조해金火正易懸吐粗解』에서는 "태음太陰의 용육用六하는 이수里數이니, 산출공식算出公式은 $36 \times 6 \times 100 = 216$(건지책乾之策)만리萬里이다."라고 하였다.

367) 『금화정역현토조해金火正易懸吐粗解』에서는 "태양太陽의 용구用九하는 이수里數이니, 산출공식算出公式은 $36 \times 9 \times 100 = 324$만리萬里이다."라고 하였다

368) 구육九六 합덕合德, 육六의 자리에서 용구用九가 합덕合德한다. 오백사십만리五百四十萬里는 천지양원天地兩元의 합수合數이다. 『금화정역현토조해金火正易懸吐粗解』에서는 "선후천先后天의 합계수合計數이니, 선천先天 이백십육리二百十六里에 후천后天 삼백이십사만리三百二十四萬里를 합합하면 오백사십만리五百四十萬里이다."라고 하였다

元의 합수合數이다.

4) 반고盤古 오화원년임인五化元年壬寅 지대청광서십년至大淸光緖十年[369]

반고盤古 오화五化 원년元年은 임인壬寅으로부터 청淸나라 광서光緖 10년 갑신甲申까지 118,643년이다. 오화원년五化元年 임인壬寅은 소강절의 운세원리를 원용한 것이다.

5) 갑신甲申 십일만팔천육백사십삼년十一萬八千六百四十三年

갑신년甲申年이 서기西紀 1884년으로 일부一夫께서 59세로서 『정역正易』을 서정書正했던 해이다.

余年三十六에 始從蓮潭李先生하니
여 년 삼 십 육　시 종 연 담 이 선 생

先生이 賜號二字曰觀碧이라하고
선 생　사 호 이 자 왈 관 벽

賜詩一絶曰 觀淡은 莫如水요 好德은 宜行仁을
사 시 일 절 왈　관 담　막 여 수　호 덕　의 행 인

影動天心月하니 勸君尋此眞하소
영 동 천 심 월　권 군 심 차 진

○ 余(나 여) 年(해 년) 始(처음 시) 從(좇을 종) 蓮(연밥 연(련)) 潭(깊을 담) 李(오얏 이(리)) 先(먼저 선) 生(날 생) 賜(줄 사) 號(부르짖을 호) 碧(푸를 벽) 賜(줄 사) 詩(시 시) 絶(끊을 절) 淡(묽을 담) 莫(없을 막(저물 모,고요할 맥)) 如(같을 여) 宜(마땅할 의) 行(갈 행) 仁(어질 인) 影(그림자 영) 尋(찾을 심) 此(이 차) 眞(참 진)

내 나이 삼십육三十六에 비로소 연담蓮潭 이선생李先生을 좇아 수업하니, 선생께서 관벽觀碧이라는 호號 두 자字를 내리시고 아울러 시詩 한 수

---

369) 『금화정역현토조해金火正易懸吐粗解』에서는 "반고화盤古化는 기사己巳에서 무술戊戌까지 십十을 형상形象하고 반고오화盤古五化는 기축己丑에서 무술戊戌까지 십十과 무술戊戌에서 임인壬寅까지 오五가 되니, 이를 오화五化라고 함이요. 오화五化 임인壬寅을 태초太初의 원년元年으로 정定한 것은 천개어자天開於子하고 지벽어축地闢於丑하며 인생어인人生於寅이라는 뜻이 있고, 다시 임인壬寅에서 임술壬戌까지의 도수度數 이십일도二十一度를 가산加算하여 십일만팔천육백사십삼년十一萬八千六百四十三年을 산출産出한 것이다."라고 하였다

를 내려주셨으니, 시詩에 이르기를, 맑은 것을 보는 것은 물만 같은 것이 없고, 덕德을 좋아하는 것은 인仁을 행行함이 마땅함을, 빛이 천심월天心月에서 동動하고 있으니, 그대에게 권하노니 이 진리眞理를 찾아보소.

맑음을 보는데는 물만 같음이 없고 덕德을 좋아하면 인仁을 행行함이 마땅하다. 영동천심월影動天心月이라는 시 한 수를 내리면서 진리眞理를 찾아보라는 연담蓮潭선생의 말을 설명하고 있다.

1) 여년삼십육余年三十六 시종연담이선생始從蓮潭李先生

일부선생이 삼십육三十六세에 연담蓮潭 이선생李先生에게 공부를 배웠다는 것이다.[370]

2) 선생사호이자왈관벽先生賜號二字曰觀碧, 사시일절왈賜詩一絶曰[371]

---

370) 이운규李雲奎는 본관 전주全州. 호 연담蓮潭. 본명 수증守曾으로 조선 후기의 사상가이다. 유학자 이서구의 뒤를 이어 천문·역산曆算·역학·시문에 능통하였고 사람을 판별하는 능력이 뛰어났다. 후에 동학을 일으킨 최제우, 남학南學을 창시한 김광화 등을 가르쳤다. 한때 문참판文參判의 관직에 오른 적이 있었으나 국운이 쇠약해지자 충청남도 논산 모촌리(띠울마을)에 은거하였다. 그는 최제우崔濟愚·김광화金光華·김항金恒을 가르쳤으며 1861년(철종12)에 이들을 불러 각 사람에게 소임을 맡겼다. 최제우에게는 "시천주 조화정 영세불망만사지 지기금지원위대강(侍天主造化定 永世不忘萬事知 至氣今至願大降)"라는 주문을 독송하면서 선도仙道의 전통을 계승하라 하였고, 김광화에게는 "남문南門 열고 바라치니 계명산천鷄鳴山川 밝아온다"는 주문을 주면서 불교적 전통을 계승하라고 하였다. 김항에게는 "관담觀淡은 막여수莫如水요, 호덕好德은 의행인宜行仁을 영동천심월影動天心月하니 권군심차진勸君尋此眞하소"라는 시를 남기고 유교적 전통을 계승할 자라는 말을 남기고 표연히 떠났다. 그후 최제우는 동학을 일으켰고, 김광화는 남학南學을 창시했으며, 김항은 1819년 동안 '영동천심월'의 뜻을 알기 위해 정진하다가 깨달음을 얻고 『정역正易』의 체계를 만들었다고 한다. (두산백과)

371) 『금화정역현토조해金火正易懸吐粗解』에서는 "선생先生의 나이 삼십육세三十六歲 신유년辛酉年(1861)에 비로소 연담蓮潭 이선생李先生을 좇아 수업修業하시고, 연담蓮潭선생이 도호道號를 관벽觀碧으로 하사下賜하시니 아울러 시일수詩一首를 하사下賜하셨으니 다음과 같다."라고 하였다.

연담蓮潭 이선생李先生이 관벽觀碧이라는 아호와 함께 시 한 절구를 내려서 말을 하였다는 것이다.

3) 관담觀淡 막여수莫如水, 호덕의행인好德宜行仁

맑은 것을 보는 것은 물만 같은 것이 없고 덕德을 좋아하는 것은 마땅히 인仁을 행행行하여야 한다는 것이다.

4) 영동천심월影動天心月[372] 권군심차진勸君尋此眞[373]

빛이 천심월天心月(황심월皇心月)에서 동하니, 그대에게 권하노니"라고 하여 천심월天心月의 빛이 움직이는 이 진리眞理를 찾아보라는 의미로 보인다.

---

372) 『정역正易과 일부一夫』에서는 "영동천심월影動天心月의 비법祕法을 푸는 열쇠는 관담막여수觀淡莫如水에 달렸으니, 연담蓮潭선생의 이 오언절구五言絕句는 보통문리普通文理로 보아도 의미가 통하지 않는 바는 아니지만, 사실은 이 속에 기갑야반생계해己甲夜半生癸亥라는 새로운 질서의 천지설위天地設位와 갑자甲子 대신에 계해癸亥를 씀으로 인한 무진삭戊辰朔의 황중화皇中化(계미삭癸未朔)가 포함되어 있는 것이다. 즉 관담막여수觀淡莫如水의 수水는 계해수癸亥水를 의미하며, 호덕의행인好德宜行仁의 인仁은 안토돈인安土敦仁의 을축토乙丑土를 말함이니, 천지설위天地設位애서 난 계해癸亥를 을축토乙丑土 위에 씀으로써 육기六氣가 기확하고, 육기六氣가 기확함으로써 필연적으로 종래의 무진천심월戊辰天心月이 황중皇中으로 전화轉化하여, 다시 말하면 선천先天의 초생달이 후천后天의 16일 달로 변화變化하여 오운五運이 운운하는 것이다. 이와 같이 오운五運이 운운하고, 육기六氣가 기확하면 천심월天心月의 영影, 즉 일수월혼一水月魂은 그 용用을 다하고, 장차 사금四金의 월혼月魂이 나타나게 되니 그것이 바로 십육일十六日의 재생백현덕哉生魄現德의 상象으로 후천后天의 제일일第一日삭朔이 되는 것이다. 이렇게 하여 관담觀淡의 계해癸亥는 호덕好德의 을축乙丑으로 행하게 되매, 자연 무진戊辰의 천심월天心月은 계해癸亥의 황중皇中으로 흘러서 그 빛이 감추게 되니 그 영影의 행방을 찾아보라는 것이다." 라고 하였다.

373) 『금화정역현토조해金火正易懸吐粗解』에서는 "관염觀淡에는 물과 같음이 없다고 함은 기갑야반己甲夜班에 생계해生癸亥를 뜻함이요, 호덕好德은 인仁을 행행함이 마땅하다 함은 무극이태극无極而太極하는 십十자리, 즉 용구用九에서 계해癸亥 갑자甲子를 을축궁乙丑宮 자리를 인仁이라 한다. 천심월天心月이 영동影動한다고 하는 것은 복상復上에서 일으킨 갑을병정무갑을병정무甲乙丙丁戊하는 무진戊辰달을 황중皇中으로 이동함을 말하는바, 수지手指로 기토己土를 모지母指 일一자리에서 쓰니 무오토戊午土는 황심월皇心月로 이동한다. 연담蓮潭선생은 이 진리眞理를 찾아보라고 권勸한 것이다." 라고 하였다.

입도시立道詩

> 靜觀萬變一蒼空하니 六九之年에 始見工을
> 정관만변일창공　　六九지년　시견공
>
> 妙妙玄玄에 玄妙理는 无无有有有无中을
> 묘묘현현　현묘리　무무유유유무중

○ 靜(고요할 정) 觀(볼 관) 萬(일만 만) 變(변할 변) 蒼(푸를 창) 空(빌 공) 玄(검을 현) 妙(묘할 묘) 理(다스릴 리)

고요히 만 갈래로 변하는 한 푸른 하늘(창공)을 바라보니,

육구六九되는 해에 비로소 공工(하늘의 섭리)을 보았네.

묘묘하고 현현에 현묘한 이치는 없고 없고, 있고 있는 유와 무의 가운데 있음이라.

개요槪要

입도立道라 함은 일부一夫께서 도학道學에 뜻을 세우심을 시詩로 말하고 있는 것이다. 즉 일부一夫께서 천지변화지도와 금화교역을 통한 선후천원리를 탐구하심을 의미한다.

1) 입도시立道詩

입도立道는 일부一夫선생께서 도학道學에 뜻을 세우심을 시詩로 표현한 것이다. 구설에 의하면 일부一夫선생이 54세가 되시던 1879년 기묘년己卯年에 도道를 통관通觀하시니, 정역팔괘도正易八卦圖가 눈앞에 나타났다고 전한다.

2) 정관만변일창공靜觀萬變一蒼空

정관靜觀은 존재원리요, 만변萬變은 시간 변화를 말한다. 변일變一에서 일一은 체용體用의 변화를 의미하며, 창공蒼空은 우주宇宙를 의미한다.

2) 육구지년六九之年 시견공始見工

시견공始見工은 하늘의 뜻을 자각自覺함을 말한다. 즉 용구용육用九用六의 원리로 일부一夫선생이 54세에 자각했다는 것이다. 또한 일부一夫께서 6×9 =54세에 비로소 천공을 보았다는 의미로 볼 수 있다.

3) 묘묘현현妙妙玄玄 현묘리玄妙理

묘묘현현妙妙玄玄은 정역正易의 원리를 도가적道家的으로 표현한 것이다. 현현玄玄을 불가佛家의 관점에서 보면 공空을 의미한다고 할 수 있다. 도가道家에서는 성聖스러움과 지혜知慧를 버릴 것을 주장한다. 자아의식自我意識을 버림으로써 무無와 자연自然으로 돌아간다고 한다.(무위자연無爲自然) 불가佛家에서는 모든 인연因緣을 연기緣起로 보는 실체實體의 근거根據가 공空이라고 한다.

4) 무무유유无无有有

무무无无는 현묘玄妙한 이치理致, 형이상학적形而上學的 원리를 의미하면서 무형지경이며, 유유有有는 묘묘妙妙로서 유형한 곳에 들어있는 이치인 유형지리를 의미한다.

5) 유무중有无中[374)

유무중有无中은 유有와 무无의 중中이다. 이것은 유형지리와 무형지경을 공관空觀, 통관通觀하는 것이니, 곧 중中인 동시에 공空인 것이다. 또한 황극皇極의 자리라고 할 수도 있다.[375)

---

374) 『금화정역현토조해金火正易懸吐粗解』에서는 "만변萬變하는 창공蒼空을 정관靜觀하시고 육구六九-오십사세五十四歲에 비로소 천공天工의 조화섭리調和攝理를 보셨으니, 그 섭리攝理는 묘妙한 중에 더욱 신묘神妙하고 현현玄玄 중에 더욱 현묘玄妙한 이치理致로서 무무유유无无有有의 가운데 있다는 것이다. 무무无无는 무색정사無色政事요, 유유有有는 유색정사有色政事를 뜻하기도 한다."라고 하였다.

375) 권영원, 『정역과 천문력』 상생출판, 2013, 530쪽

무위시无位詩

道乃分三理自然이니 斯儒斯佛又斯仙을
도 내 분 삼 리 자 연　　　사 유 사 불 우 사 선

誰識一夫眞蹈此오 无人則守有人傳을
수 식 일 부 진 도 차　　무 인 즉 수 유 인 전

歲甲申月丙子日戊辰二十八에 書正하노라
세 갑 신 월 병 자 일 무 진 이 십 팔　　서 정

○ 道(길 도) 乃(이에 내) 分(나눌 분) 理(다스릴 리) 自(스스로 자) 然(그러할 연) 斯(이 사) 儒
(선비 유) 斯(이 사) 佛(부처 불) 又(또 우) 斯(이 사) 仙(신선 선) 誰(누구 수) 識(알 식) 夫
(지아비 부) 眞(참 진) 蹈(밟을 도) 此(이 차) 則(곧 즉) 守(지킬 수) 有(있을 유) 傳(전할 전)
歲(해 세) 甲(첫째 천간 갑) 申(아홉째 지지 신) 丙(세 번째 천간 병) 戊(다섯째 천간 무) 辰
(지지 진)

도道가 셋으로 나누어짐이 이치의 자연이니,

유儒도 되고, 불佛도 되고, 선仙도 되는 것을,

일부一夫가 진실로 이것(셋)을 밝힐 줄을 누가 알았으리요.

사람이 없으면 지키고, 사람이 있으면 전하려네.

갑신년 병자월 무진일 이십팔에 쓰고 바로 잡노라.

개요槪要

유儒·불佛·선仙의 이치와 도학 전수에 관한 설명이다.[376]

각설各說

1) 도내분삼리자연道乃分三理自然 사유사불우사선수식斯儒斯佛又斯仙誰識

---

[376] 『주역·정역』에서는 "갑목甲木은 동방東方에서 생생生生함이니 불교佛教의 상상象이오, 병화丙
火는 남방南方에서 양기陽氣가 장長함이니, 유교儒敎의 상상象이오, 무토戊土는 중앙에서 성成成
함이니 기독교基督教의 상상象이다. 불교佛教는 생생의 조직組織이니 무극無極의 상상象이오, 유
교儒敎는 장長하는 것이니 태극太極의 상상象이오, 기독교基督教는 작성作成하는 상상象이오, 중
앙황극中央皇極의 상상象이다. 그러므로 기독교基督教는 후천황중월后天皇中月의 상상象이다."라
고 하였다.

도학의 이치가 셋으로 갈라져서 내려온 것은 마땅히 자연스러운 이치가 있다. 그것이 유불선儒佛仙이라는 것이다.

2) 일부진도차一夫眞蹈此 무인칙수유인전无人則守有人傳[377]

일부一夫선생이 세 가지 나누어진 이 이치를 밝히고, 사람이 없으면 지키다가 이것을 실천할 군자가 있으면 전수를 하겠다는 것이다.

3) 세갑신월병자일무진이십팔歲甲申月丙子日戊辰二十八 서정書正[378]

일부一夫선생께서 갑신년甲申年(1884) 병자월丙子月(11월) 이십팔일二十八日 무진戊辰에 친親히 쓰시고 바로 잡았다는 것을 말한다.

377) 『금화정역현토조해金火正易懸吐粗解』에서는 "도道가 이에 셋으로 나누어진 것은 천지자연의 이치이며, 도道는 하나인데 유불선儒佛仙 셋으로 나누어진 원리는 무극无極, 태극太極, 오황극五皇極의 삼원三元의 뜻이 내포되어 있다. 일부一夫 선생께서는 진정한 이 진리를 깨달을 줄을 누가 알았으랴 하시며, 이 학문을 계승한 진실한 사람이 없으면 지킬 것이고, 진실한 사람이 있으면 전할 것임을 밝힌 것이다."라고 하였다.
378) 『금화정역현토조해金火正易懸吐粗解』에서는 "서정書正의 뜻은 서書는 정역正易 전편前篇의 종終을 뜻하고, 정正은 정역正易 후편後篇 십일일언十一一言을 뜻한다."라고 하였다.

二十張⋯⋯後

정역시正易詩

> 天地之數는 數日月이니 日月이 不正이면 易匪易이라
> 천 지 지 수　수 일 월　　일 월　부 정　　역 비 역
> 易爲正易이라사 易爲易이니 原易이 何常用閏易가
> 역 위 정 역　　　역 위 역　　원 역　하 상 용 윤 역

○ 數(셀 수, 헤아릴 수) 匪(대상자 비) 爲(할 위) 何(어찌 하) 常(항상 상) 用(쓸 용) 閏(윤달 윤)

하늘과 땅의 수數는 해와 달을 헤아리는 것이니, 해와 달을 바르게 헤아리지 않으면 역易이 역易이 아님이라. 역易이 바른 역易이 되어야 역易이 (참된) 역易이 될지니, 원역原易이 어찌 항상 윤역閏易만을 쓰리요.

개요槪要
정역正易 360일에 대한 내용을 시詩로서 설명한 것이다.

각설各說
1) 정역시正易時[379]

---

[379] 『금화정역현토조해金火正易懸吐粗解』에서는 "역易은 역曆을 말함이니, 삼백육십일일정사 三百六十日政事하는 정력正曆의 시詩이다."라고 하였다.

『정역正易』은 천도天道를 자각한 영원한 진리이다. 사상思想은 진리성眞理性이 결여될 수 있다. 그러므로 『정역正易』에서는 사상思想이란 용어用語를 사용치 않고 원리原理라고 한다. 만물의 존재 원리로써 사력변화四曆變化의 종점終點이 정역正易이다.

2) 천지지수天地之數 수일월數日月, 일월부정日月不正 역비역易匪易

천지天地의 수수는 일월日月의 수수로 헤아린다는 것이다. 그러므로 일월日月이 바르지 않으면 역易은 역易이 아니라는 것이다.

3) 역위정역易爲正易 역위역易爲易 원역原易 하상용윤역何常用閏易[380]

사력변화원리四曆變化原理에 대한 말이다. 원력原曆은 375도의 일부지기一夫之朞를 말하고, 윤역閏曆은 366도와 365 1/4의 요순지기堯舜之朞를 말한다. 그리고 360도의 정역正曆은 공자지기孔子之朞를 말한다. 그리고 항상 윤역閏曆이 장구히 사용되지는 않는다는 것이다.

---

380) 『금화정역현토조해金火正易懸吐粗解』에서는 "천지天地의 도수도수度數는 일월日月을 수수數하는 것이므로 일월日月을 바르게 수수數하지 않으면 역易이 바로 역易이 아니며, 이는 일월日月의 변동變動에 따라 후천后天 무윤역無閏曆을 쓰게 될 곳임을 말씀하신 것이다. 역易이 삼백육십일三百六十日이 되는 력력曆이라야 역易이 력曆이 될 것이니, 원천原天의 력력曆이 항상 윤력閏曆만 쓰리요 장차 삼백육십일三百六十日의 정역正曆을 쓰게 될 것임을 밝히신 것이다."라고 하였다.

포도시布圖詩

萬古文章日月明하니 一張圖畫雷風生이라
만고문장일월명　　　일장도화뇌풍생
靜觀宇宙无中壁하니 誰識天工待人成가
정관우주무중벽　　　수식천공대인성

○ 萬(일만 만) 古(옛 고) 文(글월 문) 章(글 장) 明(밝을 명) 張(베풀 장) 圖(그림 도) 畵(그림
화) 雷(우레 뇌(뢰)) 風(바람 풍) 生(날 생) 靜(고요할 정) 觀(볼 관) 宇(집 우) 宙(집 주) 无
(없을 무) 中(가운데 중) 碧(푸를 벽) 誰(누구 수) 識(알 식) 天(하늘 천) 工(장인 공) 待(기
다릴 대) 成(이룰 성)

　만고萬古의 문장文章이 해와 달과 같이 밝으니 한 장의 그림으로 우뢰
와 바람이 생함이라. 고요한 우주宇宙의 무중벽无中碧을 바라보니 누가
천공天工이 사람나기를 기다려 이를 줄 알겠는가.

개요槪要

　포도시布圖詩는 금화정역金火正易을 드러냄을 시詩로 밝히고 있다.

각설各說

1) 포도시布圖詩

　후천금화정역도后天金火正易圖를 펴는 것을 밝히는 시詩이다.

2) 만고문장일월명萬古文章日月明

　만고의 아름다운 문체가 일월日月처럼 밝다는 것이다.

3) 일장도화뇌풍생정관一張圖畵雷風生靜觀[381]

---

381) 『금화정역현토조해金火正易懸吐粗解』에서는 "일월日月과 같이 밝은 만고문장萬古文章
이 한 폭의 그림을 그려 펼치니 뇌풍雷風이 생생하였다 함은 금화일송金火一頌에서 '화공각
필畫工却筆 뇌풍생雷風生'이라 한 뜻과 동일한 것이다. 우주무중벽宇宙无中碧을 정관靜觀한
다는 것은 만변萬變하는 우주창공宇宙蒼空의 신비神祕한 조화섭리調和攝理를 관찰觀察하는
것이요, '천공天工도 진인眞人이 나서기를 기다려 이루어질 것을 누가 알리오'한 것은 일부一
夫선생이 금화정역도金火正易圖를 그렸음을 말한 것이다."라고 하였다.

뇌풍雷風은 항괘恒卦로서 영원永遠한 진리眞理(성인지도)를 말한다. 금화정역도를 펼치니 뇌풍雷風이 낳았다는 것이다.

4) 우주무중벽宇宙无中碧

무중벽无中碧은 금화정역도의 한 가운데가 아무 것도 없이 비어있는 것을 말한다. 중中은 공空이다. 그러므로 무중벽无中碧은 우주의 중심이며, 십십일일十十一一의 공空이다. 이것은 만유생명의 기시처其始處요 귀결처歸結處이다. 씨와 열매의 관계로 보면 씨의 완성이 열매(일一 ⇨ 십十)이다. 십十은 지수地數의 십十이지만, 결과結果에서 지地와 천天의 합덕合德이후 천天의 본체本體가 된다. 일一은 역할로는 천수天數이다. 그러나 일一은 천수天數인 동시에 태극太極이다. 무극无極(십十)과 태극太極(일一)은 공간적空間的으로는 같은 위치이다. 그러므로 선천先天과 후천后天의 공간空間은 따로 있는 것이 아니다. 지地는 천명天命을 완성시켜주는 존재存在(곤도坤道)이다.

5) 수식천공대인성誰識天工待人成

'누가 하늘의 조화를 의미하는 천공天工이 사람을 기다려 일부一夫 선생에 의하여 완성이 될 줄 누가 알았겠는가?'라는 의미이다.

金火正易圖

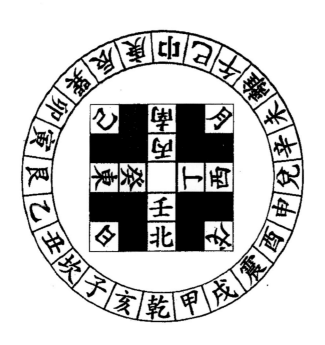

1) 금화정역도金火正易圖

금화정역도金火正易圖에 대해서 여러 가지 주장이 있으나 한장경의 『주역과 정역』의 내용을 참조하여 금화정역도의 구성과 내용을 유형별로 재구성하면 다음과 같다.

첫째, 금화정역도金火正易圖의 구성

먼저, 금화정역도金火正易圖 팔괘八卦의 구성은 십간十干, 십이지十二支, 일월日月, 사방위四方位로써 구성되어 있다. 그리고 그 자수字數는 전부 삼십육자三十六字이다.

다음으로, 금화정역도金火正易圖는 외원外圓과 내방內方으로 조직되어 있다. 그 중에서 외원外圓은 천天의 상象이요, 내방內方은 지地의 상象이며, 중심中心 십자十字는 인人의 상象이다. ①팔괘八卦는 우주宇宙 전체全體의 상象이므로 천원天圓에 있고, ②십이지十二支는 땅의 상象인데 후천后天에는 지천태地天泰가 되어 지십地十이 하늘이 되는 연고로 인해 지지地支는 천원天圓에 있다. ③십간十干은 천도天道로써 천지인天地人을 두루 행하므로 안과 밖의 가운데에 분포分布되고, ④일월日月은 지상地上에 작용하는 이理를 취取하여 동서남북東西南北의 사방四方과 함께 내방內方에 있는 것이다.

둘째, 금화정역도金火正易圖의 내용과 방향

도圖의 무기일월戊己日月은 무위戊位의 도순도역度順道逆과 기위己位의 도역도순度逆道順 그리고 태음太陰의 역생도성逆生倒成과 태양太陽의 도생역성倒生逆成의 이치를 상象한 것이다. 그러므로 금화정역도金火正易圖는 모두 안쪽으로 향向하되, 오직 무기일월戊己日月만이 바깥으로 향向하고 있다. 이것은 무기일월戊己日月이 부모생성父母生成하는 상象임을 말한 것이다. 후천后天은 지천태地天泰가 되어 천기天氣는 아래로 내려가 수렴收斂하고, 지기地氣는 양陽을 포包하여 위로 올라가 작용하려고 하므로 천天의 상象인 외원外圓은 안으로 향向하고, 중간中間에 있는 지地의 상象인 내방內方은 바깥으로 향향向하는 것이다. 그리고 가운데의 십자형十字形의 사람은 향심운동向心運動으로써 신神에게 환행圜行하므로 수렴작용收斂作用을 행행하여 안으로 향향向하는 것이다.

셋째, 금화정역도金火正易圖 지지地支와 오행五行

십이지十二支는 지地에 속속屬하나 거기에 사시운행四時運行의 상상象이 있으므로 천원天圓에 있고, 그 방위方位는 선천先天의 방위方位와 상이相異하다. 선천先天은 천지天地가 해해亥에서 폐폐閉하므로 해해亥가 음양상박陰陽相薄하는 서북西北의 종終에 있는 것인데 만물萬物은 폐폐閉한 곳에서 개개開하는 것이므로 후천后天은 반드시 해해亥에서 개개開하여 기갑야반생계해己甲夜半生癸亥가 된 것이요 후천后天에는 해해亥가 만물을 시개始開하는 경계境界가 되고 있으므로 정북正北인 건乾의 다음에 있다. 해자亥子는 동궁同宮한 수水이므로 해자亥子가 동거同居하는 것이다. 해亥의 방위方位가 정정定하므로 다른 지지地支도 이러한 예예例에 의의依하여 팔괘八卦의 방위方位를 따라서 인묘寅卯 목木이 정동正東인 간艮의 다음에 있고, 사오巳午 화火가 정남正南인 곤坤의 다음에 있고, 신유申酉 금金이 정서正西인 태兌의 다음에 있는 것이다. 진술축미辰戌丑未 사계四季는 사시四時에 기왕寄旺하는 것이므로 스스로 사유四維에 있고, 사유四維는 팔괘八卦의 다음에 위위位하여 축丑은 동북東北 감坎의 다음에 있고, 진辰은 동남東南 손巽의 다음에 있고, 미未는 서남西南 이離의 다음에 있고, 술戌은 서북西北 진震의 다음에 있는 것이다.

선후천先后天은 남북南北의 개폐開閉로써 경계선境界線을 삼아 서합괘噬嗑卦와 절괘節卦에 강유분剛柔分의 상상象이 있는 것인데 해亥가 물물物의 시개始開하는 경계가 되고 있으므로 술戌이 물물物의 폐폐閉하는 경계境界가 되어 북北의 술해戌亥와 그 상대방인 남南의 진사辰巳가 선후천개폐先后天開閉의 경계境界가 되는 것이다 그러므로 자인오신선천지선후천子寅午申先天之先后天에 진술辰戌의 경계방境界方이 없고, 자인子寅은 양방陽方에 있

二十一張 : 前後

265

어 선천先天이 되고, 오인午寅은 음방陰方에 있어 후천后天이 되며, 축묘미유선천지선후천丑卯未酉后天之先后天에 기해己亥의 경계방境界方이 없고, 축묘丑卯는 양방陽方에 있어 선천先天이 되고, 미유未酉는 음방陰方에 있어 후천后天이 되는 것이다.

넷째, 금화정역도金火正易圖 십간十干과 오행五行

십간十干의 배열配列은 십간十干의 원도수原度數 중에서 임계수壬癸水 병정화丙丁火, 무기토戊己土의 음양수陰陽數는 낙서洛書 오행五行의 음양수陰陽數와 동일하고 오직 갑을목甲乙木 경신금庚辛金의 음양수陰陽數가 변變하니 이는 만물萬物의 생생生生은 수화水火로써 체體를 삼고, 토土로써 생명체를 삼는 까닭에 선후천先后天의 변화함에는 체體가 변變하는 것이 아니라 그 용용用이 변變하는 것이다. 그러므로 만물萬物의 체體가 되는 수화토水火土의 음양수陰陽數는 변變치 아니하여 수화水火는 중심 십자十字에 있어 사람의 체體가 되고, 무기戊己는 내방內方에서 일월부모日月父母의 위位가 되고, 오직 천원天圓에서 갑을목甲乙木의 씨와 경신금庚辛金의 열매가 생성작용生成作用을 행행行行하여 음양수陰陽數가 변變하니 역리易理에 씨와 열매는 천천天에서 생성生成하는 것이므로 갑을甲乙 경신庚辛이 천원天圓에 있는 것이다. 갑을목甲乙木 씨와 경신금庚辛金 열매는 비록 천천天에 있으되 반드시 생명체인 토土에 착착着着한 연후에 능히 생성生成하는 것이니 그러므로 갑을甲乙은 동북東北의 토土에 착생着生하고, 경신庚辛은 서남西南의 토土에 착생着生하여, 갑甲은 무토戊土의 곳에 있고, 을乙은 축토丑土의 곳에 있고, 경庚은 진토辰土의 곳에 있고, 신辛은 미토未土의 곳에 있는 것이다.

다섯째, 금화정역도金火正易圖 무기일월戊己日月과 동서남북東西南北의 방위

내방內方의 무기戊己는 손풍巽風 진뢰震雷의 뇌풍상역雷風相易에 의하여 중궁中宮에 뇌풍雷風이 생생生生하면서 일월日月을 생생生生하는 부모父母의 위位가 된 것이다. 무기戊己는 또한 정역팔괘도正易八卦圖의 이천칠지二天七地

의 작용이요, 그러므로 이천칠지二天七地가 중궁中宮에 들어가 십건十乾, 이천二天, 오곤五坤, 칠지七地의 십기十紀, 이경二經, 오강五綱, 칠위七緯가 된다. 또한 건곤乾坤, 천지天地, 뇌풍중雷風中의 상象이 된 것이다.

기위己位는 기사궁己巳宮이 되어 무극체위도수无極體位度數의 일어나는 곳이 되고, 무위戊位는 무술궁戊戌宮이 되어 황극체위도수皇極體位度數의 기起하는 곳이 되고, 일日은 기위己位에서 생생生生하고, 월月은 무위戊位에서 생생生生하여 무기일월戊己日月이 되고, 일월도수日月度數는 월月이 일日의 뒤에 있고, 일日이 월月의 앞에 있어 금화金火의 정역正易이 된 것이다.

무기戊己의 일손一巽, 육진六震, 즉무극황극卽无極皇極의 위位에는 육십갑자六十甲子가 배열排列되어 무무위육십수无无位六十數가 일육궁一六宮에 분장分張되는 상象이 된 것이며, 무기일월戊己日月의 사상체위도수四象體位度數에서 십오十五를 존공尊空한 백사십사百四十四의 곤책坤策이 이 중궁中宮에 배열排列되고 있으므로 내방內方에 곤상坤象의 남북서남東北西南이 있는 것이다.

이상과 같이 다섯 가지 의미로 구분하여 금화정역에 대한 내용을 설명할 수 있다.

십일일언十一一言 [382]

> 十土六水는 不易之地니라
> 십 토 육 수   불 역 지 지
> 一水五土는 不易之天이니라.
> 일 수 오 토   불 역 지 천

○ 十(열 십) 土(흙 토) 六(여섯 육(륙)) 水(물 수) 不(아닐 불) 易(바꿀 역) 之(갈 지) 地(땅 지)
天(하늘 천)

십토十土와 수화六水는 바뀌지 않는 땅이니라.

일수一水와 오토五土는 바뀌지 않는 하늘이니라.

개요概要

십일일언十一一言은 십十과 일一이 합하는(하나되는) 말씀이다. 『정역正
易』하편下篇으로 십오일언十五一言이 체體라면 십일일언十一一言은 용用이
다. 십오일언十五一言은 건곤乾坤을 설명하고 있는 반면에 십일일언十一一
言은 육갑도수六甲度數로 책력冊曆의 도수度數를 설명하고 있다.

----

382) 『정역연구正易研究』에서는 "십十과 일一을 합합하는 말씀이다. 무극이태극無極而太極,
십일귀체十一歸體의 뜻이 있다."라고 하였다.

1) 십일일언十一一言

십일일언十一一言은 십十과 일一이 하나되는 천지天地의 용정원리用政原理로서 십무극十无極과 일태극一太極을 근거根據로 한 하락합덕작용河洛合德作用의 변화원칙變化原則을 말한다. 일一이 무십无十이면 무체无體요, 십十이 무일无一이면 무용无用이니 합합하면 토土이다. 십十과 일一은 오황극五皇極에 해당하고 십十과 일一이 하나로 합하는 말씀이라는 의미이다.

2) 십토육수十土六水 불역지지不易之地[383]

천지天地가 수토水土를 성도成道한 것이니, 기십토己十土와 일육수一六水는 바뀔 수 없는 땅의 수이다.

3) 일수오토一水五土 불역지천不易之天[384]

임일수壬一水와 무오토戊午土는 변역變易이 될 수 없는 하늘의 수數이다. 그러므로 하늘이 수토水土를 성도成道한 것이 천지天地이니, 임일수壬一水와 무오토戊午土는 서로 바뀌지 않는 하늘이라고 한 것이다.

> 天政은 開子하고 地政은 闢丑이니라.
> 천 정　　개 자　　지 정　　벽 축
> 丑運은 五六이오 子運은 一八이니라.
> 축 운　　오 육　　자 운　　일 팔

○ 天(하늘 천) 政(정사 정) 開(열 개) 地(땅 지) 闢(열 벽) 丑(소 축) 運(돌 운)

하늘의 정사는 자子에서 열리고, 땅의 정사는 축丑에서 열리느니라.
축丑의 운수는 오육五六이고, 자子의 운수는 일팔一八이니라.

---

[383] 『금화정역현토조해金火正易懸吐粗解』에서는 "십토十土와 육수六數는 변역變易할 수 없는 지수地數이다."라고 하였다.
[384] 『금화정역현토조해金火正易懸吐粗解』에서는 "일수一數와 오토五土는 변역變易할 수 없는 천수天數이다."라고 하였다.

선후천先后天 정사政事인 천개어자天開於子(선천先天)와 지벽어축地闢於丑 (후천后天)에 대한 설명이다.

1) 천정개자天政開子 지정벽축地政闢丑[385]

천정天政은 선천先天이고, 개자開子는 후천后天이다. 하늘의 정사政事는 자子에서 열리고, 땅의 성사政事는 축丑에서 이루어짐이라. 선천先天은 자 운子運이 되고 후천后天은 축운丑運이 된다. 그러므로 후천后天은 기축己 丑에서 시작한다[386].

2) 축운오육丑運五六[387]

오육五六은 포오함육包五含六을 말한다. 『정역正易』에서는 선천先天의 오황극五皇極은 오五이고, 후천后天의 오황극五皇極은 오五·육六으로 본 다. 그러므로 황중월체성수皇中月體成數도 오五·육六이고, 무무궁육십수 无无宮六十數의 일육궁一六宮도 오五·육六이다. 『정역正易』에서의 황극皇極 은 선천先天의 오五와 후천后天의 육六을 내포內包하고 있는 것으로 본다. 이것을 수지상수手支象數로 포오함육包五含六이라고 한 것이다. 『정역正 易』에서 육황극六皇極이라고 하지 않고 포오함육包五含六이나 황중월체위 성수皇中月體位成數로 규정하는 것은 선천先天의 오황극五皇極과 구분하고 자 한 것으로 보인다.

---

385) 『금화정역현토조해金火正易懸吐粗解』에서는 "선천先天의 정사政事는 자子에서부터 열 리나 이를 천개어자天開於子라고 하고, 후천后天의 정사政事는 축丑부터 열리니 지벽어축地 闢於丑이라 한다."라고 하였다.

386) 천정개자天政開子 지정벽축地政闢丑이란 원래 소강절의 『황극경세서皇極經世書』에 서 나오는 말이다. 『황극경세서』에서는 천운天運을 자회운子會運 10,800년과 축회운丑會運 10,800년으로 정하고 12회會를 일원一元으로 하여 12×10,800=129,600년으로 하였다.

387) 『금화정역현토조해金火正易懸吐粗解』에서는 "축운오육丑運五六은 황중월체성수皇中月 體成數로서 태양太陽의 일칠사一七四의 상象이요, 자운일팔子運一八은 복상월영생수復上月影 生數로서 태음太陰 일팔칠一八七의 상象이니 축운丑運은 포오함육胞五含六의 자리이며, 자운 子運은 오구五九이니 태음지정太陰之政이다."라고 하였다.

3) 자운일팔子運一八

자운일팔子運一八은 선천先天과 후천后天이 되는 운운이 있는데 운운이란 천지天地의 정사政事이다. 자운子運의 수數가 일팔一八이라 함은 일一 자리를 가르키니 이 자리에 팔간산八艮山이 닿는 것을 말한다[388].

> 一八은 復上月影生數요 五六은 皇中月體成數니라.
> 일 팔 복 상 월 영 생 수 오 육 황 중 월 체 성 수
> 九七五三一은 奇니라 二四六八十은 偶니라.
> 구 칠 오 삼 일 기 이 사 육 팔 십 우

○ 復(돌아올 복) 影(그림자 영) 皇(임금 황) 體(몸 체) 奇(홀 기, 기이할 기) 偶(짝 우)

일팔一八은 복상월復上月에 빛이(영影) 생生하는 수數요,

오육五六은 황중월皇中月의 체體가 이루어지는 수數이니라.

구칠오삼일九七五三一은 기수奇數니라. 이사육팔십二四六八十은 우수偶數니라.

개요槪要

정역팔괘도와 달 정사에 대한 말이다.

---

388) 『정역구해正易句解』에서는 "천정개자天政開子한 자운 일팔一八 자리에서 정사政事하고, 지정벽축地政闢丑한 축운丑運은 오육五六자리에서 정사政事한다는 것으로 일팔一八이란 복상월의 빛이 비로소 생하는 수(생수)이요, 오육五六이란 황중월皇中月의 실체實體가 비로소 성成하는 수數이다. 일팔一八은 태음太陰의 복지지리復之理 일팔칠一八七의 상象을 나타내고, 오육五六은 태양太陽의 복지지리復之理복지지리 일칠사一七四의 상象을 보인다."라고 하였다. 이것을 도표로 하면 다음과 같다.

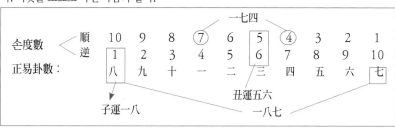

정역이해正易理解

1) 일팔一八 복상월영생수復上月影生數[389]

일팔一八은 정역팔괘도正易八卦圖를 수지手支로 보면 팔간산八艮山이 일一자리에 오고 일一자리에 팔八이 선천先天의 지지干支인 갑자甲子의 자子로 시작하는 곳에 회합會合하여 자운子運이 일팔一八이라고 한 것이다. 복상월復上月[390]은 건乾은 용구작용用九作用을 하므로 육기六氣가 기起하여 계해癸亥가 선천갑자先天甲子 자리로 옮겨오니 갑자甲子는 자연히 구이착종九二錯綜 자리로 옮겨간다. 이때 복상월復上月은 갑자甲子자리를 말한다. 수지상수로 보면 생수生數인 일이삼사오一二三四五는 손가락을 굴屈하는 수數로써 영影이 되고, 손가락을 펴는 육칠팔구십六七八九十은 체體가 된다. 그러므로 영생수影生數는 생수生數의 일一자리를 말한다.

2) 오육五六 황중월체성수皇中月體成數[391]

『서경書經』의 「홍범洪範」이나 낙서洛書의 구궁九宮에 나타난 황극수皇極數도 오五이다. 대개 오五는 일구一九의 중中이다. 정역正易에서 오五는 포오함육胞五含六이다. 그 이유는 선천수先天數는 역생逆生하는데 비해 후천수后天數는 도생倒生하기 때문이다. 역생逆生의 경우는 오五가 일구一九의 중中으로서 오횡극수皇極數에 해당하나, 도생倒生의 경우는 수지상수상手支象數上 오五이면서 육六이기 때문이다.[392] 그러므로 오육五六은 황중월皇中月의 체성수體成數이다.

---

389)『금화정역현토조해金火正易懸吐粗解』에서는 "일팔一八은 갑을병정무甲乙丙丁戊에서 시작하는 복상復上의 천심天心 자리를 말하는 영생수影生數이며, 오육五六은 기경신임계己庚辛壬癸에서 시작하는 황중월皇中月 자리를 말하는 체성수體成數이다."라고 하였다.

390) 복상월은 30일에 월복했다가 초하루에 합삭하고 초삼일에 월혼하여 생하는 달이다.

391)『정역구해正易句解』에서는 "일이삼사오一二三四五는 생수生數라 하고, 육칠팔구십六七八九十을 성수成數라 하니 체성수體成數는 육칠팔구십六七八九十인 성수成數를 이루는 수數, 즉 육六자리를 말한다. 이 상은 재천이방정載天而方正한 형체, 즉 지地를 형성한다. 이것이 축운丑運이며, 오육五六(포오함육包五含六) 황중월皇中月의 체성수體成數라는 것이다."라고 하였다.

392) 이정호,『정역연구正易研究』, 1976, 123쪽

3) 구칠오삼일九七五三一(천天) [393] 이사육팔십二四六八十 우偶(지地) [394]

구칠오삼일九七五三一은 기수奇數로서 천수天數이며, 이사육팔십二四六
八十은 우수偶數로서 지수地數이다. 그러므로 천수天數도 다섯이요, 지수
地數도 다섯이라는 것이다.

---

393) 『금화정역현토조해金火正易懸吐粗解』에서는 "양수陽數이니 생수生數이다."라고 하였
다.
394) 『금화정역현토조해金火正易懸吐粗解』에서는 "음수陰數이니 성수成數이다."라고 하였
다.

二十二張····後

奇偶之數는 二五니 先五는 天道요,
기 우 지 수 　 이 오 　 선 오 　 천 도

后五는 地德이니라.
후 오 　 지 덕

一三五次는 度天이요
일 삼 오 차 　 도 천

第七九次는 數地니 三天兩地니라.
제 칠 구 차 　 수 지 　 삼 천 양 지

天地地天이니 后天先天이니라.
천 지 지 천 　 후 천 선 천

先天之易은 交易之易이니라.
선 천 지 역 　 교 역 지 역

后天之易은 變化之易이니라.
후 천 지 역 　 변 화 지 역

○ 奇(홀 기, 기이할 기) 偶(짝 우) 德(덕 덕) 兩(두 양(량)) 變(변할 변)

　기수奇數와 우수偶數의 수는 다섯이 둘이니 먼저 다섯은 천도요, 뒤의 다섯은 땅의 덕이니라. 일삼오一三五의 차례는 하늘의 법도요, 칠구七九의 차례는 땅을 헤아리니, 세 하늘(삼천三天)과 두 땅(양지兩地)이니라.
　천지天地가 지천地天이 되니 선천과 후천이니라. 선천역은 교역의 역이니라. 후천의 역은 변하고 바뀌는 역이니라.

선천先天의 교역交易과 후천后天의 변역變易에 대한 설명이다.

1) 기우지수이오奇偶之數二五, 선오천도先五天道 후오지덕后五地德[395]

　　홀수와 짝수의 수는 두 개의 다섯이 있다는 것이다. 먼저 다섯인 일一·삼三·오五·칠七·구九는 기수奇數로써 천도天道를 표상하고, 나중 다섯인 이二·사四·육六·팔八·십十은 우수偶數로써 땅의 덕德이라는 것이다.

2) 일삼오차도천一三五次度天, 제칠구차수지第七九次數地
　　삼천양지三天兩地[396]

　　삼천三天이 겸삼재兼三才에 의해서 천지인天地人 삼재三才로 표상되어 삼효단괘三爻單卦가 형성된다. 칠七·구九의 차례는 땅을 세니 삼천양지三天兩地라는 것이다. 『주역周易』에서의 '겸삼재양지兼三才兩之'는 천지인 삼재三才를 각각 음양陰陽과 강유剛柔, 인의仁義로 양지兩之하여 육효중괘六爻重卦가 형성됨을 말한다. 『주역周易』의 겸삼재양지원리兼三才兩之原理를 도식화하면 다음과 같다.

천天	천天	➡ 양지兩之	--	음陰	상효上爻	천天·천天
			—	양陽	오효五爻	인人·지地
지地	인人	➡ 양지兩之	--	음陰	사효四爻	지地·인人
			—	양陽	삼효三爻	천天·천天
인人	지地	➡양지兩之	--	음陰	이효二爻	인人·지地
			—	양陽	초효初爻	지地·인人

395) 『금화정역현토조해金火正易懸吐粗解』에서는 "기우奇偶의 수數는 각각各各 오수五數이니 선오수先五數는 양수陽數로서 천도天道이며, 후오수後五數는 음수陰數로서 지도地道이다."라고 하였다.

396) 『금화정역현토조해金火正易懸吐粗解』에서는 "수지手指로는 일삼오차一三五次는 모지母指, 중지中指, 소지小指의 굴屈이요, 제칠구차第七九次는 무명지無名指, 식지食指를 신伸하면 삼천양지三天兩地이니 낙서생수洛書生數이다."라고 하였다.

원래의 바탕은 천지인天地人 삼재三才이지만 삼재三才가 각각 음양陰陽을 겸兼하여 천도天道에는 음양陰陽이 있고, 인도人道에도 음양陰陽이 있고, 지도地道에도 음양陰陽이 있으니, 이것을 양지兩之하여 육효중괘六爻重卦가 생성生成되는 것이다. 그리고 천지인天地人 삼재三才가 양陽으로 표기된 의미는 음陰은 양陽을 겸兼할 수 없으나 양陽은 음陰을 겸兼할 수 있기 때문이다.

3) 천지지천天地地天 후천선천后天先天[397]

천지天地는 선천先天으로 천지비天地否요, 지천地天은 후천后天으로 지천태地天泰이다.

4) 선천지역先天之易 교역지역交易之易[398]

교역지역交易之易은 화금火金의 위치적位置的인 변화變化를 나타낸 것이다. 『주역周易』에서는 이간역簡, 변역變易, 불역不易의 세 가지의 뜻이 있다.[399] 그러나 『정역正易』에서는 비역匪易, 불역不易, 호역互易, 변역變易,

---

397) 『금화정역현토조해金火正易懸吐粗解』에서는 "천지천天地는 태음太陰낙서洛書인 선천先天이니 천지비운天地否運이요, 지천地天은 후천后天이니 지천태운地天泰運이다."라고 하였다.

398) 『정역집주보해正易集註補解』에서는 "선천先天은 일건천一乾天 위주로 음양陰陽이 상교相交하는 교역지역交易之易이다."라고 하였다.
『금화정역현토조해金火正易懸吐粗解』에서는 "선천지역先天之易은 화입금향금입화火入金鄉金入火하는 교역지역交易之易으로 천사지육天四地六이다."라고 하였다.

399) 역易은 이간易簡과 변역變易, 불역不易으로 세 가지 뜻을 가지고 있다. 구체적으로 설명하면 다음과 같다.
첫째, 이간易簡이란 알기 쉽고 좇기 쉽고 간단 명료하다는 뜻이다. 「계사繫辭」에 "건乾은 만물萬物의 시작을 주관하고, 곤坤은 이룸을 담당한다.(건지대시乾知大始 곤작성물坤作成物)"하였다. 건乾은 하늘로 아버지에 해당하고 곤坤은 땅으로 어머니에 해당한다, 건곤乾坤은 64괘 수괘首卦이고, 천지天地는 만물의 원조元祖이다. 팔괘八卦를 거듭한 64괘로써 천지만물을 설명함은 가장 간단 명료한 방법이다. 해는 동쪽에서 떠올라 서쪽으로 지고, 낮은 밝고 밤은 어두우며, 봄엔 꽃이 피고 겨울엔 눈이 내린다. 어버이는 자식을 사랑하고 자식은 어버이를 따른다. 이것보다 간단하고 쉬운 일은 없다. '역易'은 이러한 천지天地의 법칙을 나타낸 것이므로 이를 '역易'라고 이름 지은 것이다.
둘째, 변역變易이란 우주宇宙의 삼라만상은 한 순간도 변화하지 않는 것이 없다. 구름은 하늘로 떠가고 물은 쉴새없이 흐르며, 더위가 가면 추위가 온다. 이것은 모두 변화이다. 그러므로 우주의 일체 현상을 가리켜 '변역變易'이라고 규정한 것이다.
셋째, 불역不易이란? 무궁무진한 변화의 현상 속에서 변하지 않는 일정한 법칙이 있다. 일월성진日月星辰의 운행運行과 춘하추동春夏秋冬의 대사大事 등은 항상 변화하지만, 운행運行과

교역交易 등이 있는데 360일이 되지 않으면 역易이 역易이 될 수 없다 하여 ①비역匪易이라고 하고, 360일이 되면 다시 바뀌지 않는 것을 ②불역不易이라고 한다. 360일이 된 정역正易을 금화金火가 서남南西에서 서로 뒤바뀐 것을 ③호역互易이라고 하며, 365¼이 360도로 변화한 것을 ④변역變易이라 하여 복희선천역伏羲先天易에서 문왕文王 후천역后天易으로 괘卦의 위치位置만을 바뀌는 것을 ⑤교역交易이라 한다.

5) 후천지역后天之易 변역지역變易之易[400]

변역變易은 금화金火의 본질적本質的 화학적化學的 변화變化를 드러낸 정역正易 후천력后天曆을 말한다. 『정역正易』에서는 문왕괘도文王卦圖에서 정역괘도正易卦圖로 변역變易이 되었다고 보는 것이다.

> 易이 易九宮하고 易이 易八卦니라.
> 역　역구궁　　역　역팔괘
> 卦之離乾은 數之三一이니 東北正位니라.
> 괘지이건　수지삼일　동북정위
> 卦之坎坤은 數之六八이니 北東維位니라.
> 괘지감곤　수지육팔　북동유위

○ 卦(걸 괘) 離(떼놓을 이(리)) 乾(하늘 건) 數(셀 수) 北(북녘 북) 位(자리 위) 卦(걸 괘) 坎(구덩이 감) 坤(땅 곤) 數(셀 수) 東(동녘 동) 維(바 유)

역易이 구궁九宮으로 바뀌고 역이 팔괘八卦로 바뀌니라. (복희괘에서는) 이離와 건乾이 수數로는 삼三과 일一이니, (문왕괘에서는) 동東과 북北이 바르게 자리하니라(마주 보고 있다). (복희괘에서는) 감坎과 곤坤은 수數로는 육六와 팔八이니 (문왕괘에서는) 북北과 동東이 귀퉁이에 자리하니라.

대사大事의 법칙으로 말하면 일정불변하여 억만 년이 지나도 바뀌지 않는다. 이것이 불역不易이다.

400) 『정역집주보해正易集註補解』에서 "후천后天은 오곤지위주五坤地爲主로 음양陰陽이 전도顚倒되는 변역지역變易之易이다."라고 하였다.

복희팔괘도伏羲八卦圖와 문왕팔괘도文王八卦圖의 변역變易에 대한 설명
이다.

1) 역易 역구궁易九宮 역易 역팔괘易八卦[401]

복희팔괘역伏羲八卦易이 문왕팔괘역文王八卦易으로 교역交易됨을 말한
다. 그러므로 『정역正易』에서는 복희선천역伏羲先天易과 문왕후천역文王
后天易이 되는 것이다.

2) 괘지이건卦之離乾 수지삼일數之三一 동북정위東北正位[402]

복희팔괘도伏羲八卦圖에서는 이삼離三, 건일乾一이니 문왕팔괘도文王八
卦圖에서는 동東과 북北으로 마주 보고 있는 것을 동북정위東北正位라고
한 것이다.

3) 괘지감곤卦之坎坤 수지육팔數之六八 북동유위北東維位[403]

복희팔괘도伏羲八卦圖의 육감수六坎數가 문왕팔괘도文王八卦圖의 서북유
위西北維位인 건육乾六으로 가고, 복희팔괘도伏羲八卦圖의 팔곤지八坤地가
문왕팔괘도文王八卦圖의 동북유위東北維位인 간팔艮八로 바뀌는 것을 북
동유위北東維位라고 한 것이다.

---

401) 『금화정역현토조해金火正易懸吐粗解』에서는 "역역구궁易九宮은 선천낙서구궁생성수
先天洛書九宮生成數로 교역交易하는 역易이요. 역역팔괘易八卦는 후천하도팔괘생성수后天
河圖八卦生成數로 변역變易하는 역易이다."라고 하였다.
402) 『금화정역현토조해金火正易懸吐粗解』에서는 "복희팔괘伏羲八卦의 육감수六坎水와 팔곤
지八坤地는 북동방北東方에 유위維位하니 이는 낙서洛書의 방위方位를 말함이다."라고 하였
다.
403) 『금화정역현토조해金火正易懸吐粗解』에서는 "후천지역后天之易은 금입화향화입금金入
火鄕火入金하는 변역지역變易之易으로 천육지사天六地四이다."라고 하였다.

伏羲 八卦 圖

乾一 ☰

巽五 ☴

兌二 ☱

坎六 ☵

離三 ☲

艮七 ☶

震四 ☳

坤八 ☷

⇩

文王 八卦 圖

離九 ☲

巽四 ☴

坤二 ☷

震三 ☳

兌七 ☱

乾六 ☰

艮八 ☶

坎一 ☵

> 卦之兌艮은 數之二七이니 西南互位니라.
> 　괘지태간　수지이칠　서남호위
>
> 卦之震巽은 數之五十이니 五行之宗이요,
> 　괘지진손　수지오십　오행지종
>
> 六宗之長이니 中位正易이니라.
> 　육종지장　중위정역
>
> 干之庚辛은 數之四九이니 南西交位니라.
> 　간지경신　수지구사　남서교위

○ 卦(걸 괘) 兌(빛날 태) 艮(어긋날 간) 數(셀 수) 互(서로 호) 位(자리 위) 卦(걸 괘) 震(벼락 진) 巽(손괘 손) 行(갈 행) 宗(마루 종) 庚(일곱째 천간 경) 辛(매울 신) 南(남녘 남) 西(서녘 서) 交(사귈 교)

(복희괘의) 태兌와 간艮은 수數로는 이二와 칠七이니 (문왕괘에서는) 남南에서 서西쪽으로 바꿔서 자리하니라. (복희괘에는) 진震과 손巽은 수數로는 십오十五이니 오행五行의 종宗(밑둥)이요. 육남매六男妹의 어른이니 중위中位에 정역正易을 이루니라. 천간天干의 경庚과 신辛은 수數로는 구사九四이니 (문왕괘에서는) 서西에서 남南으로 자리를 바꾸느니라.

> **개요槪要**
>
> 복희伏羲·문왕괘도文王卦圖와 서남호위西南互位에 관한 설명이다.

1) 괘지태간卦之兌艮 수지이칠數之二七 서남호위西南互位[404]

복희괘伏羲卦의 태兌와 간艮은 수數로는 이二와 칠七이니 이칠화二七火가 서쪽에서 사구금四九金의 남쪽에 있던 낙서洛書가 하도河圖로 변하면서 사구이칠四九二七이 서남西南에서 호위互位한다.

2) 괘지진손卦之震巽 수지십오數之十五

복희괘伏羲卦에서 진震과 손巽은 수數로는 십오十五이니 오행五行의 종宗(밑둥)이요 육남매六男妹의 어른이니 중위中位에 정역正易을 이룬다.

십오十五는 복희伏羲 괘도卦圖에는 구九와 십十이 없으므로 십진十震 대신에 사진四震이 되어 오손五巽과 마주하고 있으나, 『정역正易』에서는 십수十數가 열렸으므로 십진오손十震五巽이 된다.

3) 오행지종五行之宗[405]

뇌풍雷風이 십오十五인 중앙토中央土로서 오행五行의 종宗을 이룬다는 것이다. 즉 십오十五는 오행지종五行之宗이 된다는 것이다.

4) 육종지장六宗之長

육종지장六宗之長은 『주역周易』의 건곤육자녀乾坤六子女를 말한다. 육종六宗의 장長은 진손震巽(장남長男 장녀長女)이다. 진震은 육자녀六子女의 장남長男이므로 육종지장六宗之長이라고 한 것이다.

5) 중위정역中位正易

육종지장六宗之長은 진손震巽으로서 십오十五는 중앙에 위치하지만 진

---

404) 『금화정역현토조해金火正易懸吐粗解』에서는 "복희팔괘伏羲八卦의 이태택二兌澤 팔간산八艮山이 서남호위西南互位한 위치는 낙서방위洛書方位를 말한다."라고 하였다.

405) 『금화정역현토조해金火正易懸吐粗解』에서는 "복희괘도伏羲卦圖의 사진뢰四震雷와 오손풍五巽風은 복희괘伏羲卦에는 구九와 십十이 없으므로 십진十震 대신에 사진四震이 되어 오손五巽과 상대하고 있으나 정역괘正易卦에서는 십수十數가 열려 십진오손十進五巽으로 되어 있는 바 십오十五는 오행지종五行之宗이 되고, 육종지장六宗之長은 진손震巽으로서 십오十五는 중앙에 위치하나 진손震巽은 십오건곤十五乾坤의 대행代行이니 이것이 중위정역中位正易이다. 육종六宗은 진손震巽(장남長男·장녀長女), 감리坎離(중남中男·중녀中女), 간태艮兌(소남少·男소녀小女)이니 장남長男·장녀長女인 진손震巽이 육종六宗의 장長이 된다."라고 하였다.

손震巽은 십오건곤十五乾坤의 대행代行이니 이것을 중위정역中位正易이라고 한다. 그리고 십오도十五度가 존공尊空이 되어 중위中位의 본체도수本體度數로 귀환歸還하는 십오존공원리十五尊空原理와 더불어 사력四曆이 변화하여 정력기수正曆朞數로 완성되는 천지역수天之曆數 변화원리變化原理를 의미한다.[406]

6) 간지경신干之庚辛 수지구사數之九四 남서교위南西交位[407]

이칠二七과 사구四九가 서남西南으로 가서 자리를 교위交位하는 금화교역金火交易을 말한다.

---

406) 유남상, 「역학의 역수성통원리에 관한 연구」, 『논문집』 제11권 제1호, 충남대학교 인문과학연구소, 1983. 15쪽

407) 『금화정역현토조해金火正易懸吐粗解』에서는 "간지干支의 경신庚辛은 수數로는 사구금四九金으로 방위方位는 서방西方이니 금화교역金火交易으로 인하여 낙서洛書에서는 남방화南方火와 호역互易하여 남방南方에 위치位置한다."라고 하였다.

낙서구궁생성수洛書九宮生成數

天一生壬水하고 地一成子水니라.
천일생임수　　　지일성자수

天三生甲木하고 地三成寅木이니라.
천삼생갑목　　　지삼성인목

天七生丙火하고 地七成午火니라.
천칠생병화　　　지칠성오화

○ 壬(아홉째 천간 임) 寅(셋째 지지 인) 丙(남녘 병) 午(일곱째 지지 오)

하늘의 일一은 임수壬水가 생하고, 땅의 일一은 자수子水가 되니라.

하늘의 삼三은 갑목甲木이 생하고, 땅의 삼三은 인목寅木이 되니라.

하늘의 칠七은 병화丙火가 생하고, 땅의 칠七은 오화午火가 되니라.

개요槪要

낙서구궁洛書九宮 생성수生成數에 관한 설명이다.

각설各說

1) 낙서구궁洛書九宮 생성수生成數[408]

하도십수河圖十數는 십천간十天干을 생생生生하고 낙서구궁洛書九宮은 십이지지十二地支를 성성成成하므로 이는 천생지성天生地成하는 천지합덕天地合德을 뜻한다. 십천간十天干과 십이지지十二地支는 천지만물天地萬物의 이치理致를 모두 함축하고 있는 것이다.

낙서구궁수洛書九宮數라 함은 낙서洛書의 선천용수先天用數인 일삼오칠구一三五七九의 양수陽數로서 양간陽干과 양지陽支를 생성生成하는 천지

---

408) 『금화정역현토조해金火正易懸吐粗解』에서는 "선천先天은 낙서구궁수洛書九宮數로 생성生成하나 일一에서 구九까지의 수數로 되어 있으므로 구궁九宮이라 한다. 구궁九宮의 용수用數는 일삼오칠구一三五七九이니 천일임생수天一壬生水하면 지일자수地一子水 등으로 생성生成함을 뜻한다."라고 하였다.

지수天地之數를 말함이니, 곧 천생지성天生地成하는 원리를 말하는 것이다.[409) 낙서洛書는 일一에서 구九까지 이루어지니 구궁九宮이라 하고, 구궁九宮의 용수用數는 일삼오칠구一三五七九이다.

2) 천일생임수天一生壬水 지일성자수地一成子水

천일임수天一壬水는 하도河圖의 북방일수北方一水로서 만물萬物의 시생始生을 뜻하며, 지일성자수地一成子水는 낙서洛書의 북방일수北方一水로서 하도河圖의 일임수一壬水의 기기氣를 계승하여 자수子水를 이루는 것이다.[410) 그러므로 천일생임수天一生壬水하면 지일성자수地一成子數 등의 생성生成을 의미한다.

3) 천삼생갑목天三生甲木 지삼성인목地三成寅木

천삼생갑목天三生甲木은 하도河圖의 원리原理이며, 지삼성인목地三成寅木은 낙서洛書의 원리이니 하늘이 생생한 것을 땅이 이루는 것은 만물萬物의 생성원리生成原理이다.[411) 그러므로 천삼생갑목天三生甲木하면 지삼성인목地三成寅木 등의 생성을 말한다.

4) 천칠생병화天七生丙火 지칠성오화地七成午火[412)

천칠생병화天七生丙火는 하도河圖의 생성수生成數인 병정이칠화丙丁二七火의 원리이며, 지칠성오화地七成午火는 지일자수地一子數에서 제칠위第七位가 오화午火이므로 천칠변화天七變火의 기기氣를 받아 오화午火를 이루는 것이다.[413)

---

409) 김주성, 『정역집주보해正易集註補解』, 태훈출판사, 1999, 311쪽
410) 김주성, 앞의 책, 312쪽
411) 김주성, 앞의 책, 313쪽
412) 『금화정역현토조해金火正易懸吐粗解』에서는 "천天의 칠수七數는 병화丙火를 생생하고, 땅의 칠七은 오화五火를 생생한다."라고 하였다.
413) 김주성, 앞의 책, 313쪽

> 天五生戊土하고 地五成辰土하니 戊五는 空이니라.
> 천 오 생 무 토　　지 오 성 진 토　　무 오　공
> 天九生庚金하고 地九成申金이니라.
> 천 구 생 경 금　　지 구 성 신 금

○ 戊(개 술) 空(빌 공) 辰(지지 진) 庚(일곱째 천간 경) 申(아홉째 지지 신)

하늘의 오五는 무토戊土를 늘 생하고, 땅의 오五는 진토辰土가 되니, 무오戊五는 공空이니라. 하늘의 구九는 경금庚金을 생하고, 땅의 구九는 신금辛金을 이루느니라.

개요槪要

낙서구궁생성수洛書九宮生成數에 대한 설명이다.

각설各說

1) 천오생무토天五生戊土 지오성진토地五成辰土 술오戊五 공空[414]

　선천先天은 양수陽數를 용용하므로 지일자수地一子水에서 시始하여 제오위第五位가 진토辰土이므로 지오진토地五辰土를 용용하는 것이다. 그러

---

[414] 『금화정역현토조해金火正易懸吐粗解』에서는 "천天의 오수五數는 무토戊土를 생생하고, 지地의 오수五數는 진토辰土를 생생하며 무오戊午는 존공尊空이 된다."라고 하였다.

므로 천오무토天五戊土의 기氣를 받아 지오진토地五辰土를 이루는 것이다. 술오무토戊五戊土는 제십일위第十一位로서 십일귀체지위十一歸體之位이며, 오午에서 시始하는 후천后天의 무토戊土로서 선천先天에서는 불용不用하므로 존공尊空한다. 이를 십이소식괘十二消息卦로 살펴보면 선천지시先天之始인 자위子位는 지뢰복괘地雷復卦이고, 제오위진第五位辰은 택천쾌괘澤天夬卦이며, 후천지시后天之始인 오위午位는 천풍구괘天風姤卦이고, 제오위술第五位戊은 산지박괘山地剝卦이니 무오토戊五土는 양陽을 박삭剝削하는 토土이므로 양陽이 용용하는 선천先天에서는 쓸 수가 없는 것이다.[415]

『정역正易』에서 공空은 단순히 비어 있는 것이 아니라 무엇에 의해서 대용되어 본 자리가 비어 있는 것을 말한다. 그러므로 술오공戊五空은 술戊은 진辰으로 대용代用된다는 의미이다.

2) 천구생경금天九生庚金 지구성신금地九成申金[416]

낙서구궁수洛書九宮數에서 일삼오칠구一三五七九의 양수생성陽數生成만 논論하고 이사육팔二四六八 음수생성陰數生成에 대해서는 논論하지 않았는 바, 이는 낙서구궁洛書九宮의 선천용사先天用事는 양수일陽數一에서 시작하여 양수구陽數九에 이르는 역생逆生의 용사用事로서 양수陽數가 주主가 되고, 음수陰數는 종從이 되는 것이므로 주사자主事者 위주爲主로 논論한 것이다. 이것이 이른바 양진이음퇴陽進而陰退 음퇴이양진陰退而陽進하는 음양변화지리陰陽變化之理이다. 선천先天은 천도天道 위주爲主이므로 복희팔괘도伏羲八卦圖에 건남곤북乾南坤北으로 건천乾天이 남방南方의 주궁主宮으로 정위正位한 것이며, 후천后天은 지도地道 위주爲主이므로 정역팔괘도正易八卦圖에 곤남건북坤南乾北으로 곤지坤地가 남방주궁南方主宮에 위위位하는 것이다. 그러므로 선천先天은 천일생임수天一生壬水를 시두始頭로 하여 역생逆生(양진陽進)하여 천구생경금天九生庚金에서 극極에 이르며,

---

415) 김주성金周成, 앞의 책, 363쪽
416) 『금화정역현토조해金火正易懸吐粗解』에서는 "천天의 구수九數는 경금庚金을 생생하고, 땅의 구수九數는 신금辛金을 생생한다."라고 하였다.

후천后天은 원천하생지십기토原天下生地十己土를 시두始頭로 하여 도생倒生(음퇴陰退)하는 것이니, 선후천先后天의 순환循環은 곧 음변위양陰變爲陽(진進)하고 양화위음陽化爲陰(퇴退)하는 음양변화陰陽變化의 반복反復인 것이다.[417]

417) 김주성金周成, 『정역집주보해正易集註補解』, 태훈출판사, 1999, 364쪽

삼오착종삼원수三五錯綜三元數

甲己夜半에 生甲子하니 丙寅頭니라.
갑 기 야 반   생 갑 자   병 인 두

乙庚夜半에 生丙子하니 戊寅頭니라.
을 경 야 반   생 병 자   무 인 두

丙辛夜半에 生戊子하니 庚寅頭니라.
병 신 야 반   생 무 자   경 인 두

丁壬夜半에 生庚子하니 壬寅頭니라.
정 임 야 반   생 경 자   임 인 두

戊癸夜半에 生壬子하니 甲寅頭니라.
무 계 야 반   생 임 자   갑 인 두

○ 甲(첫째 천간 갑) 己(자기 기) 夜(밤 야) 半(반 반) 丙(남녘 병) 寅(셋째 지지 인) 頭(머리 두)
庚(일곱째 천간 경) 戊(다섯째 천간 무) 辛(매울 신) 癸(열째 천간 계)

갑기야반은 갑자甲子에서 생하니, 병인丙寅으로 하느니라.

을경야반은 병자丙子에서 생하니, 무인戊寅으로 하느니라.

병신야반은 무자戊子에서 생하니, 경인庚寅으로 하느니라.

정임야반은 경자庚子에서 생하니, 임인壬寅으로 하느니라.

무계야반은 임자壬子에서 생하니, 갑인甲寅으로 하느니라.

개요概要

선천 책력과 순환에 대한 설명이다.

각설各說

1) 삼오착종三五錯綜[418] 삼원수三元數[419]

----

418) 『정역집주보해正易集註補解』에서는 "삼오착종三五錯綜이라 함은 『주역』 「계사상繫辭
上」편篇 12장에 '삼오이변參伍以變 착종기수錯綜其數'에서 유래된 것인 바, 선유先儒들은 대
개 설시입괘揲蓍立卦의 과정인 책수착종冊數錯綜의 뜻으로 주석註釋하고 있다."라고 하였다.

419) 『정역正易과 일부一夫』에서 "삼오착종三五錯綜은 천간天干의 갑을병정무甲乙丙丁戊와
기경신임계己庚辛壬癸가 선천先天의 차례에 따라 각각 갑기己, 을경乙庚, 병신丙辛, 정임丁
壬, 무계戊癸로 되어 그 야반에 각각 갑자甲子, 병자丙子, 무자戊子, 경자庚子, 임자壬子를 생함

선천지구先天地球는 자오축子午軸이 되어 야반夜半이 자子에서 기起하는데 자子는 양지陽支로서 생장生長의 상象이 되므로 다음의 양지陽支인 인寅까지 자축인子丑寅의 삼원三元이 된 것이다. 구이착종九二錯綜은 성成의 시운時運의 달이 여물어서 금화호역金火互易하는 상象을 말한 것이다. 반면에 삼오착종三五錯綜은 장長의 시운時運의 달이 태궁胎宮에서 자라는 상象을 말한 것이다. 선천先天의 복상월復上月은 동방진東方震에서 생生하니 낙서동방洛書東方은 삼수三數요, 복상월復上月은 태궁胎宮인 중궁中宮에서 자라고 있는데 낙서중궁洛書中宮은 오수五數이니 이는 삼三이 오五로 변變하는 것으로서 곧 삼오착종三五錯綜이다.

다시 말하면 갑삼甲三이 무오戊五로 바뀌는 것이 선천先天의 삼원三元이다. 삼오착종三五錯綜 삼원수三元數는 선천책력先天冊曆을 만드는 방법이다. 갑자甲子에서 병인丙寅까지 삼도三度를 삼원수三元數라고 한 것이다.

2) 갑기야반甲己夜半 생갑자生甲子 병인두丙寅頭[420]

야반夜半은 날짜 변경선이요,[421] 생生은 시時이다. 그러므로 갑일甲日과

을 보여주고, 다시 월건月建의 경우는 그 야반夜半의 생도수生度數에서 각각 삼도三度씩 나간 병인丙寅, 무인戊寅, 경인庚寅, 임인壬寅, 갑인甲寅을 세수월건歲首月建으로 하므로 이것을 삼오착종삼원수三五錯綜三元數라고 한 것이다."라고 하였다.

월건표月建表			시건표時建表	
태세도수太歲度數	월건月建	세수월건歲首月建	일진도수日辰度數	시건時建
갑甲 · 기己	갑자甲子	병인丙寅	갑甲 · 기己	갑자甲子
을乙 · 경庚	병자丙子	무인戊寅	을乙 · 경庚	병자丙子
병丙 · 신辛	무자戊子	경인庚寅	병丙 · 신辛	무자戊子
정丁 · 임壬	경자庚子	임인壬寅	정丁 · 임壬	경자庚子
무戊 · 계癸	임자壬子	갑인甲寅	무戊 · 계癸	임자壬子

420) 갑기이나 기일己日 한밤중에 닿는 시時는 갑자시甲子時에 생生한다.
『금화정역현토조해金火正易懸吐粗解』에서는 "선천태세수先天太歲數로 갑기지년甲己之年에는 병인丙寅으로 세수歲首한다."라고 하였다.
『정역집주보해正易集註補解』에서는 "갑기일甲己日의 야반夜半에 갑자甲子가 생生하므로 갑자甲子를 시두時頭로 하여 갑기지년甲己之年은 갑자甲子에서 삼도三度를 진進하여 병인월丙寅月을 세수월건歲首月建으로 한다는 뜻이다. 이하以下의 을경乙庚, 정임丁壬, 무계戊癸도 역시 동일同一하다."라고 하였다.
421) 야반夜半은 날짜 변경선이다. 기록에 의하면 중국의 하夏나라는 인시寅時로 하였는데 별을 기준으로 하였고, 은殷나라는 닭이 울 때를 기준으로 하여 계명축시鷄鳴丑時이다. 주周

기일己日의 야반지지夜半地支는 항상 갑자시甲子時로 시작되고, 갑년甲年 과 기년己年의 정월正月은 항상 병인두丙寅頭로 시작한다는 것이다.

3) 을경야반乙庚夜半 생병자生丙子 무인두戊寅頭[422]

을일乙日과 경일庚日의 야반지지夜半地支는 항상 병자시丙子時로 시작되고, 을년乙年과 경년庚年의 정월正月은 항상 무인월戊寅月로 시작한다는 것이다.

4) 병신야반丙辛夜半 생무자生戊子 경인두庚寅頭[423]

병일丙日과 신일辛日의 야반지지夜半地支는 항상 무자시戊子時로 시작되고, 병년丙年과 신년辛年의 정월正月은 항상 경인월庚寅月로 시작한다는 것이다.

5) 정임야반丁壬夜半 생경자生庚子 임인두壬寅頭[424]

정일丁日과 임일壬日의 야반지지夜半地支는 항상 경자시庚子時로 시작되고, 정년丁年과 임년壬年의 정월正月은 항상 임인월壬寅月로 시작한다는 것이다.

6) 무계야반戊癸夜半 생임자生壬子 갑인두甲寅頭[425]

무일戊日과 계일癸日의 야반지지夜半地支는 항상 임자시壬子時로 시작되고, 술년戊年과 계년癸年의 정월正月은 항상 갑인월甲寅月로 시작한다는 것이다.

나라는 야반자시夜半子時이다.

[422] 『금화정역현토조해金火正易懸吐粗解』에서는 "을경지년乙庚之年에는 무인戊寅으로 세수歲首한다."라고 하였다.

[423] 『금화정역현토조해金火正易懸吐粗解』에서는 "병신지년丙辛之年에는 경인庚寅으로 세수歲首한다."라고 하였다.

[424] 『금화정역현토조해金火正易懸吐粗解』에서는 "정임지년丁壬之年에는 임인壬寅으로 세수歲首한다."라고 하였다.

[425] 『금화정역현토조해金火正易懸吐粗解』에서는 "무계지년戊癸之年에는 갑인甲寅으로 세수歲首한다."라고 하였다.

하도팔괘생성수河圖八卦生成數

地十生己土하고 天十成丑土니라.
지 십 생 기 토　　천 십 성 축 토

地四生辛金하고 天四成酉金이니라.
지 사 생 신 금　　천 사 성 유 금

地六生癸水하고 天六成亥水니라.
지 육 생 계 수　　천 육 성 해 수

地八生乙木하고 天八成未木하니 卯八은 空이니라.
지 팔 생 을 목　　천 팔 성 미 목　　묘 팔　공

地二生丁火하고 天二成巳火니라.
지 이 생 정 화　　천 이 성 사 화

○ 天(하늘 천) 成(이룰 성) 丑(두 번째 지지 축) 地(땅 지) 生(날 생) 辛(여덟 번째 천간 신) 金(성 김{쇠 금) 酉(열 번째 지지 유) 癸(열째 천간 계) 亥(열 두번째 지지 해) 乙(두 번째 천간 을) 木(나무 목) 天(하늘 천) 未(여덟 번째 지지 미) 卯(넷째 지지 묘) 空(빌 공) 丁(넷째 천간 정) 火(불 화) 巳(여섯째 지지 사)

땅의 십十은 기토己土를 생하고, 하늘의 십十은 축토丑土가 된다.

땅의 사四는 신금辛金을 생하고, 하늘의 사四는 유금酉金이 된다.

땅의 육六은 계수癸水를 생하고, 하늘의 육六은 해수亥水가 된다.

땅의 팔八은 을목乙木을 생하고, 하늘의 팔八은 미목未木을 이루며, 묘八는 공空이 되느니라.

땅의 이二는 정화丁火를 생하고, 하늘의 이二는 사화巳火를 이루느니라.

후천后天의 책력과 순환원리에 대한 설명이다.

1) 하도팔괘河圖八卦 생성수生成數[426]

하도河圖는 십수팔괘十數八卦를 생성生成한 괘도卦圖이다. 즉 하도팔괘河圖八卦를 십수팔괘十數八卦라고 하는 것이다.

2) 지십생기토地十生己土 천십성축토天十成丑土[427]

십수十數는 하도河圖와 정역팔괘正易八卦에서 출현한 수數이다. 선천先天은 일一에서 십十으로 역생도성逆生倒成하므로 천일생임수天一生壬水로 시작해서 지구성신금地九成辛金으로 종終한다. 반면에 후천后天은 십十에서 일一로 도생역성倒生逆成하므로 지십기토地十己土에서 시작하여 천이성이화天二成己火에서 종終한다.

3) 지사생신금地四生辛金 천사성유금天四成酉金[428]

지地의 사수四數는 신금辛金에서 생생하고, 천天의 사수四數는 서금西金에서 성성成成한다는 것이다.

4) 지육생계수地六生癸水 천육성해수天六成亥水[429]

지地의 육수六數는 계수癸水에서 생생하고, 천天의 육수六數는 해수亥水에서 성성成成한다는 것이다.

---

426) 『금화정역현토조해金火正易懸吐粗解』에서는 "후천后天의 하도수河圖數 이사육팔십二四六八十 도수도數의 지천태운地天泰運이다."라고 하였다.

427) 앞의 책에서는 "지地의 십수十數는 기토己土에서 생생하고 천天의 십수十數는 축토丑土에서 성성成成한다."라고 하였다.

428) 앞의 책에서는 "지地의 사수四數는 신금辛金에서 생생하고 천天의 사수四數는 서금西金에서 성성成成한다."라고 하였다.

429) 앞의 책에서는 "지地의 육수六數는 계수癸水에서 생생하고, 천天의 육수六數는 해수亥水에서 성성成成한다."라고 하였다.

5) 지팔생을목地八生乙木 천팔성미목天八成未木 묘팔공卯八空[430]

　　지地의 팔수八數는 을목乙木에서 생생生生하고, 천天의 팔수八數는 미목축토未木丑土에서 성성成成하여 묘팔卯八은 존공尊空된다.

6) 지이정화地二丁火 천이성사화天二成巳火[431]

　　지地의 이수二數는 정화丁火에서 생생生生하고, 천天의 이수二數는 사화巳火에서 성성成成한다.

430) 앞의 책에서는 "지地의 팔수八數는 을목乙木에서 생생生生하고 천天의 팔수八數는 미목축토未木丑土에서 성성成成하여 묘팔卯八은 존공尊空된다."라고 하였다.
431) 앞의 책에서는 "지地의 이수二數는 정화丁火에서 생생生生하고, 천天의 이수二數는 사화巳火에서 성성成成한다."라고 하였다.

구이착종오원수九二錯綜五元數

己甲夜半에 生癸亥하니 丁卯頭니라.
기 갑 야 반　　생 계 해　　정 묘 두

○ 錯(섞일 착) 綜(모을 종) 夜(밤 야) 半(반 반) 癸(열째 천간 계) 亥(열두 번째 지지돼지 해) 卯(넷째 지지 묘) 頭(머리 두)

기갑야반에는 계해가 생하니 정묘를 머리로 하느니라.

개요概要 [432)]

정역正易에서의 구이착종九二錯綜에 관한 설명이다.

각설各說

1) 구이착종오원수九二錯綜五元數

　구이착종九二錯綜은 수지상수手支象數에서 신유辛酉(9지指), 임술壬戌(10지指), 계해癸亥(1지指), 갑자甲子(2지指) 을축乙丑(3지指) 병인丙寅(4지指) 정묘丁卯(5지指) 신유辛酉자리(제9지指)에서 변하니 신구辛九와 정이丁二가 한 곳에서 뒤섞임을 말한다. 그리고 구이착종九二錯綜 오원수五元數는 『정역正易』에서 삼원三元과 오원五元이 상대적으로 삼원三元은 선천수先天數이고, 오원五元은 후천수后天數이다[433)].

----

432) 계해癸亥에서 정묘丁卯까지가 오도五度이다. 『정역집주보해正易集註補解』에서는 "후천后天은 사구금四九金과 이칠화二七火가 교역交易함으로써 금화문金火門이 열리므로 구이착종九二錯綜은 천구경금天九庚金과 지이정화地二丁火의 착종錯綜을 뜻하는 것이다."라고 하였다.
『정역연구正易研究』에서는 "『정역正易』에서의 구이착종九二錯綜은 '기갑야반己甲夜半'으로 되어 있다. 선천先天의 삼오착종三五錯綜과는 정반대로 갑기甲己가 기갑己甲으로 전도轉倒되어 있다. 선천先天의 갑자甲子가 생生한 곳에 후천后天에 계해癸亥가 생生하니 이것이 바로 '종칙유시終則有始 천행야天行也'이요, 선후천先後天의 전도轉倒인 것이다. 구이착종九二錯綜은 금화교역金火交易과도 밀접한 관계를 가지고 있는 것으로 보인다."라고 하였다.
433) 『주역·정역』에서는 "구이착종九二錯綜은 금화金火의 정역正易함이오, 후천지구后天地球는 해사축亥巳軸이 되어 야반夜半이 해해亥亥에서 기起하는데 해해亥亥는 음지陰支로서 성성의 상象

2) 기갑야반己甲夜半 생계해生癸亥 정묘두丁卯頭[434]

기일己日과 갑일甲日의 야반夜半은 계해시癸亥時가 되고, 기년己年과 갑년甲年의 월건月建인 정월正月은 정묘丁卯가 된다.

이 되므로 삼원三元의 양陽을 내포內包한 다음의 음지陰支인 묘卯까지 해자축인묘亥子丑寅卯의 오원五元이 된 것이다."라고 하였다.

434) 『금화정역현토조해金火正易懸吐粗解』에서는 "후천도수태세后天度數太歲로서 기갑지년己甲之年에는 정묘丁卯를 세수歲首로 한다."라고 하였다.

庚乙夜半에 生乙亥하니 己卯頭니라.
경 을 야 반   생 을 해   기 묘 두

辛丙夜半에 生丁亥하니 辛卯頭니라.
신 병 야 반   생 정 해   신 묘 두

壬丁夜半에 生己亥하니 癸卯頭니라.
임 정 야 반   생 기 해   계 묘 두

癸戊夜半에 生辛亥하니 乙卯頭니라.
계 무 야 반   생 신 해   을 묘 두

○ 庚(일곱째 천간 경) 夜(밤 야) 半(반 반) 生(날 생) 亥(돼지 해) 己(자기 기) 卯(넷째 지지 묘)
頭(머리 두) 辛(매울 신) 丙(남녘 병) 夜(밤 야) 半(반 반) 壬(아홉째 천간 임) 丁(넷째 천간
정) 己(자기 기) 癸(열째 천간 계) 癸(열째 천간 계) 戊(다섯째 천간 무)

경을일의 야반에는 을해가 생하니 기묘를 머리로 하느니라.

신병일의 야반에는 정해가 생하니 신묘를 머리로 하느니라.

임정일의 야반에는 기해가 생하니 계묘를 머리로 하느니라.

계무일의 야반에는 신해가 생하니 을묘를 머리로 하느니라.

개요槪要

후천책력后天冊曆에 대한 설명이다.

1) 경을야반庚乙夜半 생을해生乙亥 을묘두기묘두己卯頭[435)

경일庚日과 을일乙日의 야반夜半은 을해시乙亥時가 되고, 경년庚年과 을년乙年의 월건月建인 정월正月은 기묘己卯가 된다.

2) 신병야반辛丙夜半 생정해生丁亥 신묘두辛卯頭[436)

신일辛日과 병일丙日의 야반夜半은 정해시丁亥時가 되고, 정년丁年과 해년亥年의 월건月建인 정월正月은 신묘辛卯가 된다.

3) 임정야반壬丁夜半 생기해生己亥 계묘두癸卯頭[437)

임일壬日과 정일丁日의 야반夜半은 기해시亥時가 되고, 임년壬年과 정년丁年의 월건月建인 정월正月은 계묘癸卯가 된다.

4) 계무야반癸戊夜半 생신해生辛亥 을묘두乙卯頭[438)

계일癸日과 무일戊日의 야반夜半은 신해시辛亥時가 되고, 해시癸年과 무년戊年의 월건月建인 정월正月은 을묘乙卯가 된다.

---

435) 『금화정역현토조해金火正易懸吐粗解』에서는 "후천도수태세后天度數太歲로서 경을지년庚乙之年에는 기묘己卯를 세수歲首로 한다."라고 하였다.

436) 『금화정역현토조해金火正易懸吐粗解』에서는 "후천도수태세后天度數太歲로서 신병지년辛丙之年에는 신묘辛卯를 세수歲首로 한다."라고 하였다.

437) 『금화정역현토조해金火正易懸吐粗解』에서는 "후천도수태세后天度數太歲로서 임정지년壬丁之年에는 계묘癸卯를 세수歲首로 한다."라고 하였다.

438) 『금화정역현토조해金火正易懸吐粗解』에서는 "후천도수태세后天度數太歲로서 계무지년癸戊之年에는 을묘乙卯를 세수歲首로 한다."라고 하였다.

십일귀체시十一歸體詩

火入金鄉金入火요 金入火鄉火入金을
화 입 금 향 금 입 화　　금 입 화 향 화 입 금
火金金火原天道라. 誰遣龍華歲月今인고
화 금 금 화 원 천 도　　수 견 용 화 세 월 금

○ 火(불 화) 金(성 김{쇠 금}) 鄕(시골 향) 誰(누구 수) 遣(보낼 견) 龍(용 룡) 華(꽃 화) 歲(해 세) 月(달 월) 今(이제 금)

화火가 금金의 고을에 드니, 금金이 화火에게로 들어가고,

금金이 화火의 고을에 드니, 화火가 금金에게로 들어감을,

화금火金이 금화金火로 되는 것이 원천原天의 도道라,

누가 용화龍華의 세월을 이제야 보냈는고.

개요槪要

『정역正易』에서의 십일귀체원리十一歸體原理를 시詩로 말하고 있다.

각설各說

1) 십일귀체시十一歸體詩[439]

십일귀체十一歸體는 『정역正易』 특유의 표현으로 하도河圖의 수數에 있어서 기수奇數인 구칠오삼일九七五三一과 우수偶數인 이사육팔십二四六八十의 오위五位의 기우수奇偶數가 귀체歸體됨을 말한다. 즉 하도적 작용과 낙서적인 작용이 오황극五皇極을 중심으로 생성귀체生成歸體되는 이

---

439) 『정역집주보해正易集註補解』에서는 "십일귀체十一歸體는 하도십수河圖十數와 도생역생倒生逆成하는 순환循環원리를 말함이니, 하도河圖의 십수十數에서 도생倒生하여 북방일수北方一數에 이르러 귀체歸體하고, 일수一數를 용용하여 역성逆成함으로써 본체本體로 환원還元하는 순환의 반복이 십일귀체원리十一歸體原理이다. 하도河圖의 十數가 일一(태극太極)에 이르는 것을 귀체歸體라 함은 하도河圖는 후천지용后天之用이요, 선천지체先天之體로서 일태극一太極을 용사用事하는 선천先天에 이르면 체용體用이 바뀌어 체體가 되므로 이를 귀체歸體라고 한 것이니 곧 무극이태극无極而太極을 말함이다."라고 하였다.

치를 말한다.[440] 그 수數로는 ①구이九二, ②칠사七四, ③오육五六, ④삼팔三八, ⑤십일一十이 모두 십일十一에 귀체歸體됨을 의미한다. 『정역正易』에서 십일十一은 ①오운육기五運六氣 ②포오함육包五合六 ③삼팔동궁三八同宮 ④십진일퇴十進一退 ⑤구이착종九二錯綜 ⑥십일음十一吟 등이 있다.

2) 화입금향금입화火入金鄕金入火 금입화향화입금金入火鄕火入金

화금火金은 선천先天이요, 금화金火는 후천后天이다. 향鄕은 본래 있던 곳을 말한다. 화火의 고향은 금金이고, 금金의 고향은 화火라는 것이다. 그러므로 화火가 금향金鄕에 들어오면 금金은 화火에 들어오고, 금金이 화향火鄕에 들어오면 화火는 금金에 들어온다는 것이다. 즉 금화교역을 말한다.

3) 화금금화원천도火金金火原天道 수견용화세월금誰遣龍華歲月今[441]

화금火金이 금화金火하는 것이 원도천原天道이다. 이것은 금화교역金火交易의 이치理致를 불가佛家의 용화세월龍華歲月에 비유하여 설명한 것으로 보인다. 용화세월龍華歲月은 미륵세월, 제팔불, 즉 당래불인 용화미륵이 출세出世하여 교화教化하는 세상을 말한다. 『정역正易』에서는 뇌풍雷風으로 진震은 용龍이 되고, 손巽은 화華가 되는 뜻을 말한다. 이는 뇌풍雷風이 정위正位하여 정사政事를 하는 것이 상제上帝께서 친정親政하여 유리세계琉璃世界를 조림照臨하는 세상을 칭한 것이다.[442]

---

440) 유남상 「정역의 도서상수원리에 대한 연구」, 『논문집』 제8권 제2호, ,충남대학교 인문과학연구소 1981, 10쪽

441) 『정역집주보해正易集註補解』에서는 "전반前半의 구절句節은 후천后天의 금화교역金火交易을 밝힌 것이니, 화입금향火入金鄕이라 함은 선천先天에서 역상逆上하여 극極에 도달한 남방南方의 서열지화기署烈之火氣가 서방금향西方金鄕으로 퇴위退位함을 말한다. 금입화향金入火鄕이라 함은 서방西方의 한랭지금寒冷之金氣가 남방정위南方正位로 당권當權하여 용사用事하는 이치理致를 말한 것이다."라고 하였다.

442) 권영원, 『정역구해正易句解』, 경인문화사, 1983, 131쪽

政令은 己庚壬甲丙이요 呂律은 戊丁乙癸辛을
정령 기경임갑병 여율 무정을계신

地十爲天天五地하니 卯兮歸丑戌依申이라.
지 십 위 천 천 오 지 묘 혜 귀 축 술 의 신

○ 政(정사 정) 令(영 령{영}) 己(자기 기) 庚(일곱째 천간 경) 壬(아홉째 천간 임) 甲(첫째 천
간 갑) 丙(남녘 병) 呂(음률 려{여}) 律(법 율{률}) 戊(다섯째 천간 무) 丁(넷째 천간 정) 乙(새
을) 癸(열째 천간 계) 辛(매울 신) 地(땅 지) 爲(할 위) 五(다섯 오) 卯(넷째 지지 묘) 兮(말
멈출 혜, 어조사 혜) 歸(돌아갈 귀) 丑(소 축) 戌(개 술) 依(의지할 의) 申(아홉째 지지 신)

정령政令은 기경임갑병己庚壬甲丙이요, (땅의) 여율呂律은 무정을계신戊

丁乙癸辛(하늘의)임을 지십地十은 천天이 되고, 천天의 오五는 지地가 되니,

묘卯의 자리에 축丑이 들어가고 술戌의 자리에 신申이 의지함이라.

개요概要

후천后天의 천지정사天地政事인 정령政令과 려율呂律에 대한 설명이다.

각설各說 443)

443) 『금화정역현토조해金火正易懸吐粗解』에서는 "해와 달의 표면작용表面作用이 만물萬物
에 미치는 영향은 정령政令이고, 해와 달의 표면작용表面作用이 미치는 율동律動이 율려律呂
이다. 정령政令은 천정天政으로서 태양太陽·태음太陰의 혼백魂魄과 기체氣體를 뜻함이니, 경
임庚壬은 일수지혼一水之魂과 사금지혼四金之魂이고, 갑병甲丙은 칠화지기七火之氣로 팔목지
체八木之體가 되며, 천유일월天有日月 운행사시運行四時를 뜻한다. 수지手指로는 기경임己庚
壬은 일一·이二·사지四指의 굴屈이요, 갑병甲丙은 육六·칠지七指가 신伸한다. 율려律呂는 지
정地政으로 정이丁二와 을삼乙三은 율려律呂가 되고, 계육癸六과 신구辛九는 양율陽律이 되
니 이화삼목二火三木은 분이영이여分而影而呂이며, 육수구금六水九金은 회이윤이율會而閏而
律이니, 지유율려이조음양地有律呂而調陰陽이 된다. 수지手指로는 무정을戊丁乙은 십十·구
九·칠지신七之伸이요, 계신癸辛은 오五·삼지三指를 굴屈한다. 지십기토地十己土가 모지일母
指一자리에 올라와서 천天이 되고, 무오토戊五土가 땅의 십十자리에 내려가서 지십위천천오
지地十爲天天五地에 당當하고, 용구용九자리에서 유술해자戌亥子하면 축丑이 중지사中指三
자리에 당當하니 묘혜귀축卯兮歸丑되는 것이고, 기축己丑을 모지일母指一자리에서 쓰면 술戌
이 모지십母指十자리에 당當하여 해亥를 모지일母指一로 쓰면 십지十指자리에서 신申이 당當
하므로 무의신戊衣申이라 한 것이다."라고 하였다.
『정역집주보해正易集註補解』에서는 "지십위천천오지地十爲天天五地라 함은 후천后天의 천지
설위天地設位를 말함이니, 정역팔괘도正易八卦圖에 십건천十乾天이 북방지위北方地位에 위위
함으로 지십위천地十爲天이며, 오곤지五坤地가 남방천위南方天位에 위위함으로 천오지天五地

1) 정령기경임갑병政令己庚壬甲丙 려율무정을계신呂律戊丁乙癸辛

정령政令은 기경임갑병己庚壬甲丙이다. 즉 기위己位인 무극无極의 천정天政을 의미한다. 그리고 해와 달의 표면작용이 만물萬物에 미치는 영향이다. 갑병甲丙은 태양太陽으로 칠화지기七火之氣와 팔목지체八木之體를 말한다.

려율呂律은 무정을계신戊丁乙癸辛이다. 즉 무위戊位인 황극皇極의 지정地政을 말한다. 그리고 해와 달의 이면작용이 만물萬物에 미치는 영향을 말한다. 정을丁乙은 이화삼목二火三木이고, 계신癸辛은 육수구금六水九金을 말한다.

◎정령政令·여률呂律와 무기지정戊己之政

```
·정령政令 : 기위태양己位太陽 ⇨ 삼십육도三十六度 성도成度 ───────┐
                                  무기지정戊己之政=일월지정日月之政
·여율呂律 : 무위태음戊位太陰 ⇨ 삼십도三十度 성도成度 ───────────┘
```

일월지정日月之政

사시운행四時運行

↓

영허소장盈虛消長과 굴신진퇴屈伸進退 반복反復

◎정령政令과 려율呂律[444]

정政	령令	여呂	율律
기기 경임庚壬 갑병甲丙		무戊 정을丁乙 계신癸辛	
사일四一 팔칠八七		이삼二三 육구六九	

라 한 것이다.”라고 하였다.

444) 권영원,「정역구해」, 경인문화사, 118쪽 참조.

2) 지십위천地十爲天 천오지천五地

지십위천地十爲天 천오지천五地는 후천后天의 천지설위天地設位를 말함이다. 정역팔괘도正易八卦圖의 십건천十乾天이 북방北方의 위치에 자리하므로 지십위천地十爲天이며, 오곤지五坤地가 남방천위南方天位에 자리하므로 천오지天五地라고 한 것이다.[445] 지십위천地十爲天은 지십기토地十己土가 올라가서 하늘이 되고, 천오天五가 내려와서 땅이 된다. 선천先天에서 후천后天으로 변하는 중심이다. 수지상수手支象數로는 오팔존공五八尊空할 때의 무오묘팔戊五卯八이다.

3) 묘혜귀축술의신卯兮歸丑戌依申

갑술甲戌의 공空이 어디로 귀의歸依했는가 하면 묘卯는 축丑으로 돌아가고 술戌은 신申에 의지한다는 말이다.[446] 묘혜귀축술의신卯兮歸丑戌依申이라 함은 선후천先后天의 순환지도循環之道를 말함이다. 이는 천도天道는 좌선左旋하고 지도地道는 우선右旋하는 천지순환지도天地循環之道를 밝힌 것이다. 지도地道는 십토축궁十土丑宮에서 좌선이퇴右旋而退하면 묘궁卯宮에 이르러 십일귀체十一歸體가 되므로 묘목卯木은 귀공歸空하여 후천后天의 본체本體인 십토축토十土丑土로 돌아가며, 천도天道는 일수자궁一水子宮에서 좌선이진左旋而進하면 술궁戌宮에 이르러 십일귀체十一歸體가 되므로 술토戌土는 귀공歸空하여 선천先天의 본체수本體數인 구수신궁九數辛宮에 귀의歸依하는 이치理致를 밝힌 것이다.[447]

445) 김주성 『정역집주보해正易集註補解』, 태훈출판사, 1999, 330쪽.

446) 권영원, 『정역과 천문력』, 상생출판, 2013, 562쪽.

447) 김주성, 앞의 책, 331쪽.

十은 十九之中이니라.
십   십구지중

九는 十七之中이니라.
구   일칠지중

八은 十五之中이니라.
팔   십오지중

십十은 십十과 구九의 중이니라.

구九는 십十과 칠七의 중이니라.

팔八은 십十과 오五의 중이니라.

개요概要

천지만물의 중심체위 중에서 십十에서 팔八까지의 중中으로 설명하고
있다.

각설各說 [448]

---

448) 유남상, 「정역사상의 근본문제」에서 "사력변화四曆變化와 십오성통十五聖統은 하락河洛의
원리에 근거한 것으로 낙서洛書의 중궁수 오五를 체體로 하여 사력변화四曆變化가 나타나며, 하
도河圖의 중수中數 십오十五가 존공尊空되는 원리에 따라 사력변화四曆變化를 계승하는 십오성
통十五聖統이 전개되는 것이다. 그러므로 성인聖人의 집중執中 심법心法도 역시 역수변화원리 차
원의 문제인 까닭에 『정역正易』 25장에서 "십十은 십구지중十九之中 ……(중략中略)…… 공자지시
중지중孔子之時中之中"이라고 하였다. 이것은 요순堯舜의 궐중厥中의 도道도, 공자孔子의 시중時

1) 십十 십구지중十九之中[449]

하도河圖의 십수十數와 낙서洛書의 구수九數를 합합한 수數 십구十九는 천지天地 만물의 총수總數이다. 그러나 낙서洛書의 구수九數는 하도河圖에 포함되어 있는 수數로서 하도河圖의 용수用數에 불과하므로 천지만물의 원수原數는 십수十數이다. 따라서 '십十 십구지중十九之中'이란? 선천용수구先天用數九와 후천용수십后天用數十의 합수合數인 십구十九의 중수中數라는 것이다.[450]

2) 구九 십칠지중十七之中[451]

구九는 후천수后天數 십十과 선천수先天數 칠七의 중수中數이다.

3) 팔八 십오지중十五之中[452]

팔八은 후천수后天數 십十과 선천수先天數 오五의 중수中數이다.

七은 十三之中이니라.
칠   십 삼 지 중

六은 十一之中이니라.
육   십 일 지 중

五는 一九之中이니라.
오   일 구 지 중

四는 一七之中이니라.
사   일 칠 지 중

中의 도道도 다 같이 하락河洛의 사력변화四曆變化 원리를 근원으로 한 것이다."라고 하였다.

449) 『금화정역현토조해金火正易懸吐粗解』에서는 "수지手指를 십十하고 모지일모指一 자리를 굴굴屈하면 상대방(이삼사오二三四五 지指)은 구수九數를 형상形象하니 합합하면 십구十九가 되므로 십구十九의 중수中數라고 한다."라고 하였다.

450) 김주성金周成, 『정역집주보해正易集註補解』, 태훈출판사, 1999, 333쪽.

451) 『금화정역현토조해金火正易懸吐粗解』에서는 "수지手指를 구九하고 식지이食指二 자리를 굴굴屈하면 상대방은 팔수八數를 형상形象하니 합합하면 십칠十七이 되므로 십칠十七의 중수中數라고 한다."라고 하였다.

452) 『금화정역현토조해金火正易懸吐粗解』에서는 "수지手指를 팔八하고 중지삼中指三 자리를 굴굴屈하면 상대방은 칠수七數를 형상形象하니 합합하면 십오十五이 되므로 십오十五의 중수中數라고 한다."라고 하였다.

칠은 십과 삼의 중이니라. 육은 십과 일의 중이니라.

오는 일과 구의 중이니라. 사는 일과 칠의 중이니라.

천지만물의 중심체위 중에서 칠七에서 사四까지의 중中을 설명하고 있다.

1) 칠七 십삼지중十三之中[453]

　칠七은 후천수后天數 십十과 선천수先天數 삼三의 중수中數이다.

2) 육六 십일지중十一之中[454]

　육六은 후천수后天數 십十과 선천수先天數 일一의 중수中數이다. 하도河圖의 오황극五皇極을 말한다.[455]

3) 오五 일구지중一九之中[456]

　오五는 선천수先天數 일一과 후천수后天數 구九의 중수中數이다. 낙서洛書의 오황극五皇極을 말한다.[457]

　4) 사四 일칠지중一七之中[458]

　사四는 선천수先天數 일一과 후천수后天數 칠七의 중수中數이다.

---

453) 『금화정역현토조해金火正易懸吐粗解』에서는 "수지手指를 칠七하고 무명지無明指 사四 자리를 굴굴屈하면 상대방은 육수六數를 형상形象하니 합합하면 십삼十三이 되므로 십삼十三의 중수中數라고 한다."라고 하였다.

454) 『금화정역현토조해金火正易懸吐粗解』에서는 "수지手指를 육六하고 소지小指 오五자리를 굴屈하면 상대방은 오수五數를 형상形象하니 합합하면 십일十一이 되므로 십일十一의 중수中數라고 한다."라고 하였다.

455) 이정호, 『정역과 일부』, 아세아 문화사, 116쪽.

456) 『금화정역현토조해金火正易懸吐粗解』에서는 "수지手指를 오五하고 소지小指 육六자리를 신신伸하면 상대방은 사수四數를 형상形象하니 합합하면 구九가 되므로 일구一九의 중수中數라고 한다."라고 하였다.

457) 이정호, 『정역과 일부』, 아세아 문화사, 116쪽.

458) 『금화정역현토조해金火正易懸吐粗解』에서는 "수지手指를 사四하고 무명지無明指 칠七 자리를 신伸하면 상대방은 삼수三數를 형상形象하니 합합하면 칠七이 되므로 일칠一七의 중수中數라고 한다."라고 하였다.

二十五張⋯⋯後

三은 一五之中이니라.
삼　　일 오 지 중

二는 一三之中이니라.
이　　일 삼 지 중

一은 一一之空이니라.
일　　일 일 지 중

삼三은 일一과 오五의 중이니라. 이二는 일一과 삼三의 중이니라.
일一은 일一 일一의 중中이니라.

개요槪要

천지만물의 중심체위 중에서 삼三에서 일一까지의 중中을 설명하고 있
다.

각설各說

1) 삼三 일오지중一五之中[459]

삼三은 선천수先天數 일一과 후천수后天數 오五의 중수中數이다.

---

[459]『금화정역현토조해金火正易懸吐粗解』에서는 "수지手指를 삼三하고 중지中指 팔八자리
를 신신伸伸하면 상대방은 이수二數를 형상形象하니 합合하면 오五가 되므로 일오一五의 중수中
數라고 한다."라고 하였다.

정역이해 正易理解

2) 이二 일삼지중一三之中[460]

이二는 선천수先天數 일一과 후천수后天數 삼三의 중수中數이다.

3) 일一 일일지중一一之中[461]

일一은 시작의 근원이 되는 수數로서 십일귀체十一歸體하는 본체수本體數이니 곧 태극太極의 수數이다. 일태극一太極은 전체를 뜻하는 일一로서 태극太極 일수一數에는 음양陰陽과 오행五行의 수數를 내포하고 있다. 그러므로 일一은 일一의 중中이라고 한 것이다. 일지중一之中은 음양오행陰陽五行의 중中을 뜻하는 것이다. 일一은 중中을 이루어 줄 상대방이 없기 때문에 일이 내포하고 있는 이오二五(음오陰五와 양오陽五) 수數의 체體가 되는 것이다. 그러므로 중中은 중심체위中心體位를 뜻하는 것이다.[462]

中은 十十一一空이니라
중　십십일일공
堯舜之厥中之中이니라.
요순지궐중지중
孔子之時中之中이니라.
공자지시중지중

○ 堯(요임금 요) 舜(순임금 순) 厥(그 궐) 夫(지아비 부) 所(바 소) 謂(이를 위)

중中이란 십십十十과 일일一一의 공空이니라.

요순의 궐중의 중이니라. 공자의 시중의 중이니라.

---

460) 『금화정역현토조해金火正易懸吐粗解』에서는 "수지手指를 이二하고 식지食指 구九자리를 신伸하면 상대방은 일수一數를 형상形象하니 합습하면 삼三이 되므로 일삼一三의 중수中數라고 한다."라고 하였다.

461) 『금화정역현토조해金火正易懸吐粗解』에서는 "수지手指를 일一하고 모지母指 십十자리를 신伸하면 수지手指를 다 펼친 형상形象이라 공空이 되므로 일일지중一一之中이라 한다."라고 하였다.

462) 김주성, 『정역집주보해』, 태훈출판사, 1999, 295쪽.

중中 십십일일공十十一一空과 요순지궐중堯舜之厥中 및 공자孔子의 시중
지중時中之中에 대한 설명이다.

1) 중中 십십일일공十十一一空463)

앞 구절은 십十에서 일一까지의 중中을 밝힌 것이고, 이 구절은 중中의
뜻을 밝힌 것이다. 중中은 하도河圖·낙서洛書의 중궁中宮과 같이 진중眞中
의 위위位를 말함이나, 중위中位는 용수用數 변화(순역順逆)를 주재主宰하는
지존至尊의 위위位이므로 용수用數에서는 제외하여 존공尊空한 것이다. 예
例를 들면 복희팔괘도伏羲八卦圖에서는 일건천一乾天, 이태택二兌澤, 삼리
화三離火, 사진뢰四震雷, 오손풍五巽風, 육진뢰六震雷, 칠간산七艮山, 팔곤지
八坤地의 팔괘八卦로서 구九와 십十이 존공尊空되어 괘卦가 없으며, 문왕
팔괘도文王八卦圖는 일감一坎·이곤二坤·삼진三震·사손四巽·육건六乾·칠태
七兌·팔간八艮·구이九離의 팔괘八卦로서 십十이 존공尊空되어 괘卦가 없다.
존공지수尊空之數는 지위卦位가 공空이나 그 위상位相은 중궁지중위中宮之
中位로서 전체(팔괘八卦)를 주재하는 지존至尊이니, 천하를 다스리는 제왕
帝王의 위위와 같은 것이다. 그러므로 중中은 십십일일지중十十一一之空이
라고 한 것이다. 십十은 수지전數之全으로 무극지수无極之數이므로 만물
의 수렴收斂을 주재主宰하는 무형지중無形之中이며, 일一은 수지시數之始
로서 태극지수太極之數이므로 만물의 생장生長을 주재하는 유형지중有形
之中을 뜻한다. 그러므로 십십일일十十一一은 십진일퇴十退一進을 반복하
는 순환체循環體의 중中으로서 십十은 전체(십十)의 중中이므로 공간空間

---

463) 『금화정역현토조해金火正易懸吐粗解』에서는 "중자中字의 횡상하일일橫上下一一은 십십
十十이 되고, 종일일縱一一이 되므로 십십일일十十一一의 중中이며 공공空空이 되는 것이다. 십일
十一의 중복重複이니, 요순지궐중堯舜之厥中과 공자지시중지중孔子之時中之中의 뜻이 내포되
어 있다."라고 하였다.

의 중中을 뜻하며, 일一은 일시一始의 중中이므로 시간時間의 중中을 뜻한다. 중수中數는 곧 체수體數로서 용수用數에서 제외되므로 중中은 십십일일지중十十一一之中이라 한 것이며, 십십일일十十一一은 무극无極과 태극太極의 체위體位이다.[464]

달리 말하면 공空은 중中이 없으면 용用이 없고 중中은 공空이 없으면 체體가 없다. 그러므로 공空과 중中은 체용體用의 관계로 볼 수 있다. 공空은 전체요, 중中은 핵심이다. 『정역正易』에서는 하도河圖·낙서洛書의 순역원리順逆原理에 의해서 십十이 태극太極이다. 그러므로 중中을 십십일일十十一一 중中이라고 한 것이다.[465] 즉 중中이 공空이라는 것이다. '입도시立道時'에서 공空을 중中으로 보았고, '십일귀체시十一歸體詩'에서는 중中을 공空으로 보았다.[466]

2) 요순지궐중지중堯舜之厥中之中[467] 공자지시중지중孔子之時中之中

궐중厥中의 중中은 일일一一의 중中이고,[468] 시중時中의 중中은 십십十十의 중中이다. 그러므로 중中을 십십일일十十一一의 중中이라고 한 것이다.

요순지궐중지중堯舜之厥中之中이란 『논어論語』 「요왈」편의 '천지역수재이궁天之曆數在爾躬하니 윤집궐중允執厥中'의 궐중厥中이다. 이 때 중中이란 바로 천지역수天之曆數를 의미한다. 천지역수天之曆數가 성인聖人의 몸

----

464) 김주성, 『정역집주보해』, 태훈출판사, 1999, 337쪽
465) 『주역·정역』에서는 "십十을 십十으로 포포함이 곧 십십十十이오 십十을 일一로 전全함이 곧 일일一一이다 포십전布十全一이 도무일정지위都無一定之位 십十을 십十하고 일一을 일一하고 하는 테두리 속은 공空이오 이 공空이 곧 중中이다. 십十하고 일一하고 하는 공空의 속에는 중심中心에 포오함육包五含六하고 테두리는 십十이 진퇴하고 일一이 진進하는데 퇴퇴한 십무극十無極의 속에 통십統十한 일태극一太極이 진進하니 중심의 포함한 오육五六도 십일十一이오, 테두리의 진퇴進退한 십일十一도 또한 십일十一이다. 뇌풍雷風은 십일十一의 공空한 위位의 중中에 위위한 것이다."라고 하였다.
466) 권영원, 『정역과 천문력』, 상생출판, 2013, 564쪽
467) 『금화정역현토조해金火正易懸吐粗解』에서는 "요순堯舜임금은 천도天道에 따라 인도人道를 세우시고 만민萬民의 중심中心에 서서 만민萬民을 위한 정치政治를 하신 성인聖人이시다."라고 하였다.
468) 김재홍, 『정역』에서의 천지역수에 관한 소고小考」, 『철학논총』제61집, 새한철학회, 7쪽

안에 있다는 것으로써 이것은 천명의 내재화內在化를 의미한다. 다시 말하면 이것은 천지역수가 내재화되었다는 것을 의미하는 것이지 이것이 현실적인 왕위계승의 운수運數가 특정인의 운명運命으로 결정되었다는 것은 아니다. 그러므로 천지역수는 성명性命의 이법理法으로 주어진 것이지 운명運命으로 주어진 것이 아니라는 것이다.

一夫所謂包五舍六十退一進之位니라.
일 부 소 위 포 오 함 육 십 퇴 일 진 지 위

小子는 明聽吾一言하라. 小子야.
소 자   명 청 오 일 언   소 자

○ 包(쌀 포) 舍(머금을 함) 退(물러날 퇴) 進(나아갈 진) 位(자리 위) 明(밝을 명) 聽(들을 청) 吾(나 오) 言(말씀 언)

일부一夫가 이른바, 오五를 싸고 육六을 머금어 십十은 물러나고 일一이 나오는 자리니라. 제자들아 이 말씀을 밝혀서 들어라, 제자들아.

포오함육包五舍六과 십진일퇴十進一退에 대한 설명이다.

1) 포오함육包五舍六 십진일퇴지위十退一進之位[469]

포오함육胞五舍六과 십진일퇴十退一進의 연관성을 설명하고 있다. 포오

---

[469] 『금화정역현토조해金火正易懸吐粗解』에서는 "일부一夫께서는 소위 오五를 싸고 육六을 머금은 것은 일육궁一六宮자리이고, 십十은 물러가고 일一이 나아가는 것은 십토오토十土五土의 자리에 위치한 것이다. 수지手指로 오육五六은 소지小指자리이고, 십일十一은 모지母指자리이다."라고 하였다.
『정역연구正易研究』에서는 "역생逆生의 차원에서 소지小指를 펴면 육六을 형상形象하지만 오五를 포함包含하고 있으니, 후천後天 황극皇極의 상象이다. 정역팔괘도正易八卦圖로는 오곤五坤을 포함하고 육진六震을 함출含出함을 나타낸다."라고 하였다.

함육胞五含六은 오황극 속에 내포되어 중심체를 삼는 동시에 육六작용으로 머금게 된다는 것이다. 수지상수手指象數로 보면 오五를 펴면 육六이라 육六에는 오五를 포함包含하고 있다는 것이다. 십진일퇴十退一進는 십무극十无極이 물러가 본체本體가 되면서 일一의 작용이 나타나게 되는 것이 십일귀체十一歸體원리이다.[470] 다시 말하면 십일十一자리인 간태艮兌에 위치하는 것이다. 오五를 싸고 육六을 머금은 것은 손巽의 일육궁一六宮 자리에 십十은 물러가고, 일一이 나아가는 것은 오십토五十土 자리에 위치했다는 것을 의미한다.

·십진일퇴十退一進와 포오함육包五含六의 확충擴充[471]

체體 용用	체體 용用
십퇴일진十退一進	포오함육包五含六
구퇴이진九退二進	포사함칠包四含七
팔퇴삼진八退三進	포삼함팔包三含八
칠퇴사진七退四進	포이함구包二含九
육퇴오잔六退五進 즉卽 포오함육胞五含六	포일함십包一含十 즉卽 십퇴일진十退一進

2) 소자小子 명청오일언明聽吾一言 소자小子

소자小子는 제자弟子들을 의미한다. 일부선생一夫先生이 제자들에게 포오함육包五含六과 십진일퇴十退一進의 한마디를 들어보라는 것이다.

470) 유남상, 「정역의 도서상수원리에 관한 연구」, 『논문집』 제8권 제2호, 충남대학교 인문과학연구소 1981, 11쪽
471) 유남상, 앞의 논문, 11쪽

뇌풍정위용정수雷風正位用政數

> 己位는 四金一水八木七火之中이니 无極이니라.
> 기 위   사 금 일 수 팔 목 칠 화 지 중   무 극
>
> 无極而太極이니 十一이니라.
> 무 극 이 태 극   십 일

○ 雷(우레 뇌(뢰)) 風(바람 풍) 正(바를 정) 位(자리 위) 用(쓸 용) 政(정사 정) 數(셀 수) 己(자기 기) 无(없을 무) 極(다할 극) 太(클 태)

기위己位는 사금四金, 일수一水, 팔목八木, 칠화七火의 중中이니, 무극无極이니라. 무극无極이 태극太極이니, 십十이며 일一이다.

뇌풍雷風이 정위正位하는 용정수用政數에 대한 설명이다.

1) 뇌풍정위용정수雷風正位用政數[472]

정역팔괘도正易八卦圖의 오곤지五坤地(무戊)와 십건천十乾天(기己)은 중위

---

472) 『금화정역현토조해金火正易懸吐粗解』에서는 "뇌풍雷風은 진손괘震巽卦를 말하며, 기위 십기위十己位과 무위오수戊位五數로서 건곤십오乾坤十五를 대행代行하는 정위용정수正位用政數 이다."라고 하였다.

에 존공尊空하고 육진뢰六震雷와 일손풍一巽風이 대리용정代理用政을 하여 천도天道(경임갑병庚壬甲丙)와 지도地道의 정령政令을 행하는 것이니, 이를 뇌풍정위용정수雷風正位用政數라고 한 것이다.

괘지진손卦之震巽은 복희괘伏羲卦의 진손震巽이며, 수수數로는 십오十五이다. 십오十五란 기위己位의 십수十數와 무위戊位의 오수五數를 말한다. 복희괘伏羲卦의 진손震巽은 그 수수數가 사오四五인데, 정역正易에서 십오十五라 하는 것은 중대한 의미가 있다. 진손震巽은 건곤乾坤의 장남長男·장녀長女로서 이른바 수지십오數之十五요 오행지종五行之宗이니 마땅히 십오十五에 머물 것이다. 복희괘伏羲卦가 자라서 문왕文王의 구궁괘도九宮卦圖를 거쳐서 일부一夫의 정역괘도正易卦圖에 이르면 괘도卦圖도 자라고 건곤乾坤 육자녀六子女도 모두 각득기소各得其所하여 전일前日에 사진오손四震五巽의 뇌풍雷風이 십진오손十震五巽으로 자기의 수수數와 위위位를 찾아드는 동시에 비로소 건곤부모乾坤父母 대신에 정위용정正位用政하게 됨을 말한다. 그러므로 중위中位가 아니라 정위正位라고 한 것이다.

2) 기위己位 사금일수팔목칠화지중四金一水八木七火之中 무극无極[473]

기위己位는 복희괘도伏羲卦圖의 사진四震이 『정역正易』에서는 십진十震이 되므로 기위己位(무극无極)라고 한다. 따라서 사금일수四金一水와 팔목칠화八木七火의 중中이 있으니 무극无極이라고 한 것이다.

3) 무극이태극无極而太極 십일十一[474]

무극无極이 태극太極이라는 것은 수지상수手支象數로는 십十이 일一이요, 일一이 십十이라는 것이다.

---

473) 『금화정역현토조해金火正易懸吐粗解』에서는 "일수지혼一水之魂과 사금지혼四金之魂은 태음지정太陰之政이고, 팔목칠화지중八木七火之中은 태양지정太陽之政이며, 무극无極은 천정天政이니 천유일월이운행사시天有日月而運行四時하는 것이다."라고 하였다.

474) 『금화정역현토조해金火正易懸吐粗解』에서는 "무위无位이면서 태극太極이란 십무극十无極과 일태극一太極을 말한다."라고 하였다.

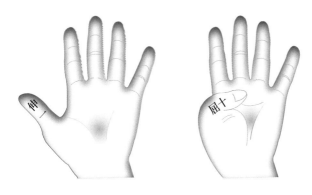

十一은 地德而天道이니라.
십 일　　지 덕 이 천 도

天道는 圓하니 庚壬甲丙이니라
천 도　원　　경 임 갑 병

○ 德(덕 덕) 圓(둥글 원) 庚(일곱째 천간 경) 壬(아홉째 천간 임) 甲(첫째 천간 갑) 丙(남녘 병)

십十과 일一은 지덕地德이로되 천도天道이니라.

천도天道는 둥글다 하니 경임갑병庚壬甲丙이니라.

개요槪要

천도天道의 경임갑병庚壬甲丙을 설명하고 있다.

각설各說

1) 십일十一 – 지덕이천도地德而天道[475]

　십무극十无極은 지십기토地十己土의 체體이므로 지덕地德이며, 일태극一太極은 천일임수天一壬水이니 천도天道이다. 지십地十은 음수陰數이고, 천일天一은 양수陽數이니 양진음퇴陽進陰退하는 음양변화陰陽變化의 원리에

---

475) 『금화정역현토조해金火正易懸吐粗解』에서는 "지덕地德은 생육生育하는 수數이며, 천도天道는 육갑간지도수六甲干支度數이다."라고 하였다.

따라 도생倒生과 역생逆生의 진퇴순환進退循環을 반복反復하는 것이다. 천
도天道는 지덕地德을 뿌리로 하여 성상成象하고, 지덕地德은 천도天道를
받아들여 성형成形하는 것이다.[476] 그러므로 십일十一은 지덕이천도地德而
天道인 것이다.

2) 천도원天道圓 경임갑병庚壬甲丙[477]

천도天道가 원圓함은 그 순환이 무한하다는 의미이다. 또한 천도天道의
원圓은 경임갑병庚壬甲丙을 말한다.

地德은 方하니 二四六八이니라.
지 덕 방 　 이 사 육 팔

戊位는 二火三木六水九金之中이니 皇極이니라.
무 위 　 이 화 삼 목 육 수 구 김 지 중 　 황 극

皇極이 无極이니 五十이니라.
황 극 　 무 극 　 오 십

○ 戊(다섯째 천간 무) 位(자리 위) 皇(임금 황) 極(다할 극) 而(말 이을 이) 无(없을 무) 極(다
할 극)

지덕地德이라 방정하니 이사육팔二四六八이니라[478]. 무위戊位는 이화二
火 삼목三木과 육수六水 구금九金의 중中이니 황극皇極이니라. 황극皇極이
로되 무극无極이니 오五이며, 십十이니라.

개요槪要

지덕地德의 수위數位와 황극이무극皇極而无極임을 밝히고 있다.

---

476) 『주역』 「계사상」편 제1장, "재천성상在天成象 재지성형在地成形"
477) 『금화정역현토조해金火正易懸吐粗解』에서는 "경임庚壬은 사금일수四金一水이니, 수지
手指로는 이지사굴二指四屈이며, 갑병甲丙은 칠화팔목七火八木으로 육지팔지六指八指의
신伸이다."라고 하였다.
478) 수지상수手支象數로 이사육팔二四六八 자리에 경임갑병庚壬甲丙을 놓아보면 알 수 있다.

1) 지덕방地德方 이사육팔二四六八⁴⁷⁹⁾

천도天道는 체體요, 지도地道는 용用이므로 지덕地德은 천도天道를 받아들이는 수위數位를 말한 것이다. 천도天道가 원圓함은 그 순환이 무한한데 비해서 지덕地德이 방方함은 한계가 있다는 것이다. 천天은 능동적能動的이고 지地는 수동적受動的이기 때문이다. 그러므로 지덕地德이 이사육팔二四六八 천도天道인 경임갑병庚壬甲丙을 받아들이는 수위數位로서 이화二火(정丁), 사금四金(신辛), 육수六水(계癸), 팔목八木(을乙)이며, 천도天道를 받아서 성형成形하므로⁴⁸⁰⁾ 지덕地德이라고 한 것이다.⁴⁸¹⁾

2) 무위戊位 이화삼목육수구금지중二火三木六水九金之中 황극皇極⁴⁸²⁾

무위戊位는 정역팔괘도正易八卦圖의 오곤지五坤地로 이화삼목二火三木과 육수구금六水九金의 중위中位에 있으니 곧 오황극五皇極이다. 오五는 일一 태극太極과 십十 무극无極의 중위中位로서 생수生數(일이삼사一二三四)와 성수成數(육칠팔구六七八九)를 거중居中 조절調節하는 중위지극수中位之極數이므로 황극皇極이라고 한 것이다. 그러나 오황극五皇極은 중궁지중위中宮之中位로서 존공尊空되므로 뇌풍雷風이 대리代理하여 금수金水(구육九六) 목화木火(삼이三二)의 용정用政을 행행行行하는 것이다.⁴⁸³⁾

3) 황극이무극皇極而无極 오십五十⁴⁸⁴⁾

479) 『금화정역현토조해金火正易懸吐粗解』에서는 "간지干支로는 경임갑병庚壬甲丙이나 사금일수팔목칠화四金一水八木七火로서 태음太陰·태양太陽의 정사政事를 말함이다."라고 하였다.
480) 『주역周易』의 '재지성형在地成形'의 형형과 같은 의미이다.
481) 김주성, 『정역집주보해』, 태훈출판사, 1999, 346쪽
482) 『금화정역현토조해金火正易懸吐粗解』에서는 "무위无位는 지정地政이니 이화삼목二火三木은 율려도수律呂度數이며, 육수구금六水九金은 양율陽律의 도수度數로서 지유조음양地有調陰陽하는 이수理數이다. 간지干支로는 정을계신丁乙癸辛이나 정이을삼丁二乙三은 구지칠지九指七指伸이요, 계육신구癸六辛九는 오지삼지굴五指三指屈이다."라고 하였다.
483) 김주성, 『정역집주보해』, 태훈출판사, 1999, 346쪽
484) 『금화정역현토조해金火正易懸吐粗解』에서는 "황극皇極이면서 무극无極이라 함은 오황극五皇極과 십무극十无極을 말한다."라고 하였다.

정역正易의 오곤지五坤地(황극皇極)와 십건천十乾天(무극无極)이 남북南北으로 정위正位하여 팔괘八卦의 중中을 이루니 이것이 황극이무극皇極而无極이며, 그 수數는 오五와 십十이다. 오五가 진進하여 십十에 이르면 황극이무극皇極而无極이라는 것이다.[485] 십十이 퇴퇴退退하여 오五에 이르면 무극이황극无極而皇極이 된다.

485) 김주성,『정역집주보해』, 태훈출판사, 1999, 347쪽

五十은 天道而地數이니라.
오십 천도이지수

地數는 方하니 丁乙癸辛이니라.
지수 방 정을계신

天道는 圓하니 九七五三이니라.
천도 원 구칠오삼

○ 天(하늘 천) 度(법도 도) 癸(열째 천간 계) 辛(매울 신) 數(셀 수) 圓(둥글 원)

오五와 십十은 하늘의 도수이며, 지수地數이니라.

지수地數는 방정方正하니, 정을계신丁乙癸辛이니라.

천도天道는 둥글다 하니, 구칠오삼九七五三이니라

개요概要

음체양용陰體陽用과 양체음용陽體陰用을 천지지수天地之數와 결부시켜 설명하고 있다.

각설各說

1) 오십五十 천도이지수天度而地數[486]

---

[486] 『금화정역현토조해金火正易懸吐粗解』에서는 "천도天道는 수數를 말하고, 지도地道는 육갑간지도수六甲干支度數를 말함이다."라고 하였다.

오五는 오황극五皇極으로서 양수陽數이므로 천도天度이며, 십十은 십무극十无極으로서 음수陰數이므로 지수地數이다. 천지天地는 음양陰陽의 체體이며, 음양陰陽은 천지天地의 용용用用이다. 그러나 체용體用에 있어서 천天은 양체陽體이나 용음用陰하고, 지地는 음체陰體이나 용양用陽하는 것이다. 그러므로 오五는 천수天數이나 음陰을 사용하고, 십十은 지수地數이나 양陽을 쓰는 것이다.[487]

2) 지수방地數方 정을계신丁乙癸辛[488]

전문前文에는 지덕地德은 방방하니 이사육팔二四六八이라고 하고, 이 구절에서는 지수地數가 방방하니 정을계신丁乙癸辛이라고 한다. 이것은 전문前文은 천도위주天道爲主로 설명한 것이기 때문에 지덕地德은 수위水位로 말한 것이다. 그러나 이 구절은 지도地道 위주이기 때문에 천하도수天干度數로 말한 것이다. 그러나 지덕地德 이사육팔二四六八은 천天 사상(경임갑병庚壬甲丙)과 배합되는 수위數位이고, 지수地數 정을계신丁乙癸辛은 천天의 사상四象과 배합配合하여 성형成形한 지사地四의 상象이니, 뇌풍정위용정雷風正位用政이다.

3) 천도원天度圓 구칠오삼九七五三[489]

천도天道 구칠오삼九七五三은 지사상地四象과 배합配合되는 수위數位이니, 이는 지수방체地數方體가 천도지원天道之圓을 용용用하는 음체양용陰體陽用의 정령政令이다. 천도天道 구칠오삼九七五三은 양수오위陽數五位에서 일一(태극太極)을 존공尊空한 수數이고, 지덕地德 이사육팔二四六八은 음수오위陰數五位에서 십十(무극无極)을 존공尊空한 수數이다. 이 양수兩數를 배

<hr>

487) 김주성, 『정역집주보해』, 태훈출판사, 1999, 347쪽
488) 『금화정역현토조해金火正易懸吐粗解』에서는 "수지手指로는 정이을삼丁二乙三은 구지칠지九指七指의 신신이요, 계육신구癸六辛九는 오지삼지五指三指의 굴굴이니, 수數로는 구칠오삼九七五三이 된다."라고 하였다.
489) 『금화정역현토조해金火正易懸吐粗解』에서는 "하늘의 법도法度는 무한無限함으로 원圓하니 간지干支로 정이을삼丁二乙三 화목火木은 음여陰呂요, 계육신구癸六辛九 수금水金은 양율陽律이다."라고 하였다.

합配合하면 구이九二, 칠사七四, 오육五六, 삼팔三八의 십일귀체十一歸體가 성립成立하는 바, 이는 무위황극无位皇極이 일태극一太極과 십무극十无極의 중위中位에서 십일귀체十一歸體를 조절調節하는 것을 수數로써 밝힌 것이다.[490]

490) 김주성, 『정역집주보해』, 태훈출판사, 1999, 349쪽

사정칠수四正七宿 용중수用中數

> 先天은 五九니 逆而用八하니 錯이라. 閏中이니라.
> 선천 오구 역이용팔 착 윤중
>
> 后天은 十五니 順而用六하니 合이라. 正中이니라.
> 후천 십오 순이용육 합 정중

○ 逆(거스를 역) 而(말 이을 이) 用(쓸 용) 錯(섞일 착) 閏(윤달 윤) 后(임금 후) 順(순할 순) 合(합할 합)

    선천先天은 오五에서 구九이니 거슬러(역逆) 팔八을 사용한다고 하니 착錯이라. 윤력閏曆으로 맞추었느니라. 후천后天은 십十에서 오五니 순順하였고, 육六을 쓰니 합당한지라. 정역正曆으로 중中이 되느니라.

개요概要

    사정칠수四正七宿 용중수用中數에 대한 설명이다[491].

491) 『주역·정역』에서는 "사정칠수四正七宿라 함은 일一(북) 팔八(동) 칠七(남) 사四(서)의 사정방四正方에 이십팔수二十八宿를 배열하여 일방一方에 각 칠수七宿씩으로 한 것이니 이 일절一節은 「후천정어선천수화后天政於先天水火 선천정어후천화수先天政於后天火水」와 「이십팔수운기도二十八宿運氣圖」와 「복지지리일팔칠復之之理一八七 일칠사一七四」와 「선천체방용원윤先天體方用圓閏 후천체원용방정后天體圓用方正」과 「낙서洛書의 오구五九, 하도河圖의 십오十五」의 이리를 종합하여 금화정역金火正易하는 원리를 총언總言한 것이다.
선천오구先天五九는 낙서洛書의 정정正政이니 낙서洛書는 수數가 결결缺缺하여 태음太陰의 상상象이므로 태음太陰의 정정正政이라 한 것인데 낙서洛書는 양기陽氣가 생장生長하여 생장生長의 극극인 구九에 달달達하니, 태음太陰의 정정正政이라 함은 생장生長의 정정正政이라는 뜻이다. 그러므로 선천先天이라 한 것이며, 양기陽氣가 생장生長의 극수極數인 구九에 달達한 것은 양체陽體가 용구用九하여 양정陽精을 음체陰體에 시施하는 상象이다.
오구五九라 함은 낙서중궁洛書中宮의 오五가 황극皇極의 상象이 되고 생장生長하여 구九까지 발전發展하니 이것은 무오위戊五位에서 신구위申九位까지 발전한 것이므로 태음太陰의 복復하는 무신戊申이 된 것이오, 양陽의 생장生長이 극極에 달達하면 반드시 정정精을 음체陰體에 시施하고, 양정陽精이 음체陰體에 하시下施되는 것은 역逆의 상象이라, 무위戊位의 신구申九에서 역시逆施하면 미팔未八이 되니 이가 선천先天 달의 복상월영생수復上月影生數가 팔八이 되는 소이所以이오 또한 묘팔卯八이 존공尊空되고 미팔未八數를 용用하는 소이所以이다. 무신戊申의 오수五數와 구수九數는 체體가 합합하여 방방의 상象이 되는데 무오戊五에서 미팔未八에 시施하면 양陽이 음陰에 환행圜行하여 용用이 원圓하므로 착錯하니, 착錯한 까닭에 중中에 윤閏이 생생하는 것이다.
후천십오后天十五는 하도河圖의 정정正政이니 하도河圖는 수數가 전전全하여 태양太陽의 상象이므

1) 사정칠수四正七宿 용중수用中數[492]

　　사정칠수四正七宿 용중수用中數란 일一(북北), 팔八(동東), 칠七(남南), 사四(서西)의 사정방四正方에 이십칠수四正七宿를 배열配列하여 일방一方에 각

로 태양太陽의 정정이라 한 것인데 하도河圖는 음기陰氣가 수렴收斂하여 (하도팔괘생성수河圖八卦生成數의 예例)성수成數의 종종終인 십十에 달達하니 태양太陽의 정정이라 함은 성수成收의 정정이라는 뜻이오, 그러므로 후천后天이라 한 것이며, 음기陰氣가 성수成收의 극극極에 달達한 것은 음체陰體가 용육用六하여 양정陽精을 승수承受하는 상상이다.

십오十五라 함은 하도십수河圖十數는 무극無極의 상상이오, 오수五數는 황극皇極의 상상이니, 십오十五는 무극無極 속에 황극皇極이 있는 것이며, 이는 황극궁중皇極宮中의 기십위己十位에서 술오위戌五位로 수렴收斂한 것이오, 음陰의 수렴收斂이 극극極에 달達하면 반드시 양정陽精을 승수承受하고 음陰이 양정陽精을 승수承受하는 것은 순순順의 상상이라, 기위己位의 술오戌五에서 순승順承하면 해육亥六이 되니 기己와 술戌의 십수十數와 오수五數는 음陰이 양陽에 환행團行하여 체체가 원원圓의 상상이 되는 것인데 기십己十에서 해육亥六을 순승順承하면 용用이 방방하여 합합하니 합합한 까닭에 중中이 정정하여 정역正易이 되는 것이다.

오구태음五九太陰의 정정은 선천先天에서는 생장生長을 극극極하여 양정陽精을 음체陰體에 시시施하여 역이용팔逆而用八하여 무신戊申(달의 복복復하는 위위位)이 되어 착착錯錯한 것이나 후천后天에서는 태음太陰이 역생도성逆生倒成하여 후천무극后天無極이 되고 양정陽精을 역시 역시逆施하는 일이 없으므로 후천后天 달은 무신戊申에 복복復하는 것이다. 십오태양十五太陽의 정정은 음체陰體가 양정陽精을 승수承受한 것이므로 기해己亥가 복복復하는 위위가 되니 이가 후천일월后天日月의 복복復하는 이리理이다.

달이 무신戊申에 복복復하고 태양太陽이 기해己亥에 복복復하면 기해己亥에서 무신戊申까지 그 수수數가 십十인데 십十은 무극無極이오 또한 전일全一한 태극太極이니 이는 기해己亥의 태양太陽은 일태극一太極이 되고 무신戊申의 달은 십무극十無極이 되는 것이며, 이가 곧 태양太陽이 도생역성선천태극倒生逆成先天太極태음太陰이 역생도성후천무극逆生倒成后天無極이다."라고 하였다.

492) 『정역연구正易研究』에서는 "이십팔수二十八數의 역법曆法에서 율려도수律呂度數와 정역도수正易度數를 쳐 쓰는 수수數이다."라고 하였다.

『정역구해正易句解』에서는 "괘중卦中에서 진손震巽은 십오十五이다. 기위己位의 십十과 무위戊位의 오五를 의미하며, 십오十五가 중위정역中位正易하여 뇌풍雷風이 정위正位하고 정사政事를 한다하니 천지天地의 정사政事는 뇌풍雷風으로 하고, 인간의 정사政事는 산태艮兌가 한다."라고 하였다.

『정역집주보해正易集註補解』에서는 "이십팔수四正八宿의 순환지도循環之度와 사방四方의 중성도수中星度數를 논한 것이다. 이십팔수四正八宿의 순환循環은 선천先天에는 천도天道에 따라 순행順行하고 후천后天에는 지도地道를 따라 역행逆行하니 이는 양순음역원리陽順陰逆原理이다."라고 하였다.

『금화정역현토조해金火正易懸吐粗解』에서는 "이십팔수二十八宿이 동서남북東西南北으로 칠수식七宿式 배열配列된 것을 자오묘유월子午卯酉月에 춘분春分, 추분秋分, 동지冬至, 하지夏至로 중성中星에 맞추어 쓰는 도수度數를 말한다."라고 하였다.

칠수七宿씩 한 것이다.[493]

이십칠수四正七宿의 역법曆法에서 율려도수律呂度數와 정역도수正易度數를 맞추어서 쓰는 수數이다. 괘卦 중에서 진손震巽은 십오十五이다. 기위己位의 십十과 무위戊位의 오五를 의미하며, 십오十五가 중위정역中位正易하여 뇌풍雷風이 정위正位하고 정사政事를 한다. 천지天地의 정사政事는 뇌풍雷風으로 하고, 인간人間의 정사政事는 간태艮兌가 한다는 것이다.[494]

2) 선천오구先天五九 역이용팔착逆而用八錯[495]

선천先天은 낙서구궁洛書九宮을 용용하므로 역생도성逆生倒成이라. 중궁中宮 오황극五皇極이 조절調節하여 극수極數인 구九에 이르는 용정用政을 함이나, 이십팔수四正八宿는 극구수極九數에 미치지 못하는 팔八을 사용하므로 그 수數가 구궁수九宮數와 상착相錯한다. 그러므로 치윤置閏하여 중수中數에 맞추는 것이다. 이는 선천先天의 윤역지리閏易之理로 이십팔수四正八宿의 순환循環도 일구지중수一九之中數인 오황극수五皇極數에 맞추어야 하므로 치윤이득중置閏而得中하는 것이니, 선천오구先天五九를 먼저 말씀하신 것이다.[496]

3) 후천십오后天十五[497] 순이용육합順而用六合 정중正中[498]

---

493) 한장경,『주역·정역』, 삶과 꿈, 2001, 545쪽

494) 권영원,『정역과 천문력』, 상생출판, 2013, 567쪽

495) 『금화정역현토조해金火正易懸吐粗解』에서는 "선천先天은 낙서오수洛書五數에서 구九로 역생도성逆生倒成하는 것은 자운일팔子運一八로서 착팔도수錯八度數를 쓰는 것이니, 선천윤역先天閏曆에 맞추었음을 말한다."라고 하였다.

496) 김주성,『정역집주보해』, 태훈출판사, 1999, 350쪽

497) 『주역·정역』에서는 "십오十五라 함은 하도십수河圖十數는 무극無極의 상象이오, 오수五數는 황극皇極의 상象이니 십오十五는 무극無極 속에 황극皇極이 있는 것이며, 이는 황극궁皇極宮 중의 기십위己十位에서 술오위戌五位로 수렴收斂한 것이오, 음陰의 수렴收斂이 극極에 달達하면 반드시 양정陽精을 승수承受하고 음陰이 양정陽精을 승수承受하는 것은 순順의 상象이라 기위己位의 술오戌五에서 순승順承하면 해육亥六이 되니 기기와 술戌의 십수十數와 오가五數는 음陰이 양陽에 환행圜行하여 체體가 원圓의 상象이 되는 것인데 기십己十에서 해육亥六을 순승順承하면 용用이 방方하여 합슴하니 합슴한 까닭에 중中이 정정正하여 정역正易이 되는 것이다."라고 하였다.

498) 『금화정역현토조해金火正易懸吐粗解』에서는 "하도수河圖數는 도생역성倒生逆成하니 십

후천后天은 하도십수河圖十數를 쓰는 태양지정太陽之政이니, 십오十五는 하도중궁지수河圖中宮之數이다. 후천后天은 하도십수河圖十數에서 도생역성倒生逆成하는 용정用政이므로 십十에서 오위五位를 도행倒行하면 선천역생육기지위先天逆生六己之位에 이르게 되는 바, 곧 포오함육胞五含六하는 십일지중위十一之中位라. 고故로 순이용육順而用六하며, 육합오六合五하면 과불급過不及이 없는 삼십三十(6×5=30)이 되므로 정중正中이 되는 것이다. 그러므로 후천后天의 이십팔수二十八數의 순환循環은 지도地道를 따라 역행逆行하며, 항각이수지위亢角二數之位를 존공尊空하고 건너뛰어 삼십일三十日 월정月政과 부합符合하게 되는 것이다.[499]

• 십오순이용육十五順而用六

후천后天 십오十五	十	九	八	七	六	五	四	三	二	一	순順작용
	1	2	3	4	5	6	7	8	9	10	역逆작용

> 五九는 太陰之政이니 一八七이니라.
> 오 구　태 음 지 정　일 팔 칠
> 十五는 太陽의 政이니 一七四니라.
> 십 오　태 양　정　일 칠 사

○ 太(클 태) 陰(응달 음) 之(갈 지) 政(정사 정) 太(클 태)

오五에서 구九는 태음太陰의 정사政事이니 일팔칠一八七이니라

십十에서 오五는 태양太陽의 정사政事이니 일칠사一七四이니라

개요槪要

선후천先后天의 태음太陰·태양지정太陽之政에 대한 설명이다.

十에서 오五로 순順하여 내려와 쓰게 됨은 오五와 육六이 합合하는 자리라 정역正易에서는 중中이 되는 것이다."라고 하였다.

499) 김주성, 앞의 책, 350쪽

1) 오구五九 태음지정太陰之政 일팔칠一八七[500]

낙서구궁洛書九宮의 오구용사五九用事는 태음지정太陰之政이니, 초일일初一日을 삭朔으로 하는 팔八(상현上弦), 칠七(망望)의 선천용정사先天用政事이다.[501] 일팔칠一八七은 용용의 원리原理로 용팔용칠작용用八用七作用을 거쳐야 용육用六(하도적河圖的 위치)에 온다는 것이다.

2) 십오十五 태양지정太陽之政 일칠사一七四[502]

하도십수河圖十數의 십오용사十五用事는 후천后天의 태양지정太陽之政이니, 일일一日 십일시간十一時間(7+4=11)의 용정도수用政度數이다.[503] 그리고 일칠사一七四는 금화교역金火交易과 결부되어 있다.

---

[500] 『금화정역현토조해金火正易懸吐粗解』에서는 "오五에서 구九까지 역逆으로 가는 것이니 선천先天의 태음정사太陰政事인 절후도수節候度數로 일팔칠一八七이 되는 것이다."라고 하였다.

[501] 김주성, 『정역집주보해』, 태훈출판사, 1999, 352쪽

[502] 『금화정역현토조해金火正易懸吐粗解』에서는 "십十에서 오五까지 순順하여 가는 것은 후천后天 태양정사太陽政事인 십일시간十一時間의 용정도수用政度數로 일칠사一七四가 되는 것이다."라고 하였다.

[503] 김주성, 『정역집주보해』, 태훈출판사, 1999, 352쪽

易은 三이니 乾坤이요, 卦는 八이니
역 삼 건곤 괘 팔

否泰損益咸恒旣濟未濟니라.
비 태 손 익 함 항 기 제 미 제

嗚乎라 旣順旣逆하여 克終克始하니 十易萬曆이로다.
오 호 기 순 기 역 극 종 극 시 십 역 만 력

○ 乾(하늘 건) 坤(땅 곤) 否(아닐 부) 泰(클 태) 損(덜 손) 益(더할 익) 咸(다 함) 恒(항상 항) 旣(이미 기) 未(아닐 미) 濟(건널 제) 嗚(탄식 소리 오) 呼(부를 호) 旣(이미 기) 順(순할 순) 逆(거스를 역) 克(능할 극) 終(끝날 종) 始(처음 시) 易(바꿀 역) 萬(일만 만) 曆(책력 력(역))

역은 삼三이니 건과 곤이요,

괘는 팔八이니, 비·태와 손·익과 함·항과 기제·미제니라.

오호라, 기순旣順하고 기역旣逆하야 능히 종終하고 능히 시始하니

십수역十數易이 만세력萬歲曆이로다.

개요概要

26장 후면을 이어서 선후천변화원리先后天變化原理와 정역팔괘도正易八卦圖가 만세萬世의 십수역十數曆이라는 것을 밝히고 있다.

1) 역삼易三 건곤乾坤

역易에는 삼변三變이 삼효단괘三爻單卦를 이루는 이치이며, 삼효단괘三
爻單卦와 육효중괘六爻重卦의 기본괘基本卦가 건乾(☰)과 곤坤(☷)이라는 것
이다. 그러므로 『주역周易』에서 '건곤역지문乾坤易之門'이라고 한 것이 아
닌가 한다[504].

2) 괘팔卦八 비태否泰·손익損益·함항咸恒·기제미제旣濟未濟[505]

64괘 중에서 선후천변화원리先后天變化原理의 의미를 가지고 있는 괘卦
가 비태괘泰否卦, 손익괘損益卦, 함항괘咸恒卦, 기제미제괘旣濟未濟卦 등 팔
괘八卦라는 것이다.

3) 오호嗚呼 기순기역旣順旣逆

순역順逆과 종시終始의 이치理致에 따라서 기순旣順은 하도河圖의 도생
역성倒生逆成작용이며, 기역旣逆은 낙서洛書의 역생도성逆生倒成작용이니
태양太陰·태음太陽이 성도成道됨을 말한다.

4) 극종극시克終克始 십역만력十易萬曆[506]

---

504) 『정역과 일부』에서는 "역삼易三 건곤乾坤은 역易의 삼변三變이라는 뜻이요, 괘팔卦八은
건곤乾坤 이하의 육 자녀의 음양 상교相交로 인하여 생기는 팔괘八卦를 말함이니, 그 팔괘八
卦 중에서 비태否泰와 기제미제旣濟未濟는 건곤乾坤과 감리坎離의 교합交合이니 불변不變의
체體이요, 손익損益과 함항咸恒은 진손震巽·간태艮兌의 교합交合이니 조화造化의 용用이다."
라고 하였다.

505) 『금화정역현토조해金火正易懸吐粗解』에서는 "역易은 삼변三變하는 이치理致가 있고, 괘
卦는 팔八이니 천지비괘天地否卦와 지천태괘地天泰卦, 산택손괘山澤損卦와 풍뇌익괘風雷益
卦, 택산함괘澤山咸卦와 뇌풍항괘雷風恒卦, 수화기제괘水火旣濟卦와 화수미제괘火水未濟卦로
배열配列되어 있고, 역易의 삼변三變은 생장성生長成의 복희팔괘伏羲八卦, 문왕팔괘文王八卦,
정역팔괘正易八卦이다."라고 하였다.

506) 『정역집주보해正易集註補解』에서는 "오호嗚呼라 함은 선후천先后天의 순환지도循環之
道를 밝힌 역易 원리原理의 현묘玄妙함을 감탄하신 것이다. 기순기역旣順旣逆은 양순음역陽陽
順陰逆하는 원리대로 후천后天은 순행順行하고, 선천先天은 역생逆生하는 선후천先后天 순환
지리循環之理가 밝혀졌음을 말하며, 극종극시克終克始는 천지지도天地之道의 종즉유시終則
有始를 뜻함이니, 즉 선천지종先天之終이 곧 후천지시后天之始가 되고 또한 후천지종后天之終
이 곧 선천지시先天之始가 되는 선후천先后天의 순환원리循環原理를 말하는 것이다. 십역만
력十易萬曆이라 함은 하도河圖의 십수十數를 용用하는 십수정역팔괘도十數正易八卦圖를 성도

①극종극시克終克始는 마친 자리에서 시작된다는 말로서 종시終始원리를 말한다. 이를 『주역周易』에서는 시작을 근원으로 끝을 되돌린다는 '원시반종原始反終'이라고 한다. ㉠극종克終은 선천先天이니 갑기야반甲己夜半 생갑자生甲子에서 계해癸亥로 종終하고, ㉡극시克始는 후천后天의 시작으로 기갑야반己甲夜半 계해癸亥로 시작함으로 극종克終은 계해癸亥요, 극시克始도 계해癸亥라는 것이다. ②십역十易은 십무극十无極 력력歷曆으로 만세萬世까지 사용하게 될 삼백육십도三百六十度의 바른 력력曆이라는 것이다.[507]

成圖하시고 『정역正易』상하편上下篇을 연역演繹하시어 현묘玄妙한 금화지리金火之理와 선후천先后天 순환지도循環之道를 밝혔으니, 이는 만세萬世의 역원曆元이 되는 십역十易임을 밝힌 것이다."라고 하였다.

507) 육갑원리六甲原理와 괘효원리卦爻原理를 연결시켜주는 것이 하도河圖·낙서洛書이다. 하도河圖·낙서洛書는 기본적으로 상수象數로 되어 있다. 따라서 『주역周易』은 「계사상」편에 여러 차례 거론되었듯이 상수원리象數原理를 존재원리存在原理로 삼고 있다.

십일음十一吟

> 十一歸體兮여 五八尊空이로다.
> 십 일 귀 체 혜   오 팔 존 공
> 五八尊空兮여 九二錯綜이로다.
> 오 팔 존 공 혜   구 이 착 종

○ 吟(읊을 음) 歸(돌아갈 귀) 體(몸 체) 兮(어조사 혜) 尊(높을 존) 空(빌 공) 錯(섞일 착) 綜(모을 종)

십十과 일一이 귀체歸體(한 몸) 됨이여, 오五와 팔八이 존공尊空 됨이로다.

오五와 팔八이 존공尊空 됨이여, 구九와 이二가 착종錯綜이로다.

개요概要

십일귀체十一歸體에 대한 설명이다.

각설各說

1) 십일음十一吟

십일일언十一一言에 대한 음吟이다.

2) 십일귀체혜十一歸體兮 오팔존공五八尊空[508]

십일귀체十一歸體에 대한 설명이다. 십일귀체十一歸體로 무극无極이 태극太極임을 말하는 것이다. 오팔존공五八尊空은 무오토戊午土와 묘팔卯八이 존공尊空됨을 말한다.

3) 오팔존공혜五八尊空兮 구이착종九二錯綜[509]

오팔존공五八尊空과 구이착종九二錯綜에 대한 설명이다. 오팔존공五八尊

---

508)『금화정역현토조해金火正易懸吐粗解』에서는 "십十과 일一이 체體로 돌아가니 무오戊五와 묘팔卯八이 존공尊空됨을 말한다."라고 하였다.

509)『금화정역현토조해金火正易懸吐粗解』에서는 "무오戊五와 묘팔卯八이 존공尊空되니 구九와 이二가 착종錯綜됨을 말한다."라고 하였다.

空은 무오토戊午土와 묘팔卯八이 존공尊空되니, 구금九金과 이화二火가 서로 착종錯綜하여 선천先天의 화금火金이 후천后天의 금화金火로 금화교역金火交易이 이루어짐을 말한다.

> 九二錯綜兮여 火明金淸이로다.
> 구 이 착 종 혜   화 명 금 청
> 火明金淸兮여 天地淸明이로다.
> 화 명 금 청 혜   천 지 청 명
> 天地淸明兮여 日月光華로다.
> 천 지 청 명 혜   일 월 광 화

○ 錯(섞일 착) 綜(모을 종) 兮(어조사 혜) 火(불 화) 明(밝을 명) 金(성 김(쇠 금)) 淸(맑을 청) 光(빛 광) 華(꽃 화)

구이九二가 착종錯綜함이여, 화火는 밝고 금金은 맑음이로다.

화火는 밝고 금金은 맑음이여, 천지天地도 맑게 빛남이로다.

천지天地가 맑고 밝음이여, 해와 달이 (꽃처럼) 아름답게 빛남이로다.

개요概要

구이착종九二錯綜과 금화교역金火交易에 대한 설명이다.

각설各說

1) 구이착종혜九二錯綜兮 화명금청火明金淸[510]

정역팔괘도正易八卦圖의 구이화九二火가 문왕팔괘도文王八卦圖의 이곤지二坤地로 바꾸어 자리하여 구이九二가 착종錯綜하고, 금화문金火門이 열리니 후천세계后天世界가 빛나는 것이다. 이것은 구이착종九二錯綜이 바로 금화교역金火交易임을 말하는 것이다.

----

510) 『금화정역현토조해金火正易懸吐粗解』에서는 "구九와 이二가 착종錯綜되니 금金과 화火가 청명淸明하게 됨을 말한다."라고 하였다.

2) 화명금청혜火明金淸兮 천지청명天地淸明[511]

　금화교역金火交易의 화火가 밝고 금金이 맑아서 천지天地도 맑고 밝아졌다는 것이다.

3) 천지청명혜天地淸明兮 일월광화日月光華[512]

　천지天地가 맑고 밝아지니 일월日月이 아름답게 빛난다. 더불어 인간의 세상도 아름답게 빛난다는 것이다.

---

511) 『금화정역현토조해金火正易懸吐粗解』에서는 "금금과 화火가 청명淸明하게 되니 천지天地가 청명淸明해 짐을 말한다."라고 하였다.

512) 『금화정역현토조해金火正易懸吐粗解』에서는 "천지天地가 청명淸明하게 되니 일월日月이 광화光華하게 되었음을 말한다."라고 하였다.

二十七張····後

> 日月光華兮여 琉璃世界로다.
> 일 월 광 화 혜   유 리 세 계
>
> 琉璃世界兮여 上帝照臨이로다.
> 유 리 세 계 혜   상 제 조 림

○ 光(빛 광) 華(꽃 화) 兮(어조사 혜) 琉(유리 유(류)) 璃(유리 리(이)) 帝(임금 제) 照(비출 조) 臨(임할 임(림))

해와 달이 아름답게 빛남이여, 유리琉璃와 같은 세상이 됨이로다.

유리와 같은 세상이 됨이여, 상제上帝께서 임하여 비춤이로다.

개요概要

십일음十一吟 내용을 이어서 유리琉璃의 세계가 후천后天의 인간 세계임을 말한다.

각설各說

1) 일월광화혜日月光華兮 유리세계琉璃世界[513]

일월광화혜日月光華兮란 일월지도日月之道의 아름다운 빛남으로 유리세계琉璃世界를 이룬다는 것이다. 유리세계琉璃世界는 본래 불교佛敎에서 나

---

513) 『금화정역현토조해金火正易懸吐粗解』에서는 "일월日月이 광화光華하게 되니 유리琉璃과 같이 맑고 맑은 세계가 됨을 말한다."라고 하였다.

온 말이다. 약사유리광여래藥師琉璃光如來가 지배하는 밝고 깨끗한 세계를 말한다. 『정역正易』에서도 밝고 깨끗한 평화의 세계世界의 의미로서 고도로 발달된 천하天下 대동大同의 사회를 지칭하는 말이다.

2) 세계세계혜世界世界兮[514] 상제조림上帝照臨[515]

후천后天의 세계世界에는 반드시 상제上帝의 덕德이 비쳐짐을 말한다. 상제上帝의 덕德이 드러남에 지경地疆이 없음에 그 기쁨이 한량없음을 말한다.

上帝照臨兮여 于于而而로다.
상 제 조 림 혜   우 우 이 이

于于而而兮여 正正方方이로다.
우 우 이 이 혜   정 정 방 방

正正方方兮여 好好无量이로다.
정 정 방 방 혜   호 호 무 량

○ 帝(임금 제) 照(비출 조) 臨(임할 임(림)) 兮(어조사 혜) 好(좋을 호) 无(없을 무) 量(헤아릴 량(양))

상제上帝께서 조림하시니 기쁘고 또한 즐거움이로다.
기쁘고 즐거움이여, 바른 것은 바르고 방方한 것은 방方하도다.
정정하고 방정함이여, 좋고 좋음이 한량없음이로다.

개요概要

상제上帝가 임림臨함을 찬미讚美하는 내용이다.

---

514) 『금화정역현토조해金火正易懸吐粗解』에서는 "유리琉璃같은 세계가 되어 상제上帝께서 조림照臨하시게 됨을 말한다."라고 하였다.
515) 『금화정역현토조해金火正易懸吐粗解』에서는 "상제上帝께서 조림照臨하시니 기쁘고 즐거움을 표현한 것이다."라고 하였다.

1) 상제조림혜上帝照臨兮 우우이이于于而而[516]

　　상제上帝의 덕화德化가 임해서 온 누리를 비추니 그 기쁨을 칭송하는 모습을 말한다. 우우于于는 서서히(천천히) 다가옴을 말하고, 이이而而는 상제上帝의 조임照臨을 찬미하고 기뻐하는 모습을 말한다.

2) 우우이이혜于而而兮 정정방방正正方方[517]

　　상제上帝의 덕화德化가 임해서 온 누리를 비추니 편벽됨이 없이 바르고 반듯하다는 것이다. 『주역周易』 곤괘坤卦의 직방대直方大와 같은 의미이다.

3) 정정방방혜正正方方兮 호호무량好好无量[518]

　　상제上帝의 덕화德化가 바르고 반듯하게 드러남이 한량이 없다는 것이다.

乙酉歲 癸未月 乙未日 二十八에
을 유 세　계 미 월　을 미 일　이 십 팔

不肖子 金恒은 謹奉書하노라.
불 초 자　김 항　　근 봉 서

---

516) 『금화정역현토조해金火正易懸吐粗解』에서는 "기쁘고 즐거우니 정대正大하고 방대方大함을 말씀 하신 것이다."라고 하였다.

517) 『금화정역현토조해金火正易懸吐粗解』에서는 "상제上帝의 덕화德化가 조림照臨하여 그 기쁨이 한량없으니, 바른 도리道理는 정대正大하게 고취鼓吹하고, 편방偏方한 것은 상규相規하여 덕화德化가 고르게 미치게 한다."라고 하였다.

518) 『금화정역현토조해金火正易懸吐粗解』에서는 "정대正大하고 방대方大하니 좋고 좋음이 한량없음을 말함이다."라고 하였다.

二十八張····前

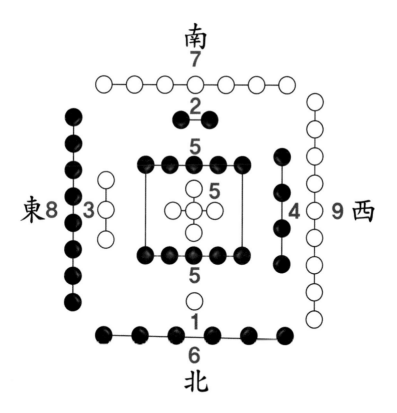

하도河圖

二十八張····後

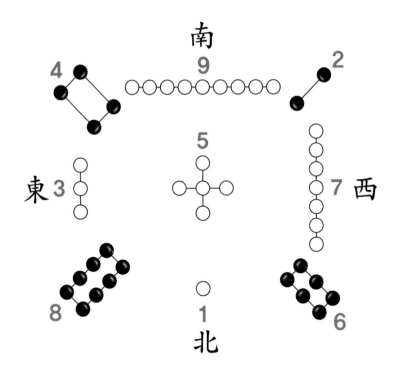

낙서洛書

1. 하도河圖·낙서洛書의 유래와 구성

가. 하도河圖·낙서洛書의 유래

중국 고대 제왕인 복희씨伏羲氏는 황하 黃河에서 나온 용마의 등에 그려진 무늬에서 하늘과 땅의 생명의 율동상을 깨닫고 이를 그림으로 그렸는데 그것이 하도 河圖이다. 이것에 의해 복희씨伏羲氏는 역 易의 팔괘八卦를 만들었다고 하며, 하늘의 계시로 자연 속에 숨겨진 질서를 읽고, 이를 천지天地의 기본수인 1에서 10까지의 수數로 체계화했다고 한다.

낙서洛書는 4,200년 전 우禹임금이 낙수洛水에서 얻은 그림과 글로, 하도河圖와 음양陰陽의 짝을 이루는 것으로 천지변화의 모습을 그려낸 또 하나의 계시문서이다.[519] 이것에 의해 우禹는 천하를 다

---

519) 낙서洛書의 글은 일반적으로 『서경書經』「홍범구주」에 나와 있는 글로 추정하고 있다. 「홍범구주」에서 "①초일初一은 왈오행曰五行이요, ②차이次二는 왈경용오사曰敬用五事요, ③차삼次三은 왈농용팔정曰農用八政이요, ④차사次四는 왈협용오기曰協用五紀이오, ⑤차오次五는 왈건용황극曰建用皇極이요, ⑥차육次六은 왈예용삼덕曰乂用三德이요, ⑦차칠次七은 왈명용계의曰明用稽疑, ⑧차팔次八은 왈염용서징曰念用庶徵이요, ⑨차구次九는 왈향용오복曰嚮用五福이오 위용육극威用六極이니라"라고 하였다. 이 十절의 9조목九條目은 오행五行, 오사五事, 팔정八政, 오기五紀, 황극皇極, 삼덕三德, 계의稽疑, 서징庶徵, 오복五福과 육극六極이다. 구체적으로 살펴보면 다음과 같다. ① 오행五行: 수화목금토水火木金土 ②오사五事: 모貌(외모), 언言(말), 시視(보는 것), 청聽(듣는 것), 사思(생각하는 것) ③팔정八政: 식食(양식관리), 화貨(재정주관), 사祀(제사관리), 사공司空(땅을 다스리는 것), 사도司徒(백성교육), 사구司寇(범죄단속), 빈賓(손님대접), 사師(양병) ④오기五紀: 해(세歲), 달(월月), 날(일日), 별(성신星辰), 역수曆數의 계산 ⑤황극皇極: 왕도王道(임금의 법도로 임금이 정치의 법을 세우는 것) ⑥ 삼덕三德: 정직正直, 강극剛克, 유극柔克 ⑦ 계의稽疑 : 복卜과 서筮의 점을 치는 사람을 임명하고 그들에게 점을 치게 하는 것 ⑧ 서징庶徵: 우雨(비), 양陽(맑음), 욱燠(따뜻함), 한寒(추위), 풍風(바람)의 시時를 즉 계절의 변

스리는 대법大法으로서의 홍범구주洪範九疇를 만들었다고 한다.

하도河圖와 낙서洛書의 도상圖上 자체自體가 확정된 것은 송대宋代의 채원정과 주자朱子이다. 그러나 도십서구圖十書九의 도서圖書의 도상圖上을 확정하였지만 그것이 그가 도서원리圖書原理를 밝혔음을 의미하지 않는다.[520] 그리고 송대宋代에 이르러서 비로소 하도낙서의 도상圖上이 확정되었다는 것은 그 이전以前에 하도낙서에 관한 이론異論들이 분분하였음을 의미한다고 볼 수 있다.

나. 하도河圖·낙서洛書의 역학적易學的 근거

『주역周易』의 하도河圖와 낙서洛書의 성격을 밝히고 있는 부분을 살펴보면 그러므로 "하늘이 신물神物을 낳으니 성인聖人이 이것을 법法으로 삼았으며, 천지天地가 변화變化하거늘 성인聖人이 그것을 본받았으며, 하늘이 상象을 드리워 길흉을 나타내시거늘 성인聖人이 그것을 표상表象하였으며, 하수河水에서 도圖가 나오고, 낙수洛水에서 서書가 나오거늘 성인聖人이 이를 법法으로 삼았다.[521]"라고 하였다.

위의 내용 가운데서 신물神物은 하도河圖와 낙서洛書를 가리킨다. 『정역正易』에서는 "천지天地의 이치理致는 삼원三元으로 원元으로부터 성인聖人이 탄강誕降하여 신물神物을 드러내 보이니 그것이 하도河圖와 낙서洛書이다."[522]라고 하였다. 따라서 위의 인용문 가운데서 하늘이 신물神物을 낳았다는 것은 하도河圖와 낙서洛書를 통하여 표상된 천지역수天之曆數를 드러내었음을 뜻한다.

화를 지칭하는 것이다.

520) 유남상, 「정역의 도서상수원리에 관한 연구」, 『논문집』, 제8권, 제2호, 충남대학교 인문과학연구소, 1981, 188쪽.

521) 『주역』, 「계사상」편, 제12장, "시고是故 천생신물天生神物, 성인칙지聖人則之, 천지변화天地變化, 성인효지聖人效之, 천수상天垂象 견길흉見吉凶, 성인상지聖人象之, 하출도낙출서河出圖洛出書 성인칙지聖人則之."

522) 『정역正易』, 「십오일언十五一言」, 제2장, "천지지리天地之理 삼원三元. 원강성인元降聖人 시지신물示之神物, 내도내서乃圖乃書."

따라서 천도天道인 천지역수天之曆數는 신물神物인 도서圖書를 통하여 표상하고, 지도地道인 천지변화원리天地變化原理는 괘상卦象을 통하여 길흉원리吉凶原理로 밝혀짐을 의미하는 것이다.

다. 하도河圖·낙서洛書의 구성構成

하도河圖·낙서洛書로 구성되어 있는 수數는 철학적哲學的인 상징수象徵數로서 역수曆數이다. 따라서 천지역수天之曆數의 이론적인 체계는 하도河圖·낙서洛書로 사상수四象數와 체수體數 구성되어 있다. 하도河圖·낙서洛書에서 십오十五는 중심축인 중中이며, 작용作用하여 사상수四象數로 드러날 때 사상수四象數가 정正이다. 사정방四正方은 낙서洛書에서 기수奇數로 표상되고, 사우방四偶方은 우수偶數로 표상된다.

2. 하도河圖·낙서洛書의 표상체계

『정역正易』에서는 하도河圖와 낙서洛書의 도상圖上을 구성構成하는 수數와 그것이 표상하는 내용內容을 밝히고 있다.

가. 수數와 천지역수天之曆數

하도河圖·낙서洛書의 수數는 존재存在의 근원적인 구조 원리와 변화지도를 나타내는 근원적인 상징수이다. 역학易學에서는 이와 같은 철학적인 존재원리를 상징하는 수數를 역수曆數라고 한다.[523] 역수曆數는 시간을 섭리하는 시간성의 원리로서 역수曆數를 구성하는 철학적인 상징수요, 책력冊曆을 드러내는 실제實際 기수朞數이다.

수數는 이수理數로서 시간을 표상한다. 하도河圖·낙서洛書를 수數로서 표상하는 근거는 천간天干에 있다.

갑甲·을乙	병丙·정丁	무戊·기己	경庚·신辛	임壬·계癸
삼三·팔八	이二·칠七	오五·십十	사四·구九	일一·육六
동東	남南		서西	북北
목木	화火	토土	금金	수水
춘春	하夏		추秋	동冬

역수曆數란 시간時間의 전개를 말한다. 시간時間을 통해서 시간성時間性을 표출表出한다는 것이다. 그러므로 시간성時間性은 역수曆數요, 역수曆數는 도道이며, 천도天道는 역수曆數인 것이다.[524]

---

523) 역수曆數는 『서경書經』의 대우모편, 『논어論語』의 「요왈」편 "천지역수재이궁天之曆數在爾躬", 『서경書經』홍범편의 "세월일성진역수歲月日星辰曆數"에서 언급하고 있다.

524) 하도河圖는 일월음양日月陰陽 합덕원리合德原理이요, 낙서洛書는 일월생성원리日月生成原理이다.

『주역』에서는 도서圖書를 구성하는 수수數와 그 내용을 논하고 있는데 이를 통하여 도서圖書가 역도易道의 표상 체계임을 알 수 있다. 『주역』의 「계사상」편 제9장을 보면 천지지수절天地之數節과 대연지수절大衍之數節, 건곤책수절乾坤策數節, 만물지수절萬物之數節로 구성되었는데 천지지수절天地之數節에서는 하도河圖의 오십오수五十五數에 관하여 논하고 있고, 대연지수절大衍之數節에서는 낙서洛書의 사십오수四十五數를 밝히고 있으며, 건책지수절乾策之數節에서는 하도河圖와 낙서洛書가 합덕성도合德成道된 원리를 밝히고 있다.[525]

나. 하도·낙서와 천지역수天之曆數

『주역周易』의 천지지수절天地之數節에서 하도河圖를 구성하는 수수數를 일一에서 십十까지의 천수天數와 지수地數로 규정하고 있다. 천수天數는 일삼오칠구一三五七九의 기수奇數이며, 지수地數는 이사육팔십二四六八十의 우수偶數이다. 이 천지天地의 수수數가 천지역수天之曆數를 표상하는 하도河圖와 낙서洛書를 구성하는 수수數이다.

하도河圖가 합덕合德 원리를 중심으로 천지역수天之曆數를 표상하였다는 것은 그것이 합덕合德을 위한 본체원리本體原理를 중심으로 천지역수天之曆數를 표상하고 있으며, 낙서洛書는 생성生成을 위한 작용원리作用原理를 중심으로 천지역수天之曆數를 표상한 도상圖上이다. 낙서洛書는 기수奇數가 표상하는 분생원리分生原理를 중심으로 천지역수天之曆數를 표상하고 있다. 그러므로 천지역수天之曆數를 통해서 하락河洛이론에 대한 구체적인 내용을 고찰할 수 있다.[526]

---

525) 유남상, 「하락상수론에 관한 연구」, 『논문집』, 제5권 제1호, 충남대학교 인문과학연구, 1978, 155쪽.
526) 유남상, 「하락상수론에 관한 연구」, 「논문집」 제5권 제1호, 충남대학교 인문과학연구소, 1978, 157쪽.

3. 하도河圖·낙서洛書의 비교

하도河圖	낙서洛書
·음양합덕성도원리陰陽合德成道原理 기본으로 한 십수원리十數原理	·음양생장원리陰陽生長原理 기본으로 한 구수원리九數原理
·십오十五를 체體로 해서 오五로 작용하면서 역수변화曆數變化의 근거	·오五를 체體로 해서 십오十五로 작용하면서 사상작용四象作用의 근거
·십수十數를 기본으로 구팔칠육九八七六을 사삼이일四三二一과 합덕合德 시키는 성도成道 위주의 원리이다.	·오수五數를 기본으로 일이삼사一二三四를 육칠팔구六七八九로 생성生成시키는 생성生成 위주의 원리이다.
·사상수四象數와 체수體數가 1·6, 2·7, 3·8, 4·9가 상징하는 모두 음양합덕으로 이루어진다. ·십十과 생성生成의 중심수인 오五와 합덕合德되는 원리를 표상 ·생수生數와 성수成數가 음양조화를 이루면서 사상四象의 위位인 사방四方에 위치하고 중앙의 체體의 상징인 오五와 십十이 위치하여 오행을 이룬다.	·사상四象의 생성변화生成變化는 오황극五皇極을 중심으로 십무극十无極이 1·9, 2·8, 3·7, 4·6으로 형상화形象化하는 작용을 한다. ·미래적 이상을 상징하는 십무극수十无極數가 없다. ·실제적인 생성변화원리 ·공간성空間性 원리 ·오황극五皇極은 인간 본래성이다.
·십수十數까지 포함하여 55가 된다.	·구수九數까지만 표상하여 45가 된다.
·도생역성倒生逆成의 작용을 하는 십무극十无極은 사금四金, 일수一水, 칠화七火, 팔목八木으로 구성된다.	·역생도성逆生倒成 작용을 하는 오황극五皇極은 이화二火, 삼목三木, 육수六水, 구금九金으로 구성된다

伏羲八卦圖

乾一

兌二

離三

震四

巽五

坎六

艮七

坤八

1. 복희팔괘도伏羲八卦圖

　복희팔괘도伏羲八卦圖는 일태극一太極을 근원으로 한 만물萬物 생형生形의 원리를 표상하고 있다. 「설괘」편 제삼장에서는 천지天地와 산택山澤, 뇌풍雷風, 수화水火 팔괘八卦를 도상화하여 역학적인 의미를 밝히고 있다.

가. 유래와 역학적 근거

　복희팔괘도伏羲八卦圖의 유래는 크게 두 가지로 나누어 설명할 수 있다. 먼저, 복희伏羲씨가 하도河圖의 사상수四象數를 보고 팔괘八卦를 그렸다는 설이 있다.

　다음으로, 『주역周易』 「계사상繫辭上」편, 11장의 "이런 까닭에 역易에는 태극太極이 있으니, 이 태극太極이 양의兩儀(음陰과 양陽)를 낳고, 양의兩儀는 사상四象(태양太陽, 태음太陰, 소양少陽, 소음少陰)을 낳으며, 사상四象은 팔괘八卦를 생생生生하고, 팔괘八卦는 길흉吉凶을 정한다."[527]라고 언급한 구절에서 그 근거를 찾을 수 있다. 그리고 「계사하繫辭下」편 2장에서 "옛적에 포희씨가 천하에 왕을 할 적에 우러러서는 하늘의 형상을 보고, 구부려서는 땅의 법을 보며, 새와 짐승의 무늬와 땅의 마땅함을 보며, 가까이는 저 몸에서 취하고, 멀리는 저 물건에서 취하여, 이에 비로소 팔괘八卦를 지음으로써 신명神明의 덕德을 통하며, 만물의 실정을 같이 하니,"[528]라고 하여 복희伏羲씨가 하늘의 형상과 땅의 법칙을 보고 근취저신近取諸身, 원취저물遠取諸物하여 팔괘八卦를 획괘劃卦하였음을 밝히고 있다.

---

527) 『주역』, 「계사상」편 11장 "시고是故 역유태극易有太極, 시생양의是生兩儀, 양의생사상兩儀生四象, 사상생팔괘四象生八卦, 팔괘정길흉八卦定吉凶."

528) 『주역』, 「계사하」편 2장 "고자포희씨지왕천하야古者包犧氏之王天下也. 앙즉관상어천仰則觀象於天, 부즉관법어지俯則觀法於地, 관조수지문觀鳥獸之文, 여지지의與地之宜, 근취저신取諸身, 원취저물遠取諸物, 어시於是 시작팔괘始作八卦, 이통신명지덕以通神明之德, 이류만물지정以類萬物之情."

나. 복희팔괘도伏羲八卦圖의 구성

복희팔괘도伏羲八卦圖는 하늘(건乾)과 땅(곤坤)이 그 근간을 이루고 있다. 그리고 팔괘八卦는 일건천一乾天(☰), 이태택二兌澤(☱), 삼리화三離火(☲), 사진뢰四震雷(☳), 오손풍五巽風(☴), 육감수六坎水(☵), 칠간산七艮山(☶), 팔곤지八坤地(☷)로 구성되어 있다.

다. 복희팔괘도伏羲八卦圖의 배열配列

복희팔괘도伏羲八卦圖 배열의 근거는 『주역』 「설괘」편 3장에서 제시하고 있다. "하늘과 땅이 자리를 정하고, 산山과 못(택澤)의 기운은 서로 통하고, 우레와 바람은 서로 부딪치고, 물과 불이 서로 쏘지 않아 팔괘八卦는 서로 섞이게 된다."[529]라고 하였다. 그러므로 팔괘八卦 중에서 건괘乾卦(☰)는 하늘이 만물을 주재하고, 곤괘坤卦(☷)는 만물을 감싸는 대지를 상징한다. 간괘艮卦(☶)는 산이 만물의 행동을 저지하며, 태괘兌卦(☱)는 연못이 만물을 기뻐하는 모습이다. 진괘震卦(☳)는 천둥으로 만물을 두드리고, 손괘巽卦(☴)는 바람으로 흐트러뜨리는 모습이다. 감괘坎卦(☵)는 물로, 비로서 만물을 적시고, 이괘離卦(☲)는 태양으로, 불로서 만물을 따뜻하게 건조시키는 성정性情을 가지고 있다.

라. 팔괘八卦와 사상四象

복희팔괘도伏羲八卦圖를 사상四象으로 보면, 이태택二兌澤(☱)과 일건천一乾天(☰)은 태양太陽이고, 오손풍五巽風(☴)과 육감수六坎水(☵)는 소양少陽이다. 칠간산七艮山(☶)과 팔곤지八坤地(☷)는 태음太陰이고, 사진뢰四震雷(☳)와 삼리화三離火(☲)는 소음少陰에 해당한다.

---

529) 『주역』, 「설괘」편 제3장, "천지정위天地定位, 산택통기山澤通氣, 뇌풍상박雷風相薄, 수화불상사水火不相射, 팔괘상착八卦相錯."

마. 『주역』「설괘」편 4장과 복희팔괘伏羲八卦

「설괘說卦」편 4장에서 복희팔괘도伏羲八卦圖의 팔괘八卦에 대하여 다음과 같이 설명하고 있다.

1) 뇌이동지雷以動之 : 진하련震下連(☳) 우레는 땅속으로부터 움직여 만물을 고동시킨다.

2) 풍이산지風以散之 : 손하절巽下絶(☴) 바람은 안으로 들어가는 덕이 있으므로, 하늘로부터 내려와 두루 기운을 흐트러뜨림으로써, 만물을 진작시킨다.

3) 우이윤지雨以潤之 : 감중련坎中連(☵) 물은 흘러 내려가며 만물을 적셔서 윤택하게 한다.

4) 일이훤지日以暄之 : 이허중離虛中(☲) 해가 하늘로 올라감으로써 만물을 비추어 말린다.

5) 간이지지艮以止之 : 간상련艮上連(☶) 산은 진하련震下連(☳)에서 움직여 나와, 감중련(☵)을 거쳐 간상련艮上連(☶)에서 더 이상 올라갈 데가 없으므로 그친다.

6) 태이열지兌以說之 : 태상련兌上絶(☱) 못은 음陰이 위에서 출렁이며 기뻐한다.

7) 건이군지乾以君之 : 건삼련乾三連(☰) 하늘은 만물의 아버지이므로, 일을 주장하는 건도乾道를 설명한 것이다.

8) 곤이장지坤以藏之 : 곤삼련坤三節(☷) 모든 것이 아래로 내려와 땅에 감춰진다. 땅의 감춤을 말한 것이다.

그리고 뇌雷·풍風·우雨·일日은 음양의 소리와 기운이고, 직접적인 작용이 있으므로 형이하학적인 괘상卦象으로써 설명하고, 간艮, 태兌, 건乾, 곤坤은 음양의 형상이며 그 작용이 추상적抽象的이므로 형이상학적인 괘상卦象으로 말하였다.

바. 복희팔괘도伏羲八卦圖 특징[530]

1) 일태극一太極 원리 위주의 시생始生을 표상하는 팔괘도八卦圖이다.

2) 복희팔괘도伏羲八卦圖의 사상四象 작용수는 삼십육三十六이다.

3) 복희팔괘도伏羲八卦圖는 구수九數를 지향指向하는 일팔계열一八系列의 팔수팔괘도八數八卦圖이다.

---

530) 유남상, 『주·정역합본편』, 연경원, 2009, 121쪽

文王八卦圖

離九

巽四

坤二

震三

坎一

兌七

乾六

艮八

2. 문왕팔괘도文王八卦圖

문왕팔괘도文王八卦圖에 대한 내용을 정리하면 다음과 같다.

가. 문왕팔괘도文王八卦圖의 유래

문왕文王의 성姓은 희姬, 명名은 창昌인데 서방제후의 수장이란 뜻으로 서백西伯이라 불렀다. 그는 은殷나라의 주紂임금에게 핍박을 받아 유리 옥羑里獄[531]에 갇혀있는 동안 문왕팔괘도文王八卦圖를 획정하였다. 그리고 팔괘도八卦圖에 이어서 64괘를 만들고 「괘사卦辭」를 편찬하여 오늘날의 『주역周易』에 이르게 된 것이다.

나. 문왕팔괘도文王八卦圖 역학적 근거와 생성生成원리

『주역』「설괘」편 제5장에서 문왕팔괘도文王八卦圖의 생성生成에 대한 역학적인 근거를 "제帝가 진震에서 나와서, 손巽에서 가지런히 하고, 리離에서 서로 보고, 곤坤에서 역사를 이루고, 태兌에서 기뻐하고, 건乾에서 싸우고, 감坎에서 위로하고, 간艮에서 이루느니라."[532]라고 언급하고 있다.

문왕팔괘도文王八卦圖의 도상圖象을 보면 감坎·리離를 남북南北의 축으로 하여 나머지 여섯 괘卦가 서로 대응한다. 감坎·리離는 일월日月을 상징하는 괘卦이기 때문에 일월日月이 장성長成 원리를 나타내는 도상圖象의 중심 축을 표상表象하고 있다고 할 수 있다. 달리 말하면 일월日月 원리인 천지역수天之曆數에 의하여 만물이 두덕적 존재로 생장生長함을 뜻한다고 할 수 있다.

---

531) 유리羑里는 험준한 지세로 둘러싸인 지명地名으로, 서백의 땅으로부터 동쪽으로 약 800 여Km 떨어져 있는데 오늘의 하남성河南省 탕음시湯陰市 북쪽 3Km의 지점이다. 남북南北의 거리가 100여m, 동서東西의 거리가 100여m가 되는 넓이의 유리성羑里成이 있었고 성城안에 옥獄이 있었다.

532) 『주역』, 설괘편 제5장, "제출호진帝出乎震 제호손齊乎巽, 상견호리相見乎離, 치역호곤致役乎坤, 열언호태說言乎兌, 전호건戰乎乾, 노호감勞乎坎, 성언호간成言乎艮."

문왕팔괘도文王八卦圖는 군자君子의 생성生成 원리를 표상하는 괘도卦圖이다. 그러므로 문왕팔괘도文王八卦圖의 수數를 보면 낙서洛書의 도상圖象과 일치하고 있음을 확인 할 수 있다. 낙서洛書는 오五를 중심中心 본체本體로 하여 일一·구九, 이二·팔八. 삼三·칠七, 사四·육六이 서로 대응하고 있다. 그리고 팔괘八卦는 모두 음양陰陽의 합덕合德이 이루어지지 못하고 있다. 따라서 문왕文王 괘도卦圖의 팔괘八卦와 낙서洛書의 사상수四象數가 모두 음양합덕陰陽合德이 되지 못하고 서로 떨어져 있는 것과 일치한다.

다. 문왕팔괘도文王八卦圖와 상하上下·사방四方

문왕팔괘도文王八卦圖를 상하좌우로 보면, 상上이 남南, 하下가 북北, 향좌向左가 동東, 향우向右가 서西로 배열되어 있다. 위쪽의 남南쪽에는 리괘離卦(☲)가 배치되어 있고, 아래쪽인 북北에는 감괘坎卦(☵)를 놓고, 동東에 진괘震卦(☳)를 놓고, 서西에 태괘兌卦(☱)를 놓고, 동북東北에 간괘艮卦(☶)를 놓고, 동남東南에 손괘巽卦(☴)를 놓고, 서북西北에 건괘乾卦(☰)를 놓고, 서남西南에 곤괘坤卦(☷)를 놓고 있다.

문왕팔괘도文王八卦圖의 팔괘八卦는 동남東南과 서북西北을 축으로 음괘陰卦와 양괘陽卦로 무리를 나누어 배치가 되어 있다. 즉 양괘陽卦는 서남西南에서 동東까지 건괘乾卦(☰)를 중심으로 하여 감괘坎卦(☵), 간괘艮卦(☶), 진괘震卦(☳)의 네 양陽이 나란히 있다. 그리고 음陰의 괘는 동남東南과 서西 사이에 곤괘坤卦(☷)를 중심으로 손괘巽卦(☴), 리괘離卦(☲), 태괘兌卦(☱)의 네 음괘陰卦가 있다. 즉 네 개의 음陰과 양陽이 각각 한쪽으로 모여 있다.[533]

533) 『주역』 곤괘坤卦 「단사彖辭」에 "서남득붕西南得朋, 동북상붕東北喪朋" 한 것을 말하기도 한다. 서남西南에는 음괘陰卦가 모여 있으니 서남득붕西南得朋이요, 동북東北에는 양괘陽卦만 있으니 동북상붕東北喪朋이다

라. 문왕팔괘도文王八卦圖와 사시四時

문왕팔괘도文王八卦圖의 배열을 춘하추동春夏秋冬으로 보면, 동東의 진괘震卦(☳)가 춘春이 된다. 손괘巽卦(☴)는 입하立夏이고, 남南의 리괘離卦(☲)는 하夏가 되고, 곤괘坤卦(☷)는 입추立秋이다. 서西의 태괘兌卦(☱)는 추秋이며, 건괘乾卦(☰)는 입동立冬이다. 북北의 감괘坎卦(☵)는 동冬이며, 간괘艮卦(☶)는 입춘立春이 된다.

마. 문왕팔괘도文王八卦圖와 오행五行

문왕팔괘도文王八卦圖에서 동東 진괘震卦(☳)는 양목陽木이고 동남東南 손괘巽卦(☴)는 음목陰木이다. 남南 리괘離卦(☲)는 화火가 되고, 서남西南 곤괘坤卦(☷)는 토土가 된다. 서西 태괘兌卦(☱)와 서북 건괘乾卦(☰)는 금金이 된다. 건乾은 양금陽金이고 태兌는 음금陰金이다. 북北 감괘坎卦(☵)는 수水가 되고 동북東北 간괘艮卦(☶)는 토土가 된다. 토土가 둘 있는데 곤괘坤卦의 토土는 음토陰土이고, 간괘艮卦의 토土는 양토陽土이다. 간괘艮卦는 산이며, 양괘陽卦이므로 양토陽土로 한다. 동東의 진괘震卦 손괘巽卦의 목木으로부터 다음 리괘離卦의 화火 다음 곤괘坤卦 간괘艮卦의 토土 다음 태괘兌卦 건괘乾卦의 금金 다음 감괘坎卦의 수水가 배열되어 목木·화火·토土·금金·수水의 순서가 되니, 이것은 오행五行의 상생相生순서로 배열된 것이다. 요컨대 팔괘八卦를 일 년 사시四時에 배당하면 춘하추동春夏秋冬의 순서로 되고, 오행五行을 배당하면 목木·화火·토土·금金·수水의 상생相生의 순서로 서 있는 것이다.

바. 문왕팔괘도文王八卦圖의 특징

첫째, 문왕팔괘도文王八卦圖는 낙서洛書와 같이 구궁수九宮數와 오황극五皇極 원리를 표상表象하고 있으며 십수十數를 지향指向하고 있다.[534]

---

534) 유남상, 『주·정역합본편』, 연경원, 2009, 122쪽

둘째, 생장生長의 원리를 표상하고 있다.

셋째, 「설괘」편 5장을 근거를 작성되었고, 문왕팔괘도文王八卦圖의 팔괘八卦는 외향적外向的인 모습을 보이고 있다.

넷째, 생장生長의 과정으로 음양합덕陰陽合德이 이루어지지 못하고 있다. 소강절은 현상세계의 생장원리生長原理를 이유로 문왕팔괘도文王八卦圖를 후천后天 팔괘도八卦圖로 칭하였다.

正易八卦圖

3. 정역팔괘도正易八卦圖

가. 정역팔괘도正易八卦圖의 유래

정역팔괘도正易八卦圖는 일부一夫 김항金恒선생에 의해서 획정된 제3의 괘도卦圖이다. 문왕팔괘도文王八卦圖에서 간괘艮卦에 의하여 표상된 음양陰陽 합덕合德의 도덕적 세계를 나타낸 것이 정역팔괘도正易八卦圖이다. 즉 복희팔괘도伏羲八卦圖에 의하여 표상된 시생始生의 만물萬物이 문왕팔괘도文王八卦圖에 의하여 표상된 생장生長의 과정을 거침으로써 정역팔괘도正易八卦圖에서 표상하고 있는 완성된 세계에 도달된 것이다. 그러므로 정역팔괘도正易八卦圖는 장성長成의 세계를 표상하고 있다고 할 수 있다.

나. 정역팔괘도正易八卦圖의 특징

정역팔괘도正易八卦圖를 복희伏羲·문왕팔괘도文王八卦圖와 비교하면 다음과 같은 몇 가지 특징을 찾아 볼 수 있다.

첫째, 복희伏羲·문왕팔괘도文王八卦圖를 형성하고 있는 팔괘八卦가 모두 밖을 향하고 있는 것과 달리 정역팔괘도正易八卦圖의 팔괘八卦는 모두 안을 향하고 있다. 그것은 복희伏羲·문왕팔괘도文王八卦圖는 동일한 세계世界를 표상하고 있으나 정역팔괘도正易八卦圖는 다른 세계를 표상하고 있음을 보여준다. 앞의 두 팔괘도八卦圖는 음양陰陽이 분리分離되어 합덕合德을 목표로 생장生長하는 원리를 표상한 팔괘도인데 비하여, 정역팔괘도正易八卦圖는 분생分生한 음양陰陽이 장성長成하여 합덕合德된 세계를 나타내고 있다.

둘째, 정역팔괘도正易八卦圖의 성격은 앞의 두 팔괘도八卦圖를 구성하는 팔괘八卦가 음양陰陽이 분리되어 있는데 비해 정역팔괘도正易八卦圖에서는 모두 음양陰陽 합덕合德되어 있다.

셋째, 앞의 두 팔괘도八卦圖에서는 건곤괘乾坤卦가 중괘重卦가 아니지만

정역팔괘도正易八卦圖에서는 중천건괘重天乾卦와 중지곤괘重地坤卦로 표상되고 있다. 즉 복희팔괘도伏羲八卦圖에서는 건곤괘乾坤卦가 건남곤북乾南坤北의 상하上下에 위치하여 천지비天地否를 표상하고 있다. 정역팔괘도正易八卦圖에서는 곤남건북坤南乾北의 상하上下를 이루면서 건곤괘乾坤卦에 각각 현상적 천지天地가 합덕合德이 됨으로써 지천태地天泰의 만국萬國 함녕咸寧의 세계를 나타내고 있다. 그리고 육자녀괘六子女卦인 장남장녀인 진손震巽과 중남중녀인 감리坎離, 삼남삼녀인 간태艮兌가 서로 합덕合德하여 상호작용相互作用하고 있다.[535]

넷째, 수數에 있어서도 건곤乾坤을 십오十五로 하여 이천二天과 칠지七地가 기강경위紀綱經緯를 이루고, 나머지 여섯 괘卦도 모두 하도河圖의 수數와 일치하고 있다. 즉 삼역팔괘도三易八卦圖 가운데에서 오직 정역팔괘도正易八卦圖만이 수數와 상象이 일치하고 있다는 것이다. 이는 음양陰陽 합덕合德의 세계를 상징하는 하도河圖의 도상圖象을 팔괘八卦에 의하여 나타낸 것으로 십오十五가 합덕合德되고, 사상수四象數인 일一·육六, 이二·칠七, 삼三·팔八, 사四·구九가 합덕合德된 상태를 팔괘八卦에 의하여 진손震巽과 천지건곤天地乾坤, 간태艮兌, 감리坎離의 대응 관계로 나타낸 것이다.

다섯째, 삼효단괘三爻單卦인 일손一巽, 육진六震, 사감四坎, 구이九離, 팔간八艮, 삼태三兌의 육자녀괘六子女卦의 원리를 통일 집약한 십건十乾, 오곤五坤, 즉 십오十五가 합덕일체合德一體 되면서 존공귀체尊空歸體 됨으로써 이천칠지二天七地의 중괘重卦인 건곤원리乾坤原理로 변화變化하여 비로서 육효六爻의 용구용육用九用六 작용作用이 완전발휘完全發揮되는 십수팔괘十數八卦가 형성된 것이다.

이상과 같이 정역팔괘도正易八卦圖는 십무극十无極의 성도成道와 천지만물天地萬物의 완성원리完成原理를 표상하고 있다.

---

535) 유남상, 신동호, 「주체적 민족사관의 체계화를 위한 한국 역학적 연구」, 『논문집』 제13권 제1호, 충남대학교 인문과학연구소, 1974, 18쪽.

4. 삼역팔괘도三易八卦圖

가. 삼역팔괘도三易八卦圖의 연원淵源

정역正易에서는 복희팔괘도伏羲八卦圖, 문왕팔괘도文王八卦圖, 정역팔괘도正易八卦圖를 삼역팔괘도三易八卦圖로 일반화하고 있다. 삼역팔괘도三易八卦圖는 인격적 존재인 성인聖人과 군자君子의 합덕合德에 의한 성도成道 원리를 표상한 괘도卦圖이다. 즉 성인聖人과 군자君子의 생장성生長成 원리를 표상한 것이 바로 팔괘八卦에 의하여 구성된 세 가지 괘도卦圖이다.

① 복희팔괘도伏羲八卦圖는 인격적 존재의 시생始生 원리를 표상하며,

② 문왕팔괘도文王八卦圖는 인격적 존재의 생장生長 원리를 표상하고,

③ 정역팔괘도正易八卦圖는 인격적 존재의 장성長成 원리를 표상한다.

특히, 삼역팔괘도三易八卦圖 가운데서 정역팔괘도正易八卦圖는 음양陰陽이 합덕合德된 세계를 표상한다. 또한 선후천先后天이 합덕合德된 세계를 표상하는 괘도卦圖이기 때문에 복희팔괘도伏羲八卦圖와 문왕팔괘도文王八卦圖의 근거가 된다고 할 수 있다. 비록 복희팔괘도伏羲八卦圖와 문왕팔괘도文王八卦圖가 정역팔괘도正易八卦圖보다 먼저 나타났지만 정역팔괘도正易八卦圖가 나타나기 전前까지 도상圖象의 본래적本來的인 역학적易學的 의의意義가 밝혀지지 못한 한계가 있었다. 왜냐하면 정역팔괘도正易八卦圖가 출현함에 따라 삼역괘도의 생장성生長成 원리와 「설괘說卦」 편篇 6장의 내용을 비로소 구명究明할 수 있게 되었기 때문이다.

그러므로 삼역팔괘도三易八卦圖의 이해는 역易 철학의 근원적인 원리와 육십사괘六十四卦의 괘효원리卦爻原理를 이해하는 관건이라고 할 수 있다. 즉 삼역팔괘도三易八卦圖의 올바른 이해가 이루어지지 못하였다는 것은 곧 역도易道의 본래적本來的 의의意義를 드러내지 못하였음을 뜻한다. 그러나 정역팔괘도正易八卦圖가 드러나게 됨으로써 비로소 삼역팔괘도三易八卦圖가 형성되었을 뿐만 아니라 그것을 통하여 역도易道의 본래 면목

이 밝혀질 수 있다.

나. 삼역팔괘도三易八卦圖의 역학적 의미

삼역팔괘도三易八卦圖는 팔괘八卦를 통하여 구성된 세 가지 도상圖象으로『정역正易』에서는 그것을 각각 복희팔괘도伏羲八卦圖, 문왕팔괘도文王八卦圖, 정역팔괘도正易八卦圖로 규정하고 있다.

다. 삼역팔괘도三易八卦圖의 체용體用 관계

삼역팔괘도三易八卦圖 가운데서 정역팔괘도正易八卦圖는 음양陰陽이 합덕合德된 세계世界, 선후천先后天이 합덕合德된 세계를 표상하는 괘도卦圖이기 때문에 복희팔괘도伏羲八卦圖와 문왕팔괘도文王八卦圖의 근거가 된다. 그러므로 비록 복희팔괘도伏羲八卦圖와 문왕팔괘도文王八卦圖가 정역팔괘도正易八卦圖 이전以前에 나타났지만 정역팔괘도正易八卦圖가 출현함으로서 비로소 그 이전에 드러나지 못했던 도상圖象의 본래적本來的 의미가 밝혀지게 되었기 때문이다.

라. 삼역팔괘도三易八卦圖의 연구과제

삼역팔괘도三易八卦圖의 이해는 육십사六十四 중괘重卦를 이해하는 관건일 뿐만 아니라 천지역수天之曆數를 이해하는 관건이다. 다시 말하면 삼역팔괘도三易八卦圖의 올바른 이해는 곧 역도易道의 본래적本來的 의의意義를 밝히는 과제라고 할 수 있다. 왜냐하면 정역팔괘도正易八卦圖가 형성됨으로써 비로소 생장성生長成 원리를 표상하는 삼역팔괘도三易八卦圖가 성립되었을 뿐만 아니라 이것을 통通하여 역도易道의 본래本來 면목面目을 드러낼 수 있기 때문이다.

마. 삼역팔괘도三易八卦圖와 사력변화원리四曆變化原理

정역正易에서의 사력변화원리四曆變化原理는 원력原曆에서 윤력閏曆으로, 윤력閏曆에서 윤력閏曆으로 윤력閏曆에서 정력正曆으로 변화하는 원리를 말한다. 이것을 삼역팔괘도三易八卦圖의 생생·장장·성성 원리와 결부시키면 원력原曆에서 윤력閏曆으로서의 변화는 생생의 변화變化이며, 윤력閏曆→윤력閏曆으로의 변화變化는 장장의 변화變化이다. 그리고 윤력閏曆에서 정력正曆으로의 변화變化는 성성의 변화變化이다.

·윤역閏曆의 생성生成변화[536]

$$
\begin{array}{lll}
9(9\text{-}0) = 81시時 & \cdots\cdots\cdots\cdots\cdots\cdots\cdots\cdots & 원력原曆 \\
\text{생생 변화變化} \downarrow & & \\
9(9\text{-}1) = 72시時 & \cdots\cdots\text{제요지기帝堯之朞} & \\
\text{장장 변화變化} \downarrow & & 윤력閏曆 \\
9(9\text{-}2) = 63시時 & \cdots\cdots\text{제순지기帝舜之朞} & \\
\text{성성 변화變化} \downarrow & & \\
9(9\text{-}3) = 54시時 & \cdots\cdots\cdots\cdots\cdots\cdots\cdots\cdots & 정력正曆 \\
\end{array}
$$

사력변화四曆變化 원리를 괘상卦象을 통하여 삼재적三才的 관점에서 표상表象하고자 할 때 사력변화四曆變化를 이루는 세 마디의 내용인 생장성生長成 원리原理로 표상할 수밖에 없다.

바. 생장성生長成과 삼극지도三極之道·삼재지도三才之道

일태극一太極과 오황극五皇極 그리고 십무극十无極의 삼극원리三極原理를 팔괘八卦를 통하여 현상적 측면에서 표상하고자 할 때도 생장성生長成 원리原理로 표상할 수밖에 없다. 괘상卦象을 통하여 표상表象되는 삼재지도三才之道는 팔괘八卦로 구성된 세 가지 도상圖上을 통하여 표상表象되어지는데 이것을 삼역팔괘도三易八卦圖라고 일반화 할 수 있다.

---

536) 유남상, 신동호, 「주체적 민족사관의 체계화를 위한 한국역학적 연구」, 『논문집』 제13권 제1호, 충남대학교 인문과학연구소, 1974, 14쪽.

十干原度數

一
己十

戊五

九二丁

丙八三

乙七

甲六

癸六五四

壬一

辛九四三二

庚三

십간원도수十干原度數는 천간天干으로 십간十干은, 즉 '갑을병정무기경신임계甲乙丙丁戊己庚辛壬癸'이니 이는 지지地支의 차례로 맞추어 인사人事의 변화운용變化運用에 쓰인다. 원도수原度數를 도식화하면 다음과 같다.

십간十干	기己	경庚	신辛	임壬	계癸	갑甲	을乙	병丙	정丁	무戊
차서도	1	2	3	4	5	6	7	8	9	10
원수原數	십十	사四	구九	일一	육六	팔八	삼三	칠七	이二	오五

三十一章……前後

십이월十二月 이십사절二十四節 기후도수氣候度數

卯月 初三日 乙酉酉正一刻 十一分 元和
묘월 초삼일 을유유정일각 십일분 원화

十八日 庚子子正一刻 十一分 中化
십팔일 경자자정일각 십일분 중화

辰月 初三日 乙卯卯正一刻 十一分 大和
진월 초삼일 을묘묘정일각 십일분 대화

十八日 庚午午正一刻 十一分 布化
십팔일 경오오정일각 십일분 포화

巳月 初三日 乙酉酉正一刻 十一分 雷和
사월 초삼일 을유유정일각 십일분 뇌화

十八日 庚子子正一刻 十一分 風化
십팔일 경자자정일각 십일분 풍화

午月 初三日 乙卯卯正一刻 十一分 立和
오월 초삼일 을묘묘정일각 십일분 입화

十八日 庚午午正一刻 十一分 行化
십팔일 경오오정일각 십일분 행화

未月 初三日 乙酉酉正一刻 十一分 建和
미월 초삼일 을유유정일각 십일분 건화

十八日 庚子子正一刻 十一分 普化
십팔일 경자자정일각 십일분 보화

申月 初三日 乙卯卯正一刻 十一分 清和
신월 초삼일 을묘묘정일각 십일분 청화

十八日 庚午午正一刻 十一分 平化
십팔일 경오오정일각 십일분 평화

酉月 初三日 乙酉酉正一刻 十一分 成和
유월 초삼일 을유유정일각 십일분 성화

十八日 庚子子正一刻 十一分 入化
십팔일 경자자정일각 십일분 입화

三十二章····前

戌月 初三日 乙卯卯正一刻 十一分 咸和
술월 초삼일 을묘묘정일각 십일분 함화

十八日 庚午午正一刻 十一分 亨化
십팔일 경오오정일각 십일분 형화

亥月 初三日 乙酉酉正一刻 十一分 正和
해월 초삼일 을유유정일각 십일분 정화

十八日 庚子子正一刻 十一分 明化
십팔일 경자자정일각 십일분 명화

子月 初三日 乙卯卯正一刻 十一分 至和
자월 초삼일 을묘묘정일각 십일분 지화

十八日 庚午午正一刻 十一分 貞化
십팔일 경오오정일각 십일분 정화

丑月 初三日 乙酉酉正一刻 十一分 太和
축월 초삼일 을유유정일각 십일분 태화

十八日 庚子子正一刻 十一分 體化
십팔일 경자자정일각 십일분 체화

寅月 初三日 乙卯卯正一刻 十一分 仁和
인월 초삼일 을묘묘정일각 십일분 인화

十八日 庚午午正一刻 十一分 性化
십팔일 경오오정일각 십일분 성화

1. 십이월十二月 이십사절二十四節 기후도수氣候度數

십이월十二月 이십사절二十四節 기후도수氣候度數는 정역正易의 역법曆法을 말한다. 정역正易에서는 정력기수正曆朞數를 삼백육십일三百六十日로 규정을 하면서 선후천정윤도수先后天正閏度數에서 "선천先天은 체體는 방方하고 용用은 원圓하니 이십칠二十七 삭朔으로서 윤역閏曆이 되고, 후천后天은 체體는 원圓하고 용用은 방方하니 삼백육십三百六十으로서 정력正曆이 된다."[537]라고 하여 선후천先后天으로 비교하여 설명하고 있다. 후천后天 정력正曆은 선천先天 윤역閏曆과 달리 일 년 역수曆數가 과불급過不及이 없이 윤역閏曆이 없어짐을 뜻하는 것이다. 이것은 윤역閏曆이 변하여 정력正曆이 되는 역수변역曆數變易에 의해서 항구불변하는 세상을 말한다.[538]

『정역正易』에서는 금화金火가 교역交易하여 정역正曆으로 변역變易하는 것은 불역不易의 역易의 이치理致요, 영원히 불변하는 완전한 세상을 이루는 것이라고 한다.

정역正易의 세계에서는 달의 회삭현망晦朔弦望과 영허소식盈虛消息 및 일월日月의 운행도수와 이십사절二十四節 기후도수氣候度數, 즉 일월역수日月曆數가 완전히 삼백육십도三百六十度로 조화 일치되어 역법曆法이 종래의 윤역閏曆처럼 수시로 변하는 것이 아니라 영원히 확정 불변不變하는 것이므로 우주사적 섭리, 즉 정력원리正曆原理를 천명闡明해 내는 것이 천시天時와 천명天命에 의한 정역正易의 역사적 사명임을 강조하면서 일부一夫께서 『정역正易』의 말미에 십이월十二月 이십사절二十四節 기후도수氣候度數를 확정해 놓았다.[539]

---

537) 『정역』, 제19장 전면, "선천先天 체방용원體方用圓, 이십칠삭이윤二十七朔而閏, 후천后天 체원용방體圓用方 삼백육순이정三百六旬而正"

538) 유남상, 「정역사상의 연구」, 『철학연구』 제32집, 한국철학회, 1976, 82쪽

539) 유남상, 「정역사상의 연구」, 『철학연구』 제32집, 한국철학회, 1976, 84쪽

참고문헌

1. 경전류
- 『주역』
- 『서경』
- 『맹자』
- 『주역본의』
- 『정역』
- 『논어』
- 『회남자』
- 『주역전의』

2. 도서류
- 권병원, 『정역관지』, 한일출판사, 1986
- 권영원, 『정역과 천문력』, 상생출판, 2013
- 권영원, 『정역구해』, 경인출판사, 1983
- 김재홍, 『주역(상·하), 상생출판, 2014
- 김재홍, 『천지역수와 중정지도』, 상생출판, 2014,
- 김주성, 『정역집주보해』, 태훈출판사, 1999
- 유남상, 『주역·정역합본편』, 연경원, 2009
- 이정호, 『정역과 일부』, 아세아문화사, 1984
- 이정호, 『정역연구』, 국제대학인문사회과학연구소, 1976
- 하상역, 『정역명의正易明義』, 진명사, 1911
- 하상역, 『정역원의正易原義』, 동문관, 1913
- 한동석, 『우주변화의 원리』, 대원출판사, 1999
- 한장경, 『주역·정역』, 삶과 꿈, 2001

3. 논문류
- 김만산, 「역학상 용어개념정의에 관한 연구(I), 『동양철학연구』 제17집,

동양철학연구회, 1998

· 김만산, 「한·송대의 구·십수론과 하도낙서 도상의 정립」, 『동서철학연구』 제12호, 한국동서철학회, 1995.

· 김재홍, 「정역의 천지역수에 대한 소고」, 『철학논총』 제61집, 새한철학회, 2010

· 김재홍, 『역학의 중정지도에 관한 연구』, 박사학위논문, 충남대학교 대학원, 2007

· 유남상, 「정역의 도서상수원리에 관한 연구」, 『논문집』 제8권 제2호, 충남대학교 인문과학연구소 1981

· 유남상, 「역학의 역수성통원리에 관한 연구」, 『논문집』 제11권 제1호, 충남대학교 인문과학연구소, 1983

· 유남상, 「정역사상의 연구」, 『철학연구』 제23집, 한국철학회, 1976

· 유남상, 「정역의 근본문제」, 『논문집』 제4권 제2호, 충남대학교 인문과학연구소, 1980

· 유남상, 「하락상수론에 관한 연구」, 『논문집』 제4권 제1호, 충남대학교 인문과학연구소, 1978

· 유남상, 신동호, 「주체적 민족사관의 체계화를 위한 한국 역학적 연구」, 『논문집』 제13권 제1호, 충남대학교 인문과학연구소, 1974.

· 이현중, 「역학의 삼역팔괘도 원리」, 『대동철학』, 제11집, 대동철학회, 2000.

찾아보기